한 권으로 끝내기

한끝

중학 국어 1 〔통합편〕

구성과 특징

국어 교과서에서 성취해야 하는 학습 목표를 살펴보고, 국어 공부에 꼭 필요한 개념을 학습해 보세요.

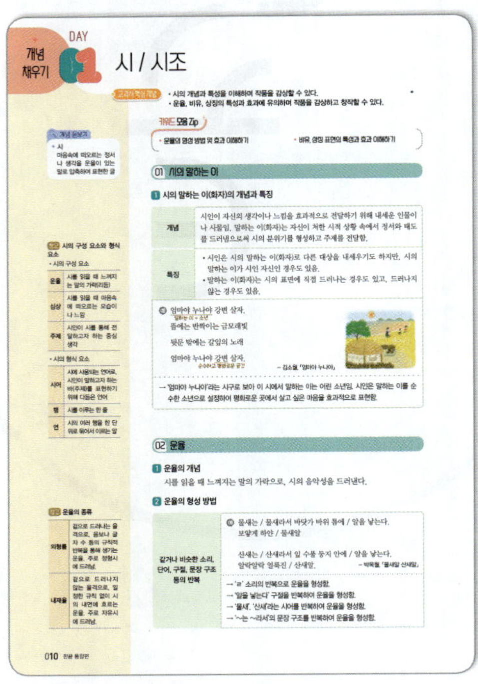

'개념 채우기'에서 배운 핵심 개념을 지문에 적용해 보고, 문제도 함께 풀어 보며 확실하게 공부해 보세요.

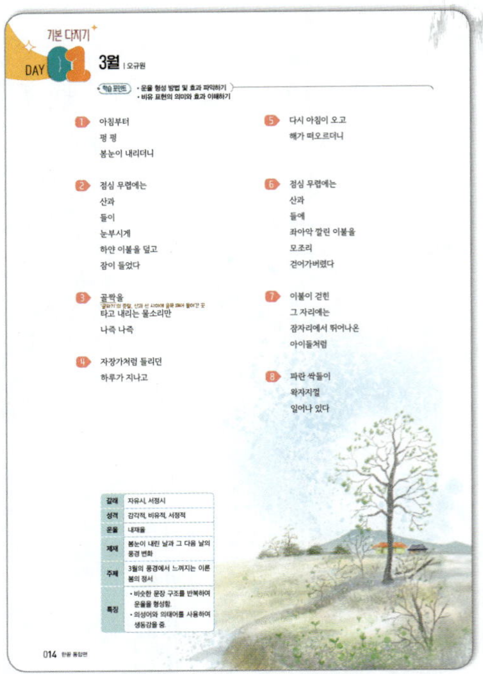

◆ 국어 교과서의 학습 목표에 맞춰 중학교 1학년이 꼭 알아야 할 갈래 핵심 개념과 성취 기준 핵심 내용을 쉽고 체계적으로 설명하였습니다.

◆ '교과서 핵심 개념'을 통해 해당 단원에서 배울 성취 기준을 파악하고 학습의 방향성을 제시하였습니다.

◆ '키워드 모음 Zip'은 꼭 알아야 할 필수 키워드만 모아 놓아 학습 시간을 단축하고, 핵심 개념을 완벽하게 이해할 수 있도록 도와줍니다. 또한 주요 개념을 한눈에 파악하여 효율적인 학습이 가능합니다.

◆ '개념 돋보기'에서 핵심 개념을 한눈에 파악하고, 개념 간의 연관성을 이해하여 학습 내용을 더욱 깊이 있게 이해할 수 있습니다.

◆ '참고'와 '더 알아보기'에서는 핵심 개념, 필수 내용을 이해하는 데 도움이 되는 학습 내용과 확장된 개념 설명을 담았습니다.

◆ 학습 목표를 성취하기에 적합한 중학교 1학년 교과서 지문을 선별하여 수록하였습니다.

◆ '콕콕 핵심 정리'에서 교과서 지문의 핵심 내용을 정리하고, 학생들이 학습 내용을 효율적으로 이해할 수 있도록 하였습니다.

◆ '핵심만 바로 체크'의 ○/× 문제와 빈칸 채우기 문제 등을 풀어 보며 중요한 개념과 지문의 내용을 빠르게 파악하고, 학습한 내용을 얼마나 잘 이해했는지 확인할 수 있습니다.

◆ '실전으로 바로 연습'에서 다양한 유형의 문제를 풀어 보면서 문제 해결 능력을 키우고, 학습한 내용을 실제 문제에 적용해 볼 수 있습니다.

◆ '교과서 핵심 개념'에서 교과서 학습 목표와 관련하여 학생들이 꼭 알아야 하는 내용을 학습할 수 있도록 하였습니다.

3 실력 쌓기

실력을 키워 줄 문제를 풀어 보고, 고난도 문제에 도전해 보세요.

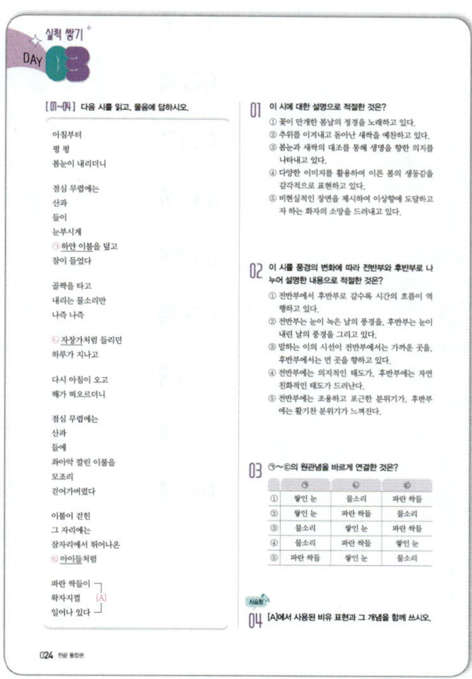

✦ 주요 교과서의 학습 목표와 학습 활동을 충실히 반영한 객관식 문제, 서술형 문제를 다양하게 수록하였습니다.

✦ 단원별로 문제를 수록하여 앞서 학습한 개념을 문제에 적용해 볼 수 있도록 하였습니다.

✦ '서술형' 문제를 출제하여 중학교 서술형 문제에 대비할 수 있도록 하였습니다.

✦ '어려워' 문제를 수록하여 심화 학습 능력을 향상할 수 있도록 하였습니다.

문해력 넓히기

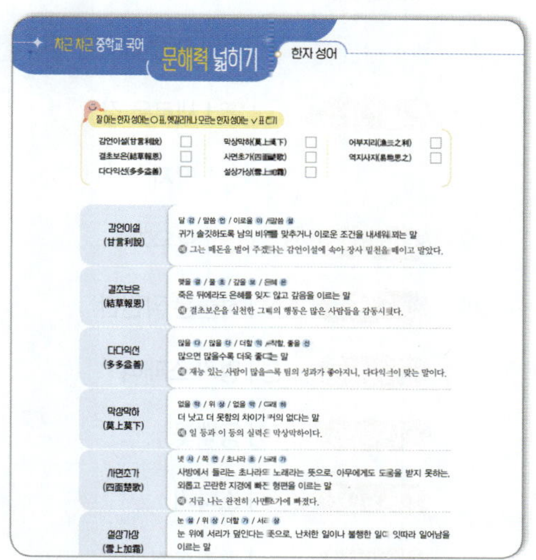

문해력 학습의 바탕이 되는 어휘력을 키우기 위해 중학생이 꼭 알아야 할 '한자 성어', '속담', '관용어' 내용을 선별하여 정리했습니다.

부록

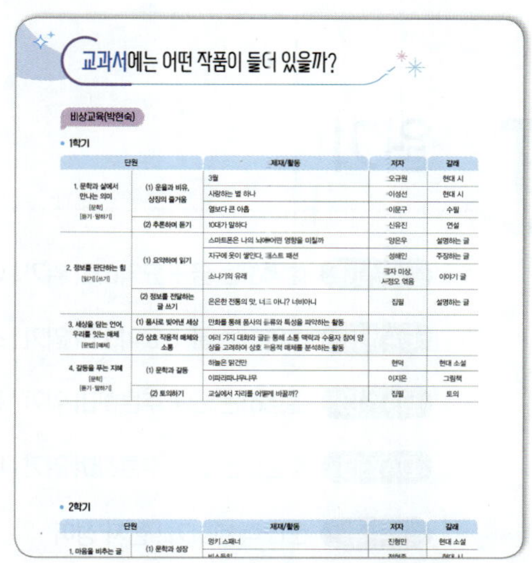

부록으로 제시한 '교과서에는 어떤 작품이 들어 있을까?'에서 각 교과서에 실린 제재를 확인할 수 있습니다.

차례

I 문학

II 읽기

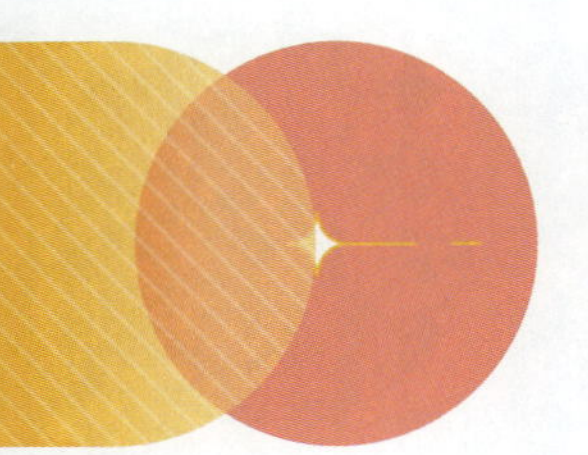 학습 계획표

대단원명	소단원			학습일	학습 결과 점검
I 문학	DAY 01	시 / 시조	3월	/	☺ ☹ ☹
		시 / 시조	사랑하는 별 하나	/	☺ ☹ ☹
	DAY 02	시 / 시조	새로운 길	/	☺ ☹ ☹
		시 / 시조	딱지	/	☺ ☹ ☹
	DAY 03	시 / 시조	오우가	/	☺ ☹ ☹
	DAY 04	소설	하늘은 맑건만	/	☺ ☹ ☹
	DAY 05	소설	멍키 스패너	/	☺ ☹ ☹
	DAY 06	소설	동백꽃	/	☺ ☹ ☹
	DAY 07	소설	소나기	/	☺ ☹ ☹
	DAY 08	소설	홍길동전	/	☺ ☹ ☹
	DAY 09	수필	열보다 큰 아홉	/	☺ ☹ ☹
		수필	괜찮아	/	☺ ☹ ☹

대단원명	소단원		학습일	학습 결과 점검
II 읽기	DAY 10	설명하는 글 + 요약하며 읽기	아름다운 별똥별의 비밀	/	☺ ☹ ☹
	DAY 11	설명하는 글 + 요약하며 읽기	스마트폰은 나의 뇌에 어떤 영향을 미칠까	/	☺ ☹ ☹
	DAY 12	설명하는 글 + 추론하며 읽기	동네 쓰레기를 하루아침에 사라지게 하려면	/	☺ ☹ ☹
	DAY 13	주장하는 글 + 추론하며 읽기	내가 버린 옷은 어디로 갈까	/	☺ ☹ ☹

1 학습 계획표에 학습일을 적고 해당 단원 공부하기
2 학습 계획표에 따라 공부 완료하기
3 학습 결과를 점검하여 ☺ ☺ ☺ 중 하나에 표시하기
4 ☺이나 ☺로 표시한 단원은 다시 돌아가 복습해 보기

대단원명	소단원			학습일	학습 결과 점검
Ⅲ 듣기· 말하기	DAY 14	담화	10대가 말하다	/	☺ ☺ ☺
	DAY 15	담화	우리 곁의 옛 그림 관찰하기	/	☺ ☺ ☺
	DAY 16	토의	교실에서 자리를 어떻게 바꿀까?	/	☺ ☺ ☺
	DAY 17	언어폭력		/	☺ ☺ ☺

대단원명	소단원			학습일	학습 결과 점검
Ⅳ 쓰기	DAY 18	정서를 표현하는 글 쓰기	탑차를 끄는 사계절의 산타	/	☺ ☺ ☺
		정서를 표현하는 글 쓰기	선물	/	☺ ☺ ☺
	DAY 19	정보를 전달하는 글 쓰기	우리의 소중한 땅, 독도 바르게 알기	/	☺ ☺ ☺
	DAY 20	주장하는 글 쓰기	하나의 성격 유형이 나의 모든 것을 보여 주지는 않는다	/	☺ ☺ ☺

대단원명	소단원	학습일	학습 결과 점검
Ⅴ 문법	DAY 21	품사의 종류와 특성	/	☺ ☺ ☺
	DAY 22	단어의 짜임과 새말	/	☺ ☺ ☺
	DAY 23	어휘의 양상과 쓰임	/	☺ ☺ ☺

대단원명	소단원	학습일	학습 결과 점검
Ⅵ 매체	DAY 24	상호 작용적 매체의 특성	/	☺ ☺ ☺
	DAY 25	매체와 생활	/	☺ ☺ ☺

I

문학

문학은 작가의 생각이나 감정을 문자로 표현한 언어 예술이에요. 문학 작품을 통해 우리는 사람들의 다양한 삶의 모습, 감정, 그리고 세상을 바라보는 시각을 경험할 수 있답니다. 이 단원을 통해 문학을 더욱 깊이 이해하고, 다양한 감정과 생각을 표현하는 방법을 배워 보아요.

DAY 01 시 / 시조

• 시의 개념과 특성을 이해하며 작품을 감상할 수 있다.
• 운율, 비유, 상징의 특성과 효과에 유의하며 작품을 감상하고 창작할 수 있다.

키워드 모음 Zip

• 운율의 형성 방법 및 효과 이해하기
• 비유, 상징 표현의 특성과 효과 이해하기

개념 돋보기

+ 시
마음속에 떠오르는 정서나 생각을 운율이 있는 말로 압축하여 표현한 글

참고 시의 구성 요소와 형식 요소

• 시의 구성 요소

운율	시를 읽을 때 느껴지는 말의 가락(리듬)
심상	시를 읽을 때 마음속에 떠오르는 모습이나 느낌
주제	시인이 시를 통해 전달하고자 하는 중심 생각

• 시의 형식 요소

시어	시에 사용되는 언어로, 시인이 말하고자 하는 바(주제)를 표현하기 위해 다듬은 언어
행	시를 이루는 한 줄
연	시의 여러 행을 한 단위로 묶어서 이르는 말

참고 운율의 종류

외형률	겉으로 드러나는 율격으로, 음보나 글자 수 등의 규칙적 반복을 통해 생기는 운율. 주로 정형시에 드러남.
내재율	겉으로 드러나지 않는 율격으로, 일정한 규칙 없이 시의 내면에 흐르는 운율. 주로 자유시에 드러남.

---

01 시의 말하는 이

1 시의 말하는 이(화자)의 개념과 특징

개념	시인이 자신의 생각이나 느낌을 효과적으로 전달하기 위해 내세운 인물이나 사물임. 말하는 이(화자)는 자신이 처한 시적 상황 속에서 정서와 태도를 드러냄으로써 시의 분위기를 형성하고 주제를 전달함.
특징	• 시인은 시의 말하는 이(화자)로 다른 대상을 내세우기도 하지만, 시의 말하는 이가 시인 자신인 경우도 있음. • 말하는 이(화자)는 시의 표면에 직접 드러나는 경우도 있고, 드러나지 않는 경우도 있음.

예 엄마야 누나야 강변 살자.
　　말하는 이 = 소년
뜰에는 반짝이는 금모래빛

뒷문 밖에는 갈잎의 노래

엄마야 누나야 강변 살자.
　　순수하고 평화로운 공간
　　　　　　　　　　　　　　　– 김소월, 「엄마야 누나야」

→ '엄마야 누나야'라는 시구로 보아 이 시에서 말하는 이는 어린 소년임. 시인은 말하는 이를 순수한 소년으로 설정하여 평화로운 곳에서 살고 싶은 마음을 효과적으로 표현함.

---

02 운율

1 운율의 개념

시를 읽을 때 느껴지는 말의 가락으로, 시의 음악성을 드러낸다.

2 운율의 형성 방법

같거나 비슷한 소리, 단어, 구절, 문장 구조 등의 반복	**예** 물새는 / 물새라서 바닷가 바위 틈에 / 알을 낳는다. 보얗게 하얀 / 물새알 산새는 / 산새라서 잎 수풀 둥지 안에 / 알을 낳는다. 알락알락 얼룩진 / 산새알. 　　– 박목월, 「물새알 산새알」

→ 'ㄹ' 소리의 반복으로 운율을 형성함.
→ '알을 낳는다' 구절을 반복하여 운율을 형성함.
→ '물새', '산새'라는 시어를 반복하여 운율을 형성함.
→ '～는 ～라서'의 문장 구조를 반복하여 운율을 형성함.

<table>
<tr><td>끊어 읽는
단위(음보)의 반복</td><td rowspan="4">例 봄바람∨하늘하늘∨넘노는 길에
　　<u>7글자</u>　　　　<u>5글자</u>
연분홍∨살구꽃이∨눈을 틉니다.
　<u>7글자</u>　　　　<u>5글자</u>

연분홍∨송이송이∨못내 반가와
　<u>7글자</u>　　　　<u>5글자</u>
나비는∨너훌너훌∨춤을 춥니다.
　<u>7글자</u>　　　　<u>5글자</u>
　　　　　　　　　　　　　 － 김억, 「연분홍」</td></tr>
<tr><td>글자 수의 반복</td></tr>
<tr><td rowspan="2">음성 상징어❶
(의성어, 의태어)의
사용</td></tr>
</table>

음성 상징어❶ (의성어, 의태어)의 사용	→ 한 행을 끊어 읽는 단위가 세 마디(3음보)로 반복되어 운율을 형성함. → 한 행이 규칙적으로 7글자와 5글자의 글자 수를 반복하여 운율을 형성함. → '하늘하늘', '송이송이', '너훌너훌'이라는 의태어를 사용하여 운율을 형성함.

3 운율의 효과

- 리듬감을 느끼게 하여 시를 읽는 즐거움을 준다.
- 시의 분위기를 형성하여 주제를 효과적으로 전달한다.

03 심상

1 심상의 개념

시를 읽을 때 머릿속에 떠오르는 모양, 빛깔, 소리, 냄새, 맛, 촉감 등의 느낌

2 심상의 종류

시각적 심상	눈으로 빛깔, 모양, 명암 등을 느끼는 듯한 심상 例 오늘따라 별들 부산하게 바자닌다.
청각적 심상	귀로 소리를 느끼는 듯한 심상 例 아득히 들리는 함성
후각적 심상	코로 냄새를 느끼는 듯한 심상 例 풋풋한 오이 냄새가 나는 것 같기도 하고
미각적 심상	혀로 맛을 느끼는 듯한 심상 例 메마른 입술이 쓰디쓰다.
촉각적 심상	피부로 촉감을 느끼는 듯한 심상 例 꽃가루와 같이 부드러운 고양이의 털에
공감각적 심상	한 감각을 다른 감각으로 옮겨 둘 이상의 감각이 한데 어우러진 심상 例 우리들의 입 속에서는 푸른 휘파람 소리가 나거든요. → '휘파람 소리'라는 청각적 이미지를 '푸르다'라는 시각적 이미지로 옮겨 표현함.

---

❶ 음성 상징어

- 의성어
  - 例 봄비가 <u>주룩주룩</u> 내린다.
  　　　　　빗소리
- 의태어
  - 例 개구리가 연못에서 <u>폴짝 폴짝</u> 뛰어논다.
  　　개구리가 뛰는 모습

[참고] 공감각적 심상의 예

例 달콤한 목소리가 귓가에 맴돌았다.
→ '목소리'라는 청각적 이미지를 '달콤하다'라는 미각적 이미지로 옮겨 표현함.

04 시의 표현 방법 – 비유

1 비유의 개념

표현하려는 대상(원관념)을 그와 비슷한 특성을 가진 다른 대상(보조 관념)에 빗대어 표현하는 방법

원관념의 뜻이나 분위기가 잘 드러나도록 도와주는 관념

2 비유의 종류❷

직유	비슷한 성질이나 모양을 가진 두 대상을 '처럼', '–듯이'와 같은 말로 직접 빗대는 방법 예 햇빛처럼 밝은 표정
	→ '표정(원관념)'을 '햇빛(보조 관념)'에 빗대어 표현함.
은유	비슷한 특성을 가진 두 대상을 이어 주는 말 없이 간접적으로 빗대는 방법으로, 주로 '무엇은 무엇이다'의 형태로 나타남. 예 너는 나의 햇살
	→ '너(원관념)'를 '나의 햇살(보조 관념)'에 빗대어 표현함.
의인	사람이 아닌 것을 사람에 빗대어, 사람이 행동하는 것처럼 표현하는 방법 예 해님이 방긋 웃네.
	→ '해님'이 사람처럼 '웃는다'고 표현함.

3 비유의 효과

대상을 참신하게 표현하여 신선함과 재미를 주고, 대상을 더 구체적이고 생생하게 나타낸다.

❷ 그 밖의 비유의 종류

활유	살아 있지 않은 대상을 살아 있는 것처럼 빗대어 표현한 방법 예 긴 날개를 펼친 산
풍유	속담이나 격언 등을 활용하여 표현하는 방법 예 등잔 밑이 어둡다
대유	사물의 일부분이나 특징으로서 전체를 대신 나타내는 방법 예 사람은 빵만으로는 살 수 없다. └ 음식, 먹을 것

05 시의 표현 방법 – 상징

1 상징의 개념

추상적인 대상을 구체적인 대상으로 표현하는 방법 예 행운 → 네잎클로버
추상적인 대상　　구체적인 대상

2 상징의 종류

개인적 상징	시인이나 작가 개인이 작품 속에서 독창적으로 창조해 낸 상징으로, 문학적 상징 또는 창조적 상징이라고 함. 예 도종환, 「담쟁이」: 시인은 벽을 타고 오르는 '담쟁이'를 통해 어려움을 이겨 내는 의지, 미래와 희망을 향한 열망 등을 상징적으로 표현함.
원형적 상징	시대와 장소를 초월하여 모든 이가 보편적으로 공유하는 상징 예 빛: 근원·신성 / 어둠: 혼돈·죽음 / 물: 탄생·죽음·정화·속죄
관습적 상징	문화적 전통이나 사회 관습 속에서 계속 되풀이하여 쓰였기 때문에 그 뜻이 굳어져 널리 알려진 상징으로 제도적 상징이라고도 함. 예 비둘기: 평화 / 십자가: 기독교 / 소나무: 지조·절개

참고 상징의 특징
- 시에서 표현하려는 대상(원관념)이 생략되고 이를 빗댄 대상(보조 관념)만 겉으로 드러남.
- 표현하려는 대상(원관념)과 이를 빗댄 대상(보조 관념)이 유사성을 지니지 않아도 두 대상을 연결 지을 수 있음.

3 상징의 효과

막연한 대상을 눈에 보이는 사물로 표현하여 작품의 주제를 효과적으로 드러내고, 대상에 여러 의미를 부여하여 작품을 다양하고 깊이 있게 이해할 수 있다.

06 시조

1 시조의 개념

고려 말에 발달하여 현재까지 창작되고 있는 우리나라 그유의 정형시이다.
일정한 형식과 규칙에 맞추어 지은 시

2 시조의 형식

- 초장, 중장, 종장의 3장으로 이루어짐.
- 각 장은 2개의 구로 구성됨(3장 6구).
- 일반적으로 각 장을 네 마디로 끊어 읽음(4음보).
- 3글자와 4글자, 4글자와 4글자로 글자 수를 배열하되, 한두 글자 정도는 더하거나 빼는 것을 허용하기도 함(3·4조 또는 4·4조).
- 종장의 첫 음보는 3글자로 글자 수가 고정됨.

예 [초장] 이 몸이∨죽고 죽어∨일백 번∨고쳐 죽어
　　　　　　　　구　　　　　　　　구
[중장] 백골이∨진토되어∨넋이라도∨있고 없고
　　　3글자　　4글자　　4글자　　4글자
[종장] 임 향한∨일편단심이야∨가실 줄이∨있으랴.
　　종장의 첫 음보는 3글자로 고정됨.
　　　　　　　　　　　　　　　　　　　　－ 정몽주, 「단심가」

3 시조의 분류

시대에 따라	고시조	시조가 발생한 때로부터 개화기(갑오개혁) 이전까지 창작된 시조
	현대 시조	개화기(갑오개혁) 이후부터 현재까지 창작되고 있는 시조
형식에 따라	평시조	3장 6구의 기본 형식을 갖춘 시조
	엇시조	초장, 중장 가운데 어느 한 장이 평시조보다 1음보 정도 더 길어진 시조
	사설시조	초장, 중장이 제한 없이 길며, 종장도 첫 음보를 제외하고 길어진 시조
길이에 따라	단시조	한 수로 하나의 작품을 이룬 시조
	연시조	두 개 이상의 평시조가 한 편의 작품으로 엮여 있는 시조

- 시를 이루는 한 줄의 명칭

현대시	시조
행	장

- 시의 여러 행을 한 단위로 묶어서 이르는 말의 명칭

현대시	시조
연	수

3월 | 오규원

1
아침부터
펑 펑
봄눈이 내리더니

2
점심 무렵에는
산과
들이
눈부시게
하얀 이불을 덮고
잠이 들었다

3
골짝을
'골짜기'의 준말. 산과 산 사이에 움푹 패어 들어간 곳
타고 내리는 물소리만
나즉 나즉

4
자장가처럼 들리던
하루가 지나고

5
다시 아침이 오고
해가 떠오르더니

6
점심 무렵에는
산과
들에
좌아악 깔린 이불을
모조리
걷어가버렸다

7
이불이 걷힌
그 자리에는
잠자리에서 뛰어나온
아이들처럼

8
파란 싹들이
왁자지껄
일어나 있다

갈래	자유시, 서정시
성격	감각적, 비유적, 서정적
운율	내재율
소재	봄눈이 내린 날과 그 다음 날의 풍경 변화
주제	3월의 풍경에서 느껴지는 이른 봄의 정서
특징	· 비슷한 문장 구조를 반복하여 운율을 형성함. · 의성어와 의태어를 사용하여 생동감을 줌.

콕콕 핵심 정리

✦ 이 시의 풍경과 분위기

1~4연	• 풍경: 아침부터 봄눈이 내려 산과 들에 하얀 눈이 쌓임. 골짜기의 물소리만 나직하게 들림. • 분위기: 조용하고 포근함.
5~8연	• 풍경: 다음 날 해가 떠오르고, 봄눈이 모두 걷힌 자리에 새싹이 파릇하게 돋아남. • 분위기: 활기차며 생동감이 넘침.

✦ 이 시의 운율 형성 방법

운율 형성 요소	운율이 느껴지는 부분
같거나 비슷한 소리, 단어, 구절의 반복	• 1연의 '봄눈이 내리더니'와 5연의 '해가 떠오르더니' • 2연의 '점심 무렵에는 / 산과 / 들이'와 6연의 '점심 무렵에는 / 산과 / 들에'
의성어와 의태어의 사용	펑 펑, 나즉 나즉, 좌아악, 왁자지껄

✦ 이 시에 사용된 비유 표현

표현하려는 대상	빗대어 표현한 대상
산과 들에 쌓인 눈	하얀 이불
물소리	자장가
파란 싹들	아이들

✦ 이 시에 사용된 다양한 심상

심상	감각적 표현
시각적 심상	눈부시게 하얀 이불
청각적 심상	물소리만 나즉 나즉

핵심만 바로 체크

1 이 시는 눈이 내리는 겨울날의 풍경과 분위기를 노래하고 있다. （ ○ , × ）

2 이 시는 다양한 요소로 리듬감을 주어 시를 읽는 즐거움을 느끼게 한다.
（ ○ , × ）

3 이 시에서 '하얀 이불'은 '하늘에서 내리는 눈'을 직접적으로 비유한 표현이다.
（ ○ , × ）

실전으로 바로 연습

1 이 시에 대한 설명으로 적절하지 <u>않은</u> 것은?

① 시간의 흐름에 따라 시상이 전개된다.
② 고요하고 무거운 분위기가 지속되고 있다.
③ 사람이 아닌 것을 사람처럼 표현하고 있다.
④ 한 행의 길이가 비교적 짧게 구성되어 있다.
⑤ 비유를 활용하여 주제를 효과적으로 드러내고 있다.

2 이 시에서 운율을 형성한 방법으로 적절하지 <u>않은</u> 것은?

① 같은 단어의 반복   ② 비슷한 구절의 반복
③ 의성어·의태어의 사용   ④ 행마다 규칙적인 호흡의 반복
⑤ 문장 끝에 같은 소리의 반복

3 이 시의 비유 표현을 다음과 같이 정리할 때, ㉠~㉢에 들어갈 내용으로 알맞은 것은?

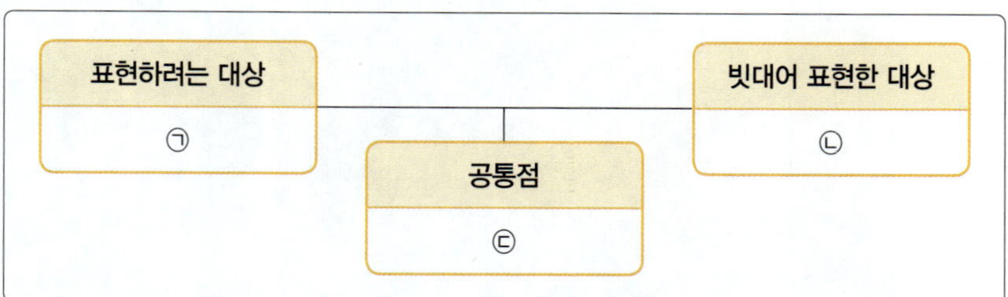

	㉠	㉡	㉢
①	산과 들에 쌓인 눈	자장가	고요하다.
②	물소리	하얀 이블	하얗다.
③	물소리	아이들	활기차다.
④	파란 싹들	하얀 이불	대상을 덮는다.
⑤	파란 싹들	아이들	생동감이 넘친다.

DAY 01

사랑하는 별 하나 | 이성선

학습 포인트
- 운율 형성 방법 및 효과 파악하기
- 시어의 상징적 의미와 상징 표현의 효과 이해하기

1
나도 별과 같은 사람이
될 수 있을까.
외로워 쳐다보면
눈 마주쳐 마음 비쳐 주는
그런 사람이 될 수 있을까.

2
나도 ㉠꽃이 될 수 있을까.
세상일이 괴로워 쓸쓸히 밖으로 나서는 날에
가슴에 화안히 안기어
'환히'를 의도적으로 늘여 쓴 표현, 빛이 비치어 맑고 밝게
눈물짓듯 웃어 주는
하얀 들꽃이 될 수 있을까.

3
가슴에 사랑하는 별 하나를 갖고 싶다.
외로울 때 부르면 다가오는
별 하나를 갖고 싶다.

4
마음 어두운 밤 깊을수록
우러러 쳐다보면
반짝이는 그 맑은 눈빛으로 나를 씻어
길을 비추어 주는
그런 사람 하나 갖고 싶다.

갈래	자유시, 서정시
성격	고백적, 상징적, 서정적
운율	내재율
소재	별, 꽃
주제	서로가 서로에게 힘이 되고 위안이 되는 긍정적이고 희망적인 삶을 소망함.
특징	• 비슷한 문장 구조를 반복하여 운율을 형성함. • 상징적인 소재를 활용하여 시상을 전개하며 말하는 이의 소망을 강조함.

콕콕 핵심 정리

✦ 이 시에 나타난 말하는 이의 소망

1~2연	별, 꽃과 같이 누군가에게 의미 있는 존재가 되어 주고 싶음.
3~4연	가슴에 사랑하는 별 하나와 같이 의미 있는 존재를 갖고 싶음.

→ 이 시의 말하는 이는 서로가 서로에게 힘이 되고 위안이 되는 긍정적이고 희망적인 삶을 소망함.

✦ 이 시의 운율 형성 방법
- 1연과 2연에서 비슷한 문장 구조 반복
- 1연과 2연에서 '될 수 있을까'의 시구 반복
- 3연과 4연에서 '갖고 싶다'의 시구 반복

교과서 핵심 개념 ☆

✦ 시어의 상징적 의미와 효과

시어	상징적 의미
별	마음을 알아주는 존재, 힘이 되는 존재 등
꽃	공감해 주는 존재, 포용해 주는 존재 등
길	앞으로 살아갈 날들, 앞으로 나아가야 할 방향, 이루고자 하는 꿈이나 목표 등

∨

효과	• 추상적인 개념을 구체적인 사물로 나타내어 머릿속에서 쉽게 떠올릴 수 있게 함. • 주제를 효과적으로 표현함.

핵심만 바로 체크

1. 이 시는 '될 수 있을까', '갖고 싶다'와 같은 시구를 반복하여 말하는 이의 소망을 강조하고 있다. (○ , ×)

2. '별', '꽃', '길' 등의 시어는 (비유 , 상징)을/를 활용한 표현으로, 주제를 함축적으로 제시하고 있다.

3. 이 시의 말하는 이는 서로가 서로에게 힘이 되고 위안이 되는 긍정적이고 희망적인 삶을 소망하고 있다. (○ , ×)

실전으로 바로 연습

1. 이 시의 말하는 이에 대한 설명으로 적절한 것은?
① 어린 시절의 추억을 회상하고 있다.
② 자연물을 통해 얻은 깨달음을 전하고 있다.
③ 시적 대상에게 냉소적인 태도를 보이고 있다.
④ 서로에 대한 인정이 사라진 현실을 비판하고 있다.
⑤ 어떠한 대상에게 의미 있는 존재가 되기를 소망하고 있다.

2. 밑줄 친 설명에 해당하는 연끼리 바르게 묶은 것은?

> 이 시는 비슷한 문장 구조를 반복하거나 같은 시구를 반복하여 시의 분위기를 형성하고 주제를 효과적으로 전달하그 있다.

① 1연과 2연 ② 1연과 3연 ③ 2연과 3연
④ 2연과 4연 ⑤ 3연과 4연

핵심 ☆

3. ㉠이 상징하는 의미로 적절하지 않은 것은?
① 공감해 주는 존재
② 포용해 주는 존재
③ 소원을 들어 주는 존재
④ 쓸쓸할 때 위로가 되어 주는 존재
⑤ 괴로운 순간에 긍정적인 힘을 주는 존재

핵심 ☆

4. 4연에서 '앞으로 나아가야 할 방향이나 이루고자 하는 꿈, 목표'를 상징하는 시어를 찾아 쓰시오.

새로운 길 | 윤동주

• 말하는 이가 처한 상황과 태도 파악하기
• 시어의 상징적 의미와 상징 표현의 효과 이해하기

1 내를 건너서 숲으로
시내보다 크지만 강보다는 작은 물줄기
고개를 넘어서 마을로

2 어제도 가고 오늘도 갈
나의 길 새로운 길

3 민들레가 피고 까치가 날고
아가씨가 지나고 바람이 일고

4 나의 길은 언제나 새로운 길
오늘도…… 내일도……

5 내를 건너서 숲으로
고개를 넘어서 마을로

갈래	자유시, 서정시
성격	상징적, 의지적
운율	내재율
소재	길
주제	언제나 새로운 마음으로 살아가고자 하는 의지
특징	• 상징적 소재를 사용하여 말하는 이의 삶의 자세를 표현함. • 수미상관 구조로 운율을 형성하고 주제를 강조함. • 3연을 기준으로 1, 5연과 2, 4연이 의미상 대칭을 이룸.

콕콕 핵심 정리

✦ 이 시의 구성

1연	어려움을 극복하며 평화로운 곳으로 나아감.
2연	자신에게 주어진 길을 언제나 새로운 마음으로 걸어가겠다는 다짐
3연	길에서 만나는 다양한 존재들
4연	앞으로도 자신에게 주어진 길을 언제나 새로운 마음으로 걸어가겠다는 다짐
5연	어려움을 극복하며 평화로운 곳으로 나아감.

✦ 이 시에 나타난 말하는 이의 상황과 태도

상황	• 숲과 마을을 향해 걸어가고 있음. • 길을 걸어가며 다양한 존재를 만남. • 어제도, 오늘도, 내일도 길을 걸어감.
태도	늘 새로운 마음으로 끊임없이 길을 걸어가겠다고 다짐함. → 의지적인 태도를 보임.

교과서 핵심 개념 ☆

✦ 시어의 상징적 의미

시어	상징적 의미
내, 고개	어려움, 역경, 고난
숲, 마을	희망, 평화
길	인생과 삶
민들레, 까치, 아가씨, 바람	길에서 만나는 다양한 존재

핵심만 바로 체크

1 이 시에서 '숲', '고개', '민들레'는 같은 의미를 상징한다. (○ , ×)

2 이 시는 모든 연에서 같은 시어를 규칙적으로 반복하며 운율을 형성한다. (○ , ×)

3 이 시의 말하는 이는 어려움을 극복하며 미래를 향해 끊임없이 나아가고 있다. (○ , ×)

실전으로 바로 연습

1 이 시를 감상한 학생들의 반응으로 적절한 것은?
① 이 시는 사람이 아닌 대상을 사람처럼 표현하고 있군.
② 이 시의 말하는 이는 현실에 좌절하는 태도를 보이고 있군.
③ 이 시는 추상적인 개념을 구체적인 대상으로 나타내고 있군.
④ 이 시에서 '길'은 말하는 이가 느끼는 고뇌를 표현하고 있군.
⑤ 이 시는 표현하려는 대상을 비슷한 특징을 가진 다른 대상에 직접적으로 빗대고 있군.

2 이 시의 1연과 5연에 사용된 표현 방법에 대한 설명으로 적절하지 <u>않은</u> 것은?
① 동일한 내용이 반복되고 있다.
② 말의 순서를 바꾸어 변화를 주고 있다.
③ 형태적으로 안정감을 느끼도록 구성되어 있다.
④ 운율을 형성하여 시를 읽는 재미를 주고 있다.
⑤ 말하는 이의 삶의 태도와 의지를 강조하고 있다.
핵심 ☆

3 시어의 상징적 의미가 나머지와 <u>다른</u> 것은?
① 고개　　② 까치
③ 바람　　④ 민들레
⑤ 아가씨
핵심 ☆　서술형

4 이 시에 사용된 상징 표현을 다음과 같이 정리할 때, ㉠, ㉡에 들어갈 말을 각각 쓰시오.

㉠		희망, 평화
내, 고개	↔	㉡

딱지 | 이준관

나는 어릴 때부터 그랬다.

칠칠치 못한 나는 걸핏하면 넘어져

무릎에 딱지를 달고 다녔다.

그 흉물 같은 딱지가 보기 싫어

손톱으로 득득 긁어 떼어 내려고 하면

아버지는 그때마다 말씀하셨다.

딱지를 떼어 내지 말아라 그래야 낫는다.

아버지 말씀대로 그대로 놓아두면

까만 고약 같은 딱지가 떨어지고
주로 얼거나 곪은 데에 붙이는 끈끈한 약
딱정벌레 날개처럼 하얀 새살이

돋아나 있었다.

지금도 칠칠치 못한 나는

사람에 걸려 넘어지고 부딪히며

마음에 딱지를 달고 다닌다.

그때마다 그 딱지에 ㉠ 아버지 말씀이

얹혀진다.

딱지를 떼지 말아라 딱지가 새살을 키운다.

갈래	자유시
성격	회상적, 교훈적
운율	내재율
소재	딱지
주제	딱지를 떼어 내지 말라는 어린 시절 아버지의 가르침을 통해 얻은 깨달음과 성장
특징	• 어린 시절의 경험을 통해 현재의 삶을 성찰함. • 딱지가 생기고 떨어지면서 상처가 회복되는 과정을 시련을 극복하고 성장해 가는 인생의 과정에 빗대어 표현함. • 유사한 시구를 반복하여 시의 주제를 강조함.

콕콕 핵심 정리

✦ 말하는 이의 성장 과정

어린 시절의 '나'	• 자주 넘어져서 무릎에 딱지가 생김. • 딱지를 떼어 내려고 함.
지금의 '나'	딱지가 새살을 키운다는 아버지의 가르침을 이해함.

교과서 핵심 개념 ☆
✦ 이 시에 사용된 비유 표현

표현하려는 대상	빗대어 표현한 대상
딱지	흉물, 까만 고약
하얀 새살	딱정벌레 날개

✦ '딱지'의 의미
• 넘어져서 무릎에 생긴 상처가 낫는 과정
• 사람들로 인해 생긴 마음의 상처가 회복되는 과정
• 인생에서 겪는 시련과 고난을 이겨 내는 과정

✦ '딱지'를 대하는 대조적인 태도

어린 시절의 '나'	아버지
• 흉물 같은 딱지를 보기 싫어함. • 딱지를 손톱으로 긁어서 떼어 내려고 함.	• 딱지를 떼어 내지 않아야 상처가 낫는다고 함. • 딱지를 그대로 두어야 새살이 돋는다고 함.

핵심만 바로 체크

1 이 시는 어린 시절의 경험을 회상하는 내용을 담고 있다. (○ , ×)

2 이 시의 말하는 이는 성인이 된 후에 사람들과의 관계에서 마음에 상처를 받았다. (○ , ×)

3 이 시는 딱지가 생기고 상처가 회복되는 과정을 인생의 시련과 고난을 이겨 내며 성장하는 과정에 비유하고 있다. (○ , ×)

실전으로 바로 연습

핵심 ☆
1 이 시를 감상한 독자가 자신의 삶을 성찰한 내용으로 적절한 것은?
① 친구와 사소한 일로 다투고 멀어진 일이 떠올랐어. 한 번 멀어진 관계는 회복하기가 어렵다는 것을 깨달았어.
② 주변 사람들이 내 험담을 해서 화가 났던 일이 떠올랐어. 나도 다른 사람에게 상처 주지 말아야 한다는 것을 깨달았어.
③ 내가 기획한 행사가 사람들의 호응을 얻지 못해 우울했던 일이 떠올랐어. 실패한 일은 빨리 잊어야 한다는 것을 깨달았어.
④ 아무리 연습해도 결과가 좋지 않아 힘들었던 일이 떠올랐어. 시련을 참고 견디며 계속 노력하면 언젠가 성장할 수 있음을 깨달았어.
⑤ 어린 시절 아버지의 말씀을 듣지 않고 내 멋대로 행동하다가 크게 다쳤던 일이 떠올랐어. 어른의 조언은 무조건 따라야 한다는 것을 깨달았어.

2 이 시에서 '딱지'가 담고 있는 의미로 적절하지 않은 것은?
① 태어날 때부터 지니고 있던 상처
② 성숙한 삶을 위한 내면의 성장 과정
③ 넘어져서 무릎에 생긴 상처가 낫는 과정
④ 사람들로 인한 마음의 상처가 회복되는 과정
⑤ 인생에서 겪는 시련과 고난을 이겨내는 과정

3 ㉠에 대한 설명으로 적절하지 않은 것은?
① 마음의 딱지에도 적용된다.
② 상처와 성장의 관계를 깨닫게 한다.
③ 성인이 된 '나'의 상처를 회복하는 데 도움이 된다.
④ 상처를 보다 긍정적인 시각으로 바라볼 수 있게 한다.
⑤ 아버지가 실패했던 경험을 바탕으로 한 질책에 해당한다.

오우가 | 윤선도

(학습 포인트) • 자연물의 속성과 상징적 의미 파악하기
• 대비되는 속성을 지닌 자연물 파악하기

[제1수] 내 벗이 몇이나 하니 수석(水石)과 송죽(松竹)이라
물과 바위 소나무와 대나무
동산(東山)에 ⓐ 달 오르니 그 더욱 반갑구나
두어라 이 다섯밖에 또 더하여 무엇하리

[제2수] 구름 빛이 좋다 하나 검기를 자주 한다
깨끗하다
바람 소리 맑다 하나 그칠 적이 많구나
좋고도 그칠 때 없기는 물뿐인가 하노라

[제3수] 꽃은 무슨 일로 피면서 쉬이 지고
풀은 어이하여 푸르는 듯 누르느냐
아마도 변치 않는 것은 ㉠ 바위뿐인가 하노라

[제4수] 더우면 꽃 피고 추우면 잎 지거늘
㉡ 솔아 너는 어찌 눈서리를 모르느냐
구천(九泉)에 뿌리 곧은 줄을 그로 하여 아노라
땅속 깊은 밑바닥

[제5수] 나무도 아닌 것이 풀도 아닌 것이
곧기는 뉘 시키며 속은 어이 비었는가
저렇고 사시(四時)에 푸르니 그를 좋아하노라

[제6수] 작은 것이 높이 떠서 만물을 다 비추니
밤중의 광명이 너만 한 이 또 있느냐
보고도 말 아니하니 내 벗인가 하노라

갈래	고시조, 연시조
성격	예찬적, 자연 친화적
운율	외형률(4음보)
소재	물, 바위, 소나무, 대나무, 달
주제	다섯 벗(물, 바위, 소나무, 대나무, 달)에 대한 예찬
특징	• 우리말의 아름다움을 잘 살려 표현함. • 문답법, 대구법, 설의법 등 다양한 표현 방법을 활용하여 대상을 인상 깊게 표현함. • 자연물을 의인화하고 그 속성을 유교적 이념에 연결하여 예찬함.

콕콕 핵심 정리

✦ 이 시조에 사용된 표현 방법

의인법	'물, 바위, 소나무, 대나무, 달'과 같은 자연물을 사람처럼 표현함.
문답법	'내 벗이 몇이나 하니 수석과 송죽이라'와 같이 스스로 묻고 답함.
대구법	'구름 빛이 좋다 하나 검기를 자주 한다 / 바람 소리 맑다 하나 그칠 적이 많구나'와 같이 유사한 구조의 시구를 짝 지어 표현함.
설의법	'솔아 너는 어찌 눈서리를 모르느냐'와 같이 의문문 형식으로 표현함.

✦ 자연물의 대비되는 속성

쉽게 변함.	변하지 않음.
구름, 바람	물
꽃, 풀	바위
꽃, 잎	소나무

교과서 핵심 개념 ☆

✦ 이 시조의 운율 형성 방법

일정한 글자 수의 반복	세 글자와 네 글자의 글자 수 배열을 반복함. 예 동산에 달 오르니 (3 4) 그 더욱 반갑구나 (3 4)
끊어 읽는 단위 (음보)의 반복	4음보의 외형률을 지킴. 예 내 벗이∨몇이나 하니∨수석과∨송죽이라

교과서 핵심 개념 ☆

✦ 자연물의 속성과 상징적 의미

물	• 깨끗함(청렴함). • 그치지 않음(영원성).
바위	변하지 않음(불변성).
소나무	꿋꿋함(지조와 절개).
대나무	• 곧음(굳건함). • 속이 비어 있음(청렴함).
달	• 온 세상을 다 비춤(포용성). • 보고도 말이 없음(과묵함).

핵심만 바로 체크

1 이 시조는 자연물을 의인화하여 친근하게 표현하였다. (○ , ×)

2 이 시조의 오우(다섯 벗)는 '물, 바위, 소나무, 대나무, 달'이다. (○ , ×)

3 말하는 이가 '바람'보다 '물'을 좋아하는 까닭은 맑고 순수하기 때문이다.
(○ , ×)

실전으로 바로 연습

1 이 시조의 각 수에 대한 설명으로 적절하지 <u>않은</u> 것은?

① 제1~6수 모두 자연 친화적인 태도를 보이고 있다.
② 제1수에서 다섯 벗을 소개하고, 나머지 다섯 수에서 차례대로 다섯 벗을 좋아하는 이유를 밝히고 있다.
③ 제3수에서는 변하는 것과 변하지 않는 것의 대조를 통해 변하지 않는 것을 예찬하고 있다.
④ 제4수에서는 초장에서 자연물의 일반적인 속성을, 중장과 종장에서 이와 대조되는 벗의 속성을 제시하고 있다.
⑤ 제6수에서는 자연을 누리며 살아가게 한 임금의 은혜를 달빛에 빗대고 있다.

핵심 ☆

2 ㉠과 ㉡의 공통점으로 적절한 것은?

① 쉽게 볼 수 없는 낯선 존재이다.
② 오랜 시간에 걸쳐 조금씩 변화하는 존재이다.
③ 다른 사람을 시기하지 않는 넓은 마음을 지닌 존재이다.
④ 주변의 변화나 시련에도 한결같은 모습을 보이는 존재이다.
⑤ 남을 배려하지 않고, 자기 중심적인 태도를 보이는 존재이다.

핵심 ☆

3 이 시조에서 운율을 형성하는 요소를 모두 고른 것은?

> ㄱ. 일정한 글자 수의 반복　　ㄴ. 끊어 읽는 단위의 반복
> ㄷ. 의성어와 의태어의 사용　　ㄹ. 유사한 문장 구조의 나란한 배치

① ㄱ, ㄴ　　　② ㄱ, ㄷ　　　③ ㄷ, ㄹ
④ ㄱ, ㄴ, ㄹ　　⑤ ㄴ, ㄷ, ㄹ

핵심 ☆ 서술형

4 제6수를 참고하여 ⓐ가 상징하는 삶의 태도를 쓰시오.

[01~04] 다음 시를 읽고, 물음에 답하시오.

아침부터
펑 펑
봄눈이 내리더니

점심 무렵에는
산과
들이
눈부시게
㉠하얀 이불을 덮고
잠이 들었다

골짝을 타고
내리는 물소리만
나즉 나즉

㉡자장가처럼 들리던
하루가 지나고

다시 아침이 오고
해가 떠오르더니

점심 무렵에는
산과
들에
좌아악 깔린 이불을
모조리
걷어가버렸다

이불이 걷힌
그 자리에는
잠자리에서 뛰어나온
㉢아이들처럼

파란 싹들이 ─┐
왁자지껄 [A]
일어나 있다 ─┘

01 이 시에 대한 설명으로 적절한 것은?

① 꽃이 만개한 봄날의 정경을 노래하고 있다.
② 추위를 이겨내고 돋아난 새싹을 예찬하고 있다.
③ 봄눈과 새싹의 대조를 통해 생명을 향한 의지를 나타내고 있다.
④ 다양한 이미지를 활용하여 이른 봄의 생동감을 감각적으로 표현하고 있다.
⑤ 비현실적인 장면을 제시하여 이상향에 도달하고자 하는 화자의 소망을 드러내고 있다.

02 이 시를 풍경의 변화에 따라 전반부와 후반부로 나누어 설명한 내용으로 적절한 것은?

① 전반부에서 후반부로 갈수록 시간의 흐름이 역행하고 있다.
② 전반부는 눈이 녹은 날의 풍경을, 후반부는 눈이 내린 날의 풍경을 그리고 있다.
③ 말하는 이의 시선이 전반부에서는 가까운 곳을, 후반부에서는 먼 곳을 향하고 있다.
④ 전반부에는 의지적인 태도가, 후반부에는 자연 친화적인 태도가 드러난다.
⑤ 전반부에는 조용하고 포근한 분위기가, 후반부에는 활기찬 분위기가 느껴진다.

03 ㉠~㉢의 원관념을 바르게 연결한 것은?

	㉠	㉡	㉢
①	쌓인 눈	물소리	파란 싹들
②	쌓인 눈	파란 싹들	물소리
③	물소리	쌓인 눈	파란 싹들
④	물소리	파란 싹들	쌓인 눈
⑤	파란 싹들	쌓인 눈	물소리

04 [A]에서 사용된 비유 표현과 그 개념을 함께 쓰시오.

[05~08] 다음 시를 읽고, 물음에 답하시오.

나도 별과 같은 사람이
될 수 있을까.
외로워 쳐다보면
㉠ 눈 마주쳐 마음 비쳐 주는
그런 사람이 될 수 있을까.

나도 꽃이 될 수 있을까.
세상일이 괴로워 쓸쓸히 밖으로 나서는 날에
가슴에 ㉡ 화안히 안기어
㉢ 눈물짓듯 웃어 주는
하얀 들꽃이 될 수 있을까.

가슴에 사랑하는 별 하나를 갖고 싶다.
외로울 때 부르면 다가오는
별 하나를 갖고 싶다.

㉣ 마음 어두운 밤 깊을수록
우러러 쳐다보면
반짝이는 그 맑은 눈빛으로 ㉤ 나를 씻어
길을 비추어 주는
그런 사람 하나 갖고 싶다.

---

05 이 시의 말하는 이에 대한 설명으로 적절한 것은?

① 말하는 이는 과거를 회상하며 자신의 잘못을 반성하고 있다.
② 말하는 이는 자신을 위로해 줄 수 있는 존재를 필요로 하고 있다.
③ 말하는 이는 주변에 자신을 이해해 주는 존재가 많다고 생각하고 있다.
④ 말하는 이는 자신이 미래에도 계속 외롭고 쓸쓸할 것이라고 전망하고 있다.
⑤ 말하는 이는 상대가 힘이 들 때 자신이 위로가 되는 존재임을 확신하고 있다.

---

06 ㉠~㉤에 대한 설명으로 적절하지 <u>않은</u> 것은?

① ㉠은 외로운 마음을 알아 주고, 위로가 되어 준다는 의미이다
② ㉡은 운율적 효과를 주고 느낌을 강조하기 위해 '환히'를 의도적으로 늘여 쓴 표현이다.
③ ㉢은 겉으로는 웃고 있지만 속으로는 눈물을 흘리며 슬퍼한다는 의미이다.
④ ㉣은 말하는 이가 처한 괴롭고 힘든 현실을 암시한다.
⑤ ㉤은 '나'의 마음을 정화해 주고 앞으로 살아갈 날들에 희망을 준다는 의미이다.

---

07 이 시의 주제를 다음과 같이 정리할 때, 빈칸에 들어갈 수 있는 말로 적절하지 <u>않은</u> 것은?

> 말하는 이는 서로가 서로에게 (　　　　　) 가 되어 주는 삶을 소망한다.

① 공감해 주는 존재
② 포용해 주는 존재
③ 힘이 되어 주는 존재
④ 마음을 알아주는 존재
⑤ 잘못을 깨닫게 해 주는 존재

---

08 이 시에서 시어에 상징적 의미를 부여하여 얻을 수 있는 효과로 적절한 것은?

① 시의 주제를 직접적으로 드러낸다.
② 시의 리듬감이 잘 느껴지도록 한다.
③ 시의 형식적인 아름다움을 강조한다.
④ 시의 내용을 더욱 추상적으로 설명한다.
⑤ 시에 다양한 의미를 부여하여 깊이 있는 감상을 유도한다.

[09~10] 다음 시를 읽고, 물음에 답하시오.

내를 건너서 숲으로
고개를 넘어서 마을로

어제도 가고 오늘도 갈
나의 길 새로운 길

민들레가 피고 까치가 날고
아가씨가 지나고 바람이 일고

나의 길은 언제나 새로운 길
오늘도…… 내일도……

내를 건너서 숲으로
고개를 넘어서 마을로

어려워 ♡

09 1~5연에 대한 설명으로 적절하지 **않은** 것은?

① 1연: 고난을 극복하고 평화로운 곳으로 나아가
　겠다는 말하는 이의 의지가 나타난다.
② 2연: 살아온 삶과 앞으로 살아갈 인생에 대한 말
　하는 이의 마음가짐이 나타난다.
③ 3연: 말하는 이가 살아가면서 만나는 다양한 존
　재들을 의미한다.
④ 4연: 자신에게 주어진 길을 새로운 마음으로 걸
　어가겠다는 말하는 이의 다짐을 보여 준다.
⑤ 5연: 어려움이 없는 새로운 길을 찾아나서고 싶
　은 말하는 이의 소망이 드러난다.

10 이 시에서 1연과 5연을 반복하여 얻을 수 있는 효과
로 적절하지 **않은** 것은?

① 시의 주제를 더욱 강조한다.
② 시의 구조를 안정감 있게 만든다.
③ 말하는 이의 삶의 태도가 강조된다.
④ 시를 읽을 때 리듬감이 느껴지게 한다.
⑤ 구체적인 대상을 추상적으로 나타내어 깨달음을
　준다.

[11~13] 다음 시를 읽고, 물음에 답하시오.

나는 어릴 때부터 그랬다.
칠칠치 못한 나는 걸핏하면 넘어져
무릎에 ⊙딱지를 달고 다녔다.
그 ⓛ흉물 같은 딱지가 보기 싫어
손톱으로 득득 긁어 떼어 내려고 하면
아버지는 그때마다 말씀하셨다.
딱지를 떼어 내지 말아라 그래야 낫는다.
아버지 말씀대로 그대로 놓아두면
ⓒ까만 고약 같은 딱지가 떨어지고
ⓔ딱정벌레 날개처럼 ⓜ하얀 새살이
돋아나 있었다.
지금도 칠칠치 못한 나는
사람에 걸려 넘어지고 부딪히며 ⎤[A]
마음에 딱지를 달고 다닌다. ⎦
그때마다 그 딱지에 아버지 말씀이
얹혀진다.
딱지를 떼지 말아라 딱지가 새살을 키운다.

11 [A]를 통해 알 수 있는 현재의 말하는 이의 상황으
로 적절한 것은?

① 아버지와 심한 갈등을 겪고 있다.
② 어려움을 외면하지 않고 당당하게 맞서고 있다.
③ 지금도 자주 넘어져 무릎에 딱지를 달고 다닌다.
④ 사람들로 인한 갈등이 잦아 마음의 상처가 많다.
⑤ 소심한 성격 탓에 현실에 적응하지 못하고 있다.

12 ⊙~ⓜ 중, 가리키는 대상이 같은 것끼리 묶인 것은?

① ⊙, ⓛ, ⓒ　　　　② ⓛ, ⓒ, ⓔ
③ ⓒ, ⓔ, ⓜ　　　　④ ⊙, ⓛ, ⓔ, ⓜ
⑤ ⓛ, ⓒ, ⓔ, ⓜ

서술형 ✎

13 〈보기〉의 빈칸에 들어갈 수 있는 말을 쓰시오.

┌ 보기 ┐

　이 시는 딱지가 생기고 새살이 돋는 과정에 빗
대어 인간은 상처를 입고 회복되는 과정에서 더욱
[　　　　　]할 수 있음을 전하고 있다.

[14~17] 다음 시조를 읽고, 물음에 답하시오.

1수 내 벗이 몇이나 하니 수석(水石)과 송죽(松竹)이라
동산(東山)에 달 오르니 그 더욱 반갑구나
두어라 이 다섯밖에 또 더하여 무엇하리

2수 구름 빛이 좋다 하나 검기를 자주 한다
바람 소리 맑다 하나 그칠 적이 많구나
좋고도 그칠 때 없기는 물뿐인가 하노라

3수 꽃은 무슨 일로 피면서 쉬이 지고
풀은 어이하여 푸르는 듯 누르느냐
아마도 변치 않는 것은 바위뿐인가 하노라

4수 더우면 꽃 피고 추우면 잎 지거늘
솔아 너는 어찌 눈서리를 모르느냐
구천(九泉)에 뿌리 곧은 줄을 그로 하여 아노라

5수 나무도 아닌 것이 풀도 아닌 것이
곧기는 뉘 시키며 속은 어이 비었는가
저렇고 사시(四時)에 푸르니 그를 좋아하노라

6수 작은 것이 높이 떠서 만물을 다 비추니
밤중의 광명이 너만 한 이 또 있느냐
보고도 말 아니하니 내 벗인가 하노라

어려워 ∨

14 이 시조의 말하는 이가 자연물을 대하는 태도로 적절한 것은?

① 자연물을 통해 반성하는 태도가 드러나 있다.
② 세상의 부조리함을 자연물에 빗대어 비판하고 있다.
③ 자연물을 비교하고 분석하여 그 가치를 객관적으로 평가하고 있다.
④ 자연물을 본받을 존재로 여기고, 이를 통해 삶에 대한 깨달음을 얻고 있다.
⑤ 벼슬길에 나아가지 않고 자연물을 가까이 하며 사는 즐거움을 노래하고 있다.

15 이 시조에 나타난 자연물과 그 특성으로 적절하지 **않은** 것은?

	자연물	특성
①	물	깨끗하면서도 그치지 않음.
②	바위	변하지 않고 한결같음.
③	소나무	시련과 고난에도 곧고 꿋꿋함.
④	대나무	잘잘못을 가려 올바른 길로 이끎.
⑤	달	포용적이면서도 과묵함.

16 이 시조에 사용된 표현 방법으로 적절하지 <u>않은</u> 것은?

① 스스로 묻고 답하는 표현 방법
② 말하고자 하는 바를 반대로 표현하는 방법
③ 추상적인 대상을 구체적인 사물로 표현하는 방법
④ 누구나 알 만한 사실을 의문형으로 제시하는 표현 방법
⑤ 유사한 구조를 가진 문장을 나란히 배치하는 표현 방법

서술형

17 이 시조에서 〈보기〉와 같은 표현 방법이 활용된 수를 모두 찾아 쓰시오.

> ┤보기├
>
> 여러 자연물의 속성을 대비하여 나타냄으로써 말하는 이가 벗이라고 여기는 자연물의 특성을 부각하고 있다.

소설

- 갈등의 진행과 해결 과정을 파악하며 작품을 감상한다.
- 인간의 성장을 다룬 작품을 읽으며 문학의 가치를 내면화할 수 있다.

키워드 모음 Zip

- 인물의 성격과 태도 파악하기
- 인물의 경험과 성장 과정 이해하기
- 갈등의 진행과 해결 과정 파악하기
- 인물의 관점과 태도 변화 이해하기

개념 돋보기

+ 소설
현실 세계에 있음 직한 일을 작가가 상상하여 꾸며 쓴 이야기

+ 갈등
개인 또는 집단 사이에서 서로 생각이나 입장, 이해하는 정도가 달라서 대립하거나 다투는 상태

+ 성장
몸이나 마음이 점점 자라는 것

참고 소설의 3요소

주제	작품을 통해 작가가 나타내고자 하는 중심 생각
구성	이야기의 내용을 짜임새 있게 배열하는 것
문체	작품에 드러나는 작가의 독특한 글투나 표현 방식

---

01 소설

1 소설 구성의 요소

소설 속 이야기는 일정한 흐름에 따라 전개되며, '인물, 사건, 배경' 세 가지 요소가 이야기를 구성한다.

인물	작품 속에 등장하는 사람. 작품에서 갈등을 만들고 해결하면서 이야기를 전개하는 주체임.
사건	작품 속에서 인물들이 겪는 일이나 벌이는 행동. 사건을 통해 이야기가 전개됨.
배경	인물들이 행동하고 사건이 일어나는 시간이나 장소. 인물의 행동을 사실적으로 느끼게 하며, 인물의 심리를 암시하거나 작품의 분위기를 형성함.

---

02 소설의 갈등

1 갈등의 개념

칡을 뜻하는 '갈(葛)'과 등나무를 뜻하는 '등(藤)'을 합쳐서 만든 말로, 인물의 마음속에서 또는 인물과 인물, 인물과 환경 사이에서 대립과 충돌이 일어나 서로 복잡하게 얽혀 있는 상태

2 갈등의 역할

- 사건을 전개한다.
- 인물의 성격을 뚜렷하게 드러낸다.
- 독자의 흥미와 관심을 불러일으킨다.
- 갈등이 고조되고 해결되는 과정에서 작가가 독자에게 전달하고자 하는 주제를 드러낸다.

3 갈등의 종류①

① 픽토그램으로 보는 갈등의 종류

- 내적 갈등

- 외적 갈등

내적 갈등	인물의 마음속에서 서로 다른 생각이 대립하여 발생하는 갈등 예 박완서, 「자전거 도둑」: 주인공 수남은 자전거를 들고 도망친 행동을 도둑질이라고 생각하여 죄책감을 느끼는 한편, 옳을 것도 없지만 나쁠 것도 없다는 생각에 쾌감을 느끼기도 하는 등 두 마음이 대립함.

	인물과 인물, 인물과 그 인물이 속한 사회, 인물과 자연환경, 인물과 그 인물이 처한 운명 사이에서 일어나는 갈등	
외적 갈등	인물과 인물 사이의 갈등	인물 간에 성격이나 가치관이 대립하면서 겪는 갈등 예 김유정, 「동백꽃」: 자신의 마음을 알아주지 않아 서운한 점순과, 점순의 행동을 이해하지 못하는 '나'가 서로 갈등함.
	인물과 그 인물이 속한 사회와의 갈등	인물이 그가 살고 있는 사회의 관습이나 제도 등과 대립하여 겪는 갈등 예 허균, 「홍길동전」: 조선 시대에 서얼(첩의 자식)로 태어난 홍길동은 벼슬을 얻고자 하나 당시의 신분 제도 때문에 뜻을 이룰 수 없어 갈등을 겪음.
	인물과 자연환경과의 갈등	인물이 자연환경과 대립하여 겪는 갈등 예 헤밍웨이, 「노인과 바다」: 쿠바의 늙은 어부 산티아고가 청새치, 상어와 사투를 벌임.
	인물과 그 인물이 처한 운명과의 갈등	인물이 그에게 주어진 운명과 대립하여 겪는 갈등 예 김동리, 「역마」: 성기는 역마살(떠돌아다니는 운명)에서 벗어나려 하지만, 결국 자신의 운명을 벗어나지 못하고 순응하기로 함.

4 갈등 양상에 따른 소설의 구성 단계

소설에서는 갈등이 발생하여 전개되고 해결되는 과정에 따라 이야기가 전개된다. 일반적으로 소설의 구성 단계는 갈등의 진행에 따라 '발단 – 전개 – 위기 – 절정 – 결말'의 5단계로 나뉜다.

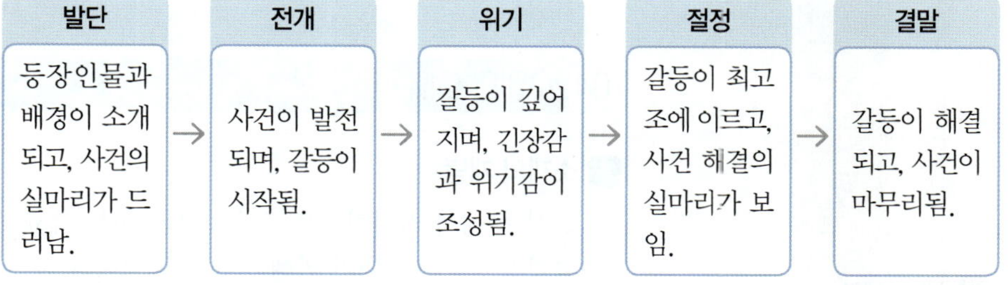

발단		전개		위기		절정		결말
등장인물과 배경이 소개되고, 사건의 실마리가 드러남.	→	사건이 발전되며, 갈등이 시작됨.	→	갈등이 깊어지며, 긴장감과 위기감이 조성됨.	→	갈등이 최고조에 이르고, 사건 해결의 실마리가 보임.	→	갈등이 해결되고, 사건이 마무리됨.

5 갈등의 효과

· 갈등의 진행과 해결 과정에서 작품의 주제를 파악할 수 있어 작품을 깊이 있게 이해하는 데 도움이 된다.
· 작품 속 세계를 간접적으로 경험하면서 다른 사람에 대한 이해와 공감의 폭을 넓힐 수 있다.

03 소설의 시점

1 1인칭 시점

소설 속에 등장하는 '나'가 서술자인 경우가 해당된다.

1인칭 주인공 시점	작품 속 주인공인 '나'가 자신의 이야기를 직접 서술함.
1인칭 관찰자 시점	작품 속 인물인 '나'가 주인공의 행동과 사건을 관찰하여 서술함.

2 3인칭 시점

서술자가 소설 속에 등장하지 않는 경우가 해당된다.

3인칭 관찰자 시점	작품 밖 서술자가 객관적인 태도로 인물의 행동이나 사건을 관찰하여 서술함.
3인칭 전지적 시점	작품 밖 서술자가 모든 것을 아는 입장에서 인물과 사건에 대해 서술함.

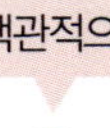

04 소설의 소재

1 소재의 개념

소설 속에서 작가가 의도적으로 사용하는 재료로, 작가가 말하고자 하는 의미를 효과적으로 드러내기 위해 선택하는 일이나 물건을 말한다.

2 소재의 기능

- 인물 간의 갈등을 일으키거나 해결한다.
- 인물의 심리나 처지를 상징적으로 드러낸다.
- 작품의 배경이 되는 시대의 사회상을 드러낸다.
- 앞으로 일어날 사건을 암시하거나 사건과 사건을 연결해 준다.
- 작가가 작품을 통해 궁극적으로 말하고자 하는 주제를 표현한다.

참고 소설의 서술자

서술자

소설 속에서 독자에게 이야기를 하며 사건에 대해 말하는 인물

→ 소설의 서술자는 소설 속에 등장하기도 하고, 등장하지 않기도 함. 작가가 이야기를 효과적으로 전달하기 위해 설정한 인물이므로, 서술자와 작가는 같지 않음.

참고 소설의 배경

사건이 발생하거나 인물이 행동하는 시간적·공간적, 시대적·사회적 환경

→ 사건이나 인물의 행동을 사실적으로 보이게 하고, 배경 자체가 상징적인 의미를 지니기도 하며 소설의 전반적인 분위기를 형성함.

1 성장을 다룬 소설의 개념

- 주로 아직 성숙하지 않은 주인공이 다양한 갈등을 겪고, 이를 극복하며 성장하는 과정을 담은 소설이다.
- 주로 인물이 겪는 어려움과 그 과정에서 일어나는 인물 내면의 심리적·도덕적 변화를 이야기한다.

2 성장을 다룬 소설이 지닌 가치

- 인간의 다양한 삶의 모습을 간접적으로 경험하고 이해할 수 있다.
- 인물이 고민하거나 갈등을 겪는 과정에서 독자가 자신의 행동이나 태도를 성찰하게 한다.
- 바람직한 삶의 가치를 생각하고 이를 내면화할 수 있다.

참고 소설 속 인물의 성장
소설에서 인물의 성장은 주로 생각과 태도의 변화로 알 수 있음. 같은 대상이나 인물에 대한 생각과 태도가 어떻게 변화하는지 살펴보며 내용을 깊게 이해할 수 있음.

1 고전 소설의 개념

19세기 이전에 창작된 소설로, 현대 소설과 구분하여 부르는 말이다.

2 고전 소설의 특징

❷ **영웅의 일대기적 구성**
- 고전 소설 중 영웅 소설은 대체로 일대기적 구성을 취함.
- 비범한 능력을 지닌 주인공의 출생과 성장 및 고난의 극복과 성공의 과정을 다룸.

구분	내용
일대기적 구성❷ └ 어느 한 사람의 일생에 관한 내용을 적은 기록	인물이 태어나서부터의 이야기를 시간의 흐름에 따라 전개함. 예 '심청'은 앞을 못 보는 '심 봉사'와 어진 '곽씨 부인' 사이에서 태어남.
우연적 사건	이야기의 앞뒤 사건이 어떠한 이유 없이 우연히 맞아떨어지는 방식으로 전개됨. 예 어느 날 개천에 빠진 '심 봉사'를 마침 그곳을 지나가던 화주승이 구해주고, '심 봉사'에게 공양미 삼백 석을 바치면 눈을 뜰 수 있다고 말함.
평면적, 전형적 인물	이야기의 처음부터 끝까지 성격이 변하지 않는(평면적) 인물, 한 계층을 대표하는(전형적) 인물이 주로 등장함. 예 효심이 지극한 '심청'은 아버지의 눈을 뜨게 하기 위해 공양미 삼백 석을 받기로 하고 인당수에 제물로 가지 됨.
비현실적 사건	현실에서 일어나기 어려운 사건들이 전개됨. 예 인당수에 빠진 '심청'은 용궁으로 가서 극진한 대접을 받고는 연꽃을 타고 바다 위로 올라옴.
행복한 결말	주인공이 원하는 것을 얻거나, 착한 사람은 복을 받고 나쁜 사람은 벌을 받는다는 주제를 드러냄. 예 왕후가 된 '심청'은 맹인 잔치를 열어 아버지를 찾고, 딸을 만난 '심 봉사'는 눈을 뜨게 됨.

하늘은 맑건만 ① | 현덕

· 인물이 겪는 갈등의 양상과 갈등의 진행 과정 파악하기
· 갈등의 해결 과정을 통해 삶의 가치 이해하기

발단

가 중문 안 안반 뒤에 숨겨 둔 공이 간 데가 없다. 팔을 넣어
아무리 더듬어도 빈탕이다. 문기는 가슴이 두근거리기 시작하
였다. / '혹 동네 아이들이 집어 갔을까?'

도리어 그랬으면 다행이다. 만일에 그 공이 숙모 손에 들어가
기나 했으면 큰일이다.

문기는 아무 일 없는 태도로 전일과 다름없이 안마당에서 화
초분에 물을 준다. 그러면서 연해 숙모의 눈치를 살핀다. 숙모는
부엌에서 저녁을 짓는다. 마루로 부엌으로 오르고 내릴 때 얼굴
이 마주치는 것이나, 문기는 자기를 보는 숙모 눈에 별다른 것
이 없다 싶었다. 문기는 차츰 생각을 고친다.

'필시 공은 거지나 동네 아이들이 집어 갔기 쉽지. 그렇잖으면 작은어머니가 알고 가만있을 리가 있나.'

나 며칠 전 일이다. 문기는 저녁에 쓸 고기 한 근을 사 오라고 숙모에게 <u>지전</u> 한 장을 받았다. 언제나
그맘때면 사람이 붐비는 삼거리 고깃간이다. 한참을 기다려서 문기 차례가 왔다. 문기는 지전을 내밀었
다. 뚱뚱보 고깃간 주인은 그 돈을 받아 둥구미에 넣고 천천히 고기를 베어 저울에 단 후 종이에 말아
내밀었다. 그리고 그 거스름돈으로 지전 아홉 장과 그 위에 은전 몇 닢을 얹어 내주는 것이 아닌가.

문기는 어리둥절하였다. 처음 그 돈을 숙모에게 받을 때와 고깃간 주인에게 내밀 때까지도 일 원짜
리로만 알았던 것이다. 문기는 돈과 주인을 의심스레 쳐다보았다.

허나 그는 다음 사람의 고기를 베느라 분주하다.

문기는 <u>주빗주빗하는</u> 사이 사람에게 밀려 뒷줄로 나오고 말았다. 그러나 다시 생각하면 정말 숙모
가 일 원짜리를 준 것인지 아닌지 모르겠다. 아니라면 도리어 큰일이 아닌가. 하여튼 먼저 숙모에게 알
아볼 일이었다. / 문기는 집을 향해 돌아가면서도 연해 고개를 기웃거리며 그 일을 생각하였다. 내가
잘못 본 것인가 고깃간 주인이 잘못 본 것인가 하고.

발단 문기가 심부름을 갔다가 고깃간 주인에게 □□□□□을 더 받음.

전개 1

다 골목 모퉁이를 꺾어 돌아섰다. 서너 간 앞을 서서 동무 수만이가 간다. 문기는 쫓아가 그와 나란
히 서며, / "너 집에 인제 가니?" / 하고 어깨에 손을 걸고,

"이거 이상한 일 아냐?" / "뭐가 말야?" / "고길 사러 갔는데 말야. 난 일 원짜리로 알구 냈는데
십 원으로 거슬러 주니 말야." / "정말야? 어디 봐." / 문기는 손바닥을 펴 돈과 또 고기를 보였다.

수만이는 잠시 눈을 꿈벅꿈벅 무슨 궁리를 하는 듯 문기 얼굴을 보고 섰더니,

"너 이렇게 해 봐라." / "어떻게 말야?" / "먼저 잔돈만 너희 작은어머니에게 주거든."

"그러고 어떡해?" / "그리고 아무 말 없거든 내게로 나와. 헐 일이 있으니." / "무슨 헐 일?"

"글쎄, 그러구만 나와. 다 좋은 일이 있으니."

마침내 문기는 수만이가 이르는 대로 잔돈만 양복 주머니에서 꺼내 놓았다. 숙모는 그 돈을 받아 두

갈래	현대 소설, 단편 소설, 성장 소설
성격	사실적, 교훈적
배경	· 시간적 배경: 1930년대 · 공간적 배경: 어느 도시
시점	3인칭 전지적 시점
소재	거스름돈을 잘못 받은 일
주제	정직한 삶의 중요성
특징	· 인물의 갈등과 심리 변화가 섬세하게 드러남. · 갈등 해결 과정을 통해 인물의 성장과 성찰이 드러남.

번 자세히 세어 보고 주머니에 넣고는 아무 말 없이 돌아서 고기를 썻는다.

　그래도 문기는 한동안 머뭇머뭇 눈치를 보다가 슬며시 밖으로 나갔다. 그리고 문밖엔 수만이가 이상한 웃음으로 그를 맞이하였다.

　수만이가 있다던 ⊙좋은 일이란 다른 것이 아니었다. 거리에서 보고 지내던 온갖 가지고 싶고 해 보고 싶은 가지가지를 한번 모조리 돈으로 바꾸어 보자는 것이다.

　그러나 문기는, / "돈을 쓰면 어떻게 되니?" / "염려 없어. 나 하는 대로만 해."

하고 머뭇거리는 문기 어깨에 팔을 걸고 수만이는 우쭐거리며 걸음을 옮긴다.

콕콕 핵심 정리

교과서 핵심 개념 ☆

✦ 거스름돈을 더 받은 일이 사건 전개에 미치는 영향

문기는 고깃간에서 거스름돈을 더 받은 것을 사실대로 이야기하지 않고, 수만과 함께 그 돈을 쓰기로 함.

∨

- 앞으로 발생할 사건의 실마리가 될 것을 짐작할 수 있음.
- 문기가 앞으로 겪게 될 갈등의 원인이 될 것을 짐작할 수 있음.

✦ 시대적 배경을 드러내는 소재

지전, 은전, 일 원, 십 원	1930년대에 사용되던 화폐
고깃간, 동구미	현재 사용하지 않는 용어

교과서 핵심 개념 ☆

✦ 문기와 수만의 성격

문기	수만
• 머뭇거리다가 거스름돈을 잘못 받은 일에 대해 사실대로 말하지 못함. • 거스름돈을 쓰자는 수만의 말에 머뭇거리면서도 수만이 시키는 대로 함.	• 숙모를 시험하는 행동을 하도록 문기를 부추김. • 거스름돈을 함께 쓰자고 문기를 유혹함.
소심하고 우유부단함.	영악하고 계산적임.

핵심만 바로 체크

1 문기는 처음부터 숙모에게 거짓말을 하려는 의도를 가지고 있었다.　(○ , ×)

2 문기는 결국 수만의 제안을 받아들여 잘못된 행동을 하게 된다.　(○ , ×)

실전으로 바로 연습

1 이 글에 대한 설명으로 적절하지 <u>않은</u> 것은?

① 사건에 따른 인물의 갈등이 드러나 있다.
② 1인칭 시점으로 이야기가 서술되고 있다.
③ 인물의 심리적 갈등이 구체적으로 나타나 있다.
④ 글에 나타난 소재들로 시대적 배경을 짐작할 수 있다.
⑤ 과거 회상을 통해 앞으로 전개될 사건의 실마리가 제시되고 있다.

핵심 ☆

2 이 글의 인물에 대한 설명으로 적절하지 <u>않은</u> 것은?

① 수만은 겁이 없고 영악한 성격이다.
② 문기는 소극적이고 소심한 성격이다.
③ 수만은 문기의 행동을 부추기는 역할을 한다.
④ 문기는 중심인물로 사건을 이끌어 나가는 역할을 한다.
⑤ 수만과 문기는 돈을 사용하고 싶은 곳이 달라 갈등을 겪는다.

3 ⊙이 의미하는 내용으로 적절한 것은?

① 돈을 배로 불리는 것
② 숙모에게 용돈을 받는 것
③ 친구들과 함께 공놀이를 하는 것
④ 거스름돈을 고깃간 주인에게 돌려주는 것
⑤ 가지고 싶었던 물건을 사고, 해 보고 싶었던 일을 하는 것

하늘은 맑건만 ②

라 그래도 으슥한 골목을 걸을 때에는 알 수 없는 두려움에 가슴이 두근거렸으나 밝은 큰 행길로 나오자 차차 다른 기쁨으로 변했다. 길 좌우편 환한 상점 유리창 안의 온갖 것이 모두 제 것인 양, 손짓해 부르는 듯했다.

드디어 그들은 공을 샀다. 만년필을 샀다. 쌍안경을 샀다. 만화책을 샀다. 그리고 활동사진 구경도 갔다. 다니며 이것저것 군것질도 했다.
영화(映畫)의 옛 용어

그리고 그 나머지 돈으로 또 한 가지 즐거운 계획이 있었다. 조그만 환등 기계 한 틀을 사자는 것이다. 이것을 놀려 아이들에게 일 전씩 받고 구경을 시킨다. 그리고 여기서 나오는 것으로 두고두고 용돈
그림, 사진, 실물 등에 강한 불빛을 비추어 그 반사광을 렌즈에 의해 확대하여 영사하는 조명 기구
에 주리지 않도록 하자는 계획이다, 하고 오늘 저녁부터 그 첫 착수를 하자는 약조였다.
원하는 것을 얻지 못하여 몹시 아쉬워하지   어떤 일에 손을 댐. 또는 어떤 일을 시작함.

마 그러나 이 즐거운 계획을 앞두고 이내 올 것은 오고 말았다. 안방에서 저녁상을 받고 앉았던 삼촌은 문기를 불렀다. 두 번 세 번 문기야 소리가 아랫방 창을 울린다. <중략>

삼촌은 상 밑에 그 공을 굴려 내며, / "이거 웬 공이냐?" / "수만이가 준 공예요."

"이것두?" / 하고 삼촌은 무릎 밑에서 쌍안경을 꺼내 들었다.

"네." / "수만이란 얼마나 돈을 잘 쓰는 아인지 몰라두 이 공은 오십 전은 줬겠구나. 이건 못 줘두 일 원은 넘겨 줬겠구."

그리고 삼촌은, / "수만이란 뭘 하는 집 아이냐?"

문기는 고개를 숙이고 앉아 말이 없다. 삼촌은 숭늉을 마시고 상을 물렸다.

"네 입으로 수만이가 줬다니 네 말이 옳겠지. 설마 네가 날 속이기야 하겠니. 하지만 남이 준다고 아무것이고 덥적덥적 받는다는 것두 좀 생각해 볼 일이거든."

삼촌은 다시 말을 계속한다.

"말 들으니 너 요샌 저녁두 가끔 나가 먹는다더구나. 그것두 수만이에게 얻어먹는 거냐?"

문기는 벌겋게 얼굴이 달아 수그리고 앉았다. 삼촌은 잠시 묵묵히 건너다만 보고 있더니 음성을 고쳐 엄한 어조로,

"어머님은 어려서 돌아가시구 아버지는 저 모양이시구, 앞으로 집안을 일으킬 사람은 너 하나야. 성실치 못한 아이들하고 얼려 다니다 혹 나쁜 데 빠지거나 하면 첫째 네 꼴은 뭐구, 내 모양은 뭐냐? 난
'어울리어'의 준말. 함께 사귀어 잘 지내거나 일정한 분위기에 끼어 들어 같이 휩싸여
너 하나는 어디까지든지 공부도 시키구 사람을 만들어 주려구 애쓰는데 너두 그 뜻을 받아 주어야 사람이 아니냐."

그리고 삼촌은 어떻게 뒤뚝 맘 한번 잘못 가졌다가 영 신세를 망치고 마는 예를 이것저것 들어 말씀
큰 물체나 몸이 중심을 잃고 한쪽으로 기울어지는 모양. 여기서는 '자칫'의 뜻
하고는 이후론 절대 이런 것 받아들이지 말라는 단단한 다짐을 받은 후 문기를 내보냈다.

바 문기는 아랫방에 내려와 혼자 되자 삼촌 앞에서보다 갑절 얼굴이 달아올랐다. 지금까지 될 수 있는 대로 생각지 않으려고 힘을 써 오던 그편에 정면으로 제 몸을 세워 놓고 보지 않을 수 없었다. 그러자 자기라는 몸은 벌써 삼촌의 이른바 나쁜 데 빠지고 만 것이었다. 그야 자기는 수만이가 시켜서 한 일이니까 잘못이 없다는 것이지만 당초에 그것은 제 허물을 남에게 밀려는 얄미운 구실이 아니고 뭐냐. 그리고 문기는 이미 삼촌을 속였다. 또 써서는 아니 될 돈을 쓰고 말았다.
잘못 저지른 실수

전개 1 문기는 거스름돈을 ☐☐과 함께 쓴 후 삼촌에게 꾸중을 듣고 ☐☐함.

전개 2 **사** 마침내 문기는 공과 쌍안경을 집어 들고 문밖으로 나갔다. 어둑어둑 저물어 가는 행길이다. <중략>

골목 하나를 돌아서 나올 즈음, 문기는 모르고 흘리는 것인 양 슬며시 쌍안경을 꺼내 길바닥에 떨어뜨렸다. 그리고 걸음을 빨리 건너편 골목으로 들어간다.

개천가 앞에 이르렀다. 거기서 문기는 커다란 공을 바지 앞에 품고 앉아서 길 가는 사람이 없기를 기다린다. / 자전거가 가고 노인이 오고 동이 뜬 그 중간을 타서 문기는 허옇게 흐르는 물 위로 공을 던져 버렸다. 이어 양복 안주머니에 간직해 두었던 나머지 돈을 꺼내 들었다. 그것도 마저 던져 버리려다가 문득 들었던 손을 멈춘다. 그리고 잠시 둥실둥실 물을 따라 떠나가는 공을 통쾌한 듯 바라보다가는 돌아서 걸음을 옮긴다. / 문기는 삼거리 고깃간을 향해 갔다. 그리고 골목으로 돌아가 나머지 돈을 종이에 싸서 담 너머로 그 집 안마당을 향해 던졌다.

콕콕 핵심 정리

교과서 핵심 개념 ☆

✦ 갈등의 진행과 해결 과정 ①

문기의 내적 갈등
써서는 안 될 돈을 쓰고 삼촌에게 거짓말을 함.

∨

갈등의 해결
• 쌍안경을 길바닥에 떨어뜨림. • 물 위로 공을 던져 버림. • 고깃간 집 안마당을 향해 나머지 돈을 던짐.

✦ 삼촌의 성격

• 문기가 잘못 행동하지 않도록 엄격하게 대하며 문기를 아낌.
• 문기가 바르게 자라도록 애씀.

→ 삼촌은 부모의 역할을 대신하여 문기를 바른 길로 이끌어 주는 인물임.

✦ 문기의 심리 변화 ①

잘못 받은 거스름돈을 수만과 함께 씀.	불안함, 기쁨

∨

삼촌에게 훈계를 들음.	죄책감, 부끄러움

∨

공과 쌍안경을 버리고, 나머지 돈을 고깃간 집 안마당에 던짐.	후련함, 홀가분함

핵심만 바로 체크

3 문기와 수만의 '즐거운 계획'이란 환등 기계를 사서 아이들에게 일 전씩 받고 구경시켜 주며 용돈을 버는 것을 말한다. (○ , ×)

4 삼촌의 훈계를 들은 후 혼자가 된 문기의 얼굴이 벌겋게 달아오른 이유는 (죄책감 , 모욕감)을 느꼈기 때문이다.

실전으로 바로 연습

핵심 ☆

4 (마)~(사)에 드러난 갈등에 대한 설명으로 적절하지 <u>않은</u> 것은?

① 문기는 삼촌의 훈계를 계기로 내적 갈등을 겪게 된다.
② 삼촌이 문기의 거짓말을 눈치채면서 두 사람의 갈등은 심화된다.
③ 문기는 삼촌에게 거짓말을 한 것에 죄책감을 느끼며 갈등하게 된다.
④ 문기가 갈등을 겪는 까닭은 잘못 받은 거스름돈을 써 버렸기 때문이다.
⑤ 문기는 잘못된 행동을 스스로 바로잡으면서 자신의 내적 갈등을 해결한다.

5 이 글에 드러난 문기의 심리 변화를 바르게 배열한 것은?

	(라)	(마), (바)	(사)
①	기쁨	죄책감	후련함
②	불안함	미안함	섭섭함
③	서운함	기쁨	홀가분함
④	즐거움	부끄러움	어리둥절함
⑤	두려움	홀가분함	부끄러움

하늘은 맑건만 ③

아 그제야 문기는 무거운 짐을 풀어 놓은 듯 어깨가 거뜬했다. 아까 물 위로 둥실둥실 떠가던 그 공, 지금은 벌써 십 리고 이십 리고 멀리 떠갔을 듯싶은 그 공과 함께 문기는 자기의 허물도 멀리 사라져 깨끗이 벗어난 듯 속이 후련했다. 그리고, / "다시는, 다시는……."

하고 문기는 두 번 다시 그런 허물을 범하지 않겠다고 백번 다지며 집을 향해 돌아간다.

그러나 문기는 그것만으로는 도저히 자기 허물을 완전히 벗을 수 없었다. 그가 자기 집 어귀에 이르 렀을 때 뜻하지 않은 것이 기다리고 있다 나타났다.

자 "너 어디 갔다 오니?" / 하고 컴컴한 처마 밑에서 수만이가 튀어나오며 반긴다. <중략>

"정말 없어. 지금 고깃간 집 안마당으로 던져 주고 오는 길야. 공두 쌍안경두 버리구."

하고 문기는 증거를 보이느라고 이쪽저쪽 주머니를 털어 보이는 것이나 수만이는 흥 하고 코웃음을 친다.

"누군 너만 못 약을 줄 아니?" / 그리고 연신 빈정댄다.

"고깃간 집 마당으로 던졌다? 아주 핑계가 됐거든." / "거짓말 아니다. 참말야."

할 뿐, 문기는 어떻게 변명할 줄을 몰라 쳐다보기만 하다가 고개를 떨어뜨리고 울상을 한다.

"오늘 작은아버지에게 막 꾸중 듣구. 그리고 나두 이젠 그런 건 안 헐 작정이다."

"그래도 나하고 약조헌 건 실행해야지. 싫으면 너는 빠져도 좋아. 그럼 돈만 이리 내."

하고 턱 밑에 손을 내민다. / "정말 없대두 그래."

전개 2 문기는 공과 쌍안경을 버리고 나머지 돈을 ☐☐☐ 집 안마당에 던짐.

위기 1 **차** 문기 집 가까이 이르렀다. 수만이는 문기 앞으로 다가서며 작은 음성으로 <u>조졌다</u>.
일이나 말이 허술하게 되지 않도록 단단히 단속하다.

"너, 지금으로 가지고 나오지 않으면 낼은 가만 안 둔다. 도적질했다 하구 똑바루 써 놀 테야."

문기는 여전히 못 들은 척 걸음만 옮긴다. 자기 집 마당엘 들어섰다. 숙모는 뒤꼍에서 화초 모종을
옮겨 심으려고 가꾼, 벼 이외의 온갖 어린 식물. 또는 그것을 옮겨 심음.
하는지 여기 심어라 저기 심어라 하고 아랫집 심부름을 하는 아이와 이야기하는 소리가 날 뿐 집 안엔 아무도 없다. / 그리고 눈앞에 보이는 <u>붙장</u> 안 앞턱에 잔돈 얼마와 지전 몇 장이 놓여 있다. 그리고 문
부엌 벽의 안쪽이나 바깥쪽에 붙여 만든 장. 간단한 그릇 등을 간직하는 데 쓴다.
밖엔 지금 수만이가 돈을 가지고 나오기를 기다리고 섰다. 여기서 문기는 두 번째 허물을 범하고 말았다.

"진작 듣지." / 하고 빙그레 웃는 수만이 얼굴에다 뺨을 때리듯 돈을 던져 주고 문기는 달아났다.

위기 1 문기는 수만의 협박에 못 이겨 ☐☐의 돈을 훔쳐 수만에게 줌.

위기 2 **카** 날이 저물어서 문기는 풀이 죽어 집 마루에 걸터앉았다. 숙모가 방에서 나오다 보고,

"너, 학교에서 인제 오니?" / 그리고 이어, / "너 혹 붙장 안의 돈 봤니?"

하다가는 채 문기가 입을 열기 전에 숙모는,

"학교서 지금 오는 애가 알겠니. 참, 점순이 고년 앙큼헌 년이드라. 낮에 내가 뒤꼍에서 화초 모종을 내고 있는데 집을 간다고 나가더니 글쎄, 돈을 집어 갔구나."

문기는 잠잠히 듣기만 한다. 그러나 속으로는 갚으면 고만이지 소리를 또 한 번 외어 본다.

타 그날 밤이었다. 아랫방 들창 밑에 훌쩍훌쩍 우는 어린아이 울음소리가 났다. 아랫집 심부름하는
「1」 들어서 여는 창 「2」 벽의 위쪽에 자그맣게 만든 창
아이 점순이 음성이었다. 숙모가 직접 그 집에 가서 무슨 말을 한 것은 아니로되 자연 그 말이 한 입 건

너 두 입 건너 그 집에까지 들어갔고, 그리고 그 집 주인 여자는 점순이를 때려 쫓아낸 것이다. 먼저는 동네 아이들이 모여 지껄지껄하더니 차차 하나 가고 둘 가고 훌쩍훌쩍 우는 그 소리만 남는다. 방 안의 ㉠ 문기는 그 밤을 뜬눈으로 새웠다.

위기 2 문기는 자기 때문에 □□이 □□을 쓰고 쫓겨나자 괴로워함.

콕콕 핵심 정리

교과서 핵심 개념 ☆

◆ 갈등의 진행과 해결 과정 ②

문기와 수만의 외적 갈등

수만은 돈이 없다는 문기의 말을 믿지 않고, 돈을 내놓으라며 문기를 협박함.

▼

갈등의 해결

문기가 붙장 안에 있던 숙모의 돈을 훔쳐 수만에게 줌.

교과서 핵심 개념 ☆

◆ 갈등의 진행과 해결 과정 ③

문기의 내적 갈등

· 문기가 숙모의 돈을 훔친 일로 양심의 가책을 느낌.
· 훔친 돈은 갚으면 된다고 스스로를 변명함.

▼

내적 갈등의 심화

자기 대신 누명을 쓰고 쫓겨난 점순의 울음소리를 듣고, 미안함과 죄책감으로 잠을 이루지 못함.

◆ 문기의 심리 변화 ②

수만에게 남은 돈을 내놓으라는 협박을 받음.	**불안함**
▼	
숙모의 돈을 훔쳐 수만에게 주고, 이 일로 점순이 누명을 쓴 사실을 알게 됨.	**죄책감**

핵심만 바로 체크

5 수만은 문기가 돈을 혼자 쓰려고 거짓말을 한다고 생각한다.　　　(○ , ×)

6 문기는 훔친 숙모의 돈은 갚으면 된다며 죄책감을 떨치려 한다.　　(○ , ×)

실전으로 바로 연습

핵심 ☆

6 이 글에 드러난 갈등 양상에 대한 설명으로 알맞은 것끼리 묶은 것은?

> ㄱ. 인물과 인물의 외적 갈등이 드러나 있다.
> ㄴ. 사회적 편견에 맞서 저항하는 인물의 내적 갈등이 드러나 있다.
> ㄷ. 하나의 갈등이 해결되기 전에 다른 갈등이 나타나 사건이 얽히고 있다.
> ㄹ. 갈등을 해결하기 위한 인물의 행동이 또 다른 갈등을 불러일으키고 있다.

① ㄱ, ㄴ　　　　② ㄱ, ㄹ　　　　③ ㄴ, ㄷ
④ ㄴ, ㄹ　　　　⑤ ㄷ, ㄹ

7 (아)~(타)에 대한 설명으로 적절하지 <u>않은</u> 것은?

① (아): 문기는 내적 갈등을 완전히 해소하지 못했다.
② (자): 수만은 돈이 없다는 문기의 말에도 환등 기계를 사는 것을 포기하지 않았다.
③ (차): 문기는 수만의 협박에 못 이겨 숙모에게 돈을 빌렸다.
④ (카): 문기는 자신의 행동을 합리화하며 죄책감을 덜고자 했다.
⑤ (타): '그 밤'은 문기의 내적 갈등이 심화되는 시간을 의미한다.

8 문기가 ㉠과 같이 행동한 까닭으로 적절한 것은?

① 수만이 또 찾아올까 봐 두려워서
② 숙모의 돈을 갚을 일이 걱정되어서
③ 처음 가져 보는 큰돈에 욕심이 생겨서
④ 숙모의 돈을 훔친 것을 들킬까 봐 불안해서
⑤ 자기 때문에 누명을 쓴 점순에게 죄책감을 느껴서

하늘은 맑건만 ④

절정 **파** 이튿날 아침이다. 문기는 밥을 두어 술 뜨다가는 고만둔다.

그 돈을 갚기 위한 그것이 아니다. 도무지 입맛이 나지 않았다.

학교엘 갔다. 첫 시간은 <u>수신</u> 시간, 그리고 공교로이 제목이 '정직'이다. 선생님은 뒷짐을 지고 교단
일제 강점기 때의 교과목 중 하나, 지금의 도덕 과목
위를 왔다 갔다 하며 거짓이라는 것이 얼마나 악한 것이고 정직이 얼마나 귀하고 중한 것인가를 누누
이 말씀한다. 그리고 안경 쓴 선생님의 그 눈이 번쩍 하고 문기 얼굴에 머물렀다 가고 가고 한다.

[A] 그럴 때마다 문기는 가슴이 뜨끔뜨끔해진다. 문기는 자기 한 사람에게만 들리기 위한 정직이요
수신 시간인 듯싶었다. 그만치 선생님은 제 속을 다 들여다보고 하는 말인 듯싶었다.

운동장에서도 문기는 풀이 없다. 사람 없는 교실 뒤 버드나무 옆 그런 데만 찾아다니며 고개를 숙이
고 깊은 생각에 잠기거나 팔짱을 찌르고 왔다 갔다 하기도 한다. 그러다 누가 등을 치면 소스라쳐 깜
짝깜짝 놀란다.

언제나 다름없이 하늘은 맑고 푸르건만 문기는 어쩐지 그 하늘조차 쳐다보기가 두려워졌다. 자기는
감히 떳떳한 얼굴로 그 하늘을 쳐다볼 만한 사람이 못 된다 싶었다.

하 오후 해 저물녘이다. 문기는 책보를 흔들흔들 고개를 숙이고 담임 선생님 집 앞을 왔다가는 <u>무춤하고</u>
놀라거나 어색한 느낌이 들어 갑자기 하던 짓을 멈추고
섰다가 그대로 지나가고 그대로 지나가고 한다. 세 번째는 드디어 그 집 문 안을 들어서서 선생님을 찾았다.

선생님은 문기를 안방으로 맞아들였다. 학교에서 볼 때 엄하고 딱딱하던 선생님은 의외로 부드러이
웃는 낯으로 문기를 대한다.

문기는 선생님 앞에 엎드려 모든 것을 자백할 결심이었다. 그런데 선생님의 부드러운 태도에 도리어
문기는 말문이 열리지 않았다. 다음은 건넌방에서 어린 애가 울어 못 했다. 다음은 사모님이 들락날락
하고 그리고 다음엔 손님이 왔다. 기어이 문기는 입을 열지 못한 채 물러 나오고 말았다.

거 먼저보다 갑절 무겁고 컴컴한 마음이었다. 도저히 문기의 약한 어깨로는 지탱하지 못할 무거운
눌림이다. 걸음은 집을 향해 가는 것이지만 반대로 마음은 멀어진다. 장차 집엘 가서 대할 숙모가 두려
웠고 삼촌이 두려웠고 더욱이 점순이가 두려웠다.

어느덧 걸음은 삼거리를 건너고 있었다. 문기 등 뒤에서 아주 멀리 뿡뿡 하고 자동차 소리와 비켜라
하는 사람의 소리가 나는 듯하더니 갑자기 귀밑에서 크게 울린다. 언뜻 돌아다보니 바로 눈앞에 자동
차 머리가 달려든다. 그리고 문기는 으쓱하고 높은 데서 아래로 떨어져 가는 듯싶은 감과 함께 정신을
잃고 말았다.

절정 문기는 선생님에게 사실을 ☐☐하려고 했지만 말하지 못하고, 집으로 가는 길에 ☐☐☐☐를 당함.

결말 **너** 얼마 동안을 지났는지 모른다. 문기가 어렴풋이 눈을 떴을 때 무섭게 전등불이 밝아 눈이 부셨
다. 문기는 다시 눈을 감았다. 두 번째 문기는 눈을 뜨자 희미하게 삼촌의 얼굴이 나타나며 그것이 차
차 똑똑해지더니 삼촌은, / "너, 내가 누군 줄 알겠니?" / 하고 웃지도 않고 내려다본다.

문기는 이것도 꿈인가 하고 한번 웃어 주려면서 그대로 맑은 정신이 났다. 문기는 병원 침대 위에 누
워 있었다. 어디 아픈 데는 없으면서도 몸을 움직일 수는 없다. 삼촌은 근심스러운 얼굴로 내려다본다.

"작은아버지." / 하고 문기는 입을 열었다. 그리고,

"저는 마땅히 받아야 할 벌을 받은 거예요."

하고 문기는 눈을 감으며 한 마디 한 마디 그러나 똑똑하게 처음서부터 끝까지 먼저 고깃간 주인이 일 원을 십 원으로 알고 거슬러 준 것, 그 돈을 써 버린 것, 그리고 또 붙장 안의 돈을 자기가 훔쳐 낸 것, 이렇게 하나하나 숨김없이 자백을 하자 이때까지 겹겹으로 몸을 싸고 있던 허물이 한 꺼풀 한 꺼풀 벗어지면서 따라 마음속의 어둠도 차차 사라지며 맑아지는 것을, 문기는 확실히 깨달을 수 있었다. 마음이 맑아지며 따라 몸도 가뜬해진다.

내일도 해는 뜨고 하늘은 맑아지리라. 그리고 문기는 그 하늘을 떳떳이 마음껏 쳐다볼 수 있을 것이다.

> 마음이 가볍고 상쾌해진다.

결말 문기는 병원에서 깨어난 후 삼촌에게 잘못을 모두 □□함.

콕콕 핵심 정리

교과서 핵심 개념 ☆

✦ 갈등의 진행과 해결 과정 ④

문기의 내적 갈등

자신의 잘못을 솔직하게 고백해야 하지만 사실대로 말할 용기가 나지 않음.

∨

내적 갈등의 심화

잘못을 고백하러 선생님을 찾아가지만 아무 말도 하지 못함.

∨

갈등의 해결

삼촌에게 모든 잘못을 고백하고 내적 갈등에서 벗어남.

✦ 제목 '하늘은 맑건만'의 의미

하늘	문기의 마음
맑고 깨끗한 마음, 양심	죄책감으로 인해 컴컴하고 어두움.

→ 정직하지 못한 행동 때문에 맑고 깨끗한 하늘을 제대로 쳐다볼 수 없는 문기의 죄책감을 나타냄.

✦ 이 글의 주제

• 잘못을 솔직하게 고백하는 용기를 지녀야 함.
• 양심을 따르는 정직한 태도가 중요함.

핵심만 바로 체크

7 문기는 학교 수신 시간에 □□에 대해 배우며 양심의 가책을 느꼈다.

8 [A]와 같은 상황을 빗대어 표현한 속담으로 '도둑이 제 발 저리다.'가 있다. (○ , ×)

9 문기는 삼촌에게 (자신 , 수만)의 잘못을 모두 털어놓고 (하늘 , 마음)이 닦아지는 것을 느꼈다.

실전으로 바로 연습

핵심 ☆

9 이 글의 갈등 해결 과정에 대한 반응으로 적절하지 <u>않은</u> 것은?

① 유진: 문기가 결국 자신의 잘못에 대해 깊이 반성하고 솔직하게 고백하는 모습이 인상 깊었어.

② 윤정: 그런데 난 마지막에 문기가 점순에게 직접 사과하는 장면이 있을 줄 알았는데 그 장면은 나오지 않아서 아쉬웠어.

③ 원영: 맞아, 문기가 더욱이 점순이가 두려웠다그 생각하는 장면에서 점순이에 대한 죄책감이 크다고 생각했거든.

④ 호민: 그래도 문기가 숙모에게 돈을 돌려준 것은 바람직한 행동이라고 할 수 있어.

⑤ 수현: 이제 문기는 양심을 속이는 행동이나 거짓말을 다시는 하지 않겠다고 다짐했을 것 같아.

10 이 글에서 '하늘'이 갖는 의미로 적절한 것은?

① 밝고 긍정적인 자세
② 회복해야 할 양심과 정직한 마음
③ 상대를 이겨 승리하겠다는 정신력
④ 목표를 이루기 위해 노력하는 태도
⑤ 꿈을 지니고 끝없이 시도하는 도전 정신

멍키 스패너 ① | 진형민

발단

가 팔자 늘어졌구나 싶었다. 엄마 없이 일주일 동안 내 맘대
〔근심이나 걱정이 없이 편하게 되었구나〕
로 살 수 있다니! 다저녁때까지 교복도 안 벗고 소파에서 뒹
〔저녁이 다 된 때〕
굴대는 건 평소라면 꿈도 못 꿀 일이다. 게다가 나한테는 현금
10만 원이 든 봉투도 있다. 급한 일 있을 때 쓰라고 엄마가 주고
간 돈이다.

나 "언니, 배고파." / 옆구리에 혹이 하나 붙어 있기는 했다.
나는 얼른 눈을 감고 자는 척했다. 여덟 살쯤 됐으면 밥 정도는
혼자 차려 먹을 수 있는 나이다. 나는 그 나이 때 내 밥을 알아
서 차려 먹은 건 물론이고 우는 아기한테 분유를 타 먹일 줄도
알았다. 내 아기도 아닌데 내가 우유병 물리고 놀아 주고 다 했
다. 그런데 그때 그 갓난쟁이 김한아는 아직도 아기 취급받으며
세상 편하게 살고 있다.

다 "한아 가스 불 못 켜게 하고, 칼 못 만지게 하고, 유리컵도
절대 주지 말고."

갈래	현대 소설, 단편 소설
성격	사실적, 고백적, 성찰적
배경	• 시간적 배경: 2000년대 • 공간적 배경: 어느 도시
시점	1인칭 주인공 시점
소재	화장실의 전등불이 나가고 세면대가 막힌 경험
주제	화장실의 전등불과 세면대를 스스로 고치면서 생긴 '나'의 변화와 성장
특징	• 1인칭 주인공 시점을 활용해 사건의 진행에 따른 인물의 심리 변화와 내면의 성장 과정을 세밀하게 표현함. • 누구나 겪을 수 있는 일을 다루어 보편적인 공감대를 형성함.

엄마는 현관문 나서는 순간까지 한아 걱정을 했다. 냉장고 안에도 한아가 좋아하는 밑반찬들을 꽉꽉
채워 두었다. 다행히 한아는 밥투정이 없는 편이라 밑반찬에다 달걀이나 하나씩 부쳐 주면 군소리 없이
〔하지 아니하여도 좋을 쓸데없는 말〕
밥을 잘 먹긴 한다. 한아 발소리가 저만큼 멀어졌다. 내가 진짜로 자는 줄 알았나 보다. / 졸졸졸졸졸.

볼일 보는 소리가 들렸다. 화장실 문이 열려 있어서 그런지 소리가 더 크게 들렸다. 똥 누는 게 아니
라 얼마나 다행이야. 애써 느긋한 척하는데 한아가 끄응, 힘주는 소리를 냈다. 그래도 문 닫고 볼일을
보라는 말을 차마 못 했다. 그저께 화장실 전등불이 나갔기 때문이다. 엄마가 없는 줄 어떻게 알고 그
날 밤 귀신같이 불이 나갔다. 화장실에는 창문이 없어서 낮에도 불을 안 켜면 뭐가 뭔지 하나도 보이
지를 않는다. 그러니 어쩌겠나. 사실은 나도 화장실 문을 반쯤 열어 두고 볼일을 보는 중이다.

라 "언니이이이."

한아가 또 나를 불렀다. 뒤를 길게 늘여 부른다는 건 자기가 해결할 수 없는 일이 생겼다는 뜻이다.
계속 자는 척할까 하다 그냥 일어났다. 슬슬 배가 고파 왔다.

"왜?" / 화장실 앞에 서서 물었다. 한아가 세면대 앞에서 손을 어정쩡하게 들고 나를 돌아봤다. 세면
대 안에는 비누 거품 둥둥 뜬 물이 넘칠 듯 차 있었다. / "물이 안 내려가." <중략>

"언니가 저번에 알려 줬지? 이렇게 한 번 더 누르면 물이……."

물이 내려가지 않았다. 손으로 더듬어 보니, 마개가 구멍 안으로 쏙 들어간 상태였다. 뭐지? 그럼 방
금 전에 열려 있었다는 말인가? 마개를 다시 눌렀다. 마개가 위로 올라오면서 손끝으로 틈새가 만져졌
다. 그런데 물이 조금도 내려가지 않았다. / "나도 해 봤어. 근데 안 돼."

한아가 이마를 찡그렸다. 나는 한아가 손을 마저 헹굴 수 있게 샤워기 물을 틀었다. 한아가 화장실

바닥에 쪼그려 앉아 손을 비벼 씻었다. ㉠불이 안 들어오는 화장실에 물이 안 내려가는 세면대라니! 일이 점점 더 꼬이고 있었다. 엄마가 집에 오려면 아직 4일이나 남았다.

발단 엄마가 집을 비운 사이 화장실의 ☐☐☐이 나가고, ☐☐☐ 배수구가 막힘.

콕콕 핵심 정리

✦ 동생 한아에 대한 엄마의 태도

- 한아가 가스 불을 다루거나 칼, 유리컵을 만지지 못하도록 당부함.
- 냉장고 안에 한아가 좋아하는 밑반찬들을 채워 둠.

→ 동생 한아를 아기처럼 취급하며 위험한 일이 없도록 '나'가 챙길 것을 당부함.

교과서 핵심 개념 ☆

✦ '나'와 한아에게 닥친 문제와 '나'의 태도

'나'와 한아에게 닥친 문제	• 화장실 전등불이 나감. • 세면대 배수구가 막힘.
'나'의 태도	• 화장실 문을 열고 볼일을 봄. • 엄마가 돌아올 날을 기다림.

→ '나'는 자신과 한아에게 닥친 문제를 스스로 해결하려 하지 않고, 엄마가 돌아오길 바라는 수동적인 태도를 보임.

✦ 동생 한아에 대한 '나'의 태도

김한아는 아직도 아기 취급받으며 세상 편하게 살고 있다.

→ 엄마가 없는 동안 동생 한아를 돌봐야 하는 것이 귀찮다고 생각함.

핵심만 바로 체크

1 이 글은 소설 속 주인공이 자신의 이야기를 직접 서술하고 있다. (○ , ×)

2 엄마는 집을 떠나기 전에 '나'와 한아가 좋아하는 밑반찬을 냉장고 안에 채워 두었다. (○ , ×)

3 한아는 혼자 화장실에 가는 것이 무서워서 문을 열고 볼일을 봤다. (○ , ×)

4 '나'는 집안에서 발생한 문제를 스스로 해결하려고 노력한다. (○ , ×)

실전으로 바로 연습

1 '나'에 대한 설명으로 적절하지 <u>않은</u> 것은?

① 일주일 동안 엄마 없이 마음대로 지낼 생각에 들떠있다.
② 자신과 달리 아기 취급을 받는 동생을 못마땅하게 여긴다.
③ 잠을 자느라 동생이 자신에게 하는 소리를 듣지 못하였다.
④ 동생에게 세면대의 물이 내려가게 하는 방법을 알려 준 적이 있다.
⑤ 고장 난 화장실 전등불과 세면대를 그치려면 엄마가 올 때까지 기다려야 한다고 생각한다.

2 ㉠과 같은 상황을 나타내는 관용구로 적절한 것은?

① 생사람을 잡다 ② 엎친 데 덮치다
③ 제 앞을 차리다 ④ 물불을 가리지 않다
⑤ 하늘 높은 줄 모르다

서술형

3 (나)에서 동생 한아에 대한 '나'의 태도를 단적으로 드러내는 비유 표현을 찾아 한 단어로 쓰시오.

멍키 스패너 ②

전개 **마** 학교 갔다 집에 오는 길에 철물점에 들렀다. 만년 철물점, 볼 때마다 가게 이름이 좀 지나치다는 생각이 들었다. 천년만년 철물점을 하겠다는 뜻인 것 같은데, 뭘 그렇게까지 굳센 의지로 장사를 하나 싶었다.

<중략> "뭐 주랴?" / 할머니가 구석에서 밥을 먹다 말고 나왔다. 점심을 먹기에는 늦은 시간이었다.

"아뇨. 뭐 사러 온 건 아니고……"

○ 교복 윗도리 주머니에 두 손을 밀어 넣었다. 뭘 사러 온 게 아니라서 괜히 눈치가 보였다.

"집에 세면대 물이 안 내려가서요." / "물이 쫄쫄쫄 내려가? 아니면 아예 안 내려가?"

"아예 안 내려가요." / "그거는 저기다 물어봐야지."

할머니가 길 건너 가게를 가리켰다. 한성 설비. 맨날 지나다니는 길인데 저런 가게가 있는 줄 처음 알았다. 세면대, 화장실, 싱크대, 막힌 건 뭐든 다 뚫어 주는 데라고 했다. 역시 세상에 해결하지 못할 일은 없다. 나는 엄마가 주고 간 돈을 좀 쓰더라도 세면대를 뚫기로 했다.

"대충 얼마쯤 해요?" / ○ 비싸 봤자 얼마나 비싸겠느냐고 헐렁하게 생각한 것 같다. 코앞에 있는 아파트에 와서 고작 머리카락 좀 빼 주는 일이었다. 그런데 ○ 할머니 말을 듣고 뒤로 넘어갈 뻔했다. 한성 설비 사장님은 이것저것 못 고치는 게 없는 기술자라서 어디든 한 번 방문할 때마다 기본 출장비가 5만 원이라고 했다. 아직 출장비를 낸 것도 아닌데 피 같은 돈을 왕창 뜯긴 기분이 들었다. 수리비에 출장비까지 있다니. 얼굴을 찌푸리자 할머니가 대뜸 나무라는 소리를 했다.

"그 정도 값도 안 내고 사람을 부르려고? 비싼 물건들은 척척 사면서 일하는 사람한테 주는 돈은 왜 들 그렇게 아까워하는지."

② 할머니 말도 틀린 건 아니지만 그렇다고 무조건 고개를 끄덕일 수도 없었다. 돈이 많다면야 5만 원이든 얼마든 순순히 낼 수 있겠지만 내 형편이 그렇지가 않은 걸 어떡하나. 전 재산의 절반을 털어 세면대를 뚫을 수는 없는 노릇이었다. 꾸벅 인사를 하고 돌아서는데 할머니가 가게 밖까지 나를 따라 나왔다.

"그러면 관리 사무소에 한번 가 보든가. 원래 세면대까지는 안 봐 주는데 또 모르지, 말을 잘하면 봐 줄지도." <중략> / 할머니 말대로 또 모르는 일이었다. 나는 원래 말 한 마디에 천 냥 빚을 갚네 어쩌네, 뭐 이런 얘기를 별로 좋아하지 않는다. 듣기 좋은 말 몇 마디로 은근슬쩍 남의 돈을 떼어먹으려 들다니, 한두 푼도 아니고 자그마치 천 냥씩이나! 아무리 말을 잘한다 해도 양심상 그러면 안 되는 거 아닌가. 엄마도 말만 번지르르한 사람은 아무짝에도 쓸데가 없다고 했다. 하지만 지금 이 상황은 경우가 좀 다르다. 뻔뻔스럽게 빚을 다 없애 달라는 게 아니라 그저 막힌 세면대를 좀 봐 달라는 거니까 그 정도는 서로 돕고 살 수도 있을 것 같다.

전개 만년 철물점 할머니가 알려 준 '한성 설비'에서 세면대를 뚫으려고 했지만, ☐☐☐가 비싸서 포기함.

위기 **바** 문을 밀고 들어가니, 회색 점퍼를 입은 아저씨가 소파에 앉아 있었다.

"무슨 일로 왔니?" / 아저씨가 물었다. / "저희 집에 뭐가 고장 나서요."

나는 사실대로 얘기할 참이었다. 세면대가요, 어제부터 물이 안 내려가서요.

아저씨가 자리에서 일어났다. / "고장 났어? 뭐가?"

사실대로 말을 하되 아주 약간만 가여운 척하려고 했다. 저희 엄마가요, 지금 어디 가서서 집에 저랑 동생밖에 없는데요, 저희가 며칠 동안 계속 씻지를 못해서요.

아저씨가 내 쪽으로 다가왔다. / "몇 동 몇 호인데?"

나도 모르게 침을 꿀꺽 삼켰다. 엄마는 나를 붙잡고 여러 번 얘기했다. 집에 오면 보조 걸쇠까지 다 잠그고 있으라고, 누가 와서 벨을 눌러도 문 열어 주지 말라고, 누구세요? 묻지도 말고 그냥 가만히 있으라고, 그리고 어디 가서 집에 엄마 없다는 말 절대 하지 말라고.

"집에 어른 안 계셔? 왜 학생이 왔어?"

아저씨가 또 물었다. 나는 미처 생각하지 못했다. ⓜ 세면대를 고치려면 처음 보는 아저씨가 집 안으로 들어와야 한다는 사실을, 그리고 그 집에는 나와 한아밖에 없다는 사실을.

"엄마 밖에 계세요. 엄마랑 같이 올게요." / 나는 유리문을 열고 계단을 뛰어 올라갔다. 그리고 길을 빙빙 돌아 집으로 갔다. 누가 뒤따라오지 않는지 돌아보고 싶었지만 그럴 수가 없었다. 진짜로 누가 있을까 봐 가슴이 쿵쿵 뛰었다.

> **위기** 아파트 ☐☐☐☐☐ 아저씨를 만났으나 도움을 청하지 않음.

콕콕 핵심 정리

교과서 핵심 개념 ☆

✦ '나'의 문제 해결 과정 ①

만년 철물점

막힌 세면대 문제를 해결하기 위한 조언을 들으러 만년 철물점 할머니를 찾아감.

▼

한성 설비

- 만년 철물점 할머니가 한성 설비에 가면 고칠 수 있다고 알려 줌.
- 수리비 외에 기본 출장비가 5만 원이라는 이야기를 듣고 포기함.

▼

관리 사무소

- 만년 철물점 할머니의 조언으로 관리 사무소에 찾아가 도움을 요청하려고 함.
- 집에 어른이 없다는 사실을 말하지 말라고 했던 엄마의 당부가 생각나서 엄마랑 같이 오겠다고 말하고 관리 사무소를 나옴.

핵심만 바로 체크

5 만년 철물점 할머니는 ☐☐ ☐☐에 가면 막힌 세면대를 고칠 수 있다고 했다.

6 '나'는 세면대를 수리하기 위해 가장 먼저 관리 사무소로 갔다. (○ , ×)

실전으로 바로 연습

4 이 글의 내용으로 적절하지 않은 것은?

① '나'는 만년 철물점의 이름이 지나치다고 여겼다.
② 만년 철물점 할머니는 '나'가 돈을 아까워한다고 핀잔하였다.
③ '나'는 만년 철물점 할머니의 말에 따라 관리 사무소로 찾아갔다.
④ 한성 설비에서 세면대를 수리하는 데 드는 비용은 총 5만 원이다.
⑤ '나'는 관리 사무소에서 집에 엄마가 없다는 사실을 숨기고 거짓말을 했다.

핵심 ☆

5 ㉠~ⓜ에 대한 설명으로 적절하지 않은 것은?

① ㉠: '나'는 철물점에 물건을 사러 오지 않은 것을 민망하게 느꼈다.
② ㉡: '나'는 막힌 세면대를 뚫는 일을 대수롭지 않게 생각하였다.
③ ㉢: '나'는 한성 설비에서 사람을 부르는 데 필요한 돈이 생각보다 비싸서 놀랐다.
④ ㉣: 수리비에 대한 만년 철물점 할머니의 말에 '나'는 전혀 수긍할 수가 없었다.
⑤ ⓜ: 엄마의 당부와 대비되는 상황으로, '나'가 관리 사무소 아저씨의 도움을 포기한 이유이다.

멍키 스패너 ③

절정

사 토요일 아침이라 그런지 공원 길이 한산했다. 평소라면 학교 가는 애들로 북적일 시간이었다. 자
전거 속도를 좀 늦추고 뒤를 돌아봤다. 한아가 부지런히 페달을 구르며 쫓아오고 있었다.
〔인적이 드물어 한적하고 쓸쓸했다.〕

"거의 다 왔어."

길 건너에 자전거 가게가 보였다. 다행히 문이 열려 있었다. 사장님이 자전거 바퀴에 바람을 넣다 말
고 우리한테 알은체를 했다. 우리는 자전거를 다 여기서 샀고, 한아 자전거에 붙어 있던 보조 바퀴도
여기 와서 뗐다. 사장님이 조임쇠를 풀어 양쪽 보조 바퀴 떼는 모습을 바로 옆에서 전부 지켜봤다.
〔무엇을 죄는 데에 쓰는 나사못〕

내가 찾는 것은 사장님의 공구 상자 안에 있었다. 신기하게도 한눈에 알아볼 수 있었다. 나는 그쪽으
로 성큼성큼 걸어갔다. 그런데 손에 쥐니 생각보다 좀 무거웠다. 할 수 있겠어? 나를 시험하는 것 같아
문득 오기가 생겼다. 손아귀에 힘을 꽉 주고 사장님을 돌아보며 물었다.
〔능력은 부족하면서도 남에게 지기 싫어하는 마음〕

"저, 이거 잠깐만 빌려주시면 안 돼요?"

아 어젯밤 양치질을 하는데 한아가 칫솔을 입에 문 채 세면대를 계속 힐끔거렸다. 세면대에는 여전
히 물이 넘실대고 있었다. 하루 종일 화장실을 왔다 갔다 하며 물이 빠졌나 들여다봤지만 거의 달라지
지 않았다. 한아가 나를 빤히 올려다봤다.

"언니, 얘 어떡해?" / 어두워서 다른 건 잘 보이지도 않는데 이상하게 한아 눈동자가 똑똑히 보였다.
두 눈에 근심이 가득 차 있었다. 그래서 나도 모르게 말했다. / "내일 고칠 거야."

"누가?" / "언니가." / "어떻게 고치는지 알아?" / "너 저번에 연필깎이 고장 났을 때 누가 고쳐 줬어?"

내가 고쳐 줬다. 별로 대단치 않은 고장이었다. 연필깎이 뚜껑을 열고 톱니바퀴 사이에 박힌 연필심
을 빼낸 뒤 다시 닫으면 되는 일이었다. 한아가 비로소 웃었고, 나는 보란 듯이 양칫물을 바닥에 퉤 뱉
었다. 그리고 진짜로 생각했다. 한번 해 보지, 뭐. 안 되면 말고.

자 나는 이불 속에서 '막힌 세면대 뚫는 법'에 관한 동영상을 스무 개쯤 찾아봤다. 그리고 마침내 가
장 확실해 보이는 방법을 발견했다. 요 정도는 얼추 따라 할 수 있겠다 싶었고, 무엇보다 돈이 전혀 들
지 않는다는 점이 마음에 들었다. 그런데 도구가 하나 필요했다. 동영상에 나온 사람이 손에 들고 있는
도구 이름을 알려줬다. 멍키 스패너. 나는 그걸 어디서 봤는지 금방 기억해 냈다.

자전거 가게 사장님은 멍키 스패너를 어디에 쓰려고 하는지 꼬치꼬치 묻더니, 쓰고 나서 바로 가져
와야 한다고 몇 번이나 말했다. 나는 그러겠다고 대답했다. 가방에 멍키 스패너를 챙겨 넣고 다시 자전
거에 올라타는데 사장님이 우리 자전거 체인에 기름을 조금씩 발라 주었다. 페달을 밟자마자 자전거
가 앞으로 쑥쑥 나갔다.

차 세면대가 비었으니 이제 일을 시작할 때다. 작업 순서는 머릿속에 다 있었다. 동영상을 다섯 번쯤
돌려 봤더니 저절로 외워졌다. 일단 구부러진 배수관 양쪽에 조여져 있는 너트를 풀어야 한다. 너트를
꽉 물도록 멍키 스패너의 입 크기를 조절하고 힘주어 왼쪽으로 돌렸다. 한두 번은 좀 뻑뻑하게 돌아갔
〔물을 빼내거나 물이 빠져나가는 관〕
지만 그 뒤로는 술술 풀렸다. 양쪽 너트가 모두 헐렁해지자 배수관의 구부러진 부분이 통째로 떨어져
나왔다.

"으아악!" / 배수관 끝에 검고 축축한 덩어리가 늘어져 있었다. 오래된 늪에서 건져 올린 쓰레기 같
았다. 냄새도 지독했다. / "한아야, 나가 있어." / 한아가 손가락으로 코를 꽉 쥔 채 고개를 도리도리했

다. 코딱지만 한 게 그래도 의리가 있다. / "그럼 이거 들고 있어. 여기 잘 보이게"

아주 작고 보잘것 없는 것을 비유적으로 이르는 말

핸드폰 플래시를 켠 다음 한아 손에 쥐여 주었다. 어두침침하던 세면대 아래가 환해졌다. 나는 숨을 꾹 참고, 철사 옷걸이를 꼬챙이처럼 만들어 배수관 안으로 밀어 넣었다. 물때가 잔뜩 낀 머리카락 뭉치가 바닥으로 툭 떨어졌다. 세면대 물이 못 내려가게 막고 있던 범인이었다.

콕콕 핵심 정리 

교과서 핵심 개념 ☆

✦ '나'의 문제 해결 과정 ②

금요일 밤

- '나'는 동생 한아의 근심 가득한 눈동자를 보고 문제를 스스로 해결해 보기로 결심함.
- '막힌 세면대 뚫는 법'에 관한 동영상을 찾아보다가 가장 확실해 보이는 방법을 발견함.

▼

토요일

- 자전거 가게에 가서 멍키 스패너를 빌림.
- 동영상에서 본 방법을 떠올리며 막힌 세면대 배수구를 뚫음.

✦ 동생 한아에 대한 '나'의 생각 변화

엄마가 없는 동안 한아를 돌봐야 하는 것을 처음에는 귀찮게 여김.

▼

배수구를 고칠 때 냄새를 참아가며 의리를 지키는 한아를 보며 대견함을 느끼고, 한아의 존재가 자신에게 힘이 되고 있다는 것을 느낌.

교과서 핵심 개념 ☆

✦ '나'의 태도 변화

한번 해 보지, 뭐. 안 되면 말고.

이전에는 어른의 도움을 받아 문제를 해결하려는 수동적인 태도를 보였지만 이제는 스스로 해결 방법을 찾으려는 능동적인 태도를 지니게 됨. '나'가 성장하며 도약하는 모습을 통해 이 글의 주제 의식을 잘 드러냄.

핵심만 바로 체크

7 자전거 가게 사장님은 '나'에게 세면대 뚫는 법을 알려 주었다. (○ , ×)

8 '나'가 막힌 세면대 배수관을 분리해 보니 물이 내려가지 못한 이유는 머리카락 뭉치 때문이었다. (○ , ×)

실전으로 바로 연습

6 이 글을 읽고 난 뒤의 반응으로 적절하지 **않은** 것은?

① '나'와 한아는 힘을 합쳐서 문제를 해결하고 있어.
② 현재에서 과거로 시간이 전환되며 이야기가 진행되고 있어.
③ '나'는 한아의 걱정을 덜어 주기 위해 불안하고 두려운 마음을 감추고 있구나.
④ '나'는 막힌 배수구를 뚫는 자신을 곁에서 돕는 한아의 모습에서 동생에 대한 생각이 달라졌어.
⑤ '나'는 동영상을 찾아보며 막힌 세면대 뚫는 순서를 외울 정도로 문제를 해결하기 위해 적극적으로 노력했어.

핵심 ☆

7 문제를 해결하려는 '나'의 능동적인 태도가 드러나는 내용으로 적절한 것은?

① 한번 해 보지, 뭐. 안 되면 말고.
② 코딱지만 한 게 그래도 의리가 있다.
③ 이상하게 한아 눈동자가 똑똑히 보였다.
④ 페달을 밟자마자 자전거가 앞으로 쑥쑥 나갔다.
⑤ 무엇보다 돈이 전혀 들지 않는다는 점이 마음에 들었다.

서술형 ✎

8 막힌 세면대를 고치기 위해 '나'가 자전거 가게 사장님께 빌린 물건을 찾아 2어절로 쓰시오.

멍키 스패너 ④

카 머리카락 뭉치들을 서둘러 비닐에 담고 꼭 묶었다. 순서를 까먹기 전에 마개와 배수관을 되짚어 끼워야 했다. 위쪽 마개를 제자리에 꽂아 반대로 돌리고, 아래쪽 구부러진 관도 원래 모양대로 맞춘 다음 멍키 스패너로 너트를 다시 조이고, 마지막으로 물이 잘 내려가는지 확인!

"틀어? 튼다?" / 한아가 수도꼭지를 잡고 자꾸 물었다. 마음이 조마조마한 듯했다. 사실은 나도 그랬다.

쏴아아 물이 쏟아졌다. 세면대에 잠깐 차오르던 물이 마개 틈새로 빠져나가기 시작했다. 꼬르륵, 꼬르르륵. 마지막 물 한 방울까지 싹 내려가고 세면대가 텅 비었다.

"별것도 아니네." / 내가 말했다.

"별것도 아니네." / 한아가 내 말을 따라 하며 웃었다.

자전거 가게에 멍키 스패너를 돌려주고 오는 길에 철물점에 들렀다. 할머니가 밥통을 열고 막 밥을 푸고 있었다. 그래도 큰 소리로 물었다. 우리는 물건을 사러 온 손님이었다.

"전구 하나 주세요. 화장실 전구요." / 나는 내친김에 나머지 문제도 해결하기로 했다. 할머니가 화장실 등 모양을 물어보더니 진열장에서 전구를 찾아 주었다.

절정 ☐☐에 찬 동생의 모습을 보고, 결국 ☐☐☐ 해결할 수 있는 방법을 찾아 세면대 배수구를 직접 뚫음.

결말 **타** 오랜만에 한아 목욕을 시켰다. 구석구석 비누칠도 하고 머리도 감겼다. 머리 위에 불빛이 환했고 샤워기 물도 따뜻했다. 한아가 세면대를 손으로 짚고 서서 "아, 좋다." 했다. 잘 닦아 놓은 세면대가 하얗고 단단하게 반짝였다.

우리는 젖은 머리를 길게 늘어뜨리고 식탁에 밥을 차렸다. 우리가 좋아하는 반찬들을 모조리 다 꺼내 놓았다. 엄마가 있을 때도 토요일 저녁밥은 특별하게 차려 먹었다.

나는 유리컵 두 개에 오렌지주스를 따랐다. 엄마는 한아한테 유리컵 주지 말라고, 깨뜨리면 다친다고 했지만 그렇다고 언제까지나 플라스틱 컵만 쓰게 할 수는 없다. / "두 손으로 꼭 쥐어."

주스는 유리컵에 마셔야 더 맛있고 더 멋있다. 한아도 이 맛과 멋을 누릴 자격이 있다. 우리는 챙 소리나게 건배하고 주스를 마셨다.

파 밤에 엄마한테 전화가 왔다. / "한아는?" / "자."

"무슨 일 없지?" / "어." / "엄마 월요일 밤에 올라갈 거야. 집에 가면 열두 시 넘을지도 몰라."

"알았어. 근데 엄마, 나 엄마가 준 돈으로 뭐 하나만 사도 돼?" / "뭐?"

"그냥 갖고 싶은 거 있어서. 만 오천 원이야. 너무 비싸?"

"아니야. 사고 싶은 거 사. 밥 잘 챙겨 먹고." / 전화를 끊고 누워서 오른쪽 손바닥을 폈다.

멍키 스패너를 꽉 쥐었을 때의 느낌이 아직도 생생했다. 내 손아귀의 힘이 스패너를 통과하면서 몇 배로 커지는 느낌이었다. 스패너를 쥔 내 손이 단단히 조여져 도무지 풀릴 것 같지 않던 너트를 거뜬히 움직였고, 나는 그런 내 모습이 마음에 들었다. 어떤 일에도 호들갑 떨지 않고 상대의 심장을 쿡쿡 찌르는 말을 내뱉는 사람은 되지 못했지만, 스패너를 손에 쥐고 고장 난 것들을 스스로 척척 고치는 사람은 될 수 있을 것 같았다.

하 아까 철물점에 전구 사러 갔을 때 벽에 걸린 스패너들을 봤다. 반짝이는 새 스패너들이 크기별로 나란히 걸려 있었다. 손잡이가 노란색인 것도 있고 초록색인 것도 있었다. 할머니가 한아를 옆에 앉혀 놓고 김에 밥을 싸서 입에 넣어 주는 동안, 나는 스패너와 드라이버와 펜치를 천천히 구경했다.

철사를 끊거나 구부리는 데에 쓰는 공구

"할머니, 이거 얼마예요?" / "뭐? 그거는 만 오천 원."

나는 초록색 손잡이 스패너를 만지작대다가 도로 걸어 두었다.

옆에서 쌕쌕 숨 쉬는 소리가 들렸다. 한아는 저녁밥을 먹자마자 잠이 들었다. 나도 잠이 쏟아졌다. 일어나 불을 끄고 다시 누웠다. 우리는 엄마 없는 다섯 번째 밤을 보내는 중이고 ㉠ 모든 것이 제자리로 돌아와 있었다.

잘했어, 김한경. / 나는 눈을 감은 채 혼자 웃었다. 엄마가 오려면 이제 이틀 남았다.

결말 자신이 모든 것을 해결했다는 생각에 ☐☐☐과 자랑스러움을 느낌.

콕콕 핵심 정리

✦ 소설 속 소재의 의미

화장실 전등불, 세면대	'나'와 한아에게 닥친 문제의 원인이자 '나'와 한아가 성장하는 계기가 됨.
유리컵	• 한아에 대한 '나'와 엄마의 인식 차이를 단적으로 드러냄. • 한아에 대한 '나'의 인식이 바뀌었음을 보여 줌.
멍키 스패너	'나'의 힘을 몇 배로 더 세지게 하며, '나'에게 자신감을 불어넣어 줌.

교과서 핵심 개념 ☆

✦ 세면대를 고치는 경험을 통한 '나'의 성장

세면대를 고치기 전
엄마가 오실 때까지 기다리려는 수동적이고 의존적인 태도를 보임.

세면대를 고친 후
문제가 생겼을 때 스스로 해결하려는 능동적이고 자신감 있는 태도를 지니게 됨.

핵심만 바로 체크

9 '나'는 아직 어린 동생을 배려하여 플라스틱 컵에 오렌지주스를 따라 주었다.
(○ , ×)

10 ☐☐ ☐☐☐은/는 '나'에게 스스로 문제를 해결할 수 있다는 자신감을 불어넣어 준 존재이다.

실전으로 바로 연습

핵심 ☆

9 (카)~(하)에서 드러나는 '나'의 모습에 대한 설명으로 적절하지 <u>않은</u> 것은?

① 문제를 해결한 후 성취감과 자신감을 느꼈다.
② 엄마와 달리 동생을 마냥 아기처럼 취급하지 않게 되었다.
③ 문제를 해결한 경험을 통해 자신이 성장하였음을 깨달았다.
④ 문제가 완전히 해결된 것을 확인한 뒤에도 안심하지 못했다.
⑤ 막힌 세면대 문제를 해결한 뒤에, 화장실 전등불까지 고쳤다.

10 ㉠에 대한 설명으로 적절한 것은?

① 엄마가 준 돈을 하나도 쓰지 않았음을 의미한다.
② 엄마가 곧 집으로 돌아온다는 '나'의 기대감이 드러난다.
③ 원하던 스패너를 갖게 된 '나'의 만족스러움이 드러난다.
④ 엄마가 없는 동안 아무 일 없이 지낸 것에 대한 안도감이 드러난다.
⑤ 엄마가 없는 동안 생겼던 문제를 모두 해결하여 원래 상태로 돌아왔음을 의미한다.

동백꽃 ① | 김유정

발단

가 오늘도 또 우리 수탉이 막 쪼이었다. 내가 점심을 먹고 나무를 하러 갈 양으로 나올 때였다. 산으로 올라서려니까 등 뒤에서 푸드득, 푸드득, 하고 닭의 횃소리가 야단이다. 깜짝 놀라며 고개를 돌려 보니 아니나 다르랴 두 놈이 또 얼렸다.

점순네 수탉(은 대강이가 크고 똑 오소리같이 실팍하게 생긴
머리
놈)이 덩저리 작은 우리 수탉을 함부로 해내는 것이다. 그것도 그
상대편을 여지없이 이겨 내는
냥 해내는 것이 아니라 푸드득, 하고 면두를 쪼고 물러섰다가 좀
'볏'의 방언
사이를 두고 푸드득, 하고 모가지를 쪼았다. 이렇게 멋을 부려 가며 여지없이 닦아 놓는다. 그러면 이 못생긴 것은 쪼일 적마다 주둥이로 땅을 받으며 그 비명이 킥, 킥, 할 뿐이다. 물론 미처 아물지도 않은 면두를 또 쪼이어 붉은 선혈은 뚝뚝 떨어진다.

나 이걸 가만히 내려다보자니 내 대강이가 터져서 피가 흐르는 것같이 두 눈에서 불이 번쩍 난다. 대뜸 지게막대기를 메고 달려들어 점순네 닭을 후려칠까 하다가 생각을 고쳐먹고 헛매질로 떼어만 놓았다. / 이번에도 점순이가 쌈을 붙여 났을 것이다. 바짝바짝 내 기를 올리느라고 그랬음에 틀림없을 것이다. 고놈의 계집애가 요새로 들어서서 왜 나를 못 먹겠다고 그렇게 아르릉거리는지 모른다.

갈래	현대 소설, 단편 소설, 농촌 소설
성격	향토적, 해학적, 서정적
배경	• 시간적 배경: 1930년대, 봄 • 공간적 배경: 강원도 산골 마을
시점	1인칭 주인공 시점
소재	닭싸움, 감자, 동백꽃
주제	산골 마을 젊은 남녀의 순박한 사랑
특징	• 토속적, 향토적 어휘와 소재를 사용함. • 산골 마을을 배경으로 젊은 남녀의 순수한 사랑을 서정적, 해학적으로 그림.

발단 점순은 자신의 수탉과 '나'의 수탉 사이에 □□을 붙이며 '나'의 닭을 괴롭힘.

전개

다 나흘 전 감자 쪼간만 하더라도 나는 저에게 조금도 잘못한 것은 없다.

계집애가 나물을 캐러 가면 갔지 남 울타리 엮는 데 쌩이질을 하는 것은 다 뭐냐. 그것도 발소리를
한창 바쁠 때에 쓸데없는 일로 남을 귀찮게 구는 것
죽여 가지고 등 뒤로 살며시 와서 / "얘! 너 혼자만 일하니?" / 하고 긴치 않은 수작을 하는 것이다.

어제까지도 저와 나는 이야기도 잘 않고 서로 만나도 본척만척하고 이렇게 점잖게 지내던 터이련만 오늘로 갑작스레 대견해졌음은 웬일인가. 항차 망아지만 한 계집애가 남 일하는 놈 보구…….
하물며
"그럼 혼자 하지 떼루 하듸?" / 내가 이렇게 내뱉는 소리를 하니까

"너 일하기 좋니?" / 또는 / "한여름이나 되거든 하지 벌써 울타리를 하니?"

잔소리를 두루 늘어놓다가 남이 들을까 봐 손으로 입을 틀어막고는 그 속에서 깔깔댄다. 별로 우스울 것도 없는데 날씨가 풀리더니 이놈의 계집애가 미쳤나 하고 의심하였다. 게다가 조금 뒤에는 제 집께를 할금할금 돌아다보더니 행주치마의 속으로 꼈던 바른손을 뽑아서 나의 턱 밑으로 불쑥 내미는
곁눈으로 살그머니 계속 할겨 보는 모양
것이다. 언제 구웠는지 아직도 더운 김이 홱 끼치는 굵은 감자 세 개가 손에 뿌듯이 쥐였다.

"느 집엔 이거 없지?"

하고 생색 있는 큰소리를 하고는 제가 준 것을 남이 알면은 큰일 날 테니 여기서 얼른 먹어 버리란다. 그리고 또 하는 소리가 / "너, 봄 감자가 맛있단다." / "난 감자 안 먹는다. 니나 먹어라."

나는 고개도 돌리려 하지 않고 일하던 손으로 그 감자를 도로 어깨 너머로 쓱 밀어 버렸다.

라 그랬더니 그래도 가는 기색이 없고, 뿐만 아니라 쌔근쌔근하고 심상치 않게 숨소리가 점점 거칠어진다. 이건 또 뭐야, 싶어서 그때에야 비로소 돌아다보니 나는 참으로 놀랐다. 우리가 이 동리에 온 것은 근 삼 년째 되어 오지만 여태껏 가무잡잡한 점순이의 얼굴이 이렇게까지 홍당무처럼 새빨개진 법이 없었다. 게다 눈에 독을 올리고 한참 나를 요렇게 쏘아보더니 나중에는 눈물까지 어리는 것이 아니냐. 그리고 바구니를 다시 집어 들더니 이를 꼭 악물고는 엎어질 듯 자빠질 듯 논둑으로 횡하게 달아나는 것이다.

마 설혹 주는 감자를 안 받아먹는 것이 실례라 하면 주면 그냥 주었지 '느 집엔 이거 없지?'는 다 뭐냐. 그렇잖아도 저희는 마름이고 우리는 그 손에서 배재를 얻어 땅을 부치므로 일상 굽실거린다. 우리가 이 마을에 처음 들어와 집이 없어서 곤란으로 지낼 제 집터를 빌리고 그 위에 집을 또 짓도록 마련해 준 것도 점순네의 호의였다. 그리고 우리 어머니 아버지도 농사 때 양식이 달리면 점순네한테 가서 부지런히 꾸어다 먹으면서 인품 그런 집은 다시 없으리라고 침이 마르도록 칭찬하곤 하는 것이다. 그러면서도 열일곱씩이나 된 것들이 수군수군 하고 붙어 다니면 동리의 소문이 사납다고 주의를 시켜 준 것도 또 어머니였다. 왜냐하면 내가 점순이하고 일을 저질렀다가는 점순네가 노할 것이고 그러면 우리는 땅도 떨어지고 집도 내쫓기고 하지 않으면 안 되는 까닭이었다.

그런데 이놈의 계집애가 까닭 없이 기를 복복 쓰며 나를 말려 죽이려고 드는 것이다.

콕콕 핵심 정리

✦ '나'와 점순네의 관계

'나'의 집 (소작인)	점순네서 땅을 빌려 집도 짓고 농사를 지으며 양식도 꾸어 먹음.
점순네 (마름)	'나'의 집에 땅을 빌려주어 집을 짓고 땅을 소작할 수 있게 함.

→ 마름의 딸이면서 적극적인 점순과, 소작인의 아들이면서 어수룩한 '나' 사이의 관계가 독자로 하여금 재미를 느끼게 함.

교과서 핵심 개념 ☆

✦ '나'와 점순 사이에 발생한 갈등의 원인

점순이 '나'에게 감자 세 개를 주며 호감을 표현하지만, '나'가 점순의 호감을 눈치채지 못하고 감자를 거절하자 점순이 화가 남.

✦ '감자'의 의미

- '나'에 대한 점순의 관심과 호의
- '나'와 점순이 갈등하게 되는 매개체

핵심만 바로 체크

1 '나'의 수탉이 점순네 수탉에게 당한 것은 처음이다. (○ , ×)

2 '나'가 점순이 준 감자를 거절한 이유는 점순의 말에 자존심이 상했기 때문이다. (○ , ×)

실전으로 바로 연습

핵심 ☆

1 이 글에서 인물 간에 갈등이 일어난 원인으로 적절한 것은?

① 점순네 수탉이 '나'의 수탉을 괴롭혔기 때문이다.
② '나'가 소작인의 아들이고, 점순이 마름의 딸이기 때문이다.
③ 함부로 말하고 행동하는 점순의 모습을 '나'가 싫어하기 때문이다.
④ 점순이 '나'에게 자신의 집안 사정을 반복적으로 자랑했기 때문이다.
⑤ '나'에게 호감을 표현하는 점순의 마음을 '나'가 전혀 알아채지 못하고 행동했기 때문이다.

서술형

2 '나'에 대한 점순의 관심을 보여주는 소재이자, 둘이 갈등하는 계기로 작용하는 소재를 (다)에서 찾아 2음절로 쓰시오.

동백꽃 ②

바 눈물을 흘리고 간 그담 날 저녁나절이었다. 나무를 한 짐 잔뜩 지고 산을 내려오려니까 어디서 닭이 죽는 소리를 친다. 이거 뉘 집에서 닭을 잡나, 하고 점순네 울 뒤로 돌아오다가 나는 고만 두 눈이 똥그레졌다. 점순이가 저의 집 봉당에 홀로 걸터앉았는데 아, 이게 치마 앞에다 우리 씨암탉을 꼭 붙들어 놓고는 / ㉠ "이놈의 닭! 죽어라, 죽어라."

요렇게 암팡스레 패 주는 것이 아닌가. 그것도 대가리나 치면 모른다마는 아주 알도 못 낳으라고 그 볼기짝께를 주먹으로 콕콕 쥐어박는 것이다.
'볼기'를 낮잡아 이르는 말. 뒤쪽 허리 아래, 허벅다리 위의 양쪽으로 살이 불룩한 부분

나는 눈에 쌍심지가 오르고 사지가 부르르 떨렸으나 사방을 한번 휘돌아보고야 그제야 점순이 집에 아무도 없음을 알았다. 잡은 참 지게막대기를 들어 울타리의 중턱을 후려치며

"이놈의 계집애! 남의 닭 알 못 낳으라구 그러니?" / 하고 소리를 빽 질렀다.

그러나 점순이는 조금도 놀라는 기색이 없고 그대로 의젓이 앉아서 제 닭 가지고 하듯이 또 죽어라, 죽어라 하고 패는 것이다. 이걸 보면 내가 산에서 내려올 때를 겨냥해 가지고 미리부터 닭을 잡아 가지고 있다가 네 보란 듯이 내 앞에서 쥐지르고 있음이 확실하다.
주먹으로 힘껏 내지르고

그러나 나는 그렇다고 남의 집에 뛰어 들어가 계집애하고 싸울 수도 없는 노릇이고 형편이 썩 불리함을 알았다. 그래 닭이 맞을 적마다 지게막대기로 울타리를 후려칠 수밖에 별도리가 없다. 왜냐하면 울타리를 치면 칠수록 울섶이 물러앉으며 뼈대만 남기 때문이다. 허나 아무리 생각하여도 나만 밑지는 노릇이다.
울타리를 만드는 데 쓰는 섶나무

사 그러나 점순이의 침해는 이것뿐이 아니다.

사람들이 없으면 틈틈이 저의 집 수탉을 몰고 와서 우리 수탉과 쌈을 붙여 놓는다. 저의 집 수탉은 썩 험상궂게 생기고 쌈이라면 회를 치는 고로 으레 이길 것을 알기 때문이다. 그래서 툭하면 우리 수탉이 면두며 눈깔이 피로 흐드르하게 되도록 해 놓는다. 어떤 때에는 우리 수탉이 나오지를 않으니까 요놈의 계집애가 모이를 쥐고 와서 꾀어내다가 쌈을 붙인다.
'회를 치다'는 '생선이나 고기 등으로 회를 만들다.'라는 뜻이지만, 여기서는 '아주 능숙하다.'의 뜻으로 쓰임.

> **전개** 나흘 전, 점순이 준 □□□를 '나'가 □□□한 이후로 점순이 '나'의 닭을 괴롭힘.

위기 **아** 이렇게 되면 나도 다른 배채를 차리지 않을 수 없다. 하루는 우리 수탉을 붙들어 가지고 넌지시 장독께로 갔다. 쌈닭에게 고추장을 먹이면 병든 황소가 살모사를 먹고 용을 쓰는 것처럼 기운이 뻗친다 한다. 장독에서 고추장 한 접시를 떠서 닭 주둥아리께로 들이밀고 먹여 보았다. 닭도 고추장에 맛을 들였는지 거스르지 않고 거의 반 접시 턱이나 곧잘 먹는다.
어떤 일을 하기 위한 꾀

그리고 먹고 금세는 용을 못 쓸 터이므로 얼마쯤 기운이 돌도록 홰 속에다 가두어 두었다.

자 밭에 두엄을 두어 짐 져 내고 나서 쉴 참에 그 닭을 안고 밖으로 나왔다. 마침 밖에는 아무도 없고 점순이만 저의 울안에서 헌 옷을 뜯는지 혹은 솜을 터는지 웅크리고 앉아서 일을 할 뿐이다.
풀, 짚 또는 가축의 배설물 등을 썩힌 거름

나는 점순네 수탉이 노는 밭으로 가서 닭을 내려놓고 가만히 맥을 보았다. 두 닭은 여전히 얼려 쌈을 하는데 처음에는 아무 보람이 없다. 멋지게 쪼는 바람에 우리 닭은 또 피를 흘리고 그러면서도 날갯죽지만 푸드득, 푸드득, 하고 올라 뛰고 뛰고 할 뿐으로 제법 한 번 쪼아 보지도 못한다.

콕콕 핵심 정리

✦ 이 글의 해학성

- 마름의 딸인 점순이 소작인의 아들인 '나'에게 적극적으로 자신의 마음을 표현하고, '나'는 이를 전혀 눈치채지 못하는 상황에서 재미를 느낄 수 있음.
- 토속어, 비속어, 사투리, 과장된 어조 등을 통해 해학성을 더함.

✦ '나'와 점순의 성격

'나'
• 점순이 '나'에게 관심이 있다는 것을 알아차리지 못함. • 점순의 마음을 이해하지 못함.

→ 순박하고 어수룩하며 눈치가 없음.

점순
• '나'에게 관심을 적극적으로 표현함. • 호의를 거절당하자 '나'를 괴롭힘.

→ 솔직하고 당차며 영악한 면이 있음.

교과서 핵심 개념 ☆

✦ '나'와 점순 사이에 발생한 갈등의 전개

점순		'나'
'나'의 암탉을 때리고 수탉을 꾀어내어 닭싸움을 붙임.	↔	자신의 수탉에게 고추장을 먹여 점순네 수탉을 이기려고 함

✦ '닭싸움'의 역할 ①

- '나'에 대한 점순의 애정을 반어적으로 드러냄.
- '나'와 점순 사이의 갈등을 심화시킴.
- 호의를 거절당한 점순의 분풀이 역할을 함.

---

3 점순이 '나'의 닭을 괴롭히는 까닭은 '나'에 대한 관심을 표현하기 위함이다. (○ , ×)

4 '나'가 점순의 집에 들어가지 못하고 지게막대기로 울타리를 후려칠 수밖에 없는 이유는 '나'와 점순네의 신분 차이 때문이다. (○ , ×)

5 '나'는 점순의 마음을 알면서도 일부러 모른 척하고 있다. (○ , ×)

실전으로 바로 연습

3 이 글을 읽은 독자의 반응으로 적절하지 <u>않은</u> 것은?

① 작가는 사춘기 소년과 소녀의 미묘한 감정을 표현하고 있어.
② 당시 사회에 만연했던 계층 간 갈등을 부각시켜 드러내고 있어.
③ 등장인물이 사용하는 사투리와 비속어가 글에 생동감을 더하고 있어.
④ '씨암탉', '울섶' 등과 같은 소재에서 향토적인 분위기가 드러나고 있어.
⑤ 점순의 속마음도 모르고 오로지 닭싸움에서 이길 생각만 하는 '나'는 순박하고 어리숙한 인물로 설정되어 있어.

핵심 ☆

4 점순이 ⊙과 같이 행동한 까닭으로 적절한 것은?

① '나'와 화해하고 싶어서
② '나'에게 잘 보이기 위해서
③ 닭을 잘 돌보지 않는 '나'가 한심해서
④ 자신의 마음을 몰라주는 '나'가 미워서
⑤ 자신의 닭을 못살게 군 '나'에게 복수하기 위해서

5 다음 빈칸에 들어갈 말을 순서대로 나열한 것은?

> ⬚은 '나'와 점순 사이의 갈등을 심화시키는 매개체이자 '나'에 대한 점순의 ⬚을 반어적으로 드러내는 소재이다.

① 씨암탉, 추억
② 씨암탉, 비밀
③ 닭싸움, 갈등
④ 닭싸움, 애정
⑤ 동백꽃, 관심

동백꽃 ③

차 그러나 한번엔 어쩐 일인지 용을 쓰고 펄쩍 뛰더니 발톱으로 눈을 하비고 내려오며 면두를 쪼았다. 큰 닭도 여기에는 놀랐는지 뒤로 멈씰하며 물러난다. ㉠ <u>이 기회를 타서 작은 우리 수탉이 또 날쌔게 덤벼들어 다시 면두를 쪼니 그제서는 사물이 험하고 거친 감때사나운 그 대강이에서도 피가 흐르지 않을 수 없다.</u>

옳다, 알았다, 고추장만 먹이면 되는구나 하고 나는 속으로 아주 쟁그러워 죽겠다. 그때에는 뜻밖에 내가 닭쌈을 붙여 놓는 데 놀라서 울 밖으로 내다보고 섰던 점순이도 입맛이 쓴지 눈살을 찌푸렸다.

나는 두 손으로 볼기짝을 두드리며 연방 / "잘한다! 잘한다!" / 하고 일이 뜻대로 되지 아니하여 기분이 언짢거나 괴로운지 신이 머리끝까지 뻗치었다.

카 그러나 얼마 되지 않아서 나는 넋이 풀려 기둥같이 묵묵히 서 있게 되었다.

왜냐하면 ㉡ <u>큰 닭이 한 번 쪼인 앙갚음으로 호들갑스레 연거푸 쪼는 서슬에 우리 수탉은 찔끔 못 하고 막 곯는다.</u> 이걸 보고서 이번에는 점순이가 깔깔거리고 되도록 이쪽에서 많이 들으라고 웃는 것이다.

나는 보다 못하여 덤벼들어서 우리 수탉을 붙들어 가지고 도로 집으로 들어왔다. 고추장을 좀 더 먹였더라면 좋았을걸, 너무 급하게 쌈을 붙인 것이 퍽 후회가 난다. 장독께로 돌아와서 다시 턱 밑에 고추장을 들이댔다. 흥분으로 말미암아 그런지 당최 먹질 않는다.

나는 하릴없이 닭을 반듯이 눕히고 그 입에다 궐련 물부리를 물리었다. 그리고 고추장 물을 타서 그 달리 어떻게 할 도리가 없이 구멍으로 조금씩 들이부었다. 얇은 종이로 가늘고 길게 말아 놓은 담배 닭은 좀 괴로운지 킥킥, 하고 재채기를 하는 모양이나 그러나 당장의 괴로움은 매일같이 피를 흘리는 데 댈 게 아니라 생각하였다.

그러나 한 두어 종지가량 고추장 물을 먹이고 나서는 나는 고만 풀이 죽었다. 싱싱하던 닭이 왜 그런지 고개를 살며시 뒤틀고는 손아귀에서 뻐드러지는 것이 아닌가. 아버지가 볼까 봐서 얼른 홰에다 감추어 두었더니 오늘 아침에서야 겨우 정신이 든 모양 같다. 굳어서 뻣뻣하게 되는

위기 '나'는 수탉에게 □□□까지 먹였으나, '나'의 닭은 점순네 닭과의 싸움에서 또 짐.

절정 **타** 그랬던 걸 이렇게 오다 보니까 또 쌈을 붙여 놨으니 이 망할 계집애가 필연 우리 집에 아무도 없는 틈을 타서 제가 들어와 홰에서 꺼내 가지고 나간 것이 분명하다.

나는 다시 닭을 잡아다 가두고 염려는 스러우나 그렇다고 산으로 나무를 하러 가지 않을 수도 없는 형편이었다.

소나무 삭정이를 따며 가만히 생각해 보니 ㉢ <u>암만 해도 고년의 목쟁이를 돌려 놓고 싶다.</u> 이번에 내려가면 망할 년 등줄기를 한번 되게 후려치겠다 하고 싱둥겅둥 나무를 지고는 부리나케 내려왔다.

파 거지반 집께 다 내려와서 나는 <u>호드기</u> 소리를 듣고 발이 딱 멈추었다. 산기슭에 널려 있는 굵은 거의 절반 가까이 봄철에 물오른 버드나무 가지의 껍질을 고루 비틀어 뽑은 껍질이나 짤막한 밀짚 토막 등으로 만든 피리 바윗돌 틈에 노란 동백꽃이 소보록하니 깔리었다. 그 틈에 끼어 앉아서 점순이가 청승맞게시리 호드기를 불고 있는 것이다.

그보다도 더 놀란 것은 그 앞에서 또 푸드득, 푸드득, 하고 들리는 닭의 소리다. 필연코 요년이 나의 약을 올리느라고 또 닭을 집어내다가 내가 내려올 길목에다 쌈을 시켜 놓고 저는 그 앞에 앉아서 천연스레 호드기를 불고 있음에 틀림없으리라.

나는 약이 오를 대로 다 올라서 두 눈에서 불과 함께 눈물이 퍽 쏟아졌다. 나무 지게도 벗어 놓을 새 없이 그대로 내동댕이치고는 지게막대기를 뻗치고 허둥지둥 달려들었다.

콕콕 핵심 정리 

✦ '나'와 점순 사이에 발생한 갈등의 진행 과정 ①

점순이 '나'의 씨암탉을 쥐어박거나 자신의 수탉과 싸움을 붙이며 괴롭힘.
▼
'나'가 수탉에게 고추장을 먹여 점순네 수탉과의 싸움에서 이겨 보려 하지만 또다시 짐.

✦ '나'의 심리 변화

자신의 수탉에게 고추장을 먹인 후 점순네 닭과 싸움을 붙임.	기대감
▼	
'나'의 닭이 평소처럼 점순네 닭에게 쪼임.	속상함, 안타까움
▼	
'나'의 수탉이 반격을 함.	기쁨, 통쾌함, 신남
▼	
'나'의 닭이 다시 점순네 수탉에게 당함.	실망감, 허탈감, 좌절감

✦ 사건의 전개 과정 ①

때	사건
오늘	'나'가 나무를 하러 간 사이에 점순이 자신의 수탉과 '나'의 수탉을 싸움 붙임.
나흘 전	점순이 '나'에게 감자를 주며 호감을 표시했지만 '나'가 거절함.
사흘 전	점순이 '나'의 씨암탉을 쥐어박으며 괴롭힘.
어제	점순이 계속 닭싸움을 붙여 '나'의 수탉을 괴롭히자. '나'는 수탉에게 고추장을 먹여 보지만 결국 이기지 못함.

• 현재에서 과거를 회상했다가 다시 현재로 돌아오는 역순행적 구성 방식을 취하고 있음.
• 독자는 점순이 '나'를 괴롭히는 현재 상황에 대한 원인을 '나'의 회상을 통해 알게 됨.

---

6 '나'가 수탉에게 고추장을 먹인 까닭은 점순네 수탉을 이기고 싶었기 때문이다.
(○ , ×)

7 점순이 닭싸움을 보면서 큰 소리로 웃은 까닭은 '나'를 약 올리며 나의 관심을 끌기 위해서다.
(○ , ×)

6 이 글을 읽은 학생들의 반응으로 적절하지 <u>않은</u> 것은?

① 은영: '나'의 수탉을 붙들어 놓고 괴롭히거나 계속해서 싸움을 붙이는 걸 보면 점순은 참 집요한 것 같아.
② 지은: '나'의 관심을 끌고 싶어서 일부러 닭싸움을 시키고 있는 거잖아. 점순은 적극적인 성격이라고 볼 수 있지.
③ 승현: 점순의 속마음도 모르고 오로지 닭싸움에서 이길 것만 생각하는 '나'는 순박한 것 같아.
④ 현성: 그런 '나'의 눈치 없고 어수룩한 모습이 이 글을 읽는 독자들의 웃음을 유발하고 있다고 생각해.
⑤ 원지: '나'는 닭싸움에서 이기고 싶어서 닭에게 고추장을 먹이기까지 하잖아. 이런 모습을 보면 '나'는 욕심 많고 영악한 사람에 더 가까운 것 같아.

서술형

7 〈조건〉에서 설명하는 특성이 드러나는 문장을 (차)에서 찾아 쓰시오.

조건
점순의 수탉이 '나'의 수탉에게 반격을 당하여 피를 흘리는 것을 보고 불쾌하고 언짢아하는 점순의 심리를 드러냄.

8 ㉠~㉢에 나타난 '나'의 심리 변화로 적절한 것은?

① 만족 → 반성 → 기대
② 공포 → 실망 → 분노
③ 기쁨 → 분노 → 슬픔
④ 후회 → 반성 → 절망
⑤ 기쁨 → 실망 → 분노

동백꽃 ④

하 가차이 와 보니 과연 나의 짐작대로 우리 수탉이 피를 흘리고 거의 빈사지경에 이르렀다. 닭도 닭
이려니와 그러함에도 불구하고 눈 하나 깜짝 없이 고대로 앉아서 호드기만 부는 그 꼴에 더욱 치가 떨
린다. 동리에서도 소문이 났거니와 나도 한때는 걱실걱실 일 잘하고 얼굴 예쁜 계집애인 줄 알았더니
시방 보니까 그 눈깔이 꼭 여우 새끼 같다.

나는 대뜸 달려들어서 나도 모르는 사이에 큰 수탉을 단매로 때려 엎었다. 닭은 푹 엎어진 채 다리
하나 꼼짝 못 하고 그대로 죽어 버렸다. 그리고 나는 멍하니 섰다가 점순이가 매섭게 눈을 흡뜨고 닥
치는 바람에 뒤로 벌렁 나자빠졌다.

"이놈아! 너 왜 남의 닭을 때려죽이니?" / "그럼 어때?"

하고 일어나다가 / "뭐, 이 자식아! 누 집 닭인데?"

하고 복장을 떼미는 바람에 다시 벌렁 자빠졌다. 그러고 나서 가만히 생각을 하니 분하기도 하고 무안
도 스럽고 또 한편 일을 저질렀으니 인젠 땅이 떨어지고 집도 내쫓기고 해야 되는지 모른다.

절정 또다시 '나'의 닭을 ☐☐히는 점순에게 화가 난 '나'는 점순네 닭을 때려죽이게 됨.

결말 **거** 나는 비슬비슬 일어나며 소맷자락으로 눈을 가리고는 얼김에 엉, 하고 울음을 놓았다. 그러나 점
순이가 앞으로 다가와서

"그럼 너 이담부텀 안 그럴 테냐?"

하고 물을 때에야 비로소 살길을 찾은 듯싶었다. 나는 눈물을 우선 씻고 뭘 안 그러는지 명색도 모르
건만

"그래!" / 하고 무턱대고 대답하였다.

"요담부터 또 그래 봐라. 내 자꾸 못살게 굴 테니!"

"그래그래, 인젠 안 그럴 테야!"

"닭 죽은 건 염려 마라. 내 안 이를 테니."

그리고 뭣에 떠다밀렸는지 나의 어깨를 짚은 채 그대로 픽 쓰러진다. 그 바람에 나의 몸뚱이도 겹쳐
서 쓰러지며 한창 피어 퍼드러진 노란 동백꽃 속으로 폭 파묻혀 버렸다.

알싸한 그리고 향긋한 그 내음새에 나는 땅이 꺼지는 듯이 온 정신이 그만 아찔하였다.

"아무 말 마라?" / "그래!"

너 조금 있더니 요 아래서

"점순아! 점순아! 이년이 바느질을 하다 말구 어딜 갔어?"

하고 어딜 갔다 온 듯싶은 그 어머니가 역정이 대단히 났다.

점순이가 겁을 잔뜩 집어먹고 꽃 밑을 살금살금 기어서 산 아래로 내려간 다음 나는 바위를 끼고 엉
금엉금 기어서 산 위로 치빼지 않을 수 없었다.

결말 '나'와 점순이 ☐☐☐ 속으로 쓰러짐.

콕콕 핵심 정리 

✦ '나'와 점순 사이에 발생한 갈등의 진행과 해결 과정 ②

갈등 최고조
'나'가 화가 나서 점순의 수탉을 죽임.

▼

갈등 해결
점순이 앞으로 자신의 호의를 거절하지 않는 조건을 내세우며, '나'가 닭을 죽인 사실을 이르지 않겠다고 약속함.

✦ '닭싸움'의 역할 ②

'나'와 점순의 갈등을 심화시키는 동시에 '나'와 점순이 화해하는 계기를 마련해 주는 역할을 함.

✦ 사건의 전개 과정 ②

때	사건
오늘	• 점순이 닭싸움을 붙여 놓고 호드기를 불었고, 이를 본 '나'가 화가 나서 점순네 수탉을 때려 죽임. • 점순과 '나'는 동백꽃 속으로 넘어지고, 점순의 어머니가 부르는 소리에 각자 다른 방향으로 도망감.

✦ '동백꽃'의 역할

• '나'와 점순의 갈등이 해소되었음을 나타냄.
• '나'와 점순의 사랑이 시작되었음을 암시함.
• 낭만적이고 향토적인 분위기를 조성함.
• 산골 남녀의 순박한 사랑이라는 주제를 극적으로 부각함.

핵심만 바로 체크

8 '나'는 닭을 때려죽인 후 두려움보다는 기뻐하는 감정이 더 크다. (○ , ×)

9 점순은 '나'와의 화해를 주도적으로 이끌고 있다. (○ , ×)

10 '나'는 점순의 말과 행동에 담긴 의미를 제대로 파악하지 못하고 있다. (○ , ×)

실전으로 바로 연습

9 이 글을 통해 짐작할 수 있는 내용으로 적절하지 <u>않은</u> 것은?

① '나'는 이성을 잃고 점순네 수탉을 죽이게 되었다.
② 점순은 '나' 몰래 닭싸움을 즐기려다가 '나'에게 들켰다.
③ 점순은 '나'가 저지른 잘못을 모르는 척해 주기로 하였다.
④ '나'는 점순과 갈등을 겪기 전에는 점순에게 호감이 있었다.
⑤ 점순네 수탉을 죽인 후 '나'는 집 사정을 생각하고 두려워졌다.

핵심 ☆

10 이 글에 드러난 갈등 양상에 대한 설명으로 적절한 것은?

① '나'와 점순의 신분 차이 때문에 두 사람의 갈등이 심화되고 있다.
② '나'가 점순에 대한 화를 닭에게 표출하면서 새로운 갈등이 발생하고 있다.
③ '나'가 점순의 마음을 계속 모르는 척하면서 두 사람의 갈등이 절정에 이르고 있다.
④ 점순네 수탉과 '나'의 또 다른 수탉이 싸움을 하면서 두 집안 간의 갈등이 시작되고 있다.
⑤ 점순이 '나'의 잘못을 어른들에게 이르지 않겠다고 약속하면서 두 사람의 갈등이 해결되고 있다.

서술형

11 다음 빈칸에 들어갈 알맞은 말을 찾아 쓰시오.

은/는 '나'와 점순의 갈등이 해소되었음을 나타내며, 두 사람의 풋풋한 사랑이 시작됨을 암시한다.

소나기 ① | 황순원

(학습 포인트) • 소재의 상징적 의미와 역할 파악하기
• 행동을 통해 알 수 있는 소년과 소녀의 심리 및 태도 변화 이해하기

발단 **가** 소년은 개울가에서 소녀를 보자 곧 윤 초시네 증손녀딸이라는 걸 알 수 있었다. 소녀는 개울에다 손을 잠그고 물장난을 하고 있는 것이다. 서울서는 이런 개울물을 보지 못하기나 한 듯이. / 벌써 며칠째 소녀는 학교서 돌아오는 길에 물장난이었다. 그런데 ㉠ 어제까지는 개울 기슭에서 하더니 오늘은 징검다리 한가운데 앉아서 하고 있다.

소년은 개울둑에 앉아 버렸다. 소녀가 비키기를 기다리자는 것이다. / 요행 지나가는 사람이 있어 소녀가 길을 비켜 주었다.

뜻밖에 얻은 행운. 또는 우연히 얻은 행운

나 다음 날은 좀 늦게 개울가로 나왔다. / 이날은 소녀가 징검다리 한가운데 앉아 세수를 하고 있었다. 분홍 스웨터 소매를 걷어 올린 팔과 목덜미가 마냥 희었다. <중략>

그러다가 소녀가 물속에서 무엇을 하나 집어낸다. 하얀 조약돌이었다. 그러고는 벌떡 일어나 팔짝팔짝 징검다리를 뛰어 건너간다.

다 건너가더니 획 이리로 돌아서며, / "이 바보." / ㉡ 조약돌이 날아왔다.

소년은 저도 모르게 벌떡 일어섰다.

다 문득 소녀가 던진 조약돌을 내려다보았다. 물기가 걷혀 있었다. 소년은 조약돌을 집어 주머니에 넣었다. / 다음 날부터 좀 더 늦게 개울가로 나왔다. 소녀의 그림자가 뵈지 않았다. 다행이었다.

그러나 이상한 일이었다. 소녀의 그림자가 뵈지 않는 날이 계속될수록 소년의 가슴 한구석에는 어딘가 허전함이 자리 잡는 것이었다. 주머니 속 조약돌을 주무르는 버릇이 생겼다.

발단 소년과 소녀가 ☐☐☐에서 처음 만남.

전개 **라** 토요일이었다. / 개울가에 이르니 며칠째 보이지 않던 소녀가 건너편 가에 앉아 물장난을 하고 있었다.

㉢ 모르는 체 징검다리를 건너기 시작했다. 얼마 전에 소녀 앞에서 한 번 실수를 했을 뿐, 여태 큰길 가듯이 건너던 징검다리를 오늘은 조심성스럽게 건넌다.

"얘." / 못 들은 체했다. 둑 위로 올라섰다. / ㉣ "얘, 이게 무슨 조개지?"

자기도 모르게 돌아섰다. 소녀의 맑고 검은 눈과 마주쳤다. 얼른 소녀의 손바닥으로 눈을 떨구었다.

"비단조개." / "이름두 참 곱다."

마 갈림길에 왔다. 여기서 소녀는 아래편으로 한 삼 마장쯤, 소년은 우대로 한 십 리 가까잇길을 가야 한다.

거리의 단위. 오 리나 십 리가 못 되는 거리를 이를 때 '리' 대신 쓰임.

소녀가 걸음을 멈추며, / "너, 저 산 너머에 가 본 일 있니?" / 벌 끝을 가리켰다.

"없다." / ㉤ "우리, 가 보지 않을래? 시골 오니까 혼자서 심심해 못 견디겠다."

"저래 봬두 멀다." / "멀믄 얼마나 멀갔게? 서울 있을 땐 아주 먼 데까지 소풍 갔었다."
소녀의 눈이 금세, 바보, 바보, 할 것만 같았다.

콕콕 핵심 정리

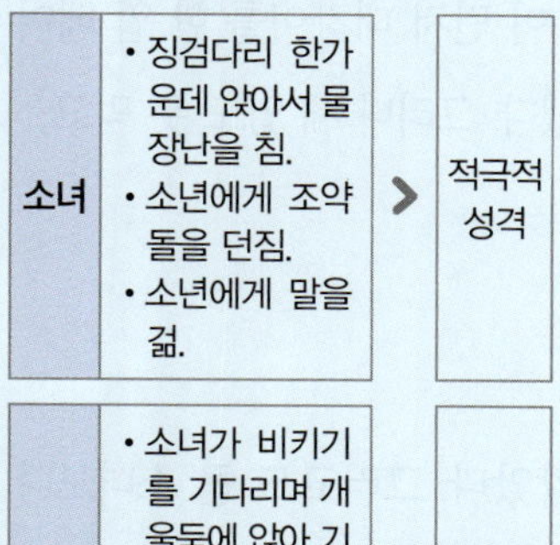

✦ 행동에 드러난 인물의 성격

소녀	• 징검다리 한가운데 앉아서 물장난을 침. • 소년에게 조약돌을 던짐. • 소년에게 말을 걺.	▶	적극적 성격
소년	• 소녀가 비키기를 기다리며 개울둑에 앉아 기다림. • 일부러 더 늦게 개울가로 나옴. • 소녀와 눈이 마주치자 눈을 피함.	▶	소극적 성격

교과서 핵심 개념 ☆

✦ '조약돌'의 상징적 의미

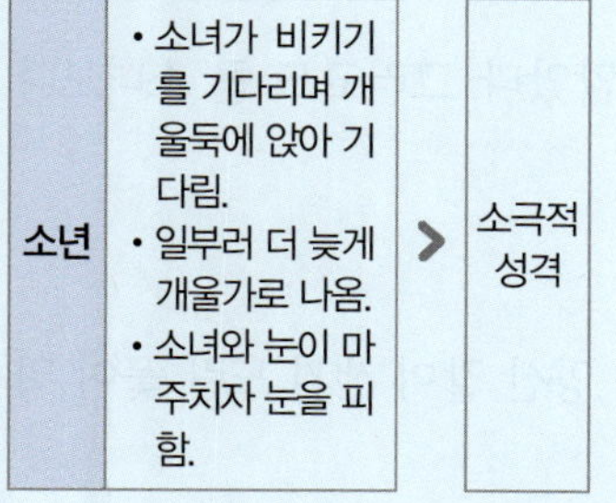

소녀	소년
소녀에게 조약돌을 던짐.	조약돌을 집어 주머니에 넣음.
▼	▼
• 자신을 모르는 척하는 소년에 대한 서운한 마음의 표현 • 소년에 대한 관심의 표현	소녀를 향한 관심과 호감의 표현

✦ 소재의 역할

징검다리	시골 마을이라는 공간적 배경을 드러내고, 소년과 소녀를 만나게 해 줌.
비단조개	소년과 소녀가 처음으로 대화를 나누는 계기가 됨.

핵심만 바로 체크

1 소년과 소녀는 개울가에서 처음 만났다. (○ , ×)

2 며칠 째 소녀를 마주치자, 소년은 개울가로 조금 늦게 나왔다. (○ , ×)

3 소년과 소녀는 (징검다리 , 비단조개) 때문에 처음으로 대화를 나누게 되었다.

실전으로 바로 연습

1 이 글의 내용으로 적절하지 <u>않은</u> 것은?

① 소녀는 서울에 살다 소년이 사는 곳으로 이사를 왔다.
② 소년은 갈림길 위쪽에 살고, 소녀는 갈림길 아래쪽에 산다.
③ 소년은 소녀가 윤 초시네 증손녀딸이라는 것을 알아보았다.
④ 소녀는 소년을 보기 위해 하루도 빠짐없이 개울가에 나왔다.
⑤ 소년은 개울가에서 소녀를 의식하며 조심스럽게 행동하고 있다.

핵심 ☆

2 이 글에서 다음과 같은 역할을 하는 소재로 적절한 것은?

> • 소녀의 적극적인 성격을 드러냄.
> • 소년과 소녀의 서로에 대한 관심과 호감을 나타냄.

① 갈림길　　　② 개울가　　　③ 조약돌
④ 비단조개　　⑤ 징검다리

3 ㉠~㉤ 중 소녀의 성격을 짐작할 수 있는 부분이 <u>아닌</u> 것은?

① ㉠　　　② ㉡　　　③ ㉢
④ ㉣　　　⑤ ㉤

4 (다)에 나타난 소년의 심리 변화로 적절한 것은?

① 그리움 → 안도감　　　② 상실감 → 그리움
③ 안도감 → 허전함　　　④ 초조함 → 허전함
⑤ 허전함 → 초조함

소나기 ②

바 논이 끝난 곳에 도랑이 하나 있었다. 소녀가 먼저 뛰어 건넜다.

거기서부터 산 밑까지는 밭이었다. / 수숫단을 세워 놓은 밭머리를 지났다.

"저게 뭐니?" / "원두막."

"여기 참외, 맛있니?" / "그럼. 참외 맛두 좋지만 수박 맛은 더 좋다."

"하나 먹어 봤으면."

소년이 참외 그루에 심은 무밭으로 들어가, 무 두 밑을 뽑아 왔다. 아직 밑이 덜 들어 있었다. 잎을 비
작물을 심어 기르고 거둔 자리
틀어 팽개친 후 소녀에게 한 밑 건넨다. 그러고는 이렇게 먹어야 한다는 듯이 먼저 대강이를 한 입 베어

물어 낸 다음 손톱으로 한 돌이 껍질을 벗겨 우적 깨문다. / 소녀도 따라 했다. 그러나 세 입도 못 먹고,
무엇의 둘레로 한 바퀴 돌아가거나 감긴 것을 세는 단위
"아, 맵고 지려." / 하며 집어 던지고 만다.

"참 맛없어 못 먹겠다." / 소년이 더 멀리 팽개쳐 버렸다.

사 산이 가까워졌다. / 단풍이 눈에 따가웠다.

"야아!" / 소녀가 산을 향해 달려갔다. 이번은 소년이 뒤따라 달리지 않았다. 그러고도 곧 소녀보다
더 많은 꽃을 꺾었다.

"이게 들국화, 이게 싸리꽃, 이게 도라지꽃……."

"도라지꽃이 이렇게 예쁜 줄은 몰랐네. 난 보랏빛이 좋아! …… 근데 이 양산 같이 생긴 노란 꽃이 뭐
지?" / "마타리꽃."

소녀는 마타리꽃을 양산 받듯이 해 보인다. 약간 상기된 얼굴에 살폿한 보조개를 떠올리며.

다시 소년은 꽃 한 옴큼을 꺾어 왔다. 싱싱한 꽃가지만 골라 소녀에게 건넨다.

그러나 소녀는, / "하나두 버리지 말어."

아 산마루께로 올라갔다. / 맞은편 골짜기에 오손도손 초가집이 몇 모여 있었다.

누가 말한 것도 아닌데 바위에 나란히 걸터앉았다. 별로 주위가 조용해진 것 같았다. 따가운 가을
햇살만이 말라 가는 풀 냄새를 퍼뜨리고 있었다. <중략>

소녀가 조용히 일어나 비탈진 곳으로 간다. 꽃송이가 달린 줄기를 잡고 끊기 시작한다. 좀처럼 끊어
지지 않는다. 안간힘을 쓰다가 그만 미끄러지고 만다. 칡덩굴을 그러쥐었다.
그러당겨 손안에 잡다.
소년이 놀라 달려갔다. 소녀가 손을 내밀었다. 손을 잡아 이끌어 올리며, 소년은 제가 꺾어다 줄 것을
잘못했다고 뉘우친다.

소녀의 오른쪽 무릎에 핏방울이 내맺혔다. 소년은 저도 모르게 생채기에 입술을 가져다 대고 빨기
시작했다. 그러다가 무슨 생각을 했는지 획 일어나 저쪽으로 달려간다.

좀 만에 숨이 차 돌아온 소년은, / "이걸 바르면 낫는다."

송진을 생채기에다 문질러 바르고는 그 달음으로 칡덩굴 있는 데로 내려가 꽃 달린 줄기를 이빨로
소나무와 잣나무에서 분비되는 끈적끈적한 액체
끊어 가지고 올라온다. 그러고는, / "저기 송아지가 있다. 그리 가 보자."

자 누렁 송아지였다. 아직 코뚜레도 꿰지 않았다.

소년이 고삐를 바투 잡아 쥐고 등을 긁어 주는 척 후딱 올라탔다. 송아지가 껑충거리며 돌아간다.
두 대상이나 물체의 사이가 썩 가깝게
소녀의 흰 얼굴이, 분홍 스웨터가, 남색 스커트가, 안고 있는 꽃과 함께 범벅이 된다. 모두가 하나의

큰 꽃묶음 같다. 어지럽다. 그러나 내리지 않으리라. 자랑스러웠다. 이것만은 소녀가 흉내 내지 못할 자기 혼자만이 할 수 있는 일인 것이다.

> **전개** 소년과 소녀가 함께 □ 너머에 가게 되고 점점 가까워짐.

> **위기** **차** "너희 예서 뭣들 하느냐."
>
> 농부 하나가 억새풀 사이로 올라왔다.
>
> 송아지 등에서 뛰어내렸다. 어린 송아지를 타서 허리가 상하면 어쩌느냐고 꾸지람을 들을 것만 같다.
>
> 그런데 나룻이 긴 농부는 소녀 편을 한 번 훑어보고는 그저 송아지 고삐를 풀어내면서,
>
> "어서들 집으루 가거라. 소나기가 올라."

콕콕 핵심 정리

교과서 핵심 개념 ☆

✦ 소년의 태도 변화

소녀가 징검다리에서 비켜 줄 때까지 기다림.	소극적

▼

• 소녀의 질문에 적극적으로 대답하고, 소녀의 말에 적극적으로 행동함. • 소녀에게 꽃을 꺾어 설명해 주고, 싱싱한 꽃가지만 골라 건넴. • 소녀의 상처를 치료해 줌. • 송아지가 있는 곳으로 가자고 말하고, 송아지에 올라타는 모습을 보여 줌.	적극적

✦ '전개' 부분에 나타난 복선

도랑	소나기 때문에 물이 불어서 소년이 소녀를 업게 될 것을 암시함.
"난 보랏빛이 좋아!"	소녀의 슬픈 운명(죽음)을 암시함.
소나기	소년과 소녀가 친밀해지는 계기가 되는 동시에 불행한 결말을 암시함.

참고 복선

문학에서 앞으로 전개될 사건을 미리 짐작하게 하는 장치임. 어떤 사건이 일어날 수밖에 없는 일임을 미리 알리고, 뒤에 일어날 일에 대해 추측할 수 있게 함.

핵심만 바로 체크

4 소년은 소녀와 친해지고 싶은 마음에 소녀처럼 무를 멀리 집어 던진다. (○ , ×)

5 소녀는 소년의 정성을 고맙게 여겨 소년이 꺾어 온 꽃을 하나도 버리지 말라고 말한다. (○ , ×)

6 소년은 (칡덩굴을 꺾는 것 , 송아지 등에 올라타는 것)은 자기만 할 수 있는 일이라는 생각에 스스로를 자랑스러워했다.

실전으로 바로 연습

핵심 ☆

5 소년의 태도 변화를 알 수 있는 부분이 <u>아닌</u> 것은?

① 소녀의 무릎에 핏방울이 맺힌 것을 보고 소년이 치료해 줌.
② 소녀가 먼저 도랑을 뛰어 건너고 소년이 뒤따라 도랑을 건넘.
③ 소녀가 미끄러지자 소년이 달려가서 손을 잡아 끌어 올려 줌.
④ 소년은 꽃을 한 옴큼 꺾은 후 싱싱한 꽃가지만 골라 소녀에게 건넴.
⑤ 참외가 맛있냐는 소녀의 질문에 소년이 수박 맛은 더 좋다고 적극적으로 대답함.

서술형 

6 (차)에서 앞으로 전개될 사건을 미리 짐작하게 하는 복선의 소재를 찾아 한 단어로 쓰시오.

소나기 ③

카 참 먹장구름 한 장이 머리 위에 와 있다. 갑자기 사면이 소란스러워진 것 같다. 바람이 우수수 소리를 내며 지나간다. ㉠삽시간에 주위가 보랏빛으로 변했다.
먹빛같이 시꺼먼 구름

산을 내려오는데 떡갈나무 잎에서 빗방울 듣는 소리가 난다. 굵은 빗방울이었다. 목덜미가 선뜻선뜻했다. 그러자 대번에 눈앞을 가로막는 빗줄기.
눈물, 빗물 등의 액체가 방울져 떨어지는

비안개 속에 원두막이 보였다. 그리로 가 비를 그을 수밖에.

그러나 원두막은 기둥이 기울고 지붕도 갈래갈래 찢어져 있었다. 그런대로 비가 덜 새는 곳을 가려 소녀를 들어서게 했다. ㉡소녀는 입술이 파랗게 질려 있었다. 어깨를 자꾸 떨었다.
비를 잠시 피하여 그치기를 기다릴

무명 겹저고리를 벗어 소녀의 어깨를 싸 주었다. 소녀는 비에 젖은 눈을 들어 한 번 쳐다보았을 뿐, 소년이 하는 대로 잠자코 있었다. 그러면서 안고 온 꽃묶음 속에서 ㉢가지가 꺾이고 꽃이 일그러진 송이를 골라 발밑에 버린다.

소녀가 들어선 곳도 비가 새기 시작했다. 더 거기서 비를 그을 수 없었다.

타 밖을 내다보던 소년이 무엇을 생각했는지 수수밭 쪽으로 달려간다. 세워 놓은 수숫단 속을 비집어 보더니 옆의 수숫단을 날라다 덧세운다. 다시 속을 비집어 본다. 그러고는 소녀 쪽을 향해 손짓을 한다.

수숫단 속은 비는 안 새었다. 그저 어둡고 좁은 게 안됐다. 앞에 나앉은 소년은 그냥 비를 맞아야만 했다. 그런 소년의 어깨에서 김이 올랐다.

소녀가 속삭이듯이, 이리 들어와 앉으라고 했다. 괜찮다고 했다. 소녀가 다시 들어와 앉으라고 했다. 할 수 없이 뒷걸음질을 쳤다. 그 바람에 소녀가 ㉣안고 있는 꽃묶음이 우그러들었다. 그러나 소녀는 상관없다고 생각했다. 비에 젖은 소년의 몸 내음새가 확 코에 끼얹혀졌다. 그러나 고개를 돌리지 않았다. 도리어 소년의 몸기운으로 해서 떨리던 몸이 적이 누그러지는 느낌이었다.

파 소란하던 수숫잎 소리가 뚝 그쳤다. 밖이 멀게졌다.

수숫단 속을 벗어 나왔다. 멀지 않은 앞쪽에 햇빛이 눈부시게 내리붓고 있었다.

㉤도랑 있는 곳까지 와 보니, 엄청나게 물이 불어 있었다. 빛마저 제법 붉은 흙탕물이었다. 뛰어 건널 수가 없었다. / 소년이 등을 돌려 댔다. 소녀가 순순히 업혔다. 걷어 올린 소년의 잠방이까지 물이 올라왔다. 소녀는, 어머나 소리를 지르며 소년의 목을 그러안았다.

개울가에 다다르기 전에 가을 하늘은 언제 그랬는가 싶게 구름 한 점 없이 쪽빛으로 개어 있었다.

위기 소년과 소녀가 산에서 □□□를 맞음.

절정 **하** 그다음 날은 소녀의 모양이 뵈지 않았다. 다음 날도, 다음 날도. 매일같이 개울가로 달려와 봐도 뵈지 않았다. / 학교에서 쉬는 시간에 운동장을 살피기도 했다. 남몰래 오 학년 여자 반을 엿보기도 했다. 그러나 뵈지 않았다.

그날도 소년은 주머니 속 흰 조약돌만 만지작거리며 개울가로 나왔다. 그랬더니 이쪽 개울둑에 소녀가 앉아 있는 게 아닌가. / 소년은 가슴부터 두근거렸다.

"그동안 앓았다." / 알아보게 소녀의 얼굴이 해쓱해져 있었다.

“그날 소나기 맞은 것 때메?” / 소녀가 가만히 고개를 끄덕였다.

“인제 다 났냐?” / “아직두⋯⋯.”

“그럼 누워 있어야지.” / “너무 갑갑해서 나왔다. ⋯⋯ 그날 참 재밌었어. ⋯⋯ 근데 그날 어디서 이런 물이 들었는지 잘 지지 않는다.”

소녀가 분홍 스웨터 앞자락을 내려다본다. 거기에 검붉은 진흙물 같은 게 들어 있었다.

소녀가 가만히 보조개를 떠올리며,

“이게 무슨 물 같니?” / 소년은 스웨터 앞자락만 바라다보고 있었다.

“내 생각해 냈다. 그날 도랑 건널 때 네게 업힌 일 있지? 그때 네 등에서 옮은 물이다.”

소년은 얼굴이 확 달아오름을 느꼈다.

콕콕 핵심 정리

교과서 핵심 개념 ☆
✦ 소재의 상징적 의미와 역할

먹장구름	긴장감과 위기감을 조성하고 불길한 일이 일어날 것을 암시함.
우그러든 꽃묶음	소녀에게 불길한 사건이 일어날 것을 암시함.
흰 조약돌	소녀와의 추억이 깃든 소재로, 소녀를 그리워하는 소년의 마음을 드러냄.
얼룩진 분홍 스웨터	• 소년과 소녀의 소중한 추억을 상징함. • ‘결말’에서 소녀의 유언을 이해할 수 있게 함.

교과서 핵심 개념 ☆
✦ 행동에 담긴 인물의 심리

• 소년의 심리

주머니 속 흰 조약돌만 만지작거림.	▶	소녀가 그리움.
소녀의 분홍 스웨터 앞자락을 봄.	▶	소녀를 업은 일이 떠올라 부끄러움.

• 소녀의 심리

얼룩이 든 분홍 스웨터 앞자락을 내려다 봄.	▶	소년과의 추억을 떠올리며 즐거워함.

핵심만 바로 체크

7 먹장구름은 긴장감과 위기감을 조성하고 불길한 일이 일어날 것을 예측하게 하는 소재이다. (○ , ×)

8 소나기는 소년과 소녀가 가까워지는 계기가 된다. (○ , ×)

9 (우그러든 꽃묶음 , 흰 조약돌)을 만지작거리는 행동에서 소녀를 그리워하는 소년의 마음을 알 수 있다.

실전으로 바로 연습

7 ㉠~㉤ 중 소설의 비극적 결말을 암시하는 부분이 <u>아닌</u> 것은?
① ㉠ ② ㉡ ③ ㉢
④ ㉣ ⑤ ㉤

핵심 ☆

8 (하)에서 알 수 있는 인물의 심리로 적절하지 <u>않은</u> 것은?
① 소년은 오랜만에 소녀를 보고 반가움을 느껴 가슴부터 두근거렸다.
② 소년은 소녀를 보고 싶은 마음에 운동장을 살피고, 여자 반을 엿보았다.
③ 소년은 소나기를 맞고 나서 앓아 해쓱해진 소녀를 보고 자책하며 후회했다.
④ 소녀는 진흙물이 든 스웨터 앞자락을 보고 소년과의 추억을 떠올리며 즐거워하였다.
⑤ 소년은 소녀의 스웨터 앞자락을 보고 소녀를 업었던 일이 떠올라 부끄러움을 느꼈다.

소나기 ④

거 갈림길에서 소녀는, / "저 오늘 아침에 우리 집에서 대추를 땄다. 낼 제사 지내려구……."

⊙ 대추 한 줌을 내어 준다. / 소년은 주춤한다.

"맛봐라. 우리 증조할아버지가 심었다는데, 아주 달다."

소년은 두 손을 오그려 내밀며, / "참 알두 굵다!"

"그리구 저, 우리 이번에 제사 지내구 나서 좀 있다 집을 내주게 됐다."

소년은 소녀네가 이사해 오기 전에 벌써 어른들의 이야기를 들어서 윤 초시 손자가 서울서 사업에 실패해 가지고 고향에 돌아오지 않을 수 없게 됐다는 걸 알고 있었다. 그것이 이번에는 고향 집마저 남의 손에 넘기게 된 모양이었다.

"왜 그런지 난 이사 가는 게 싫어졌다. 어른들이 하는 일이니 어쩔 수 없지만……."

ⓒ 전에 없이 소녀의 까만 눈에 쓸쓸한 빛이 떠돌았다.

소녀와 헤어져 돌아오는 길에 소년은 혼자 속으로 소녀가 이사를 간다는 말을 수없이 되뇌어 보았다. 무어 그리 안타까울 것도 서러울 것도 없었다. 그렇건만 ⓒ 소년은 지금 자기가 씹고 있는 대추알의 단맛을 모르고 있었다.

너 이날 밤, 소년은 몰래 덕쇠 할아버지네 호두밭으로 갔다.

낮에 봐 두었던 나무로 올라갔다. 그리고 봐 두었던 가지를 향해 작대기를 내리쳤다. 호두 송이 떨어지는 소리가 별나게 크게 들렸다. 가슴이 선뜻했다. 그러나 다음 순간, 굵은 호두야 많이 떨어져라, 많이 떨어져라, ⓔ 저도 모를 힘에 이끌려 마구 작대기를 내리치는 것이었다.

돌아오는 길에는 열이틀 달이 지우는 그늘만 골라 짚었다. 그늘의 고마움을 처음 느꼈다.

불룩한 주머니를 어루만졌다. 호두 송이를 맨손으로 깠다가는 옴이 오르기 쉽다는 말 같은 건 아무렇지도 않았다. 그저 <u>근동</u>에서 제일가는 이 덕쇠 할아버지네 호두를 어서 소녀에게 맛보여야 한다는
가까운 이웃 동네
생각만이 앞섰다. / 그러다, 아차, 하는 생각이 들었다. 소녀더러 병이 좀 낫거들랑 이사 가기 전에 한번 개울가로 나와 달라는 말을 못 해 둔 것이었다. 바보 같은 것, 바보 같은 것.

<u>절정</u> ☐☐☐를 맞은 소녀가 ☐에 걸림.

결말 **더** 개울물은 날로 여물어 갔다.

소년은 갈림길에서 아래쪽으로 가 보았다. 갈밭머리에서 바라보는 서당골 마을은 쪽빛 하늘 아래 한결 가까워 보였다.

어른들의 말이, 내일 소녀네가 양평읍으로 이사 간다는 것이었다. 거기 가서는 조그마한 가겟방을 보게 되리라는 것이었다.

ⓜ 소년은 저도 모르게 주머니 속 호두알을 만지작거리며, 한 손으로는 수없이 갈꽃을 휘어 꺾고 있었다.

그날 밤, 소년은 자리에 누워서도 같은 생각뿐이었다. 내일 소녀네가 이사하는 걸 가 보나 어쩌나. 가면 소녀를 보게 될까 어떨까.

러 그러다가 <u>까무룩</u> 잠이 들었는가 하는데, / "허, 참, 세상일두……."
정신이 갑자기 흐려지는 모양
마을 갔던 아버지가 언제 돌아왔는지,

"윤 초시 댁두 말이 아니여. 그 많던 전답을 다 팔아 버리구, 대대루 살아오던 집마저 남의 손에 넘기더니, 또 악상까지 당하는 걸 보면……."
논밭
수명을 다 누리지 못하고 젊어서 죽은 사람의 초상
남폿불 밑에서 바느질감을 안고 있던 어머니가,

"증손이라곤 계집애 그 애 하나뿐이었지요?"

"그렇지. 사내애 둘 있던 건 어려서 잃구……."

"어쩌믄 그렇게 자식 복이 없을까."

"글쎄 말이지. 이번 앤 꽤 여러 날 앓는 걸 약두 변변히 못 써 봤다더군. 지금 같애서는 윤 초시네두 대가 끊긴 셈이지……. 그런데 참 이번 계집애는 어린것이 여간 잔망스럽지가 않어. 글쎄 죽기 전에 이런 말을 했다지 않어? ⓐ 자기가 죽거든 자기 입던 옷을 꼭 그대루 입혀서 묻어 달라구……."
얄밉도록 맹랑한 데가 있지가

> **결말** 소녀의 □□을 알게 된 소년

콕콕 핵심 정리

교과서 핵심 개념 ☆

✦ 제목 '소나기'의 상징적 의미

사전적 정의	갑자기 세차게 쏟아지다가 곧 그치는 비, 특히 여름에 많으며 번개나 천둥, 강풍 등을 동반함.
상징적 의미	'소년과 소녀의 짧고 순수한 사랑'이라는 주제를 상징함.

✦ 소재의 상징적 의미

대추	소년을 위하는 소녀의 마음을 상징함.
호두	소녀를 위하는 소년의 마음을 상징함.

✦ 작품의 결말 처리 방식과 그 효과

소녀가 죽는 비극적 결말
• 소년의 부모(주변 인물)를 통해 소녀의 죽음을 간접적으로 제시함. • 생략법을 사용함.

↓

효과
• 독자에게 감동과 여운을 남김. • 안타까움과 애틋한 감정을 불러일으킴. • 이후 이야기에 대한 독자의 상상력을 자극함.

핵심만 바로 체크

10 소녀의 아버지가 사업에 실패하여 고향 집마저 남의 손에 넘기게 되었다.
(○ , ×)

11 소녀는 소년에게 자신의 병이 나으면 이사 가기 전에 한번 만나자고 말했다.
(○ , ×)

12 소년은 이사 가기 전 소녀의 집에 찾아갔다가 소녀가 죽었다는 소식을 들었다.
(○ , ×)

실전으로 바로 연습

핵심 ☆

9 ㉠～㉤에 드러난 인물의 심리로 적절하지 않은 것은?

① ㉠: 소년을 위하는 소녀의 마음이 드러난다.
② ㉡: 소년과 헤어지고 싶지 않은 소녀의 마음이 담겨 있다.
③ ㉢: 소년은 소녀가 이사를 간다는 사실에 충격을 받고 안타까움을 느낀다.
④ ㉣: 소년은 소녀를 위하는 마음보다 떳떳하지 못한 일을 하고 있다는 것에 대한 죄책감을 느낀다.
⑤ ㉤: 소년은 소녀에 대한 그리움과 소녀를 만나지 못하는 안타까움을 느낀다.

10 소녀가 ⓐ와 같이 말한 까닭으로 적절한 것은?

① 평소 모습 그대로 떠나고 싶어서
② 사람들의 기억에 오래 남고 싶어서
③ 부모님에게 부담을 주고 싶지 않아서
④ 소년과의 추억을 영원히 간직하고 싶어서
⑤ 자신이 건강할 때의 모습을 기억해 주기를 바라서

홍길동전 ① | 허균 지음, 김일렬 풀이

학습 포인트 • 길동이 겪는 갈등의 원인과 갈등 양상 이해하기
• 길동의 갈등 해결 과정과 한계점 파악하기

앞부분의 줄거리

조선 시대, 양반인 홍 대감과 노비 출신의 첩 춘섬 사이에서 아이가 태어났는데 이 아이의 이름을 홍길동이라 하였다. 홍길동은 어려서부터 총명하고 재주가 뛰어났지만 서얼이었기 때문에 여러모로 차별을 받는다.

갈래	고전 소설, 한글 소설, 영웅 소설
성격	현실 비판적, 전기적(傳奇的)
배경	조선 시대
시점	3인칭 전지적 시점
소재	적서 차별 제도
주제	적서 차별에 대한 저항과 입신양명에의 의지
특징	• 우리나라 최초의 한글 소설임. • 영웅의 일대기적 구성 방식을 취함.

가 길동이 점점 자라 여덟 살이 되자, 총명하기가 보통이 넘어 하나를 들으면 백 가지를 알 정도였다. 그래서 공은 길동을 더욱 귀여워하면서도 출생이 천해, 길동이 아버지니 형이니 하고 부를 때마다 즉시 꾸짖어 그렇게 부르지 못하게 하였다. 길동은 열 살이 넘도록 감히 호부호형을 하지 못하고, 종들로부터 천대받는 것을 뼈에 사무치게 한탄하면서 마음 둘 바를 몰랐다.

> 남자를 높여 이르는 말, 여기서는 길동의 아버지
> 아버지를 아버지라고 부르고 형을 형이라고 부름.

나 어느 9월 보름께가 되자, 달빛은 처량하게 비치고 맑은 바람은 쓸쓸히 불어와 사람의 마음을 울적하게 하였다. 길동은 서당에서 글을 읽다가 문득 책상을 밀치고 탄식하기를,

"대장부가 세상에 나서 공맹을 본받지 못할 바에야, 차라리 병법이라도 익혀 대장인을 허리춤에 비스듬히 차고 동정서벌하여 나라에 큰 공을 세우고 이름을 오래도록 빛내는 것이 장부의 통쾌한 일이 아니겠는가. 나는 어찌하여 이 한 몸 적막하고, 부형이 있는데도 아버지를 '아버지'라 부르지 못하고 형을 '형'이라고 부르지 못하니 심장이 터질지라, 이 어찌 통탄할 일이 아니겠는가!"

> 대장이 가지던 도장
> 이리저리로 여러 나라를 정벌하여, 동쪽을 정복하고 서쪽을 친다는 뜻에서 나온 말

하고, 뜰에 내려와 검술을 익히고 있었다.

다 그때 마침 공이 또한 달빛을 구경하다가, 길동이 서성거리는 것을 보고 즉시 불러 물었다.

"너는 무슨 흥이 있어서 밤이 깊도록 잠을 자지 않느냐?" / 길동이 공경하는 자세로 대답했다.

"소인은 마침 달빛을 즐기는 중입니다. 그런데 만물이 생겨날 때부터 오직 사람이 귀한 존재인 줄 아옵니다만, 소인에게는 귀함이 없사오니 어찌 사람이라 하겠습니까?"

공은 그 말의 뜻을 짐작은 했지만, 일부러 책망하는 체하며 말했다.

> 잘못을 꾸짖거나 나무라며 못마땅하게 여기는

"네 무슨 말이냐?" / 길동이 절하고 말씀드리기를,

"소인이 평생 서러워하는 바는, 소인이 대감의 정기를 받아 당당한 남자로 태어났고, 또 낳아서 길러 주신 어버이의 은혜를 입었는데도 아버지를 '아버지'라 못 하옵고 형을 '형'이라 못 하오니, 어찌 사람이라 하겠습니까?"

하고, 눈물을 흘리며 적삼을 적셨다. 공이 이 말을 듣고 비록 불쌍하다는 생각은 들었으나, 그 마음을 위로하면 방자해질까 염려되어 크게 꾸짖어 말했다.

> 어려워하거나 조심스러워하는 태도가 없이 무례하고 건방져질까

"재상 집안에 천한 종의 몸에서 태어난 자식이 너뿐이 아닌데, 네가 어찌 이다지 방자하냐? 앞으로 다시 이런 말을 하면 내 눈앞에 서지도 못하게 하겠다."

이렇게 꾸짖으니 길동은 감히 한마디도 더 하지 못하고, 다만 땅에 엎드려 눈물을 흘릴 뿐이었다. 공이 물러가라고 하자, 그제야 길동은 침소로 돌아와 슬퍼해 마지않았다. 길동이 본래 재주가 뛰어나고 도량이 활달한지라, 마음을 가라앉히지 못해 밤이면 잠을 이루지 못하곤 했다.

콕콕 핵심 정리

✦ 이 글에 드러난 사회 · 문화적 상황
- 양반과 천민의 구별이 있는 신분제 사회였음.
- 양반들이 본부인 외에 첩을 둘 수 있었음.
- 입신양명을 중시하는 유교 중심 사회였음.
- 적서 차별(적자와 서얼에 대한 차별)이 있었음.

✦ 이 글에 드러난 고전 소설의 특징

비범한 인물	길동은 총명하고 뛰어난 인물임.
우연적 사건	길동이 자신의 처지를 한탄하며 검술을 익힐 때 마침 홍 대감이 길동을 봄.

교과서 핵심 개념 ☆

✦ 길동이 겪는 갈등

갈등의 원인
서얼을 차별하는 당시 사회의 신분 제도(적서 차별 제도)

↓

갈등의 양상	
내적 갈등	자신의 이상과 이를 막는 신분의 한계 사이에서 고민함.
외적 갈등	• 자신의 처지를 한탄하는 길동과 그런 길동을 꾸짖는 홍 대감의 갈등(인물과 인물의 갈등) • 입신양명하고 싶은 길동과 서자를 차별하는 신분 제도의 갈등(인물과 사회의 갈등)

핵심만 바로 체크

1 길동이 아버지를 '아버지'라고 부르지 못하는 까닭은 아버지에게 미움을 받아서이다. (○ , ×)

2 홍 대감은 길동을 불쌍히 여겨 호부호형(呼父呼兄)을 허락하였다. (○ , ×)

3 길동이 살던 시대에는 길동과 같은 이유로 차별받는 사람이 흔하지 않았다. (○ , ×)

실전으로 바로 연습

1 (가)와 (다)에 드러난 고전 소설의 특징을 바르게 짝지은 것은?

> ㄱ. 사건이 우연적으로 전개된다.
> ㄴ. 비범한 인물의 생애를 서술한다.
> ㄷ. 대체로 권선징악적, 교훈적 주제를 담는다.
> ㄹ. 현실에서 일어나기 어려운 비현실적 사건이 발생한다.

	(가)	(다)
①	ㄱ	ㄹ
②	ㄴ	ㄱ
③	ㄴ	ㅁ
④	ㄷ	ㄴ
⑤	ㄹ	ㄷ

핵심 ☆

2 이 글에서 길동이 갈등하는 근본적인 원인으로 적절한 것은?
① 형과의 서먹한 관계
② 가족들의 시기와 무시
③ 자신에게 무심한 아버지
④ 신분 제도로 인한 적서 차별
⑤ 벼슬길에 오르기에는 부족한 능력

3 (다)에서 홍 대감이 길동을 꾸짖는 까닭으로 적절한 것은?
① 길동의 처지와 마음을 헤아리기 어려워서
② 길동이 방자한 태도를 깨우쳐 주기 위해서
③ 길동이 터무니없는 말을 한다고 생각해서
④ 길동이 자신의 출생의 비밀을 모르도록 하기 위해서
⑤ 길동의 심정을 이해하지만 현실의 제도에 순응할 수밖에 없어서

DAY 08 홍길동전 ②

라 하루는 길동이 어머니의 침소에 가 울면서 아뢰었다.

"소자가 모친과 더불어 전생의 연분이 중하여 이번 세상에 모자가 되었으니, 그 은혜가 지극하옵니다. 그러나 소자의 팔자가 사나워서 천한 몸이 되었으니, 품은 한이 깊사옵니다. 장부가 세상에 살면서 남의 천대를 받는 것이 옳지 아니한지라, 소자는 자연히 설움을 억제하지 못하여 모친 슬하를 떠나려 하오니, 엎드려 바라건대 모친께서는 소자를 염려하지 마시고 귀한 몸 잘 돌보십시오."

길동의 어머니가 듣고 나서 크게 놀라 말했다.

"재상 집안에 천한 출생이 너뿐이 아닌데, 어찌 마음을 좁게 먹어 어미의 간장을 태우느냐?"

길동이 대답했다.

"옛날, 장충의 아들 길산은 천한 출생이지만 열세 살에 그 어미와 이별하고 운봉산에 들어가 도를 닦아 아름다운 이름을 후세에 전하였습니다. 소자도 그를 본받아 세상을 벗어나려 하오니, 모친은 안심하고 후일을 기다리십시오. 근래에 곡산댁의 눈치를 보니 상공의 사랑을 잃을까 하여 우리 모자를 원수같이 알고 있습니다. 큰 화를 입을까 하오니 모친께서는 소자가 나감을 염려하지 마십시오."

하니, 그 어머니 또한 슬퍼하더라.

콕콕 핵심 정리

✦ 길동과 길동 어머니의 현실 대응 태도

	현실을 대하는 태도	상황을 대하는 태도
길동	현실 비판적	적극적, 진취적
어머니	현실 순응적	소극적, 수동적

✦ 갈등을 해결하기 위한 길동의 결정

당시 신분 제도에 순응하지 않고 맞서서 반항한 인물인 '길산'을 본받아 자신도 세상을 벗어날 것을 말함.

▼

집안에서는 풀 수 없는 갈등을 해결하기 위해 출가를 결정함.

핵심만 바로 체크

4 길동의 어머니는 집을 떠나려는 길동의 결심을 응원하였다. (○ , ×)

5 이 글에 드러난 갈등은 적서 차별에서 비롯되었다. (○ , ×)

실전으로 바로 연습

4 길동과 길동 어머니의 현실 대응 태도를 비교한 것으로 적절한 것은?

	길동의 태도	길동 어머니의 태도
①	도피적	순응적
②	타협적	도피적
③	타협적	비판적
④	비판적	도피적
⑤	비판적	순응적

서술형

5 길동이 언급한 장충의 아들 길산이 길동에게 어떤 의미를 가지는지 쓰시오.

실력 쌓기

[01~04] 다음 글을 읽고, 물음에 답하시오.

가 문기는 아랫방에 내려와 혼자 되자 삼촌 앞에서보다 갑절 얼굴이 달아올랐다. 지금까지 될 수 있는 대로 생각지 않으려고 힘을 써 오던 그편에 정면으로 제 몸을 세워 놓고 보지 않을 수 없었다. 그러자 자기라는 몸은 벌써 삼촌의 이른바 나쁜 데 빠지고 만 것이었다. 그야 자기는 수만이가 시켜서 한 일이니까 잘못이 없다는 것이지만 당초에 그것은 제 허물을 남에게 밀려는 얄미운 구실이 아니고 뭐냐. 그리고 문기는 이미 삼촌을 속였다. 또 써서는 아니 될 돈을 쓰고 말았다.

나 "너, 지금으로 가지고 나오지 않으면 낼은 가만 안 둔다. 도적질했다 하구 똑바루 써 놀 테야."

문기는 여전히 못 들은 척 걸음만 옮긴다. 자기 집 마당엘 들어섰다. 숙모는 뒤꼍에서 화초 모종을 하는지 여기 심어라 저기 심어라 하고 아랫집 심부름을 하는 아이와 이야기하는 소리가 날 뿐 집 안엔 아무도 없다.

그리고 눈앞에 보이는 붙장 안 앞턱에 잔돈 얼마와 지전 몇 장이 놓여 있다. 그리고 문밖엔 지금 수만이가 돈을 가지고 나오기를 기다리고 섰다. 여기서 문기는 ㉠두 번째 허물을 범하고 말았다.

"진작 듣지." / 하고 빙그레 웃는 수만이 얼굴에다 뺨을 때리듯 돈을 던져 주고 문기는 달아났다.

다 학교엘 갔다. 첫 시간은 수신 시간, 그리고 공교로이 제목이 '정직'이다. 선생님은 뒷짐을 지고 교단 위를 왔다 갔다 하며 거짓이라는 것이 얼마나 악한 것이고 정직이 얼마나 귀하고 중한 것인가를 누누이 말씀한다. 그리고 안경 쓴 선생님의 그 눈이 번쩍 하고 문기 얼굴에 머물렀다 가고 가고 한다.

그럴 때마다 문기는 가슴이 뜨끔뜨끔해진다. 문기는 자기 한 사람에게만 들리기 위한 정직이요 수신 시간인 듯싶었다.

라 언제나 다름없이 하늘은 맑고 푸르건만 문기는 어쩐지 그 하늘조차 쳐다보기가 두려워졌다. 자기는 감히 떳떳한 얼굴로 그 하늘을 쳐다볼 만한 사람이 못 된다 싶었다.

01 (가)에 드러난 문기의 심리로 적절한 것은?

① 수만에게 속았다는 사실을 알고 분노하고 있다.
② 삼촌에게 신세를 지고 있다는 사실에 부담을 느끼고 있다.
③ 그동안 애써 외면했던 자신의 잘못을 마주하고 괴로워하고 있다.
④ 주체적으로 행동하지 못하고 수만에게 끌려 다녔던 것을 억울해하고 있다.
⑤ 남에게 자신의 허물을 뒤집어 씌웠다는 사실을 삼촌에게 들켜 부끄러움을 느끼고 있다.

02 (다)에 대한 설명으로 적절한 것은?

① 문기와 선생님의 갈등이 최고조에 이른다.
② 문기가 선생님에게 거짓말을 하며 새로운 갈등이 시작된다.
③ 문기가 선생님의 말씀을 통해 갈등 해결의 실마리를 찾는다.
④ 깊은 자기반성을 통해 죄책감을 극복한 문기의 모습이 나타난다.
⑤ 수신 시간의 제목인 '정직'은 문기의 내적 갈등을 심화하는 역할을 한다.

03 ㉠이 의미하는 것으로 적절한 것은?

① 붙장 안 돈을 훔친 것
② 수만이 얼굴에 돈을 던진 것
③ 숙모 몰래 수만이를 만난 것
④ 수만이에게 돈을 늦게 준 것
⑤ 거스름돈을 혼자 쓰려 한 것

04 (라)를 바탕으로 이 글의 제목인 '하늘은 맑건만'의 의미를 〈조건〉에 맞게 쓰시오.

┤ 조건 ├
소설에 나타난 갈등의 양상을 포함하여 서술할 것

[05~08] 다음 글을 읽고, 물음에 답하시오.

가 "언니, 배고파."

옆구리에 혹이 하나 붙어 있기는 했다. 나는 얼른 눈을 감고 자는 척했다. 여덟 살쯤 됐으면 밥 정도는 혼자 차려 먹을 수 있는 나이다. 나는 그 나이 때 내 밥을 알아서 차려 먹은 건 물론이고 우는 아기한테 분유를 타 먹일 줄도 알았다. 내 아기도 아닌데 내가 우유병 물리고 놀아 주고 다 했다. 그런데 그때 그 갓난쟁이 김한아는 아직도 아기 취급받으며 세상 편하게 살고 있다.

나 한아가 이마를 찡그렸다. 나는 한아가 손을 마저 헹굴 수 있게 샤워기 물을 틀었다. 한아가 화장실 바닥에 쪼그려 앉아 손을 비벼 씻었다. 불이 안 들어오는 화장실에 물이 안 내려가는 세면대라니! 일이 점점 더 꼬이고 있었다. ㉠엄마가 집에 오려면 아직 4일이나 남았다.

다 "으아악!"

배수관 끝에 검고 축축한 덩어리가 늘어져 있었다. 오래된 늪에서 건져 올린 쓰레기 같았다. 냄새도 지독했다.

"한아야, 나가 있어."

한아가 손가락으로 코를 꽉 쥔 채 고개를 도리도리했다. 코딱지만 한 게 그래도 의리가 있다.

"그럼 이거 들고 있어. 여기 잘 보이게." / 핸드폰 플래시를 켠 다음 한아 손에 쥐여 주었다. 어두침침하던 세면대 아래가 환해졌다. 나는 숨을 꾹 참고, 철사 옷걸이를 꼬챙이처럼 만들어 배수관 안으로 밀어 넣었다. 물때가 잔뜩 낀 머리카락 뭉치가 바닥으로 툭 떨어졌다. 세면대 물이 못 내려가게 막고 있던 범인이었다.

라 ⓐ멍키 스패너를 꽉 쥐었을 때의 느낌이 아직도 생생했다. 내 손아귀의 힘이 스패너를 통과하면서 몇 배로 커지는 느낌이었다. 스패너를 쥔 내 손이 단단히 조여져 도무지 풀릴 것 같지 않던 너트를 거뜬히 움직였고, 나는 그런 내 모습이 마음에 들었다. 어떤 일에도 호들갑 떨지 않고 상대의 심장을 꾹꾹 찌르는 말을 내뱉는 사람은 되지 못했지만, 스패너를 손에 쥐고 고장 난 것들을 스스로 척척 고치는 사람은 될 수 있을 것 같았다.

마 옆에서 쌕쌕 숨 쉬는 소리가 들렸다. 한아는 저녁밥을 먹자마자 잠이 들었다. 나도 잠이 쏟아졌다. 일어나 불을 끄고 다시 누웠다. 우리는 엄마 없는 다섯 번째 밤을 보내는 중이고 모든 것이 제자리로 돌아와 있었다.

잘했어, 김한경.

나는 눈을 감은 채 혼자 웃었다. ㉡엄마가 오려면 이제 이틀 남았다.

05 이 글에 대한 설명으로 적절하지 **않은** 것은?

① 인물의 심리를 세밀하게 표현한다.
② 대상에 대한 인물의 태도 변화가 드러난다.
③ 작가의 어린 시절 경험이 생생하게 드러난다.
④ 소설 속 주인공인 '나'가 자신의 이야기를 직접 서술한다.
⑤ 문제를 극복한 경험을 통해 인물이 내면적으로 성장한 과정이 나타난다.

06 ㉠과 ㉡에 나타나는 '나'의 심리를 바르게 짝지은 것은?

	㉠	㉡
①	안도감	막막함
②	허탈함	기대감
③	막막함	뿌듯함
④	해방감	성취감
⑤	실망감	불안감

어려워 ♡

07 ⓐ의 의미로 적절한 것은?

① '나'와 동생의 관계를 더욱 악화시키는 매개체이다.
② '나'가 자신의 숨은 재능을 발견하는 계기가 된 물건이다.
③ '나'에게 자신감을 불어넣고 문제 해결 능력을 키워 주는 도구이다.
④ 위기 상황에서 '나'가 침착하게 도움을 청할 수 있도록 도와주는 도구이다.
⑤ '나'가 가족을 책임지는 어른으로 성장하고 있음을 상징적으로 보여 주는 소재이다.

서술형 

08 (가)와 (다)를 바탕으로 한아를 대하는 '나'의 태도가 어떻게 변화했는지 쓰시오.

[09~11] 다음 글을 읽고, 물음에 답하시오.

가 오늘도 또 우리 수탉이 막 쪼이었다. 내가 점심을 먹고 나무를 하러 갈 양으로 나올 때였다. 산으로 올라서려니까 등 뒤에서 푸드득, 푸드득, 하고 닭의 횃소리가 야단이다. 〈중략〉 이번에도 점순이가 쌈을 붙여 놨을 것이다. 바짝바짝 내 기를 올리느라고 그랬음에 틀림없을 것이다.

나 나흘 전 감자 쪼간만 하더라도 나는 저에게 조금도 잘못한 것은 없다.

계집애가 나물을 캐러 가면 갔지 남 울타리 엮는 데 쌩이질을 하는 것은 다 뭐냐. 그것도 발소리를 죽여 가지고 등 뒤로 살며시 와서

"얘! 너 혼자만 일하니?" / 하고 긴치 않은 수작을 하는 것이다.

다 ㉠"느 집엔 이거 없지?"

하고 생색 있는 큰소리를 하고는 제가 준 것을 남이 알면은 큰일 날 테니 여기서 얼른 먹어 버리란다. 그리고 또 하는 소리가

"너, 봄 감자가 맛있단다."

"난 감자 안 먹는다. 니나 먹어라."

나는 고개도 돌리려 하지 않고 일하던 손으로 그 감자를 도로 어깨 너머로 쑥 밀어 버렸다. / 그랬더니 그래도 가는 기색이 없고, 뿐만 아니라 쌔근쌔근하고 심상치 않게 숨소리가 점점 거칠어진다.

라 설혹 주는 감자를 안 받아먹는 것이 실례라 하면 주면 그냥 주었지 '느 집엔 이거 없지?'는 다 뭐냐. 그렇잖아도 저희는 마름이고 우리는 그 손에서 배재를 얻어 땅을 부치므로 일상 굽실거린다. 우리가 이 마을에 처음 들어와 집이 없어서 곤란으로 지낼 제 집터를 빌리고 그 위에 집을 또 짓도록 마련해 준 것도 점순네의 호의였다.

마 "이놈아! 너 왜 남의 닭을 때려죽이니?"

"그럼 어때?" / 하고 일어나다가

"뭐, 이 자식아! 누 집 닭인데?"

하고 복장을 떼미는 바람에 다시 벌렁 자빠졌다. 그러고 나서 가만히 생각을 하니 분하기도 하고 무안도 스럽고 또 한편 일을 저질렀으니 인젠 땅이 떨어지고 집도 내쫓기고 해야 될는지 모른다.

09 이 글에 대한 설명으로 적절하지 **않은** 것은?

① 시간의 흐름에 따라 사건이 전개되고 있다.

② 사투리를 사용하여 작품의 분위기를 형성하고 있다.

③ 작품 속의 '나'가 자신의 감정을 생생하게 말하고 있다.

④ 공간적 배경은 농촌, 계절적 배경은 봄으로 설정되어 있다.

⑤ 사춘기 소년과 소녀의 갈등을 중심으로 내용이 전개되고 있다.

10 이 글에서 알 수 있는 '나'와 점순의 성격으로 적절한 것은?

	'나'	점순
①	어른스러움.	천진난만함.
②	조숙함.	어수룩함.
③	자신감이 넘침.	자존심이 강함.
④	눈치가 없음.	감정 표현에 적극적임.
⑤	눈치가 빠름.	눈치가 없음.

11 점순이 감자를 건네며 ㉠과 같이 말한 의도로 적절한 것은?

① '나'의 집이 가난한 것을 놀려 주려고

② '나'에게 자기 집의 감자를 자랑하려고

③ '나'를 불쌍하게 여기는 마음을 표현하려고

④ '나'가 감자를 싫어하는 것을 알고 괴롭히려고

⑤ '나'를 좋아하는 마음을 들키지 않고 감자를 전해 주려고

[12~15] 다음 글을 읽고, 물음에 답하시오.

가 갈림길에 왔다. 여기서 소녀는 아래편으로 한 삼 마장쯤, 소년은 우대로 한 십 리 가까잇길을 가야 한다.

소녀가 걸음을 멈추며, / "너, 저 산 너머에 가 본 일 있니?" / 벌 끝을 가리켰다.

"없다." / "우리, 가 보지 않을래? 시골 오니까 혼자서 심심해 못 견디겠다."

"저래 봬두 멀다." / "멀믄 얼마나 멀갔게? 서울 있을 땐 아주 먼 데까지 소풍 갔었다."

소녀의 눈이 금세, 바보, 바보, 할 것만 같았다.

나 참 먹장구름 한 장이 머리 위에 와 있다. 갑자기 사면이 소란스러워진 것 같다. 바람이 우수수 소리를 내며 지나간다. 삽시간에 주위가 보랏빛으로 변했다.

산을 내려오는데 떡갈나무 잎에서 빗방울 듣는 소리가 난다. 굵은 빗방울이었다. 목덜미가 선뜻선뜻했다. 그러자 대번에 눈앞을 가로막는 빗줄기.

비안개 속에 원두막이 보였다. 그리로 가 비를 그을 수밖에.

그러나 원두막은 기둥이 기울고 지붕도 갈래갈래 찢어져 있었다. 그런대로 비가 덜 새는 곳을 가려 소녀를 들어서게 했다. 소녀는 입술이 파랗게 질려 있었다. 어깨를 자꾸 떨었다.

무명 겹저고리를 벗어 소녀의 어깨를 싸 주었다. 소녀는 비에 젖은 눈을 들어 한 번 쳐다보았을 뿐, 소년이 하는 대로 잠자코 있었다. 그러면서 안고 온 꽃묶음 속에서 ㉠ 가지가 꺾이고 꽃이 일그러진 송이를 골라 발밑에 버린다.

소녀가 들어선 곳도 비가 새기 시작했다. 더 거기서 비를 그을 수 없었다.

다 그러다가 까무룩 잠이 들었는가 하는데,

"허, 참, 세상일두……."

마을 갔던 아버지가 언제 돌아왔는지,

"윤 초시 댁두 말이 아니여. 그 많던 전답을 다 팔아 버리구, 대대루 살아오던 집마저 남의 손에 넘기더니, 또 악상까지 당하는 걸 보면……."

남폿불 밑에서 바느질감을 안고 있던 어머니가,

"증손이라곤 계집애 그 애 하나뿐이었지요?"

"그렇지. 사내애 둘 있던 건 어려서 잃구……."

"어쩌믄 그렇게 자식 복이 없을까."

"글쎄 말이지. 이번 앤 꽤 여러 날 앓는 걸 약두 변변히 못 써 봤다더군. 지금 같애서는 윤 초시네두 대가 끊긴 셈이지……. 그런데 참 이번 계집애는 어린것이 여간 잔망스럽지가 않어. 글쎄 죽기 전에 이런 말을 했다지 않어? 자기가 죽거든 자기 입던 옷을 꼭 그대루 입혀서 묻어 달라구……."

---

12 이 글에 대한 설명으로 적절하지 **않은** 것은?

① 시간의 흐름에 따라 사건이 진행된다.
② 간결하고 압축적인 문장으로 서술한다.
③ '소년'이 자신이 경험한 내용을 서술한다.
④ 향토적인 정서가 드러나는 공간을 배경으로 한다.
⑤ 상징적 소재를 사용하여 비극적인 결말을 암시한다.

13 이 글의 결말 처리 방식의 효과로 적절하지 **않은** 것은?

① 생략법을 사용하여 독자에게 감동과 여운을 남긴다.
② 이후 소년에게 또다른 시련과 위기가 닥칠 것임을 암시한다.
③ 소녀의 가정 형편이 드러나 소녀의 죽음이 지닌 비극성을 강조한다.
④ 소년과 소녀가 끝내 만나지 못한 채 결말을 맺어 안타까움과 애틋함을 심화한다.
⑤ 소년의 부모가 나누는 대화로 소녀의 죽음을 전달하여 독자가 소년의 심리를 상상하게 한다.

14 이 글의 제목인 '소나기'가 상징하는 바로 적절한 것은?

① 소년과 소녀의 엇갈린 사랑
② 소년에 대한 소녀의 헌신적인 사랑
③ 소녀를 만나면서 변화하는 소년의 성장 과정
④ 갑자기 찾아와 짧게 끝난 소년과 소녀의 사랑
⑤ 서울에서 자란 소녀와 농촌에서 자란 소년의 갈등

15 (다)를 바탕으로 ㉠이 암시하는 내용을 쓰시오.

[16~18] 다음 글을 읽고, 물음에 답하시오.

가 ⓐ길동이 점점 자라 여덟 살이 되자, 총명하기가 보통이 넘어 하나를 들으면 백 가지를 알 정도였다. 그래서 공은 길동을 더욱 귀여워하면서도 출생이 천해, 길동이 아버지니 형이니 하고 부를 때마다 즉시 꾸짖어 그렇게 부르지 못하게 하였다. 길동은 열 살이 넘도록 감히 호부호형을 하지 못하고, 종들로부터 천대받는 것을 **뼈**에 사무치게 한탄하면서 마음 둘 바를 몰랐다.

나 어느 9월 보름께가 되자, 달빛은 처량하게 비치고 맑은 바람은 쓸쓸히 불어와 사람의 마음을 울적하게 하였다. 길동은 서당에서 글을 읽다가 문득 책상을 밀치고 탄식하기를,

"대장부가 세상에 나서 공맹을 본받지 못할 바에야, 차라리 병법이라도 익혀 대장인을 허리춤에 비스듬히 차고 동정서벌하여 나라에 큰 공을 세우고 이름을 오래도록 빛내는 것이 장부의 통쾌한 일이 아니겠는가. 나는 어찌하여 이 한 몸 적막하고, 부형이 있는데도 아버지를 '아버지'라 부르지 못하고 형을 '형'이라고 부르지 못하니 심장이 터질지라, 이 어찌 통탄할 일이 아니겠는가!" / 하고, 뜰에 내려와 검술을 익히고 있었다.

다 그때 마침 공이 또한 달빛을 구경하다가, 길동이 서성거리는 것을 보고 즉시 불러 물었다.

"너는 무슨 흥이 있어서 밤이 깊도록 잠을 자지 않느냐?"

길동이 공경하는 자세로 대답했다.

"소인은 마침 달빛을 즐기는 중입니다. 그런데 만물이 생겨날 때부터 오직 사람이 귀한 존재인 줄 아옵니다만, 소인에게는 귀함이 없사오니 어찌 사람이라 하겠습니까?"

공은 그 말의 뜻을 짐작은 했지만, 일부러 책망하는 체하며 말했다.

"네 무슨 말이냐?" / 길동이 절하고 말씀드리기를,

"소인이 평생 서러워하는 바는, 소인이 대감의 정기를 받아 당당한 남자로 태어났고, 또 낳아서 길러 주신 어버이의 은혜를 입었는데도 아버지를 '아버지'라 못 하옵고 형을 '형'이라 못 하오니, 어찌 사람이라 하겠습니까?" 하고, 눈물을 흘리며 적삼을 적셨다. 공이 이 말을 듣고 비록 불쌍하다는 생각은 들었으나, 그 마음을 위로하면 방자해질까 염려되어 크게 꾸짖어 말했다.

16 (나)에 드러난 갈등의 원인과 양상을 바르게 짝지은 것은?

	원인	양상
①	적서 차별 제도	길동의 내적 갈등
②	충효 사상	길동과 아버지의 갈등
③	적서 차별 제도	길동과 아버지의 갈등
④	충효 사상	길동의 내적 갈등
⑤	출세 지상주의	길동과 조정의 갈등

17 (다)에 대한 설명으로 적절한 것은?

① 홍 대감은 길동이 달빛을 구경하는 것을 책망하였다.

② 홍 대감은 길동이 하는 말의 의도를 파악하지 못하고 있다.

③ 길동은 자신의 재주를 믿고 홍 대감 앞에서 방자하게 굴었다.

④ 홍 대감은 호부호형을 하지 못하는 길동을 불쌍히 여기고 있다.

⑤ 길동은 홍 대감의 말을 받아들여 벼슬길에 오르기로 다짐하였다.

18 다음은 영웅의 일대기 구조와 이 글의 서사 구조를 비교한 것이다. ㉠에 해당하는 부분으로 적절한 것은?

영웅의 일대기 구조	홍길동전
고귀한 혈통	대감의 아들
비정상적 탄생	종의 몸에서 태어남.
비범한 능력	①
어린 시절의 위기	②
조력자를 만나 위기에서 벗어남.	③
다시 위기에 부딪힘.	④
위기를 극복하고 승리함.	⑤

수필

 자신의 경험을 개성적인 발상과 표현으로 형상화한다.

키워드 모음 Zip

• 글쓴이가 떠올린 경험과 깨달음 파악하기　　• 글쓴이의 경험을 바탕으로 자신의 삶 성찰하기

개념 돋보기

＋ 경험
글쓴이가 직접 겪거나 간접적으로 접한 사건, 사물, 사람 등을 통해 얻은 인식과 느낌

＋ 발상
자신의 경험이나 생각을 바탕으로 글을 쓰고자 하는 주제나 소재를 찾아내는 창의적인 사고 과정

1 수필의 개념

글쓴이가 일상 속에서 경험한 일이나 경험에서 얻은 생각과 느낌을 일정한 형식에 얽매이지 않고 자유롭게 표현한 글이다. 글쓴이의 개성이 두드러지게 나타난다는 특징이 있다.

글쓴이		독자
일상에서 겪은 일 중, 다른 사람과 나누고 싶은 의미 있는 경험이나 생각을 소재로 하여 진솔하게 글을 씀.	⇄	글쓴이의 삶과 경험, 생각이 담긴 글을 읽고 감동이나 즐거움을 얻을 수 있음.

2 수필의 구성 요소

소재	생활 체험, 관찰, 사색, 감상 등 소재가 다양함.
문체	글에 드러나는 글쓴이의 독특한 어투로, 글쓴이의 개성이 드러남.
구성	논리적 관계, 시·공간적 순서, 생각의 흐름 등 글쓴이의 의도에 따라 다양하게 구성됨.
주제	글쓴이의 가치관이나 인생관이 드러남.

3 수필의 특징

❶ 1인칭의 문학
수필은 '나'로 서술되며, 수필 속의 '나'는 글쓴이 자신이기 때문에 경험, 생각, 느낌 등을 진솔하게 표현한다는 특징이 있음.

주관적, 고백적	글쓴이가 자신의 생각이나 느낌을 꾸밈없이 솔직하게 표현함.❶
개성적	글쓴이의 가치관, 생활 방식, 정서, 말투 등의 독특한 개성이 드러남.
비전문적	전문적인 지식이 없어도 누구나 쓸 수 있음.
자유로운 형식	정해진 형식 없이 자유롭게 쓸 수 있음.
신변잡기적	글쓴이의 주변에서 일어나는 여러 가지 일들을 글의 소재로 삼음.
유머와 위트의 문학	유머와 위트는 글쓴이의 개성을 두드러지게 하는 요소로, 이를 통해 지적인 감흥을 불러일으킬 뿐만 아니라 문학적 향취와 멋을 지니게 됨.

	경수필	중수필
개념	글쓴이가 일상적 경험에서 얻은 생각이나 느낌 등을 자유로운 형식으로 표현한 수필	글쓴이가 사회적·시사적 문제에 대하여 자신의 의견이나 견해 등을 논리적으로 쓴 수필
성격	체험적, 개성적, 주관적	논리적, 사회적, 객관적
특징	• 비교적 가볍고 일상적인 소재를 다룸. • 글쓴이의 감정과 정서가 중심이 됨. • 친근하고 가벼운 느낌을 줌.	• 사회적인 문제나 무거운 내용을 다룸. • 글쓴이의 의견을 논리적으로 제시함. • 무겁고 딱딱한 느낌을 줌.
종류	일기, 편지글❷, 기행문❸, 감상문 등	칼럼❹, 평론❺ 등

❷ 편지글
자신이 하고 싶은 말이나 생각을 상대방에게 개인적으로 전하는 글

❸ 기행문
여행하는 동안 보고, 듣고, 느낀 것을 시간적 순서나 공간의 이동에 따라 적은 글

❹ 칼럼
신문이나 잡지에 연재되어 시사 문제, 사회 문제에 대해 짧게 비평하는 글

❺ 평론
사물의 가치, 우열, 선악 등을 평가하여 논하는 글

5 수필을 읽는 방법
• 글쓴이의 경험을 파악하고, 감동이나 즐거움을 느끼며 읽는다.
• 글쓴이의 경험을 통해 깨달음을 얻고, 자신의 삶을 성찰하며 읽는다.
• 글쓴이가 사용한 개성적이고 독특한 표현이나 문체 등을 살피며 읽는다.
• 글에 담긴 글쓴이의 가치관을 파악하고 자신의 가치관과 비교하며 읽는다.
• 글쓴이가 대상을 바라보는 태도에서 글쓴이의 인생관과 가치관을 파악하며 읽는다.

| 더 알아보기 | 수필과 소설의 비교

	수필	소설
내용	사실적, 경험적	허구적
글쓴이	누구나 쓸 수 있음.	대체로 전문적인 작가가 씀.
형식	정해진 형식이 없이 자유로움.	대체로 '발단–전개–위기–절정–결말'의 형식을 따름.
글 속의 '나'	글쓴이 자신	작가가 창조한 허구의 인물
글 속의 '세계'	글쓴이가 경험한 현실 세계	작가의 상상력으로 창조된 허구의 세계
공통점	• 줄글 형식의 산문 문학임. • 읽는 이에게 감동과 즐거움을 줌.	

열보다 큰 아홉 | 이문구

학습 포인트
• 글에 담긴 글쓴이의 가치관 파악하기
• 글쓴이가 글에 사용한 표현 방법 파악하기

처음 **가** 오늘은 아홉과 열이라는 수가 지닌 뜻에 대해서 생각해 보기로 합시다. 흔히 열이란 수는 이미 이룰 것을 이룩한 완전한 수이며, 성공을 한 수로 여깁니다. 그러면 아홉이란 수는 어떤 수입니까? 두말할 필요도 없이 열보다 하나가 모자란 수입니다. 그런데 동양에서는, 그중에서도 특히 우리나라에서는 오랜 옛날부터 열보다 아홉을 더 사랑했습니다. 얼마나 사랑했으면 아홉 구 자가 두 번 든 음력 구 월 구 일을 중양절이니, 중굿날이니 하는 이름으로 부르면서, 천 년이 넘도록 큰 명절로 정하고 쇠어 왔겠습니까.

세시 명절의 하나로 음력 9월 9일을 이르는 말 ≒ 중굿날

갈래	수필
성격	고백적, 설득적, 대조적
소재	숫자 열과 아홉
주제	숫자 아홉처럼 무한한 꿈과 가능성을 지닌 청소년의 가치
특징	• 숫자 열과 아홉을 대조하여 의미를 강조함. • 비유, 반복, 대구, 도치, 관용 표현 등의 다양한 표현 방법을 활용함.

처음 ☐보다 ☐☐을 더 사랑한 우리나라

중간 **나** 우리의 조상들이 열보다 아홉을 더 사랑한 것은 무슨 까닭이었을까요? 간단히 말해서 모든 일에 완벽함을 기대하지 않았다는 뜻이 아니었을까요? 다시 말하면, 이 세상에 완전한 것은 없다는 사실을, 우리의 선조들은 아주 오랜 옛날부터 익히 알고 있었다는 것입니다.

다 우리가 흔히 듣는 말에 ㉠"모든 기록은 깨어지기 위해서 있다."라는 말이 있습니다. 이 말이 맞지 않는 말이라면, 여러분이 아시다시피 세계 제일의 기록만을 수록하는 기네스북도 해마다 다시 찍어 내야 할 이유가 없겠지요. 모든 기록이 반드시 깨어지기 마련인 것은, 그 기록을 이룩한 것이 인간이기 때문이라고 생각합니다. 인간은 저마다 무한한 가능성을 타고난 존재이지만 아울러 이 세상에 완전한 인간은 결코 어디에도 있을 수가 없다는 사실 또한 그 스스로 증명하는 존재이기도 합니다.

중간 우리 선조들이 열보다 아홉을 더 사랑한 까닭과 인간 ☐☐의 의미

끝 **라** 열이란 수가 어느 하나 부족한 것 없이 모든 것을 이룬 어른과 같다면, 아홉은 앞으로 무엇이든 될 수 있는 청소년과도 같은 수인 셈입니다. 여러분은 지금 한창 자라고, 한창 배우고, 한창 놀아야 할 중학생입니다. 여러분은 지금 무엇 한 가지도 완벽할 수가 없으며, 항상 어딘가가 부족하고 어설픈 것이 오히려 정상입니다. 행여 무엇이 남들보다 모자란 것이 아닌가 싶어서 스스로 괴로워하고 외로워하고 서글퍼해 온 학생이 있다면 어떨까요, 이제부터라도 열이란 수보다 아홉이란 수를 더 사랑해 보는 것은.

끝 ☐☐과 같이 무엇이든 될 수 있는 가능성이 있는 존재인 ☐☐☐

콕콕 핵심 정리

✦ '열'과 '아홉'의 비유

빗대어 표현한 대상	표현하려는 대상	공통점
열	어른	꽉 찬 것, 부족함이 없는 것
아홉	청소년	꽉 차기 전, 부족하지만 가능성이 있는 것

✦ 도치법의 사용

"행여 무엇이 남들보다 모자란 것이 아닌가 싶어서 스스로 괴로워하고 외로워하고 서글퍼해 온 학생이 있다면 어떨까요, 이제부터라도 열이란 수보다 아홉이란 수를 더 사랑해 보는 것은."

→ 문장의 앞뒤 순서를 바꾸어 표현함으로써 자신이 부족하고 모자라다고 생각하며 괴로워하는 청소년에게 위로와 격려의 말을 건네고자 하는 글쓴이의 의도를 강조함.

참고 도치법
문장 안에서 정상적인 어순 등을 뒤바꾸는 것을 말함. 흔히 말하는 사람이 강조하려는 말을 문장의 앞쪽에 내세우는 것을 이르며 정서의 환기와 변화를 이끌어내기 위하여 사용됨.

✦ 글쓴이가 전하고자 하는 주제
숫자 아홉처럼 청소년은 무한한 꿈과 가능성을 지닌 존재이므로 자신을 소중히 여겨야 함.

핵심만 바로 체크

1 이 글에 따르면 우리 선조들은 열보다 아홉을 더 사랑했다. (○ , ×)

2 글쓴이는 우리 선조들이 열보다 아홉을 더 사랑한 까닭은 아홉이 열보다 더 완전한 수이기 때문이라고 하였다. (○ , ×)

3 글쓴이는 (아홉 , 열)이 부족한 것 없이 모든 것을 이룬 어른과 같다면, (아홉 , 열)은 앞으로 무엇이든 될 수 있는 청소년과 같은 수라고 하였다.

실전으로 바로 연습

1 이 글의 표현상의 특징을 파악한 내용으로 적절하지 <u>않은</u> 것은?

① 여러 가지 일화를 나열하여 자신의 생각을 전달하고 있어.
② 열과 아홉을 대조하며 각각의 수에 담긴 의미를 말하고 있어.
③ 스스로 묻고 답함으로써 내용을 강조하는 표현법을 사용하고 있어.
④ 열과 아홉에 비유 표현을 사용하여 주제를 효과적으로 드러내고 있어.
⑤ 관용 표현을 통해 글쓴이가 생각하는 인간 존재의 의미를 나타내고 있어.

핵심 ☆

2 글쓴이가 ㉠을 인용하여 전하고 싶은 생각으로 적절한 것은?

① 완전한 인간은 없다.
② 기록에 집착하지 말자.
③ 모든 기록은 깨어져야 한다.
④ 현재 상황에 만족하지 말자.
⑤ 인간은 끊임없이 도전해야 한다.

핵심 ☆

3 (라)의 내용으로 보아, 글쓴이가 이 글을 쓴 궁극적인 의도로 적절한 것은?

① 숫자 아홉과 열의 뜻을 비교하기 위해
② 중학생 시기에 갖추어야 할 아홉 가지 덕목을 알려 주기 위해
③ 우리 조상들이 아홉이라는 숫자에 어떤 뜻을 부여해 왔는지 설명하기 위해
④ 청소년은 아홉이라는 숫자처럼 무한한 가능성이 있는, 가치 있는 존재임을 일깨우기 위해
⑤ 청소년들이 완벽함을 추구했던 우리 선조들의 열정을 본받았으면 하는 마음을 전하기 위해

괜찮아 | 장영희

학습 포인트 글쓴이가 글을 쓰기 위해 떠올린 경험과 깨달음 파악하기

처음 **가** 초등학교 때 우리 집은 서울 동대문구 제기동에 있는 작은 한옥이었다. 골목 안에는 고만고만한 한옥 여섯 채가 서로 마주 보고 있었다. 그때만 해도 한 집에 아이가 보통 네댓은 됐으므로 골목길 안에만도 초등학교 다니는 아이가 줄잡아 열 명이 넘었다. 학교가 파할 때쯤 되면 골목은 시끌벅적, 아이들의 놀이터가 되었다.
어떤 일을 마치거나 그만둘

갈래	수필
성격	교훈적, 회상적, 체험적
소재	어린 시절 골목길에서 겪은 일
주제	타인을 배려하는 자세의 중요성
특징	• 어린 시절의 경험을 통해 깨달은 점을 진솔하게 드러냄. • 자신의 경험과 보고 들은 일화를 통해 일상적인 말인 '괜찮아'의 의미를 다양하게 살핌.

나 어머니는 내가 집에서 책만 읽는 것을 싫어하셨다. 그래서 방과 후 골목길에 아이들이 모일 때쯤이면 대문 앞 계단에 작은 방석을 깔고 나를 거기에 앉히셨다. 아이들이 노는 걸 구경이라도 하라는 뜻이었다.

다 딱히 놀이기구가 없던 그때, 친구들은 대부분 술래잡기, 사방치기, 공기놀이, 고무줄놀이 등을 하고 놀았지만 나는 공기놀이 외에는 그 어떤 놀이에도 참여할 수 없었다. 하지만 골목 안 친구들은 나를 위해 꼭 무언가 역할을 만들어 주었다. 고무줄놀이나 달리기를 하면 내게 심판을 시키거나 신발주머니와 책가방을 맡겼다. 그뿐인가. 술래잡기를 할 때는 한곳에 앉아 있어야 하는 내가 답답해할까 봐 어디에 숨을지 미리 말해 주고 숨는 친구도 있었다.

라 우리 집은 골목에서 중앙이 아니라 모퉁이 쪽이었는데 내가 앉아 있는 계단 앞이 늘 친구들의 놀이 무대였다. 놀이에 참여하지 못해도 난 전혀 소외감이나 박탈감을 느끼지 않았다. 아니, 지금 생각
재물이나 권리, 자격 등을 빼앗겼다고 여기는 느낌이나 기분
하면 내가 소외감을 느낄까 봐 친구들이 배려해 준 것이었다.

처음 어린 시절 몸이 불편한 '나'를 ☐☐해 준 친구들

중간 **마** 그 골목길에서의 일이다. 초등학교 1학년 때였던 것 같다. 하루는 우리 반이 좀 일찍 끝나서 나 혼자 집 앞에 앉아 있었다. 그런데 그때 마침 골목을 지나던 깨엿 장수가 있었다. 그 아저씨는 가위를 쩔렁이며, 목발을 옆에 두고 대문 앞에 앉아 있는 나를 흘깃 보고는 그냥 지나쳐 갔다. 그러더니 리어카를 두고 다시 돌아와 내게 깨엿 두 개를 내밀었다. 순간 아저씨와 내 눈이 마주쳤다. 아저씨는 아무 말도 하지 않고 아주 잠깐 미소를 지어 보이며 말했다. / "괜찮아."

바 무엇이 괜찮다는 건지 몰랐다. 돈 없이 깨엿을 공짜로 받아도 괜찮다는 것인지, 아니면 목발을 짚고 살아도 괜찮다는 말인지……. 하지만 그건 중요하지 않다. 중요한 것은 내가 그날 마음을 정했다는 것이다. 이 세상은 그런대로 살 만한 곳이라고, 좋은 친구들이 있고 선의와 사랑이 있고, '괜찮아'라
착한 마음
는 말처럼 용서와 너그러움이 있는 곳이라고 믿기 시작했다는 것이다.

사 오래전의 학교 친구를 찾아 주는 방송 프로그램이 있다. 한번은 가수 김현철이 나와서 초등학교 때 친구를 찾았는데, 함께 축구하던 이야기가 나왔다. 당시 허리가 36인치일 정도로 뚱뚱한 친구가 있었는데, 뚱뚱해서 잘 뛰지 못한다고 다른 친구들이 축구팀에 끼워 주려고 하지 않았다. 그때 김현철이 나서서 말했다고 한다. / "괜찮아. 쟨 골키퍼를 시키면 우리 함께 놀 수 있잖아!"

그래서 그 친구는 골키퍼를 맡아 함께 축구를 했고, 몇십 년이 지난 후에도 김현철의 따뜻한 말과

마음을 그대로 기억하고 있었다.

아 괜찮아 — 난 지금도 이 말을 들으면 괜히 가슴이 찡해진다. 2002년 월드컵 4강에서 독일에게 졌을 때 관중들은 선수들을 향해 외쳤다. / "괜찮아! 괜찮아!"

혼자 남아 문제를 풀다가 결국 골든벨을 울리지 못해도 친구들이 얼싸안고 말해 준다.

"괜찮아! 괜찮아!"

중간 "☐☐☐"라는 말과 관련된 '나'의 경험과 다양한 일화

끝 **자** '그만하면 참 잘했다'고 용기를 북돋아 주는 말, '너라면 뭐든지 다 눈감아 주겠다'는 용서의 말, '무슨 일이 있어도 나는 네 편이니 넌 절대 외롭지 않다'는 격려의 말, '지금은 아파도 슬퍼하지 말라'는 나눔의 말, 그리고 마음으로 일으켜 주는 부축의 말, 괜찮아.

그래서 세상 사는 것이 만만치 않다고 느낄 때, 죽을 듯이 노력해도 내 맘대로 일이 풀리지 않는다고 생각될 때, 나는 내 마음속에서 작은 속삭임을 듣는다. 오래전 내 따뜻한 추억 속 골목길 안에서 들은 말 – '괜찮아! 조금만 참아, 이제 다 괜찮아질 거야.'

아, 그래서 '괜찮아'는 이제 다시 시작할 수 있다는 희망의 말이다.

끝 "괜찮아."라는 말에 담긴 다양한 ☐☐

콕콕 핵심 정리

교과서 핵심 개념 ☆

✦ 이 글에 드러난 글쓴이의 경험과 깨달음

경험	• 초등학교 시절, 친구들이 '나'를 배려했던 일 • 깨엿 장수에게 "괜찮아."라는 말을 들었던 일
깨달음	세상은 살 만한 곳이고, 선의와 사랑, 용서와 너그러움이 있는 곳이라고 믿게 됨.

✦ **"괜찮아."라는 말의 의미**
• 용기를 북돋아 주는 말
• 용서의 말
• 격려의 말
• 나눔의 말
• 부축의 말
• 희망의 말

핵심만 바로 체크

1 글쓴이는 자신의 초등학교 시절을 회상하며 글을 썼다. (○ , ×)

2 글쓴이는 사람들의 편견 어린 시선 때문에 세상을 부정적으로 바라보게 되었다. (○ , ×)

실전으로 바로 연습

핵심 ☆

1 "괜찮아."라는 말이 가질 수 있는 의미로 적절하지 <u>않은</u> 것은?

① 그만하면 참 잘했다.
② 다음번에는 더 잘해라.
③ 지금은 아파도 슬퍼하지 마라.
④ 너라면 뭐든지 다 눈감아 주겠다.
⑤ 무슨 일이 있어도 나는 네 편이니 넌 절대 외롭지 않다.

서술형 

2 글쓴이가 깨엿 장수와 만난 뒤 얻은 깨달음을 (바)에서 찾아 쓰시오.

[01~04] 다음 글을 읽고, 물음에 답하시오.

가 오늘은 아홉과 열이라는 수가 지닌 뜻에 대해서 생각해 보기로 합시다. 흔히 열이란 수는 이미 이룰 것을 이룩한 완전한 수이며, 성공을 한 수로 여깁니다. 그러면 아홉이란 수는 어떤 수입니까? 두말할 필요도 없이 열보다 하나가 모자란 수입니다. 그런데 동양에서는, 그 중에서도 특히 우리나라에서는 오랜 옛날부터 열보다 아홉을 더 사랑했습니다. 얼마나 사랑했으면 아홉 구 자가 두 번 든 음력 구 월 구 일을 중양절이니, 중굿날이니 하는 이름으로 부르면서, 천 년이 넘도록 큰 명절로 정하고 쇠어 왔겠습니까.

나 우리의 조상들이 열보다 아홉을 더 사랑한 것은 무슨 까닭이었을까요? 간단히 말해서 모든 일에 완벽함을 기대하지 않았다는 뜻이 아니었을까요? 다시 말하면, 이 세상에 완전한 것은 없다는 사실을, 우리의 선조들은 아주 오랜 옛날부터 익히 알고 있었다는 것입니다.

다 우리가 흔히 듣는 말에 "모든 기록은 깨어지기 위해서 있다."라는 말이 있습니다. 이 말이 맞지 않는 말이라면, 여러분이 아시다시피 세계 제일의 기록만을 수록하는 기네스북도 해마다 다시 찍어 내야 할 이유가 없겠지요. 모든 기록이 반드시 깨어지기 마련인 것은, 그 기록을 이룩한 것이 인간이기 때문이라고 생각합니다. 인간은 저마다 무한한 가능성을 타고난 존재이지만 아울러 이 세상에 완전한 인간은 결코 어디에도 있을 수가 없다는 사실 또한 그 스스로 증명하는 존재이기도 합니다.

라 열이란 수가 어느 하나 부족한 것 없이 모든 것을 이룬 어른과 같다면, 아홉은 앞으로 무엇이든 될 수 있는 청소년과도 같은 수인 셈입니다. 여러분은 지금 한창 자라고, 한창 배우고, 한창 놀아야 할 중학생입니다. 여러분은 지금 무엇 한 가지도 완벽할 수가 없으며, 항상 어딘가가 부족하고 어설픈 것이 오히려 정상입니다. 행여 무엇이 남들보다 모자란 것이 아닌가 싶어서 스스로 괴로워하고 외로워하고 서글퍼해 온 학생이 있다면 어떨까요, 이제부터라도 열이란 수보다 아홉이란 수를 더 사랑해 보는 것은.

01 이 글에 대한 설명으로 적절하지 **않은** 것은?

① 중학생을 비롯한 청소년을 예상 독자로 하고 있다.
② 격언을 인용하여 다른 사람의 주장에 반박하고 있다.
③ 경험에서 얻은 생각과 느낌을 자유롭게 표현하고 있다.
④ 수(數)에 비유적 의미를 부여하여 주제를 전달하고 있다.
⑤ 문장의 앞뒤 순서를 바꾸어 표현하여 주제를 강조하고 있다.

어려워 ♡

02 이 글에 나타난 글쓴이의 생각으로 적절하지 **않은** 것은?

① 인간은 무한한 가능성을 타고난 존재이다.
② 이 세상에 완전한 인간은 어디에도 있을 수가 없다.
③ 열은 어느 하나 부족한 것 없이 모든 것을 이룬 어른과 같은 수이다.
④ 우리 조상들은 완벽함보다는 부족함을 통해 성장을 이룰 수 있다고 믿었다.
⑤ 모든 기록은 깨어지기 마련이므로, 새로운 기록을 세우는 것은 의미가 없다.

03 이 글에서 말하는 '아홉'의 의미로 적절한 것은?

① 성공을 한 수
② 꽉 차 있는 수
③ 모든 것을 이룩한 수
④ 아쉬움을 느끼게 하는 수
⑤ 무한한 가능성을 품고 있는 수

서술형 ✎

04 청소년과 숫자 '아홉'의 공통점을 한 문장으로 쓰시오.

[05~08] 다음 글을 읽고, 물음에 답하시오.

가 딱히 놀이기구가 없던 그때, 친구들은 대부분 술래잡기, 사방치기, 공기놀이, 고무줄놀이 등을 하고 놀았지만 나는 공기놀이 외에는 그 어떤 놀이에도 참여할 수 없었다. 하지만 골목 안 친구들은 나를 위해 꼭 무언가 역할을 만들어 주었다. 고무줄놀이나 달리기를 하면 내게 심판을 시키거나 신발주머니와 책가방을 맡겼다. 그뿐인가. 술래잡기를 할 때는 한곳에 앉아 있어야 하는 내가 답답해할까 봐 어디에 숨을지 미리 말해 주고 숨는 친구도 있었다.

나 그 골목길에서의 일이다. 초등학교 1학년 때였던 것 같다. 하루는 우리 반이 좀 일찍 끝나서 나 혼자 집 앞에 앉아 있었다. 그런데 그때 마침 골목을 지나던 깨엿 장수가 있었다. 그 아저씨는 가위를 쩔렁이며, 목발을 옆에 두고 대문 앞에 앉아 있는 나를 흘낏 보고는 그냥 지나쳐 갔다. 그러더니 리어카를 두고 다시 돌아와 내게 깨엿 두 개를 내밀었다. 순간 아저씨와 내 눈이 마주쳤다. 아저씨는 아무 말도 하지 않고 아주 잠깐 미소를 지어 보이며 말했다. / ㉠“괜찮아.”

무엇이 괜찮다는 건지 몰랐다. 돈 없이 깨엿을 공짜로 받아도 괜찮다는 것인지, 아니면 목발을 짚고 살아도 괜찮다는 말인지⋯⋯. 하지만 그건 중요하지 않다. 중요한 것은 내가 그날 마음을 정했다는 것이다. 이 세상은 그런대로 살 만한 곳이라고, 좋은 친구들이 있고 선의와 사랑이 있고, ‘괜찮아’라는 말처럼 용서와 너그러움이 있는 곳이라고 믿기 시작했다는 것이다.

다 괜찮아 — 난 지금도 이 말을 들으면 괜히 가슴이 찡해진다. 2002년 월드컵 4강에서 독일에게 졌을 때 관중들은 선수들을 향해 외쳤다. / “괜찮아! 괜찮아!”

혼자 남아 문제를 풀다가 결국 골든벨을 울리지 못해도 친구들이 얼싸안고 말해 준다. / “괜찮아! 괜찮아!”

‘그만하면 참 잘했다’고 용기를 북돋아 주는 말, ‘너라면 뭐든지 다 눈감아 주겠다’는 용서의 말, ‘무슨 일이 있어도 나는 네 편이니 넌 절대 외롭지 않다’는 격려의 말, ‘지금은 아파도 슬퍼하지 말라’는 나눔의 말, 그리고 마음으로 일으켜 주는 부축의 말, 괜찮아.

05 이 글에 대한 설명으로 적절한 것은?

① 특정한 독자를 대상으로 하여 쓴 전문적인 글이다.
② 여러 일화를 제시하여 글의 주제를 전달하고 있다.
③ 주장에 대한 근거로 글쓴이의 경험을 제시하고 있다.
④ 과거 – 현재 – 미래의 흐름에 따라 순차적으로 내용을 제시하고 있다.
⑤ 경험을 통해 발견한 사회 문제에 대한 글쓴이의 의견을 제시하고 있다.

06 이 글의 내용과 일치하는 것은?

① 글쓴이는 어린 시절 친구들과 주로 놀이기구를 타고 놀았다.
② 글쓴이는 목발을 짚고 다니는 깨엿 장수 아저씨를 보고 동병상련을 느꼈다.
③ 글쓴이는 깨엿 장수 아저씨가 건넨 “괜찮아.”라는 말이 무슨 뜻인지 몰라 속상했다.
④ 글쓴이는 어린 시절 친구들과 했던 놀이들이 점점 사라져 가는 것을 안타까워하고 있다.
⑤ 글쓴이는 어린 시절 자신을 배려한 친구들 덕분에 놀이에서 소외되지 않고 역할을 맡았다.

07 이 글을 감상한 내용으로 적절하지 <u>않은</u> 것은?

① “괜찮아.”라는 말은 여러 상황에서 사람들에게 힘이 되어 줄 수 있구나.
② 나 역시 의기소침해 있을 때 “괜찮아.”라는 말에 용기를 얻은 적이 있어.
③ 나도 다른 사람에게 용기와 위로의 말을 건넬 수 있는 사람이 되어야겠어.
④ “괜찮아.”라는 말이 가지는 의미가 많아서 종종 사람들이 오해할 수 있겠어.
⑤ 누군가에게 건넨 말 한 마디가 그 사람이 살아가는 희망이 될 수도 있다는 것이 감동적이야.

 서술형

08 ㉠의 의미로 추론할 수 있는 것을 (다)에서 찾아 쓰시오.

Ⅱ

읽기

우리는 일상에서 많은 글을 읽으며 살아가요. 학교에서의 하루만 떠올려도 안내문과 공지 글, 학습 내용을 설명해 주는 교과서 등을 읽었을 거예요. 이 단원을 통해 설명하는 글과 주장하는 글을 중심으로, 글의 핵심을 요약하고 글쓴이의 의도를 파악하며 글을 더 깊이 있게 읽는 방법을 배워 보아요.

DAY 10 설명하는 글 / 주장하는 글

교과서 핵심 개념
• 설명 대상과 전달하는 정보를 파악하며 설명하는 글을 읽을 수 있다.
• 글쓴이의 관점과 글을 쓴 의도를 파악하며 주장하는 글을 읽을 수 있다.

키워드 모음 Zip

• 설명하는 글의 개념과 특성 파악하기
• 주장하는 글의 개념과 특성 파악하기
• 설명하는 글의 구조와 설명 방법 이해하기
• 주장하는 글의 구조와 읽기 방법 이해하기

개념 돋보기

+ 설명
어떤 대상에 대해 알기 쉽게 풀이함

+ 주장
글쓴이가 내세우는 의견

+ 근거
주장의 타당성을 뒷받침하는 이유나 자료

01 설명하는 글

1 설명하는 글의 개념

글쓴이가 알고 있는 어떤 지식이나 정보 등을 읽는 이에게 전달하기 위해 쉽게 풀어 쓴 객관적인 성격의 글이다.

2 설명하는 글의 특성

객관성	글쓴이의 개인적인 생각을 배제하고 있는 그대로의 사실을 정확하게 전달함.
사실성	지식이나 정보를 사실에 근거하여 설명함.
체계성	일정한 글의 구조에 따라 내용을 체계적으로 구성함.
명료성	뜻이 분명하게 전달되도록 간결하고 명확한 표현을 사용함.

참고 설명하는 글을 읽는 방법
• 글쓴이가 설명하는 대상과 전달하는 정보를 파악하며 읽음.
• 설명하는 내용이 사실인지, 객관적인지 판단하며 읽음.
• 글의 구성과 글에 쓰인 설명 방법을 파악하며 읽음.

3 설명하는 글의 구조

처음(머리말)	중간(본문)	끝(맺음말)
• 설명할 대상이나 글을 쓴 목적, 방법 등을 소개함. • 읽는 이의 흥미와 관심을 유발함.	다양한 설명 방법을 활용하여 대상을 구체적으로 설명함.	• 앞에서 설명한 내용을 요약·강조하여 마무리함. • 앞으로의 과제나 전망, 당부의 말을 제시함.

4 다양한 설명 방법❶

정의	대상의 개념이나 용어의 뜻을 밝히며 설명하는 방법
예시	대상에 대한 구체적인 예를 들어 설명하는 방법
비교	둘 이상의 대상을 견주어 공통점을 중심으로 설명하는 방법
대조	둘 이상의 대상을 견주어 차이점을 중심으로 설명하는 방법
분류	대상을 일정한 기준에 따라 나누거나 묶어서 설명하는 방법
분석	대상을 이루고 있는 구성 요소나 부분으로 나누어 설명하는 방법

❶ 다양한 설명 방법의 예
• 삼각형은 세 개의 선분으로 둘러싸인 평면 도형이다. (정의)
• 봄에 피는 꽃에는 개나리, 진달래, 목련 등이 있다.(예시)
• 축구와 농구는 공으로 하는 운동이다.(비교)
• 희곡은 연극의 대본이고, 시나리오는 영화의 대본이다.(대조)
• 시는 형식에 따라 자유시, 정형시, 산문시로 나뉜다. (분류)
• 꽃은 꽃잎, 암술, 수술, 꽃받침 등으로 이루어져 있다. (분석)

1 주장하는 글의 개념

글쓴이가 자신의 주장이나 의견에 대해 타당한 근거를 들어 독자를 설득하는 글이다.

주장	글쓴이가 내세우는 의견
근거	주장의 타당성을 뒷받침하는 이유나 자료

2 주장하는 글의 특성

주관성	글쓴이의 주장과 의견이 뚜렷하게 드러남.
논리성	내용 전개가 논리 정연함.
체계성	논리 전개가 '서론 – 본론 – 결론'의 구성 단계에 따라 짜임새 있게 이루어짐.
설득성	읽는 이를 설득하는 것을 목적으로 함.
타당성	주장을 뒷받침하는 근거가 타당해야 함.
명확성	주장과 의견이 분명하고, 사용하는 용어가 정확함.

참고 **주장하는 글과 설명하는 글의 특성 비교**
주장하는 글은 설득을 통하여 읽는 이의 행동 변화를 유도하는 것을 목적으로 하므로 주관적이고 설득적이라는 특성을 지님. 반면, 설명하는 글은 정보를 전달하여 읽는 이의 이해를 높이는 것을 목적으로 하므로 객관적이고 사실적이라는 특성을 지님.

참고 **논증 방식의 종류**

연역	일반적인 원리로부터 개별적이고 구체적인 사실을 이끌어 내는 논증 방식
귀납	개별적이고 구체적인 사실들로부터 일반적이고 보편적인 원리를 유도하는 논증 방식
유추	사물이나 조건의 유사한 점을 근거로 들어, 그것들 사이의 또 다른 점도 유사할 것이라고 추론하는 논증 방식

3 주장하는 글의 구조

서론	본론	결론
• 문제를 제기하고 글을 쓴 동기와 목적을 제시함. • 독자의 관심을 유발함.	구체적이고 타당한 근거를 바탕으로 주장을 전개함.	• 본론의 내용을 요약 정리하고 주장을 강조함. • 앞으로의 전망과 과제를 제시함.

4 주장하는 글을 읽는 방법

- 글쓴이의 관점과 글을 쓴 의도를 파악하며 읽는다.
- 글쓴이의 의견과 객관적인 사실을 구분하며 읽는다.
- 주장을 뒷받침하는 근거가 타당한지 판단하며 읽는다.
- 글쓴이의 주장에 대한 자신의 입장을 정리하며 읽는다.
- 글의 내용이 논리적으로 일관성을 지니는지 판단하며 읽는다.

DAY 10

요약하며 읽기 / 추론하며 읽기

- 읽기 목적과 글의 구조를 고려하며 글을 효과적으로 요약할 수 있다.
- 배경지식과 글에 나타난 정보 등을 활용하여 글에 드러나지 않은 의도나 관점을 추론하며 읽을 수 있다.

키워드 모음 Zip

- 읽기 목적을 고려하여 요약하기
- 글의 내용 파악 및 글쓴이의 의도 추론하기
- 글의 구조를 고려하여 요약하기
- 추론하며 읽는 방법 적용 및 효과 파악하기

중1 성취 기준

01 요약하며 읽기

1 요약하며 읽기의 개념

핵심 내용을 잘 파악할 수 있도록 글에서 중요한 내용을 간추리며 읽는 것을 말한다.

2 요약하며 읽기의 방법

읽기 목적에 따른 요약하기	글의 구조에 따른 요약하기
읽기 목적 확인하기	글의 구조 파악하며 읽기
↓	↓
읽기 목적을 고려하여 필요한 정보가 있는 문단 선택하기	각 문단의 중심 내용 간추리기
↓	↓
선택한 문단을 중심으로 중심 내용 정리하기	글의 구조를 고려하여 문단의 중심 내용 정리하기
↓	↓
정리한 내용을 재구성하여 요약하기	정리한 내용을 재구성하여 요약하기

3 글의 종류에 따른 요약하며 읽기

설명하는 글	설명하는 대상 및 그와 관련한 정보를 중심으로 요약함.
주장하는 글❶	주장과 근거, 문제와 해결 방안 등을 중심으로 요약함.
이야기 글	인물, 사건, 배경 등 이야기의 주요 구성 요소와 사건 전개 단계에 따라 줄거리를 간추리며 요약함.

4 요약하며 읽기의 효과

- 글을 읽고 중요한 정보와 중요하지 않은 정보를 구별하는 능력이 길러진다.
- 글의 요점을 정확하게 파악하는 능력이 생긴다.
- 글에 대한 자신의 이해력을 점검할 수 있다.

개념 돋보기

＋ 요약
말이나 글에서 중심이 되는 내용을 뽑아 간추림

＋ 구조
여러 부분이나 요소들이 알맞게 짜여 이룬 전체

＋ 관점
사물이나 현상을 보고 생각하는 개인의 입장이나 태도

＋ 추론
주어진 내용을 근거로 삼아 겉으로 드러나지 않은 내용을 추측하는 것

참고 요약하기의 규칙
- 선택: 중심 내용이 분명하게 드러난 문장 선택하기
- 삭제: 덜 중요한 내용이나 반복되는 내용, 예시 등은 삭제하기
- 일반화: 구체적이거나 개별적인 내용은 그것을 포괄하는 개념으로 일반화하기
- 재구성: 중심 문장이 분명하게 드러나 있지 않으면 중요한 내용을 파악하여 중심 문장을 새롭게 재구성하기

❶ 주장하는 글 요약하며 읽기
주장하는 글도 선택, 삭제, 일반화, 재구성 등의 방법을 활용하여 글의 내용을 간추리며 읽어야 함.

- 읽기 목적에 따른 요약하기

> 주장하는 글은 글쓴이의 주장과 이를 뒷받침하는 근거를 파악하며 읽어야 하므로 읽기 목적에 맞는 중심 문단을 선택하여 그 문단을 중심으로 요약함.

- 글의 구조에 따른 요약하기

> 주장하는 글은 '서론 – 본론 – 결론'의 구조를 파악하고 각 문단의 중심 내용을 글의 구조에 따라 정리함.

02 추론하며 읽기

1 추론하며 읽기의 개념

- 배경지식[2]이나 글에 나타난 정보를 활용하여 글에 드러나지 않은 글쓴이의 의도나 관점을 짐작하며 읽는 것을 말한다.
- 주장하는 글의 흐름, 글쓴이가 제시한 여러 가지 증거와 자료를 통해 글쓴이의 주장이나 의도 등을 예측하며 읽는 것도 추론하며 읽기에 해당한다.

2 추론하며 읽기의 필요성

- 글쓴이는 독자가 이미 알고 있다고 생각하는 내용은 생략하기도 함.
- 글쓴이는 자신의 관점이나 자신이 글을 쓴 의도와 목적[3]을 일부러 밝히지 않기도 함.

↓

글의 내용을 온전하게 이해하려면 글쓴이의 의도나 관점을 추론해야 함.

3 추론하며 읽기의 방법

- 표지의 그림, 차례, 제목, 소제목 등을 훑어보며 추론하기
- 자신의 배경지식이나 경험을 글의 내용과 관련지어 추론하기
- 제시된 사례, 시각 자료, 단어나 문장의 의미, 접속어 등 글에 나타난 다양한 정보를 활용하여 추론하기

배경지식		글에 나타난 정보
이미 알고 있는 정보나 지식	+	표지, 차례, 글의 제목이나 소제목, 중요한 단어나 어구, 시각 자료, 글쓴이 등

4 추론하며 읽기의 효과

- 글을 능동적으로 읽을 수 있다.
- 글쓴이의 의도를 효과적으로 파악할 수 있다.
- 글을 읽는 동안 글의 내용에 더욱 집중할 수 있다.
- 글의 내용을 깊이 있게 이해하여 오래 기억할 수 있다.

---

❷ 배경지식
독자가 이미 알고 있는 정보나 지식. 체험 등의 직접 경험을 하거나 독서나 대화 등 간접 경험을 하여 얻을 수 있음.

❸ 글을 쓰는 목적
- 설명: 사실을 전달하거나 새로운 정보나 지식을 알려 주기 위해서 씀.
- 설득: 자신의 생각을 밝혀 그 생각을 받아들이도록 하기 위해서 씀.
- 논증: 자신의 생각이나 어떤 지식이 진리라는 것을 증명하기 위해서 씀.
- 정서 표현: 자신이 경험한 느낌이나 정서를 나타내고 나누기 위해서 씀.

참고 설명하는 글을 추론하며 읽는 방법
설명하는 글은 정보 전달을 목적으로 하므로 글쓴이가 전달하고자 하는 정보나 지식이 무엇인지, 어떤 내용을 전달하고자 하는지를 위주로 추론하며 읽어야 함.

아름다운 별똥별의 비밀 | 이비에스(EBS) 오디오 콘텐츠 팀

학습 포인트
• 읽기 목적을 고려하여 글을 요약하는 방법 이해하기
• 설명하는 글의 특성을 고려하여 글의 내용 요약하기

처음 **가** 밤하늘에서 떨어지는 별똥별을 본 적이 있는가? 누군가는 떨어지는 별똥별을 바라보며 소원을 빌어 본 적이 있을지도 모른다. 별똥별을 본 적이 없더라도 깜깜한 밤, 잔디밭에 누워 하늘에서 쏟아지는 별똥별을 바라보는 장면은 상상만 해도 즐겁다. 그런데 별똥별은 과연 무엇일까? 무엇이기에 그렇게 아름답게 떨어지는 것일까? 지금부터 하늘에서 빛을 내며 떨어지는 신비로운 별똥별에 대해 알아보자.

갈래	설명하는 글
성격	사실적, 과학적, 체계적
소재	별똥별
주제	별똥별의 정체와 별똥별에 대한 사람들의 생각
특징	• 별똥별을 과학적으로 설명함. • 별똥별에 대한 사람들의 인식을 나라별로 나누어 제시함.

처음 하늘에서 빛을 내며 아름답게 떨어지는 신비로운 □□□에 대해 소개할 것임을 예고함.

중간 **나** 별똥별이라는 이름을 들으면 별에서 떨어져 나온 무언가가 별똥별일 것이라는 생각이 든다. 이름에서 별의 똥이 떠오르기 때문인데, 사실 별똥별은 별에서 나온 것이 아니다. 우리가 보는 별똥별의 정체는 혜성이나 소행성에서 떨어져 나온 우주 먼지이다. 이 우주 먼지가 우주 공간을 떠돌다가 공전하던 지구와 가까워지면 지구의 중력에 붙잡혀 지구로 떨어진다. 이때 우주 먼지가 지구의 공기와 마찰을 일으키면서 열과 빛을 내는 것이다.

다 이렇게 빛을 내며 떨어지는 별똥별을 평상시에는 쉽게 볼 수 없다. 왜냐하면 낮에는 별똥별의 빛보다 태양 빛이 훨씬 밝기 때문이다. 그래서 별똥별은 주로 햇빛이 없는 시간에 볼 수 있으며, 선명한 별똥별은 대개 늦은 밤이나 새벽이 되어야 볼 수 있다. 또한 별똥별은 총알보다도 빠르게 떨어져서 우리가 눈으로 볼 수 있는 시간은 길어야 2~3초이고 대부분 1초 사이에 순식간에 떨어진다. 이런 이유로 별똥별을 보기란 쉽지가 않다.

라 평소에는 별똥별을 만나기가 쉽지 않지만 간혹 별똥별이 무리를 지어 떨어질 때가 있다. 이렇게 별똥별이 비처럼 한꺼번에 쏟아지는 현상을 '유성우(流星雨)'라고 한다. 별똥별을 '흐르는 별'이라는 뜻으로 '유성(流星)'이라고 부르기도 하는데, '유성'에 '비 우(雨)' 자를 붙여 '유성우'라고 하는 것이다. 실제로 지구에는 일 년에 여러 차례 유성우가 쏟아지고는 한다. 그중 8월에 오는 페르세우스 유성우와 12월에 오는 쌍둥이자리 유성우의 경우, 많게는 시간당 100개에 가까운 별똥별이 우수수 떨어진다.

마 그렇다면 유성우는 어떻게 생겨나는 것일까? 우주에는 별, 행성, 위성 등 다양한 천체가 존재한다. 특히 혜성이나 소행성과 같은 천체가 저마다의 궤도를 그리며 지나가는 자리에는 천체에서 떨어져 나온 우주 먼지가 무리를 지어 둥둥 떠 있기도 한다. 그렇게 우주 먼지가 모여 있는 지역에 지구가 공전을 하며 다가가면, 우주 먼지들이 지구의 중력에 이끌려 한꺼번에 쏟아지는 것이다.

바 한편 사람들은 밤하늘에 쏟아지는 별똥별을 바라보며 무슨 생각을 했을까? 우리나라에서는 별똥별을 소원을 들어주는 특별한 존재로 여겨, 떨어지는 별똥별을 바라보며 소원을 빌고는 한다. 이는 우리나라뿐만이 아니다. 비슷하게 일본에서도 별똥별이 사라지기 전에 소원을 세 번 말해야 소원이 이루어진다고 믿는다. 또 칠레에서는 별똥별이 사라지기 전에 소원을 빌면서 바닥의 돌을 주워야 소원이 이루어진다고 믿으며, 필리핀에서는 별똥별이 사라지기 전에 리본의 매듭을 지어야 소원이 이루어진다고 믿는다.

사 하지만 별똥별이 사람들의 소원을 들어주는 긍정적인 존재로만 여겨진 것은 아니다. 옛날 사람들이 보기에 별똥별은 아무 이유 없이 하늘에서 땅으로 떨어지는 별이었기 대문에, 사람들은 별똥별을 좋지 않은 징조로 여기고 두려워하기도 했다. 유럽에서는 전통적으로 별똥별이 위험한 시기를 암시하는 징조라고 생각했다. 또한 고대 그리스인들은 별똥별을 보면 위대한 존재의 종말을 떠올렸고, 고대 동양에서는 사람마다 자신의 별이 있다고 믿었기 때문에 별똥별이 떨어지면 큰 인물이 죽음을 맞이한다고 생각했다. 즉 이들은 별똥별을 불운의 상징이라고 생각했던 것이다.

중간 별똥별과 □□□의 정체와 별똥별에 대한 사람들의 서로 다른 생각을 제시함.

끝 **아** 별똥별이 스스로 빛을 내는 별이 아니라 우주를 떠돌던 먼지가 지구에 빨려 들면서 불타는 것이라고 할지라도, 하늘에서 떨어지는 별똥별의 모습이 아름답다는 사실은 변하지 않는다. 특히 깜깜한 밤하늘에서 비처럼 쏟아지는 유성우는 감탄을 자아내기에 충분하다. 뉴스어서 유성우가 내린다는 소식을 전하면 별똥별이 쏟아지는 밤하늘을 올려다보는 것은 어떨까. 상상만 하던 장면을 직접 눈으로 보면서 별똥별의 아름다움을 느껴 보자.

끝 별똥별을 직접 □으로 볼 것을 제안함.

콕콕 핵심 정리

✦ 별똥별과 유성우

별똥별	혜성이나 소행성에서 떨어져 나온 우주 먼지. 중력에 의해 지구로 떨어질 때 공기와 마찰을 일으키면서 열과 빛을 냄.
유성우	• 별똥별이 비처럼 한꺼번에 쏟아지는 현상 • 우주 먼지가 모여 있는 지역에 지구가 공전을 하며 다가가면 우주 먼지들이 지구의 중력에 이끌려 한꺼번에 쏟아짐.

✦ 별똥별에 대한 사람들의 인식

긍정적	• 소원을 들어주는 특별한 존재로 여김. • 우리나라, 일본, 칠레, 필리핀의 사례
부정적	• 좋지 않은 징조로 여김 (불운의 상징). • 유럽, 고대 그리스, 고대 동양의 사례

핵심만 바로 체크

1 이 글은 설명하려는 대상과 그와 관련한 정보를 중심으로 요약해야 한다.
(○ , ×)

2 별똥별은 이름에서 알 수 있는 것처럼 별에서 떨어져 나온 것이다. (○ , ×)

3 우리나라, 칠레, 유럽 등에서는 별똥별을 소원을 들어주는 특별한 존재로 여겨 왔다.
(○ , ×)

실전으로 바로 연습

1 이 글의 구성 단계에 대한 설명으로 적절하지 <u>않은</u> 것은?

① 처음: 독자에게 질문을 던지며 흥미를 유발하고 있다.
② 처음: 글에서 설명하려는 대상과 글의 목적을 제시하고 있다.
③ 중간: 적절한 설명 방법을 사용하여 대상을 구체적으로 설명하고 있다.
④ 중간: 앞에서 설명한 대상의 특징을 간략히 서술하며 내용을 강조하고 있다.
⑤ 끝: 독자에게 제안하며 글을 마무리하고 있다.

2 (다)를 참고하여 평상시에 별똥별을 쉽게 볼 수 없는 까닭을 한 문장으로 쓰시오.

스마트폰은 나의 뇌에 어떤 영향을 미칠까 | 양은우

● 학습 포인트) 읽기 목적과 글의 구조에 따른 요약하기의 방법 이해하기

갈래	설명하는 글
성격	객관적, 해설적
소재	스마트폰 사용이 뇌에 미치는 영향
주제	청소년기의 과도한 스마트폰 사용이 뇌 발달에 미치는 부정적인 영향
특징	• 묻고 답하는 전개 방식을 사용하여 독자의 관심과 흥미를 유발함. • 객관적 통계와 과학적 근거를 제시하여 내용의 신뢰성을 높임.

처음

가 오늘날 우리는 대부분 시간에 스마트폰과 함께 지낸다. (이 글의 중심 소재)

[과학 기술이 발달하면서 우리는 스마트폰으로 누군가와 통화
[ ]: 구체적인 사례이므로 일반화한 요약 가능
를 하거나 메시지를 주고받는 기본적인 기능은 물론 사진이나 영상 촬영, 음악 감상, 영화나 드라마 시청, 게임 등 다양한 기능을 활용하고 있다. 최근에는 스마트폰을 인터넷상에서 다른 사람과 소통하는 창구로 사용하기도 하며, 쇼핑 및 결제의 수단으로 활용하기도 한다. 또한 오락 및 놀이의 도구뿐만 아니라 인터넷 강의 시청 및 강의 내용 필기의 도구로까지 스마트폰을 사용하기도 한다.]이처럼 다양한 활용 사례들에서 알 수 있듯이 이제 스마트폰이 없는 일상생활은 상상조차 하기 어려워졌다.

나 하지만 이처럼 일상에서 스마트폰으로 할 수 있는 일이 많아지면서 여러 가지 부작용이 발생하고 있다. 많은 문제가 있지만, 심각한 문제로 꼽히는 것은 바로 스마트폰 사용을 스스로 조절하지 못하는 과의존 문제이다. (중심 내용) 스마트폰 과의존이란 스마트폰 사용 조절 능력이 떨어져 건강이나 일상생활에 문제가 발생하는데도 불구하고 스마트폰 사용을 줄이지 못하는 상태를 말한다. 이러한 현상은 스마트폰을 익숙하게 다루는 세대에서 흔하게 나타난다. 2023년 여성 가족부에서 실시한 청소년 인터넷·스마트폰 이용 습관 진단 조사 결과에 따르면 중학생 439,655명 중 90,730명이 스마트폰 과의존 상태인 것으로 밝혀졌다. 청소년기에 스마트폰을 과도하게 사용하면 뇌 발달에도 많은 영향을 미친다는 점 (중심 내용) 에서, 청소년의 이러한 스마트폰 과의존 현상은 사회 문제로까지 대두되고 있다. 그렇다면 과도한 스마트폰 사용과 뇌 발달 사이에는 어떠한 관련이 있을까?
앞으로 전개될 내용을 알려 주는 부분

처음 우리의 ☐☐에서 떼려야 뗄 수 없는 도구가 된 스마트폰

중간

다 먼저 스마트폰을 과도하게 사용하면 뇌가 고르게 발달하지 못하고[과도하게 한쪽으로 치우친
(중심 내용)   [ ]: 반복되는 내용이므로 삭제
상태로 발달하게 된다.]인간의 뇌는 청소년기에 가장 폭발적으로 발달한다. 청소년기에는 이성적 사고를 담당하는 뇌 영역이 발달하면서 정보를 처리하는 신경 회로도 함께 재편된다. 이때 자주 사용하는 신경 회로는 연결이 강화되지만 자주 사용하지 않는 신경 회로는 연결이 약화된다.

라 또한 과도한 스마트폰 사용은 수면 부족을 일으켜 뇌에 좋지 않은 영향을 미친다. 잠을 잘 때 뇌에서는 깨어 있는 동안 학습된 수많은 정보가 장기 기억으로 전환되고, 여러 정보가 정교하게 다듬어지고 연결되면서 창의력을 높이는 작업이 이루어진다. 따라서 기억력과 창의력을 높이기 위해서는 충분한 수면 시간이 확보되어야 한다. 그런데 잠을 자기 전 스마트폰을 오래 사용하면 쉽게 잠들 수 없다. 스마트폰처럼 화면을 통해 조작하는 전자 기기에서는 청색광이 많이 방출되는데, 이 빛이 수면을 유도하는 호르몬의 정상적인 분비를 방해하기 때문이다. 잠이 부족하면 깨어 있는 동안 학습했던 정보가 장기 기억으로 전환되지 못하고 단기 기억으로 머물다 사라지게 된다. 이에 따라 기억력이 떨어지며, 창의력 또한 저하되어 학습 능력에도 부정적인 영향을 미친다.

중간 과도한 ☐☐☐☐ 사용이 청소년기의 ☐ 발달에 미치는 영향

끝 **마** 스마트폰은 우리의 삶을 편리하고 즐겁게 해 주는 도구로, 일상생활에서 떼려야 뗄 수 없는 필수품으로 자리 잡았다. 하지만 스마트폰에 지나치게 의존하거나 필요 이상으로 사용할 경우, 청소년기의 뇌 발달에는 부정적인 영향을 미친다. 이러한 점을 분명하게 인식하여, 스마트폰을 현명하게 사용할 수 있는 능력을 길러야 한다.

끝 스마트폰을 사용하는 올바른 ☐☐

콕콕 핵심 정리 

✦ **글의 구조를 중심으로 한 요약**

처음
우리의 일상에서 떼려야 뗄 수 없는 도구가 된 스마트폰

▼

중간
과도한 스마트폰 사용이 청소년기 뇌 발달에 미치는 영향

▼

끝
스마트폰을 사용하는 올바른 태도

✦ **스마트폰의 영향력**

긍정적 영향
우리의 삶을 편리하고 즐겁게 해 주는 도구임.

▼

부정적 영향
스마트폰에 지나치게 의존하거나 필요 이상으로 사용할 경우, 청소년기의 뇌 발달에 부정적인 영향을 미침.

핵심만 바로 체크 

1 이 글은 객관적인 통계 자료를 통해 현상을 사실적으로 제시하고 있다.

(○ , ✕)

2 청소년기에는 자주 사용하는 신경 회로는 연결이 약화되고, 자주 사용하지 않는 신경 회로는 연결이 강화된다. (○ , ✕)

3 스마트폰에서 방출되는 청색광은 수면을 유도하는 호르몬의 분비를 촉진한다.

(○ , ✕)

실전으로 바로 연습 

1 이 글을 읽은 독자의 반응으로 적절하지 <u>않은</u> 것은?

① 일상에서의 다양한 스마트폰 활용 사례에 공감이 되었어.
② 스마트폰 과의존의 개념과 심각성에 대해 알 수 있었어.
③ 학업에 지장이 있어도 스마트폰을 조절하기 힘들다고 친구들과 고민했던 경험이 떠올랐어.
④ 스마트폰만 사용하느라 독서를 하지 않으면 읽기 능력에 관한 신경 회로는 연결이 약화되겠구나.
⑤ 스마트폰 사용은 잠을 자기 직전에만 자제하면 되겠구나.

2 〈보기〉의 방법으로 (마)를 한 문장으로 요약하시오.

> **┤보기├**
> 중심 내용이 분명하게 드러난 문장 선택하기.

DAY 12

동네 쓰레기를 하루아침에 사라지게 하려면 ① | 공규택

(학습 포인트) 글에 드러나지 않은 의도나 관점을 추론하며 읽기

처음 **가** 서울의 어느 한 동네, 이곳에는 늘 쓰레기가 쌓이는 담벼락이 있습니다. 담벼락에는 쓰레기를 버리지 말라는 내용의 호소문이 붙어 있고, 바로 옆 전봇대에도 쓰레기 무단 투기를 경고하는 빨간색 글씨가 대문짝만하게 붙어 있습니다. 그러나 소용이 없습니다. 환경미화원이 매일 같이 쓰레기를 수거해 가도 하룻밤만 지나면 담벼락 앞에는 또다시 많은 양의 쓰레기가 쌓여 있습니다. 시시 티브이(CCTV, 폐회로 텔레비전)를 설치해 보았지만, 설치한 당일에만 조금 효과가 있었을 뿐 금방 다시 쓰레기가 쌓여 갑니다. ⊙ 이곳의 쓰레기는 영원히 치울 수 없을까요?

갈래	설명하는 글
성격	설명적, 예시적, 대조적
소재	넛지 효과
주제	사람들의 자발적인 변화를 이끌어 문제를 해결하는 넛지 효과의 힘
특징	• 넛지 효과를 활용하여 문제를 해결한 다양한 사례를 시각 자료와 함께 제시함. • 사례마다 글쓴이의 의도와 관점이 담긴 소제목을 제시함. • 기존의 해결 방법과 넛지 효과를 활용한 해결 방법의 결과를 대조하는 방식으로 글을 전개함.

글쓴이가 '담벼락 쓰레기' 일화로 글을 시작한 까닭은 무엇일까?

처음 해결되지 않는 □□□ □□□ 무단 투기 사례

✦ 작은 자극으로 큰 변화를 불러오다

중간 **나** 그러던 어느 날, 새벽에 쓰레기를 수거하러 온 환경미화원은 담벼락을 보고 깜짝 놀랐습니다. ⓒ 매일 산더미처럼 쌓여 있던 쓰레기가 온데간데없이 사라졌기 때문이지요. 과연 무엇이 이러한 변화를 불러왔을까요?

담벼락 앞의 화단은 사람들에게 어떠한 영향을 미쳤을까?

다 밤에 그 현장을 관찰하니, 어떤 사람이 커다란 쓰레기 봉지를 들고 담벼락 쪽으로 다가와 잠시 주춤하다가 이내 그 앞에 쓰레기를 버리고 갑니다. 그러더니 여느 때와는 다르게 걸음을 돌려 담벼락 쪽으로 돌아와서 쓰레기를 다시 가져갑니다. 다른 이들도 마찬가지였어요. 이렇게 사람들의 행동이 달라진 것은 바로 변화된 담벼락의 모습 때문이었습니다. 누군가 담벼락 앞에 화단을 만들어 꽃을 심어 둔 것이지요. 이 작은 아이디어 하나가 믿기지 않을 만큼 놀라운 결과를 가져왔습니다.

라 이처럼 규제나 감시 대신 사람들이 문제 해결에 스스로 참여하도록 이끌어, 자연스럽게 변화를 불러오는 현상을 '넛지 효과'라고 합니다. '넛지'는 우리말로 '팔꿈치로 쿡쿡 찌르다.'라는 뜻입니다. 넛지 효과가 ⓒ 인상적인 것은, 많은 사람의 고정 관념을 뛰어넘는 새로운 문제 해결 방법을 제시하기 때문입니다. 사람들이 쓰레기를 상습적으로 버리는 장소에 아름다운 화단을 조성하여, 스스로 쓰레기를 버리지 않도록 만든 이 사례처럼 말이지요. 넛지 효과를 이용한 사례에는 또 어떤 것이 있을까요?

밑줄 친 부분으로 미루어 보아, 글쓴이는 넛지 효과를 어떠한 관점에서 보고 있을까?

✦ ⓔ 은근하게 변화를 이끄는 창의적인 생각들

마 넛지 효과를 이용한 아이디어는 공익의 성격을 띤 캠페인에서 더 큰 성과를 거둘 수 있습니다. 우리에게 익숙한 사례 중 하나는 바로 '피아노 계단'입니다. 독일에서는 한때 전력을 아끼려는 목적으로 '에스컬레이터 대신 계단 이용하기' 캠페인을 벌인 적이 있습니다. 하지만 계단을 이용하면 에너지를 아낄 수 있다는 구호를 아무리 외쳐 봐도, 편안한 에스컬레이터 대신 계단을 이용하도록 사람들을 설득하기는 어려웠지요.

공익 캠페인에서 넛지 효과를 이용한 아이디어를 활용한 까닭은 무엇일까?

바 독일에서는 사람들이 계단을 이용하도록 유도할 방법을 고민한 끝에 한 지하철역 출구에 있는 계단을 피아노 모양으로 설계했습니다. 그리고 사람들이 계단에 발을 디딜 때마다 소리가 나도록 만

들었어요. 그러자 에스컬레이터를 이용하는 사람들은 줄고 ㉤ 계단을 이용하는 사람들은 66퍼센트나 늘어났습니다. 처음에는 편안한 에스컬레이터 쪽으로 향하던 사람들이 피아노 계단의 매력에 빠지기 시작하면서 자연스럽게 계단을 이용하게 된 것이지요. 이 사례는 의외의 결과로 오랫동안 언론에서 화제가 되었습니다.

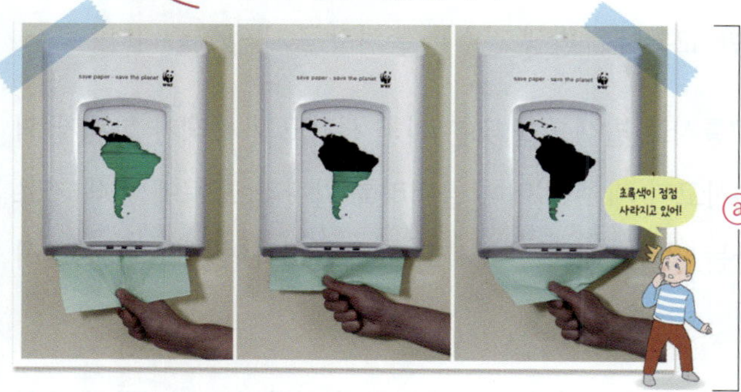

사 또 다른 예로 국제 환경 보호 단체 더블유더블유에프(WWF, 세계 자연 기금)에서 줄어드는 숲 지키기 캠페인의 하나로 선보인 화장지 케이스가 있습니다.

아 이 화장지 케이스에는 지구의 허파로 불리는 아마존 일대가 있는 남미 지도가 그려져 있습니다. 그리고 남미 지도 모양의 아크릴 판 너머로 초록색 화장지가 쌓여 있고, 사람들이 이 케이스에서 화장지를 한 장 한 장 뽑아 쓸 때마다 초록색 부분의 높이가 점점 낮아집니다. 아마존이라는 지역이 지닌 상징성을 활용해 '화장지를 낭비하면 숲이 사라진다.'는 메시지를 비유적으로 전달한 것이지요. 사람들은 숲이 사라지는 모습을 확인하면서 자연스럽게 화장지를 아껴 쓰게 됩니다. 이 캠페인은 '화장지를 아껴 씁시다.'라는 안내문을 붙이는 대신, 넛지 디자인을 가미한 창의적인 화장지 케이스를 선보이면서 큰 성과를 거두었습니다.

콕콕 핵심 정리

✦ 문제 상황을 해결하기 위한 방법

① 담벼락 쓰레기 문제

기존	호소문과 경고문을 붙이고 시시 티브이를 설치함.
넛지 효과 활용	쓰레기가 쌓이는 담벼락 앞에 화단을 조성함.

② 전력 아끼기 캠페인

기존	에스컬레이터 대신 계단을 이용하라는 구호를 외침.
넛지 효과 활용	에스컬레이터 옆에 밟으면 소리가 나는 피아노 계단을 설치함.

③ 줄어드는 숲 지키기 캠페인

기존	화장지를 아껴 쓰자는 안내문을 붙임.
넛지 효과 활용	아마존 일대가 있는 남미 지도가 그려진 화장지 케이스를 선보임.

핵심만 바로 체크

1 글을 추론하며 읽을 때에는 독자의 경험을 배제해야 한다. (○ , ×)

2 담벼락 쓰레기 문제는 (호소문 부착 / 화단 조성)의 방법으로 해결되었다.

실전으로 바로 연습

1 ㉠~㉤에 대해 추론한 내용으로 적절하지 <u>않은</u> 것은?

① ㉠: 질문을 던지며 문단을 끝낸 것으로 보아 다음 문단에서 질문에 대한 답이 이어질 것 같아.

② ㉡: 독자의 호기심을 유발하려고 해결책보다 결과를 먼저 제시한 것 같아.

③ ㉢: 단어가 주로 사용되는 맥락을 떠올려 볼 때 글쓴이는 넛지 효과를 부정적으로 보는 것 같아.

④ ㉣: 작은 자극으로 사람들의 마음을 움직이는 넛지 효과의 특성을 드러내기 위해 이 단어를 사용한 것 같아.

⑤ ㉤: 구체적인 수치를 제시해서 넛지 효과의 성과를 강조하려는 것 같아.

2 ⓐ가 전달하는 메시지를 (아)에서 찾아 쓰시오.

동네 쓰레기를 하루아침에 사라지게 하려면 ②

✦ 천편일률적인 방법에서 벗어나라

자 넛지 효과를 이용한 사례는 우리나라에도 있습니다. 고속 주행이 가능한 부산의 한 도로에는 길이 급격하게 곡선으로 휘어지는 지점이 있습니다. 이 지점에서 속도를 미처 줄이지 못한 차들이 전복되는 큰 사고가 빈번하게 발생했어요. 사고 예방 캠페인을 벌이고 속도를 줄이라는 경고문을 붙이고 경찰이 현장에서 주기적으로 단속도 해 봤지만, 교통사고 발생 건수는 좀처럼 줄지 않았습니다.

차 이러한 상황에서 넛지 효과를 이용해 교통사고 발생률을 낮춘 미국 시카고의 사례가 화제가 되었습니다. 차량 통행량이 많은 도로에서 교통사고가 자주 일어나 골머리를 앓다가, 도로에 흰색 가로선을 그리면서 사고 발생 건수가 대폭 줄었다는 것입니다. 부산에서도 이를 참고하여 새로운 도로 시설을 만들고 시범 운영을 해 보기로 했습니다.

카 2010년 부산의 자동차 전용 도로에 설치된 이 도로 시설은 곡선 구간이 시작되는 지점부터 중심부까지 30미터, 20미터, 10미터로 점점 간격을 좁혀 흰색 가로선을 그린 것이 특징입니다. 이렇게 그린 가로선은 운전자가 곡선 구간에서 같은 속도로 달리더라도 중심부에 가까워질수록 실제보다 속도감을 더 빠르게 느끼고 스스로 속도를 줄이게 하는 효과가 있습니다. 이 도로 시설은 규제나 단속 없이도 운전자의 자발적인 행동 변화를 이끌었지요.

타 최근에는 길이 여러 갈래로 나뉘어 혼잡한 곳에 '노면 색깔 유도선'을 그리기도 했습니다. 이 시설은 경로에 따라 분홍색, 연한 녹색, 녹색 선을 차로 한가운데에 그은 것입니다. 이 시설은 서로 엇갈린 길이나 분기점에서 운전자가 경로를 헷갈리지 않고 한눈에 방향을 찾을 수 있도록 도와줍니다. 실제로 이 시설이 설치된 후 분기점 교통사고가 40퍼센트 이상 줄어들었어요.

중간 ☐☐ 효과의 개념과 ☐☐ 효과를 활용한 문제 해결 사례

✦ 잔소리보다 강한 부드러운 힘

파 우리는 일상에서 해결되지 않고 끊임없이 되풀이되는 여러 문제를 마주합니다. 그리고 그러한 문제를 해결하기 위한 캠페인이나 호소문, 혹은 시시 티브이(CCTV)와 같은 감시 도구도 흔히 볼 수 있습니다. 하지만 문제 상황을 인식하는 데에서 그치지 않고 그것을 해결하기 위한 행동으로 나아가는 것은 생각보다 어려운 일입니다. 변화는 쉽게 일어나지 않지요. 그래서 지금까지 살펴본 아이디어들이 더욱 돋보입니다. 아무리 좋은 의도로 낸 해결책이라도 사람들의 마음을 움직이지 못한다면 과연 효과를 거둘 수 있을까요? ㉠ 여러분이라면 천 마디 잔소리와 부드러운 메시지 중 어느 쪽에 마음이 움직일까요?

끝 사람들의 변화를 유도하는 ☐☐☐☐ 생각의 필요성

콕콕 핵심 정리 

✦ 이 글의 구조

처음	해결되지 않는 담벼락 쓰레기 무단 투기 사례 제시
중간	넛지 효과의 개념과 넛지 효과를 활용하여 문제를 해결한 사례 제시
끝	넛지 효과를 이용한 사례처럼 사람들이 스스로 변화하도록 유도하는 창의적인 생각의 필요성 강조

✦ 문제 상황을 해결하기 위한 방법
④ 곡선 구간 과속 문제

기존	• 캠페인을 벌임. • 경고문을 붙임. • 경찰이 현장에서 주기적인 단속을 함.
넛지 효과 활용	중심부로 갈수록 간격을 점점 좁혀서 흰색 가로선을 그림.

✦ 글쓴이의 의도

기존의 해결 방법
• 글쓴이가 '잔소리'로 비유함.
• 규제나 단속, 감시 도구 등을 활용함.
• 주변에서 흔히 볼 수 있는 천편일률적인 방식이 대부분임.

↕

넛지 효과를 활용한 해결 방법
• 글쓴이가 '부드러운 힘'으로 비유함.
• 새롭고 창의적인 방법을 활용함.
• 작은 자극을 주어 은근하게 사람들의 행동 변화를 유도함.

→ 글쓴이는 넛지 효과를 활용한 방법과 같이 사람들의 변화를 유도하는 창의적인 생각의 필요성을 강조하고 있다.

핵심만 바로 체크

3 이와 같은 글을 추론하며 읽을 때에는 글에서 생략된 내용은 추론할 필요가 없다. (○ , ×)

4 독자는 '노면 색깔 유도선'에 대해 기존에 알고 있는 내용을 바탕으로 (타)의 내용을 추론하며 읽을 수 있다. (○ , ×)

5 곡선 구간에 간격을 점점 좁혀서 그린 흰색 가로선은 운전자가 중심부에 가까워질수록 실제보다 속도감을 더 (느리게 / 빠르게) 느끼게 한다.

실전으로 바로 연습

3 (자)~(카)의 구조에 대한 설명으로 적절한 것은?
① 결론을 제시한 후 그 원인을 진단하고 있다.
② 글쓴이의 경험을 근거로 주장을 강화하고 있다.
③ 공간의 이동에 따라 내용을 나누어서 제시하고 있다.
④ 문제 상황을 제시한 후 그것을 해결한 사례를 제시하고 있다.
⑤ 사례들 간의 공통점과 차이점을 중심으로 내용을 구성하고 있다.

4 이 글에서 말하는 '천편일률적인 방법'에 해당하지 <u>않는</u> 것은?
① 사고 예방 캠페인
② 노면 색깔 유도선
③ 경찰의 주기적인 단속
④ 속도를 줄이라는 경고문
⑤ CCTV와 같은 감시 도구

5 ㉠에 담긴 글쓴이의 의도를 추론한 것으로 적절한 것은?
① 사람들의 마음을 움직이는 건 기존에 널리 활용되었던 해결 방법이다.
② 좋은 의도를 담아 해결책을 내놓았을 때, 사람들의 마음이 움직이기 마련이다.
③ 사람들의 변화를 유도하기 위해서는 기존의 방법과 다른 창의적인 생각이 필요하다.
④ 사람들의 변화를 이끌어 내려면 한 가지 해결 방법을 여러 번 반복적으로 시행해야 한다.
⑤ 다른 나라의 사례를 참고하여 문제 해결 방법을 마련하면 사람들의 마음을 움직일 수 있다.

내가 버린 옷은 어디로 갈까 ① | 이주은

●학습 포인트) 배경지식과 글 속 정보를 활용하여 의도나 관점을 추론하며 읽기

◆ 옷과 환경의 관계

서론 **가** 사람들은 옷을 얼마나 자주 살까? 평소에 교복을 입는 학생들은 옷장에 옷이 많지 않다고 대답할 수도 있다. 그러나 어떤 사람들은 수시로 여러 벌의 옷을 산다. 그러다가 이사를 하게 되면 옷을 산더미처럼 버려 놓고 떠난다. 그런 옷들 중에는 버린 사람이 옷을 산 이유나 마지막으로 입었던 때를 기억하지 못하는 옷도 있을 것이다.

> 제목, 소제목을 살펴보고 내용 추론하기

더 이상 필요가 없는 옷은 의류 수거함에 버려진 다음에 어디로 갈까? 대부분의 사람들은 옷을 살 때는 고민을 하지만, 정작 구입한 옷이 어떤 과정을 거쳐 내 손에 들어왔는지, 옷이 버려진 후에는 어떤 일이 일어나는지 생각하지 않는다.

그런데 이렇게 버려진 옷은 환경 오염의 주범이 된다. 심지어 옷이 만들어질 때부터 이미 환경에 미치는 악영향이 심각하다. 대체 옷이 환경과 무슨 상관이 있을까?

> 문장에서 글쓴이의 관점 추론하기

서론 ☐☐☐☐의 주범이 되는 옷

갈래	주장하는 글
성격	논리적, 설득적
소재	우리가 입고 버린 옷
주제	옷이 만들어지고 버려질 때 환경에 미치는 영향
특징	• 주장에 대한 근거를 논리적으로 제시함. • 소제목을 활용하여 전개될 핵심 내용을 압축적으로 제시함. • 현상에 관한 구체적인 수치를 제시하여 주장의 설득력을 높임.

◆ 옷이 환경에 미치는 영향

본론 **나** 인간은 태어나서 죽을 때까지 옷과 함께 살아간다. 지금 이 순간에도 세계 각지에 새 옷들이 마구 쏟아지고 있다. 지구에서 한 해 동안 만들어지는 옷은 무려 1,000억 벌에 이른다.

우리가 입는 옷은 섬유로 만드는데, 섬유의 종류에는 천연 섬유와 합성 섬유가 있다. 대표적인 천연 섬유는 면이다. '천연'이라는 말이 붙었다고 해서 친환경적이라고 생각하면 잘못이다. 면의 원료는 목화인데, 이 목화를 생산하기 위해 매년 전 세계 농약의 10퍼센트, 살충제의 25퍼센트가 사용되기 때문이다. 방대한 목화밭에 농약을 뿌리는 과정에서 토양과 공기가 오염될 뿐만 아니라, 매년 2만여 명의 사람들이 농약 중독으로 죽는다.

다 그렇다면 합성 섬유는 어떨까? 합성 섬유는 대부분 석유를 원료로 하여 만들어지는데, 생산 과정에서 이산화 탄소가 엄청나게 많이 배출된다. 합성 섬유 중 하나인 폴리에스테르의 경우 면직물에 비해 이산화 탄소 발생량이 두 배가 넘는다. / 합성 섬유로 만들어진 옷은 재활용이 어려워 대부분 땅에 묻히거나 소각된다. ㉠ 전 세계적으로 연간 9,200만 톤의 의류 폐기물이 쏟아지는데, 이 중 재활용 비율은 12퍼센트밖에 되지 않는다. 거의 모든 옷이 재활용되지 않는 합성 섬유로 만들어졌기 때문이다. 또한 옷을 생산할 때도, 소각할 때도 온실가스가 배출된다. 그래서 전 세계 온실가스 배출량의 약 10퍼센트를 의류 산업이 차지하고 있다.

> 문장에서 글쓴이의 의도 추론하기

라 옷을 만들 때 사용되는 물의 양도 엄청나다. 예를 들어 청바지 한 벌을 만드는 데는 약 7천 리터의 물을 사용한다. 물 7천 리터는 우리나라 4인 가족이 5~6일 동안이나 쓸 수 있는 양이다. 게다가 옷을 만들 때 사용되는 각종 염료와 표백제 같은 화학 물질은 심각한 수질 오염을 일으킨다.

> **목화 재배가 환경을 파괴한다고?**
>
> 목화를 대규모로 재배할 때, 먼저 밭을 만들기 위해 숲의 나무를 마구잡이로 베어 낸다. 그리고 목화를 빨리 자라게 하려고 농약을 사용하는데, 드넓은 목화밭에 많은 양의 농약을 뿌려서 땅이 몹시 메마르게 된다. 그뿐만 아니라 목화 재배에는 엄청난 양의 물이 사용된다. 목화 1킬로그램(kg)을 생산하는 데 필요한 물의 양은 약 2만 리터로, 지금도 목화 농사 때문에 세계 곳곳의 하천이 말라 가고 있다.

마 한편 옷장에서 쫓겨난 옷은 의류 수거함이나 쓰레기 종량제 봉투에 담겨 버려진다. 다시 판매되는 일부의 옷을 제외하고 대부분의 옷은 개발 도상국으로 떠넘겨진다. 그 나라들은 세계 각지에서 수입된 의류 쓰레기 때문에 몸살을 앓고 있다. 그 나라 안에서 판매되는 옷도 있지만, 워낙 많은 옷이 쏟아지기 때문에 대부분 매립장으로 보내지거나 강에 버려진다. 이렇게 버려진 옷에서 발생하는 악취와 유독한 화학 성분은 환경을 오염시키는 원인이 되고, 결국 그 피해가 고스란히 인간에게 돌아간다. 이 때문에 의류 산업이 일으키는 환경 오염을 지적하는 목소리가 높아지고 있다.

콕콕 핵심 정리

교과서 핵심 개념 ☆

✦ **문장에서 글쓴이의 관점 추론하기**

> 이렇게 버려진 옷은
> 환경 오염의 주범이 된다.

'주범'의 뜻을 보니 글쓴이가 옷을 버리는 일을 부정적으로 보고 있다는 것을 짐작할 수 있음.

✦ **문장에서 글쓴이의 의도 추론하기**

> 옷을 생산할 때도 소각할 때도
> 온실가스가 배출된다.

옷과 온실가스 배출량을 관련지어서 옷을 만들고 버리는 것이 지구 환경을 오염시킨다는 것을 알려 주려는 의도를 짐작할 수 있음.

> 물 7천 리터는 우리나라
> 4인 가족이 5~6일 동안이나
> 쓸 수 있는 양이다.

옷을 만들 때와 생활할 때 쓰는 물의 양을 비교해서 옷을 만드는 데 얼마나 많은 물을 쓰는지 구체적으로 알려 주려는 의도를 짐작할 수 있음.

핵심만 바로 체크

1 옷을 소각할 때는 온실가스가 발생하지 않는다. (○ , ×)

2 목화밭에 농약을 뿌리는 과정에서 수질 오염이 일어난다. (○ , ×)

실전으로 바로 연습

1 이 글의 내용과 일치하지 **않는** 것은?

① 버려진 옷으로 인한 환경 오염은 인간에게도 피해를 준다.

② 지구에서 한 해 동안 버려지는 옷의 양은 1,000억 벌에 이른다.

③ 목화를 생산하기 위해 매년 전 세계 농약의 10퍼센트가 사용된다.

④ 전 세계 온실가스 배출량의 약 10퍼센트를 의류 산업이 차지하고 있다.

⑤ 청바지 한 벌을 만드는 데 우리나라 4인 가족이 5~6일 동안 쓸 수 있는 양만큼의 물이 사용된다.

핵심 ☆

2 ㉠에 담긴 내용과 이에 대한 글쓴이의 관점을 바르게 묶은 것은?

	의류 폐기물 양	재활용 비율	글쓴이의 관점
①	많음	낮음	긍정적
②	많음	낮음	부정적
③	많음	높음	부정적
④	적음	높음	긍정적
⑤	적음	높음	부정적

내가 버린 옷은 어디로 갈까 ②

✦ ㉠ 친환경이 해결책?

바 의류 산업이 환경에 미치는 악영향이 알려지면서, 의류 회사들의 고민도 늘고 있다. 그래서 의류 회사들은 친환경 섬유, 재활용 섬유로 만든 옷과 신발, 가방 등을 앞다투어 생산해 내고 있다.

이렇게 만들어진 옷은 정말 친환경적일까? 친환경 섬유를 대표하는 유기농 면은 농약이나 화학 비료를 최소 3년 이상 사용하지 않은 땅에서 재배한 목화로 만든다. 유기농 면은 환경 오염을 어느 정도 줄일 수 있겠지만, 여전히 한계가 있다. 원료를 제외하고 옷을 만드는 방식이 다른 옷과 같아서 환경에 미치는 악영향이 남아 있기 때문이다. 또 유기농 면으로 만든 옷은 비싼 편이어서 소비자가 계속해서 구매하기도 쉽지 않다.

패스트 패션은 주문하면 즉시 완성되어 나오는 즉석 음식(패스트푸드)처럼 빠르게 생산하여 싼 가격에 파는 의류 산업을 가리킨다. 대량으로 생산·판매하는 패스트 패션은 자원 낭비와 쓰레기 발생 면에서 비판을 받고 있다. 최근에 의류 업체들은 제품의 재활용 비율을 높이는 기술을 개발하고, 버섯의 뿌리나 바다의 조류(미역, 다시마 등) 같은 재료로 옷을 생산하는 등 친환경 전략을 고민하고 있다.

사 주로 페트병과 같은 폐플라스틱으로 만든 재활용 섬유도 역시 문제가 많다. 세탁할 때마다 미세 플라스틱이 배출되기 때문이다. 천연 섬유로 만들지 않은 대부분의 옷은 세탁 과정에서 마찰되면서 눈에 보이지 않을 정도로 작은 미세 플라스틱이 수십만 개나 나온다. 이 미세 플라스틱은 바다로 흘러 들어가 동물의 몸속에 쌓이고, 결국 우리 식탁으로 돌아오는 악순환을 만든다. 그래서 환경을 생각하는 나라들은 세탁기에 미세 플라스틱을 걸러 내는 필터를 의무적으로 장착하게 하는 법안을 마련하고 있다.

본론 ☐이 만들어지고 버려지는 과정에서 환경에 미치는 악영향

✦ 그렇다면 해결책은?

결론 **아** 옷으로 인해 환경 문제가 생기는 근본적인 원인은 옷이 지나치게 많이 생산되고, 소비되고, 버려진다는 것이다. 그래서 옷을 사기 전에 그 구매가 우리 사회와 환경에 어떤 영향을 미칠지 한 번쯤 생각해 보아야 한다. 옷뿐만 아니라 다른 물건을 살 때도 환경을 생각하는 소비자가 많아져야 한다. 그러면 생산자들도 환경을 고려하여 물건을 만들게 될 것이다.

결론 옷으로 인해 발생하는 ☐☐ ☐☐의 원인과 이를 해결하기 위한 책임감 있는 ☐☐의 필요성

콕콕 핵심 정리

✦ 이 글의 구조

서론	옷이 환경 오염의 주범이 되고 있는 문제 상황 제시
본론	옷이 만들어지고 버려지는 과정에서 환경에 미치는 여러 가지 악영향 제시
결론	옷으로 인해 발생하는 환경 문제의 원인과 이를 해결하기 위한 책임감 있는 소비의 필요성 강조

✦ 친환경 섬유와 재활용 섬유의 한계

친환경 섬유	옷을 만드는 방식이 다른 옷과 같이 환경에 미치는 악영향이 남아 있고, 가격이 비싼 편이라 소비자가 계속 구매하는 데에 한계가 있음.
재활용 섬유	세탁할 때마다 미세 플라스틱이 배출되는데 이것이 바다에 사는 동물의 몸속에 쌓였다가 결국 인간에게도 영향을 미치게 됨.

교과서 핵심 개념 ☆
✦ 문단에서 글쓴이의 의도 추론하기

(바)~(사) 문단
친환경 또는 재활용 섬유를 사용하는 제품들의 문제점을 제시하면서 의류 산업이 안고 있는 근본적인 문제를 다시 한번 환기시키려는 의도를 추론해 볼 수 있음.

핵심만 바로 체크

3 이 글의 소제목을 활용하여 추론하며 읽을 수 있다. (○ , ×)

4 세탁할 때마다 미세 플라스틱이 배출되는 문제가 발생하는 것은 (친환경 섬유 / 재활용 섬유) 이다.

5 유기농 면은 환경에 악영향을 미치지만 가격은 싼 편이어서 소비자가 계속해서 구매하는 편이다. (○ , ×)

실전으로 바로 연습

핵심 ☆

3 이와 같은 글을 추론하며 읽을 때의 효과로 적절하지 <u>않은</u> 것은?

① 능동적인 태도로 글을 읽을 수 있다.
② 글의 내용에 집중하면서 읽을 수 있다.
③ 글의 주요 내용을 간추려 정리할 수 있다.
④ 글쓴이의 의도를 효과적으로 파악할 수 있다.
⑤ 글의 내용을 깊이 있게 이해하고 오래 기억할 수 있다.

4 (바)~(사)를 읽고, 소제목 ㉠의 의미를 추론한 내용으로 적절한 것은?

① 친환경 섬유보다는 재활용 섬유를 활용하는 것이 좋다.
② 친환경 섬유나 재활용 섬유 또한 환경 오염을 일으킬 수 있다.
③ 친환경 섬유를 사용하면 의류 산업의 환경 으염을 해결할 수 있다.
④ 의류 회사들의 환경 오염을 해결하기 위한 노력이 큰 성공을 거두고 있다.
⑤ 세탁기에 미세 플라스틱을 걸러 내는 필터를 설치하는 방법이 해결책이 될 수 있다.

핵심 ☆

5 이 글을 통해 글쓴이가 전하고자 하는 바로 적절한 것은?

① 친환경 또는 재활용 섬유로 된 옷을 주로 소비해야 한다.
② 의류 회사들이 친환경 의류 또는 물건 개발을 위해 더욱 애써야 한다.
③ 의류 회사들이 소비자보다 먼저 환경을 고려하여 물건을 만들어야 한다.
④ 일상생활에서 미세 플라스틱을 걸러 내는 필터 장착을 의무화해야 한다.
⑤ 옷으로 인해 생기는 여러 가지 환경 문제를 인식하고 책임감 있는 소비를 해야 한다.

[01~03] 다음 글을 읽고, 물음에 답하시오.

가 밤하늘에서 떨어지는 별똥별을 본 적이 있는가? 누군가는 떨어지는 별똥별을 바라보며 소원을 빌어 본 적이 있을지도 모른다. 별똥별을 본 적이 없더라도 깜깜한 밤, 잔디밭에 누워 하늘에서 쏟아지는 별똥별을 바라보는 장면은 상상만 해도 즐겁다. 그런데 별똥별은 과연 무엇일까? 무엇이기에 그렇게 아름답게 떨어지는 것일까? 지금부터 하늘에서 빛을 내며 떨어지는 신비로운 별똥별에 대해 알아보자.

나 한편 사람들은 밤하늘에 쏟아지는 별똥별을 바라보며 무슨 생각을 했을까? 우리나라에서는 별똥별을 소원을 들어주는 특별한 존재로 여겨, 떨어지는 별똥별을 바라보며 소원을 빌고는 한다. 이는 우리나라뿐만이 아니다. 비슷하게 일본에서도 별똥별이 사라지기 전에 소원을 세 번 말해야 소원이 이루어진다고 믿는다. 또 칠레에서는 별똥별이 사라지기 전에 소원을 빌면서 바닥의 돌을 주워야 소원이 이루어진다고 믿으며, 필리핀에서는 별똥별이 사라지기 전에 리본의 매듭을 지어야 소원이 이루어진다고 믿는다.

다 하지만 별똥별이 사람들의 소원을 들어주는 긍정적인 존재로만 여겨진 것은 아니다. 옛날 사람들이 보기에 별똥별은 아무 이유 없이 하늘에서 땅으로 떨어지는 별이었기 때문에, 사람들은 별똥별을 좋지 않은 징조로 여기고 두려워하기도 했다. 유럽에서는 전통적으로 별똥별이 위험한 시기를 암시하는 징조라고 생각했다. 또한 고대 그리스인들은 별똥별을 보면 위대한 존재의 종말을 떠올렸고, 고대 동양에서는 사람마다 자신의 별이 있다고 믿었기 때문에 별똥별이 떨어지면 큰 인물이 죽음을 맞이한다고 생각했다. 즉 이들은 별똥별을 불운의 상징이라고 생각했던 것이다.

라 별똥별이 스스로 빛을 내는 별이 아니라 우주를 떠돌던 먼지가 지구에 빨려 들면서 불타는 것이라고 할지라도, 하늘에서 떨어지는 별똥별의 모습이 아름답다는 사실은 변하지 않는다. 특히 깜깜한 밤하늘에서 비처럼 쏟아지는 유성우는 감탄을 자아내기에 충분하다. 뉴스에서 유성우가 내린다는 소식을 전하면 별똥별이 쏟아지는 밤하늘을 올려다보는 것은 어떨까, 상상만 하던 장면을 직접 눈으로 보면서 별똥별의 아름다움을 느껴 보자.

01 다음 질문 중에서 이 글을 읽고 답할 수 있는 질문이 <u>아닌</u> 것은?

① 별똥별은 별에 해당할까?
② 고대 그리스인은 별똥별을 보고 어떤 생각을 떠올렸을까?
③ 우리나라에서는 별똥별을 보기 위해서 어떤 노력을 했을까?
④ 일본 사람들은 별똥별이 떨어지는 것을 보았을 때 어떤 행동을 했을까?
⑤ 고대 동양에서는 별똥별이 떨어지면 어떠한 일이 생긴다고 생각했을까?

02 이 글의 문단을 요약하기 위한 방법으로 적절하지 <u>않은</u> 것은?

① (가): 중심 내용이 분명하게 드러나는 중심 문장을 선택한다.
② (나): '우리나라, 일본, 칠레, 필리핀'을 '세계 여러 나라'로 묶어서 일반화한다.
③ (다): 내용 간의 관계를 알려 주는 단어를 단서로 중심 내용을 찾아 선택한다.
④ (다): 문장에서 세부적인 예에 해당하는 내용은 삭제한다.
⑤ (라): 뚜렷한 중심 문장이 없으므로 내용을 재구성하여 중심 문장을 만든다.

03 〈보기〉의 읽기 목적을 고려하여 이 글에서 요약할 문단을 선택하고, 내용을 한 문장으로 요약하여 쓰시오.

> ┤보기├
> 친구들에게 별똥별에 대한 사람들의 인식에 대해 설명해 주고 싶어.

[04~06] 다음 글을 읽고, 물음에 답하시오.

가 오늘날 우리는 대부분 시간에 스마트폰과 함께 지낸다. 과학 기술이 발달하면서 우리는 스마트폰으로 누군가와 통화를 하거나 메시지를 주고받는 기본적인 기능은 물론 사진이나 영상 촬영, 음악 감상, 영화나 드라마 시청, 게임 등 다양한 기능을 활용하고 있다. 최근에는 스마트폰을 인터넷상에서 다른 사람과 소통하는 창구로 사용하기도 하며, 쇼핑 및 결제의 수단으로 활용하기도 한다. 또한 오락 및 놀이의 도구뿐만 아니라 인터넷 강의 시청 및 강의 내용 필기의 도구로까지 스마트폰을 사용하기도 한다. 이처럼 다양한 활용 사례들에서 알 수 있듯이 이제 스마트폰이 없는 일상생활은 상상조차 하기 어려워졌다.

나 하지만 이처럼 일상에서 스마트폰으로 할 수 있는 일이 많아지면서 여러 가지 부작용이 발생하고 있다. 많은 문제가 있지만, 심각한 문제로 꼽히는 것은 바로 스마트폰 사용을 스스로 조절하지 못하는 과의존 문제이다. 스마트폰 과의존이란 스마트폰 사용 조절 능력이 떨어져 건강이나 일상생활에 문제가 발생하는데도 불구하고 스마트폰 사용을 줄이지 못하는 상태를 말한다. 이러한 현상은 스마트폰을 익숙하게 다루는 세대에서 흔하게 나타난다.

다 과도한 스마트폰 사용은 수면 부족을 일으켜 뇌에 좋지 않은 영향을 미친다. 잠을 잘 때 뇌에서는 깨어 있는 동안 학습된 수많은 정보가 장기 기억으로 전환되고, 여러 정보가 정교하게 다듬어지고 연결되면서 창의력을 높이는 작업이 이루어진다. 따라서 기억력과 창의력을 높이기 위해서는 충분한 수면 시간이 확보되어야 한다. 그런데 잠을 자기 전 스마트폰을 오래 사용하면 쉽게 잠들 수 없다. 스마트폰처럼 화면을 통해 조작하는 전자 기기에서는 청색광이 많이 방출되는데, 이 빛이 수면을 유도하는 호르몬의 정상적인 분비를 방해하기 때문이다. 잠이 부족하면 깨어 있는 동안 학습했던 정보가 장기 기억으로 전환되지 못하고 단기 기억으로 머물다 사라지게 된다. 이에 따라 기억력이 떨어지며, 창의력 또한 저하되어 학습 능력에도 부정적인 영향을 미친다.

04 이와 같은 글을 구조에 따라 요약하는 방법으로 적절하지 <u>않은</u> 것은?

① 대상에 관한 정보를 중심으로 요약한다.
② 문단별 중심 내용을 중심으로 요약한다.
③ 문제와 해결 방안을 중심으로 요약한다.
④ '처음−중간−끝'의 구조에 따라 요약한다.
⑤ 구체적이거나 개별적인 내용은 그것을 포괄하는 개념으로 중심 내용을 정리한다.

어려워 

05 〈보기〉의 내용을 추가하여 이 글의 신뢰성을 높이고자 할 때, 활용 방법으로 적절한 것은?

┤보기├

2023년 여성 가족부에서 실시한 청소년 인터넷·스마트폰 이용 습관 진단 조사 결과에 따르면 중학생 439,655명 중 90,730명이 스마트폰 과의존 상태인 것으로 밝혀졌다.

① 스마트폰 이용에 관한 교육이 필요함을 강조한다.
② 스마트폰이 일상생활에서 다양하게 활용된다는 점을 제시한다.
③ 청소년의 스마트폰 과의존 현상이 심각한 상황이라는 점을 강조한다.
④ 인간의 뇌가 청소년기에 가장 폭발적으로 발달한다는 점을 뒷받침한다.
⑤ 스마트폰 과의존 현상이 청소년에게만 일어나는 일이 아님을 뒷받침한다.

06 (다)의 내용을 다음과 같이 정리할 때, 빈칸에 들어갈 내용을 2어절로 쓰시오.

> 과도한 스마트폰 사용으로
> 인한 (　　　　　)
>
> ⌄
>
> 기억력과 창의력이 저하되어
> 학습 능력에 부정적인 영향을 미침.

[07~09] 다음 글을 읽고, 물음에 답하시오.

가 은근하게 변화를 이끄는 창의적 생각들

ⓐ넛지 효과를 이용한 아이디어는 공익의 성격을 띤 캠페인에서 더 큰 성과를 거둘 수 있습니다. 우리에게 익숙한 사례 중 하나는 바로 ㉠'피아노 계단'입니다. 독일에서는 한때 전력을 아끼려는 목적으로 '에스컬레이터 대신 계단 이용하기' 캠페인을 벌인 적이 있습니다. 하지만 계단을 이용하면 에너지를 아낄 수 있다는 구호를 아무리 외쳐 봐도, 편안한 에스컬레이터 대신 계단을 이용하도록 사람들을 설득하기는 어려웠지요.

나 독일에서는 사람들이 계단을 이용하도록 유도할 방법을 고민한 끝에 한 지하철역 출구에 있는 계단을 피아노 모양으로 설계했습니다. 그리고 사람들이 계단에 발을 디딜 때마다 소리가 나도록 만들었어요. 그러자 에스컬레이터를 이용하는 사람들은 줄고 계단을 이용하는 사람들은 66퍼센트나 늘어났습니다. 처음에는 편안한 에스컬레이터 쪽으로 향하던 사람들이 피아노 계단의 매력에 빠지기 시작하면서 자연스럽게 계단을 이용하게 된 것이지요. 이 사례는 의외의 결과로 오랫동안 언론에서 화제가 되었습니다.

다 또 다른 예로 국제 환경 보호 단체 더블유더블유에프(WWF, 세계 자연 기금)에서 줄어드는 숲 지키기 캠페인의 하나로 선보인 ㉡화장지 케이스가 있습니다.

이 화장지 케이스에는 지구의 허파로 불리는 아마존 일대가 있는 남미 지도가 그려져 있습니다. 그리고 남미 지도 모양의 아크릴 판 너머로 초록색 화장지가 쌓여 있고, 사람들이 이 케이스에서 화장지를 한 장 한 장 뽑아 쓸 때마다 초록색 부분의 높이가 점점 낮아집니다. 아마존이라는 지역이 지닌 상징성을 활용해 '화장지를 낭비하면 숲이 사라진다.'는 메시지를 비유적으로 전달한 것이지요. 사람들은 숲이 사라지는 모습을 확인하면서 자연스럽게 화장지를 아껴 쓰게 됩니다. 이 캠페인은 '화장지를 아껴 씁시다.'라는 안내문을 붙이는 대신, 넛지 디자인을 가미한 창의적인 화장지 케이스를 선보이면서 큰 성과를 거두었습니다.

---

07 이 글에 대한 설명으로 적절하지 않은 것은?

① 독자에게 익숙한 사례를 소개하고 있다.

② 구체적인 수치를 제시하여 해결 방법의 성과를 강조하고 있다.

③ 하나의 사례 안에서 서로 다른 두 가지 해결 방법을 언급하고 있다.

④ 문제를 해결하기 위해 시행한 방법이 불러온 변화에 대해 언급하고 있다.

⑤ 글쓴이의 주장을 뒷받침하기 위해 다양한 근거를 논리적인 짜임에 따라 제시하고 있다.

08 다음은 ⓐ의 이유를 추론한 내용이다. 추론에 활용된 요소로 적절한 것은?

> 공익 캠페인에서는 주로 역사, 환경, 안전, 보건 등과 같이 공적인 영역을 다루고 불특정 다수를 대상으로 하는 경우가 많아. 이러한 특성 때문에 넛지 효과를 이용한 아이디어가 공익의 성격을 띤 캠페인에서 더 큰 성과를 거둘 수 있었을 거야.

① 소제목   ② 접속어

③ 배경지식   ④ 단어의 의미

⑤ 문장 간의 관계

09 글쓴이가 ㉠과 ㉡을 통해 말하고자 하는 바를 추론한 내용으로 적절한 것은?

① 간단한 정보 전달만으로도 충분히 행동 변화를 일으킬 수 있다.

② 강렬한 자극을 통해 사람들의 호기심을 유발하는 것이 효과적이다.

③ 전하려는 메시지를 직접적으로 전달할 때 사람들의 마음을 움직일 수 있다.

④ 자발적인 참여보다는 강제적 규제를 통해 행동 변화를 끌어내는 것이 중요하다.

⑤ 사람들이 의식적으로 선택하지 않더라도 자연스럽게 변화할 수 있도록 유도해야 한다.

[10~13] 다음 글을 읽고, 물음에 답하시오.

가 **옷과 환경의 관계**

사람들은 옷을 얼마나 자주 살까? 평소에 교복을 입는 학생들은 옷장에 옷이 많지 않다고 대답할 수도 있다. 그러나 어떤 사람들은 수시로 여러 벌의 옷을 산다. 그러다가 이사를 하게 되면 옷을 산더미처럼 버려 놓고 떠난다. 그런 옷들 중에는 버린 사람이 옷을 산 이유나 마지막으로 입었던 때를 기억하지 못하는 옷도 있을 것이다. / 더 이상 필요가 없는 옷은 의류 수거함에 버려진 다음에 어디로 갈까? 대부분의 사람들은 옷을 살 때는 고민을 하지만, 정작 구입한 옷이 어떤 과정을 거쳐 내 손에 들어왔는지, 옷이 버려진 후에는 어떤 일이 일어나는지 생각하지 않는다. / 그런데 이렇게 버려진 옷은 환경 오염의 주범이 된다. 심지어 옷이 만들어질 때부터 이미 환경에 미치는 악영향이 심각하다. ㉠대체 옷이 환경과 무슨 상관이 있을까?

나 **옷이 환경에 미치는 영향**

인간은 태어나서 죽을 때까지 옷과 함께 살아간다. 지금 이 순간에도 세계 각지에 새 옷들이 마구 쏟아지고 있다. 지구에서 한 해 동안 만들어지는 옷은 무려 1,000억 벌에 이른다. / 우리가 입는 옷은 섬유로 만드는데, 섬유의 종류에는 천연 섬유와 합성 섬유가 있다. 대표적인 천연 섬유는 면이다. ⓐ'천연'이라는 말이 붙었다고 해서 친환경적이라고 생각하면 잘못이다. 면의 원료는 목화인데, 이 목화를 생산하기 위해 매년 전 세계 농약의 10퍼센트, 살충제의 25퍼센트가 사용되기 때문이다. 방대한 목화밭에 농약을 뿌리는 과정에서 토양과 공기가 오염될 뿐만 아니라, 매년 2만여 명의 사람들이 농약 중독으로 죽는다.

다 그렇다면 합성 섬유는 어떨까? 합성 섬유는 대부분 석유를 원료로 하여 만들어지는데, 생산 과정에서 이산화 탄소가 엄청나게 많이 배출된다. 합성 섬유 중 하나인 폴리에스테르의 경우 면직물에 비해 이산화 탄소 발생량이 두 배가 넘는다. / 합성 섬유로 만들어진 옷은 재활용이 어려워 대부분 땅에 묻히거나 소각된다. 전 세계적으로 연간 9,200만 톤의 의류 폐기물이 쏟아지는데, 이 중 재활용 비율은 12퍼센트밖에 되지 않는다. 거의 모든 옷이 재활용되지 않는 합성 섬유로 만들어졌기 때문이다. 또한 옷을 생산할 때도, 소각할 때도 온실가스가 배출된다. 그래서 전 세계 온실가스 배출량의 약 10퍼센트를 의류 산업이 차지하고 있다.

---

10 **이 글을 읽고 답할 수 있는 질문으로 적절한 것은?**

① 의류 수거함에 매년 몇 벌의 옷이 버려지는가?

② 합성 섬유를 만들 때 사용하는 원료는 무엇인가?

③ 옷을 만들 때 쓰이는 각 섬유의 장단점은 무엇인가?

④ 사람들이 옷을 사는 평균적인 주기는 어느 정도 되는가?

⑤ 전 세계의 나라 중 가장 많은 옷을 폐기하는 나라는 어디인가?

11 **㉠의 뒤에 이어질 내용을 추론한 것으로 적절한 것은?**

① 옷이 환경에 미치는 부정적인 영향이 제시될 것이다.

② 옷을 재활용하는 일의 어려움과 한계가 제시될 것이다.

③ 옷이 인간의 생활에 미치는 긍정적인 효과가 설명될 것이다.

④ 옷 소비가 개인의 삶의 방식에 미치는 영향에 대한 설명이 이어질 것이다.

⑤ 합성 섬유보다 천연 섬유가 환경에 미치는 영향이 더 적다는 주장이 나올 것이다.

어려워 ♥

12 **이 글을 읽고 반응한 내용으로 적절한 것을 골라 묶은 것은?**

> ㄱ. 화제와 관련한 질문으로 글을 시작하면서 독자의 주의를 환기하려는 것 같아.
> ㄴ. 버려진 옷이 환경 오염의 '주범'이라는 표현으로 볼 때, 글쓴이는 이를 긍정적으로 보고 있어.
> ㄷ. 구체적인 수치를 활용해 옷과 환경의 관계에 대해 설명하면서 주장의 설득력을 높이려는 것 같아.
> ㄹ. 전 세계 온실가스 배출량에서 의류 산업이 차지하는 비율을 제시해서 환경 오염을 막기 위한 의류업계의 노력을 강조하려는 것 같아.

① ㄱ, ㄴ   ② ㄱ, ㄷ   ③ ㄴ, ㄷ

④ ㄴ, ㄹ   ⑤ ㄷ, ㄹ

서술형 ✎

13 **ⓐ의 이유를 (나)에서 찾아 서술하시오.**

잘 아는 한자 성어는 ○표, 헷갈리거나 모르는 한자 성어는 ✓표 하기

감언이설(甘言利說)	☐	막상막하(莫上莫下)	☐	어부지리(漁夫之利)	☐
결초보은(結草報恩)	☐	사면초가(四面楚歌)	☐	역지사지(易地思之)	☐
다다익선(多多益善)	☐	설상가상(雪上加霜)	☐		

감언이설
(甘言利說)

달 감 / 말씀 언 / 이로울 이 / 말씀 설
귀가 솔깃하도록 남의 비위를 맞추거나 이로운 조건을 내세워 꾀는 말
예) 그는 떼돈을 벌어 주겠다는 감언이설에 속아 장사 밑천을 떼이고 말았다.

결초보은
(結草報恩)

맺을 결 / 풀 초 / 갚을 보 / 은혜 은
죽은 뒤에라도 은혜를 잊지 않고 갚음을 이르는 말
예) 결초보은을 실천한 그녀의 행동은 많은 사람들을 감동시켰다.

다다익선
(多多益善)

많을 다 / 많을 다 / 더할 익 / 착할, 좋을 선
많으면 많을수록 더욱 좋다는 말
예) 재능 있는 사람이 많을수록 팀의 성과가 좋아지니, 다다익선이 맞는 말이다.

막상막하
(莫上莫下)

없을 막 / 위 상 / 없을 막 / 아래 하
더 낫고 더 못함의 차이가 거의 없다는 말
예) 일 등과 이 등의 실력은 막상막하이다.

사면초가
(四面楚歌)

넷 사 / 쪽 면 / 초나라 초 / 노래 가
사방에서 들리는 초나라의 노래라는 뜻으로, 아무에게도 도움을 받지 못하는, 외롭고 곤란한 지경에 빠진 형편을 이르는 말
예) 지금 나는 완전히 사면초가에 빠졌다.

설상가상
(雪上加霜)

눈 설 / 위 상 / 더할 가 / 서리 상
눈 위에 서리가 덮인다는 뜻으로, 난처한 일이나 불행한 일이 잇따라 일어남을 이르는 말
예) 늦잠을 잤는데 설상가상 비가 와 약속에 늦었다.

어부지리
(漁夫之利)

고기 잡을 어 / 사내 부 / ~의 지 / 이로울 리
두 사람이 이해관계로 서로 싸우는 사이에 엉뚱한 사람이 애쓰지 않고 가로챈 이익을 이르는 말
예) 친구들이 신경전을 벌이는 동안 내가 어부지리로 좋은 자리를 차지했다.

역지사지
(易地思之)

바꿀 역 / 땅 지 / 생각 사 / 그것 지
처지를 바꾸어 생각하여 본다는 말
예) 다른 사람의 의견을 존중하고, 역지사지의 자세로 대화하면 더 나은 사회를 만들 수 있을 것이다.

일취월장(日就月將)	☐	진퇴양난(進退兩難)	☐	풍전등화(風前燈火)	☐
임기응변(臨機應變)	☐	초지일관(初志一貫)	☐	학수고대(鶴首苦待)	☐
적반하장(賊反荷杖)	☐	타산지석(他山之石)	☐		

일취월장 (日就月將)

날 일 / 나아갈 취 / 달 월 / 나아갈 장

나날이 다달이 자라거나 발전한다는 말

예 끊임없는 노력 끝에 그의 실력은 일취월장하여 마침내 스승을 뛰어넘는 경지에 이르렀다.

임기응변 (臨機應變)

임할 임 / 때 기 / 응할 응 / 변할 변

그때그때 처한 사태에 맞추어 즉각 그 자리에서 결정하거나 처리한다는 말

예 그는 임기응변 능력이 뛰어나 어떤 상황에서도 당황하지 않고 잘 대처한다.

적반하장 (賊反荷杖)

도적 적 / 돌이킬 반 / 멜 하 / 몽둥이 장

도둑이 도리어 매를 든다는 뜻으로, 잘못된 사람이 아무 잘못도 없는 사람을 나무람을 이르는 말

예 실수를 저지르고도 오히려 나에게 화를 내다니 참으로 적반하장이 아닐 수 없다.

진퇴양난 (進退兩難)

나아갈 진 / 물러날 퇴 / 두 양 / 어려울 난

나아갈 수도 물러설 수도 없다는 의미로, 이러지도 저러지도 못하는 어려운 처지를 이르는 말

예 친구와의 오해를 풀고 싶지만, 자존심 때문에 선뜻 다가가지 못하고 진퇴양난이다.

초지일관 (初志一貫)

처음 초 / 뜻 지 / 하나 일 / 꿸 관

처음에 세운 뜻을 끝까지 밀고 나간다는 말

예 나의 장래희망은 초등학교에 다닐 때부터 초지일관 변함이 없다.

타산지석 (他山之石)

다를 타 / 산 산 / ~의 지 / 돌 석

다른 산의 나쁜 돌이라도 자신의 산의 옥돌을 가는 데에 쓸 수 있다는 뜻으로, 남의 하찮은 말이나 행동도 자신을 수양하는 데에 도움이 될 수 있음을 비유적으로 이르는 말

예 과거의 실수를 타산지석으로 삼아 미래를 향해 나아갈 것이다.

풍전등화 (風前燈火)

바람 풍 / 앞 전 / 등잔 등 / 불 화

바람 앞의 등불이라는 뜻으로, 사물이 매우 위태로운 처지에 놓여 있음을 비유적으로 이르는 말

예 임진왜란 당시 조선의 운명은 풍전등화와 같았다.

학수고대 (鶴首苦待)

학 학 / 머리 수 / 괴로울 고 / 기다릴 대

학의 목처럼 목을 길게 빼고 간절히 기다린다는 말

예 그녀는 멀리 이사 간 친구와 만날 날을 학수고대하고 있다.

Ⅲ 듣기·말하기

듣기·말하기 단원에서는 담화와 토의, 언어폭력에 대해 배울 거예요. 이 단원을 통해 우리는 서로를 존중하면서 올바르게 소통하는 법을 배우고, 협력하는 말하기 방법을 익힐 수 있어요. 자신의 생각을 자유롭게 표현하고, 다른 사람들과의 적극적인 소통을 통해 더 깊은 이해와 배려를 키워 보세요!

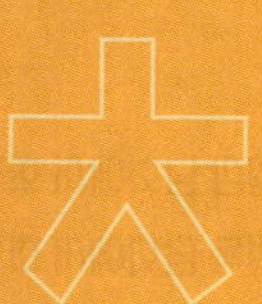

DAY 14 담화

교과서 핵심 개념 | 담화 맥락을 고려하여 화자의 의도와 관점을 추론하며 들을 수 있다.

키워드 모음 Zip

- 추론하며 듣는 방법 및 효과 파악하기
- 정보 전달 담화에서 화자의 의도와 관점 추론하기
- 일상 담화에서 화자의 의도와 관점 추론하기
- 설득 담화에서 화자의 의도와 관점 추론하기

개념 돋보기

+ 의도
어떤 일을 하고자 하는 마음속의 생각이나 계획

+ 추론
주어진 내용을 근거로 삼아 겉으로 드러나지 않은 내용을 추측하는 것

---

01 담화

1 담화의 개념

생각을 표현하는 구체적인 문장(발화)들이 모여서 이루어진 언어 단위이다.

2 담화의 구성 요소

담화 참여자	화자(말하는 사람), 청자(듣는 사람)
맥락❶	담화가 이루어지는 구체적인 상황이나 사회·문화적 배경 등
전달하려는 내용	화자가 청자에게 전달하려는 내용

---

❶ 맥락

상황 맥락

담화가 이루어지는 구체적인 상황. 화자와 청자의 관계, 담화가 이루어지는 시간과 장소, 담화의 의도나 목적 등을 포함함.

+

사회·문화적 맥락

지역, 세대, 성별, 문화, 역사적 상황 등에 따른 사회·문화·역사적 상황 및 언어 공동체의 의식이나 가치 등을 말함.

---

02 추론하며 듣기

1 추론하며 듣기의 개념

담화에서 표면적으로 드러나지 않은 화자의 의도와 관점을 파악하며 듣는 것

2 추론하며 듣기의 방법

여러 가지 정보와 담화의 상황 맥락을 고려하여 들어야 한다.

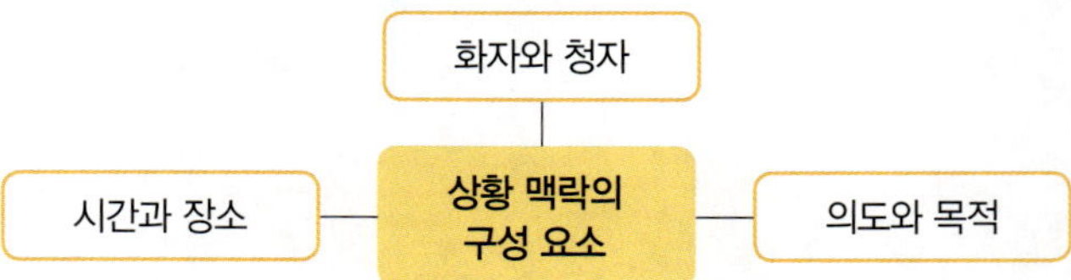

3 추론하며 듣기의 효과

화자의 숨겨진 의도와 관점, 가치관을 추론하며 들으면 담화의 내용을 깊이 이해할 수 있고, 명확하고 원활한 의사소통이 이루어진다.

1 일상 담화

일상에서 상대방의 말을 들을 때에는 상황 맥락에 따라 화자의 의도를 파악하며 들어야 한다.

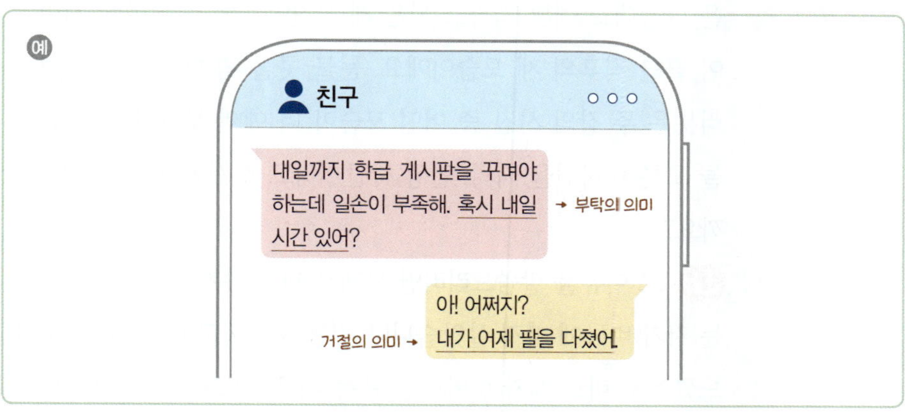

2 정보 전달 담화

정보 전달 담화를 들을 때에는 여러 가지 정보❷(인터뷰, 통계 자료, 전문가의 의견 등)를 바탕으로 전하고자 하는 바를 파악하며 들어야 한다.

> 예 청주시 무심천에 소속된 자전거 도로, 자전거를 타며 여유를 즐기는 시민들이 눈에 띕니다. 하지만 대부분 안전모는 착용하지 않고 있습니다. 2018년 도로 교통법 개정으로 자전거를 타려면 반드시 안전모를 써야 하지만 처벌 규정이 없다 보니 제대로 지켜지지 않고 있는 겁니다. 지난해 자전거 교통사고로 숨진 사람이 전국적으로는 91명으로 법규 시행 전 수준으로 다시 늘었습니다. 자전거 교통사고에서 확인된 안전모 착용률도 20퍼센트 선에 그친 것으로 분석됐습니다. 있어도 지켜지지 않는 자전거 안전모 의무화의 실효성 논란은 더욱 커질 전망입니다.　□□□ 뉴스, ○○○입니다.
>
> → 기자의 말에 담긴 의도: 자전거 주행 시 운전자의 안전모 착용률을 높일 수 있는 실효성 있는 제도가 필요함.

3 설득 담화

- 설득 담화를 들을 때에는 화자의 관점과 가치관을 바탕으로 주제를 파악하며 들어야 한다. 설득 담화로는 여러 사람 앞에서 자신의 주장이나 의견을 표현하여 듣는 이를 설득하는 공적 말하기인 연설이 대표적이다.
- 설득을 목적으로 한 담화에서는 상황 맥락과 함께 담화에 나타난 정보(화자가 반복해서 강조하는 내용, 화자의 목소리 크기나 말의 빠르기, 표정, 몸동작❸ 등)를 바탕으로 화자의 숨겨진 의도와 관점, 가치관을 추론하며 들으면 담화의 내용을 깊이 이해할 수 있다.

---

❷ 자료 활용의 효과
- 인터뷰: 실제 사람들의 이야기를 통해 현장성을 부여하고, 정보에 대한 설득력을 높임.
- 통계 자료: 객관적인 수치를 통해 정보의 신뢰도를 높이고, 현상에 대한 정확한 이해를 도움.
- 전문가의 의견: 해당 분야 전문가의 견해를 제시하여 정보의 전문성을 확보할 수 있음.

❸ 준언어적·비언어적 표현

준언어적 표현	목소리의 크기, 억양, 말의 빠르기 등
비언어적 표현	동작, 표정, 시선 등

→ 직접적인 언어 표현은 아니지만 언어 표현에 덧붙여 의미를 전달함.

10대가 말하다 | 신유진

● 학습 포인트) 연설에서 화자의 의도와 관점 추론하기

가 안녕하세요. 종합 격투기 프로 선수 신유진입니다. 저는
오늘 열여섯 살의 나이에 평범하지 않은 길을 걷고 있는 저의
이야기를 하려고 합니다. 여기 두 장의 사진이 있습니다. 왼쪽
은 나름대로 예쁜 척하고 찍은 제 사진이고요. 오른쪽은 시합
이 끝난 직후의 제 모습이에요. 눈물 콧물 범벅이죠. 혹시 여
러분은 두 장의 사진 중 어떤 모습이 더 예뻐 보이세요? 저는
늘 오른쪽 사진을 저의 '인생 사진'이라고 소개합니다. 왜 그럴
까요?

갈래	연설
성격	설득적, 사실적
소재	자신의 꿈을 이루게 된 배경
주제	마음에 근육을 만들자.
특징	• 자신의 경험을 바탕으로 청중의 호기심을 유발함. • 대조적인 사진을 제시하여 주제를 효과적으로 전달함.

나 그 이유를 말씀드리려면 오래전 제 이야기부터 시작해야 할 것 같습니다. 사실 몇 년 전까지 저
는 자기 비하에 빠져 살았습니다. 저는 초등학교 1학년 때부터 친구들에게 은근히 따돌림을 당한다고
느꼈어요. 바로 제가 좋아하는 운동 때문이었죠. 어릴 때부터 바깥에서 뛰어노는 것을 좋아했던 저는
매일 운동장에서 축구를 하고 레슬링도 하며 지냈는데요. 언제부터인지 아이들은 저를 좋지 않은 시
선으로 보더라고요. 보통의 또래보다 유독 활발하게 행동하는 저를 못마땅하게 생각하는 것이었어요.
같이 놀던 친구들도 제 외모를 비난하거나 축구 경기에서 일부러 제가 이기지 못하게 만들어 벌칙을
주기도 했습니다. 좋아하는 운동을 했을 뿐인데 친구들에게 전 이상하고 특이한 사람이 되어 있었어
요. 그런데 오랫동안 다른 사람에게 상처받으면서 마음이 부러지고 다치다 보니, 이상하게 그 원망이
(손가락으로 자신을 가리키며) 나를 향했습니다. 내가 뭔가 잘못한 것 같고, '이런 나를 누가 사랑해 주
겠어.'라는 생각만 들더라고요. 매사에 열정적이고 열심이었던 제가 자신감도 뚝 떨어지고 무기력하게
되었습니다. 외모 **콤플렉스**까지 생겼어요. 초등학교에 다니는 동안 참 힘든 시간을 보냈습니다.
현실적인 행동이나 지각에 영향을 미치는 무의식의 감정적 관념

다 (밝은 목소리로 바꾸어) 그러던 어느 날, 초등학교 6학년 때였어요. 집으로 가는 길에 우연히 권투
연습장에서 회원을 모집한다는 **전단**을 보았습니다. 순간 그 전단이 마치 하늘에서 내려온 동아줄처
선전이나 광고 또는 선동하는 글이 담긴 종이쪽
럼 느껴졌어요. 권투를 하면 누구도 저를 비난하거나 함부로 대하지 못할 것 같았습니다. 그날 이후
저는 본격적으로 권투를 배우게 되었어요. 그러면서 오랫동안 잊고 있던 본능이 되살아났습니다. 권
투 선수가 되려면 엄청나게 힘든 훈련을 견뎌야 해요. 저는 학교가 끝나면 버스로 40분이 걸리는 거리
의 권투 연습장에 가서 9시간씩 운동을 했습니다. 또 체급을 맞추기 위해 3~4주 동안 10킬로그램을
감량하기도 했어요. 모든 것을 다 포기하고 싶은 유혹이 수시로 저를 찾아왔죠. 하지만 오늘 하루만큼
은 최선을 다해 보자는 마음으로 견디다 보니, 저는 어느새 열다섯 살에 최연소로 데뷔 경기를 치르고
우승까지 거둔 종합 격투기 선수가 되어 있었습니다.

라 그런데 데뷔 경기를 치르고 나서 관련 기사를 보는데, 저를 비난하는 댓글이 많은 거예요. '어린
나이에 시합 나가는 것 자체가 말이 안 된다.', '좀 이상한 것 같다.'와 같은 내용이 적혀 있었어요. (단호
한 표정으로) 하지만 어느새 마음의 근육이 단단하게 생겼나 봅니다. 사소한 말에도 상처를 받고 온종
일 신경 썼던 제가 이제는 전혀 개의치 않는다고 할까요? 자신감과 자부심이 생기니 어떠한 부정적인
생각도 끼어들 자리가 없었습니다. 또한 꿈을 이루기 위해 끝까지 최선을 다하는 저를 무척 사랑하게

되었습니다. (시합 직후 사진을 꺼내 들고) 이제 이 사진을 제 '인생 사진'이라고 달한 이유를 아시겠죠?

마 혹시 지금 힘든 일이 있나요? 누구에게나 크고 작은 어려운 일들이 닥쳐올 수 있습니다. 하지만 여러분도 저처럼 마음에 단단한 근육을 만들어 보세요. 마음의 근육은 자신감과 자부심을 품고 스스로를 사랑할 때 더 강하고 단단해집니다. 그러면 여러분은 어떠한 상황에서도 꺾이지 않고 꿈을 향해 나아갈 수 있는 힘이 생길 거예요. 이상 세계 챔피언을 꿈꾸는 소녀, 신유진이었습니다.

콕콕 핵심 정리

교과서 핵심 개념 ☆

✦ **발화에 드러난 화자의 의도 추론하기**

"저는 자기 비하에 빠져 살았습니다."

→ 스스로를 원망하며, 자신감이 떨어지고 무기력한 시간을 보냄.

"순간 그 전단이 마치 하늘에서 내려온 동아줄처럼 느껴졌어요."

→ 권투가 시련과 고통을 극복할 수 있는 방법이라고 느낌.

"오랫동안 잊고 있던 본능이 되살아났습니다."

→ 매사에 열정적이고 열심이었던 본래의 성격을 되찾음.

"마음의 근육이 단단하게 생겼나 봅니다."

→ 자신감과 자부심을 갖고 자신을 사랑하게 됨.

✦ **화자의 변화된 태도**

초등학교 시절
친구들에게 따돌림을 당할 때에는 자신을 원망하고 자책함.

▼

격투기 선수가 된 후
자신감과 자부심을 갖고 자신을 사랑하게 되어 사람들의 비난에도 신경 쓰지 않음.

핵심만 바로 체크

1 '나'는 우리나라 최초의 여성 종합 격투기 프로 선수이다. (○ , ×)

2 '나'는 초등학교 시절에 또래보다 유독 활발해서 친구들 사이에서 인기가 많았다. (○ , ×)

3 '나'가 시합이 끝난 직후에 찍은 사진을 좋아하는 이유는 꿈을 이루기 위해 끝까지 최선을 다한 자신을 사랑하기 때문이다. (○ , ×)

실전으로 바로 연습

1 이 담화의 성격으로 적절한 것은?

① 어떤 대상이나 사실에 관한 정보를 전달하는 말하기
② 공동의 문제를 해결하기 위해 최선의 해결 방안을 찾는 말하기
③ 개인이나 집단 사이에 존재하는 의견 차이나 갈등을 해소하는 말하기
④ 여러 사람 앞에서 자기의 의견을 표현하여 듣는 이를 설득하는 말하기
⑤ 근거를 들어 어떤 문제에 대한 자신의 주장이 정당함을 내세우는 말하기

핵심 ☆

2 이 연설에서 화자가 전하고 싶은 생각으로 적절한 것은?

① 세계 챔피언이 되기 위해 노력하자.
② 권투를 배워 자신감과 자부심을 키우자.
③ 자신감과 자부심을 갖고 스스로를 사랑하자.
④ 남들과 다르다고 해서 틀렸다고 생각하지 말자.
⑤ 다른 사람들이 무심코 하는 말에 상처받지 말고 무시하자.

서술형 ✎

3 다음과 같이 화자가 말한 의도를 한 문장으로 쓰시오.

> "그 전단이 마치 하늘에서 내려온 동아줄처럼 느껴졌어요."

우리 곁의 옛 그림 관찰하기 | 김소연

가 희망 중학교 학생 여러분, 안녕하세요? 오늘 강연을 맡은 김소연입니다. 방과 후에도 제 강연을 듣기 위해 강당을 찾아와 주셔서 고맙습니다. 오늘 우리는 조선 시대에 활동했던 뛰어난 예술가의 그림을 감상해 보려 합니다. 다른 준비물은 필요 없습니다. 제 이야기를 집중해서 듣고, 그림을 함께 살펴봐 주시면 됩니다. 오늘 학교에서 있었던 일들, 끝나고 집에 가서 해야 할 일들……. 지금 여기에서는 모두 잊으세요. 우리는 이제 그림 한 장으로 오백 년도 더 지난 옛날을 여행할 겁니다. 준비되셨나요? (웃으며) 자, 그럼 시작하겠습니다.

갈래	강연
성격	사실적, 설명적
소재	신사임당의 「포도」 그림
주제	• 「포도」 그림에 나타난 신사임당의 세밀한 관찰력과 예술성 • 옛 그림을 감상할 때 세밀한 관찰의 중요성
특징	• 시각 자료를 사용하여 이해를 돕고 내용을 풍부하게 함. • 그림의 표현상 특징을 하나하나 찾아내어 설명함.

▲ 신사임당, 「포도」

나 모두 눈을 크게 뜨고 화면을 봐 주세요. (그림을 가리키며) 어디선가 본 듯한 느낌이 들지 않나요? 우리는 이 그림을 어디서든 만날 수 있습니다. 여러분은 명절에 구경했을 수도 있고, 부모님이 가지고 계신 걸 보았을 수도 있을 텐데……. 힌트를 조금 더 드리자면, 부모님은 이 그림을 주머니나 지갑 속에 넣어 보관하실 거예요. (잠시 기다린 후) 네, 지금 여기저기서 정답이 나오고 있습니다. 맞아요. 이 그림은 바로 오만 원권 지폐에 그려져 있습니다. 오만 원권 지폐에 그려진 인물인 신사임당이 그린 그림이거든요.

다 여러분은 '신사임당' 하면 무엇이 떠오르나요? 네, 역시 잘 알고 있네요. 신사임당은 조선 시대 훌륭한 학자인 이이의 어머니로도 알려져 있지만, 조선 중기를 대표하는 예술가로도 손꼽힙니다. 오만 원권의 앞면에는 신사임당의 얼굴과 함께, 신사임당의 뛰어난 예술성을 보여 주는 작품인 「포도」 그림이 실려 있습니다. 지금 지폐를 확인해 보고 싶은 학생들이 있을 것 같아서 제가 지폐를 확대한 화면을 준비해 왔습니다. 여기 신사임당의 얼굴 옆으로 녹색의 큰 포도 잎이 보이나요? 포도 잎 위아래로 알알이 다른 색으로 칠해진 포도송이도 볼 수 있습니다.

라 (잠시 기다린 후) 지폐를 확인해 봤으니, 다시 「포도」 그림을 화면으로 보겠습니다. 지폐 속 그림과 달리, 화면 속 그림에는 검은 빛깔만 보이죠? 「포도」 그림은 원래 여러 색을 사용하지 않고 먹으로만 그린 작품입니다. 신사임당은 먹색 하나로 이제 막 가지에 맺힌 꼬마 열매부터 몸집을 키우며 검붉게 익어 가는 열매까지 모두 표현한 것입니다. 그게 어떻게 가능했을까요? 포도송이는 모두 한꺼번에 똑같은 속도로 익는 것이 아니라, 알알의 열매가 점점 진해지면서 서로 다른 속도로 익기 때문입니다. 자, 그림을 확대할 테니 자세히 보세요. 모든 열매의 농도를 각기 다르게 표현한 것이 보이시나요? 먹으로만 그렸는데도 마치 여러 빛깔을 사용한 것처럼 열매 하나하나가 눈에 보이듯 생생하게 다가오지요. 신사임당의 관찰력이 얼마나 뛰어난지 알 수 있는 부분입니다.

마 또한 포도나무는 그 해에 새롭게 자란 가지에만 탐스러운 열매를 맺습니다. (목소리를 높이며) 눈을 크게 뜨고 그림을 다시 살펴보세요. 포도송이가 맺힌 가지들은 훨씬 진한 먹으로 그려져 있어서 다른 가지들과 색이 다릅니다. 신사임당은 새로 자란 푸른 가지를 먹으로 이렇게 표현한 것입니다. 가지마다 색깔이 다른 것까지 관찰하고 표현하다니, 정말 놀랍지 않나요?

바 또 한 치의 머뭇거림 없이 곧게 내리그은 가지와 용수철 모양의 덩굴손이 만들어 내는 조화로운 곡선을 보세요. 탱글탱글한 포도알들이 곧 솟아 튕겨 나갈 것 같지 않은가요? 대상을 생생하게 그리면서도 한 번 붓이 지나간 곳에는 다시 덧칠을 하지 않았다는 점이 무엇보다 놀라운 점입니다. 이런 자신감 있는 표현에서 신사임당이 포도의 생태를 세밀하게 관찰하고 연구하였음을 짐작할 수 있습니다.

사 (잠시 기다린 후) 신사임당의 「포도」, 어떻게 감상하셨나요? (밝게 웃으며) 옛 그림이 지루하고 어렵기만 한 것은 아니죠? 아직 할 말이 많지만, 제 설명은 이 정도로 마치겠습니다. 나머지 감상은 여러분의 몫으로 남겨 두고 싶기 때문이에요. 신사임당이 포도를 세밀하게 관찰했듯이, 여러분도 선조들의 옛 그림을 자세히 들여다보는 시간을 가졌으면 좋겠습니다. 옛 그림을 감상하는 모든 사람들이 뛰어난 관찰자가 되어 보기를 바라며, 이것으로 강연을 마칩니다. 고맙습니다.

콕콕 핵심 정리

교과서 핵심 개념 ☆

✦ 발화에 드러난 화자의 의도 추론하기

> "여러분은 명절에 구경했을 수도 있고, 부모님이 가지고 계신 것을 보았을 수도 있을텐데……. 힌트를 조금 더 드리자면, 부모님은 이 그림을 주머니나 지갑 속에 넣어 보관하실 거예요."

→ 그림과 관련된 청중의 배경지식을 환기하여 청중이 강연에 집중하고 관심을 가질 수 있도록 함.

> "옛 그림이 지루하고 어렵기만 한 것은 아니죠? ~ 나머지 감상은 여러분의 몫으로 남겨 두고 싶기 때문이에요."

→ 청중이 옛 그림을 지루하고 어렵게 생각할 것을 고려하여, 쉽고 재미있게 설명하였음이 드러남. 또한 청중이 자신만의 관점으로 그림을 감상하기를 바람.

핵심만 바로 체크

1 오만 원권 지폐에 그려진 인물은 신사임당이다. (○ , ×)

2 「포도」 그림은 여러 색을 사용하여 포도 열매의 농도를 서로 다르게 표현하였다. (○ , ×)

3 「포도」 그림에서 포도송이가 맺힌 가지들을 훨씬 진한 먹으로 그린 것은 가까이 있는 대상을 뚜렷하게 표현하기 위해서이다. (○ , ×)

실전으로 바로 연습

핵심 ☆

1 이 강연을 통해 화자가 전달하고 싶은 주제가 드러난 제목으로 적절한 것은?
① 포도의 생태 관찰
② 오백 년 전으로의 시간 여행
③ 지폐 속에 그려진 그림의 비밀
④ 옛 그림을 감상하는 방법과 관찰의 중요성
⑤ 조선 시대에 활동했던 뛰어난 예술가의 그림 감상

2 이 강연을 듣고 '신사임당'에 대해 추론한 내용으로 적절한 것은?
① 옛 그림을 관찰하는 능력이 뛰어났다.
② 늘 배우려는 겸손한 자세를 갖추었다.
③ 그림을 그리기 전에 사물을 관찰하고 연구했다.
④ 여러 번의 붓질을 해서 그림의 완성도를 높였다.
⑤ 주로 식물의 모습을 그림으로 표현하기를 즐겼다.

[01~04] 다음 연설을 읽고, 물음에 답하시오.

가 언제부터인지 아이들은 저를 좋지 않은 시선으로 보더라고요. 보통의 또래보다 유독 활발하게 행동하는 저를 못마땅하게 생각하는 것이었어요. 같이 놀던 친구들도 제 외모를 비난하거나 축구 경기에서 일부러 제가 이기지 못하게 만들어 벌칙을 주기도 했습니다. 좋아하는 운동을 했을 뿐인데 친구들에게 전 이상하고 특이한 사람이 되어 있었어요. 그런데 오랫동안 다른 사람에게 상처받으면서 마음이 부러지고 다치다 보니, 이상하게 그 원망이 ㉠(손가락으로 자신을 가리키며) 나를 향했습니다. 내가 뭔가 잘못한 것 같고, '이런 나를 누가 사랑해 주겠어.'라는 생각만 들더라고요. 매사에 열정적이고 열심이었던 제가 자신감도 뚝 떨어지고 무기력하게 되었습니다. 외모 콤플렉스까지 생겼어요.

나 그날 이후 저는 본격적으로 권투를 배우게 되었어요. 그러면서 오랫동안 잊고 있던 본능이 되살아났습니다. 권투 선수가 되려면 엄청나게 힘든 훈련을 견뎌야 해요. 저는 학교가 끝나면 버스로 40분이 걸리는 거리의 권투 연습장에 가서 9시간씩 운동을 했습니다. 또 체급을 맞추기 위해 3~4주 동안 10킬로그램을 감량하기도 했어요. 모든 것을 다 포기하고 싶은 유혹이 수시로 저를 찾아왔죠. 하지만 오늘 하루만큼은 최선을 다해 보자는 마음으로 견디다 보니, 저는 어느새 열다섯 살에 최연소로 데뷔 경기를 치르고 우승까지 거둔 종합 격투기 선수가 되어 있었습니다.

다 그런데 데뷔 경기를 치르고 나서 관련 기사를 보는데, 저를 비난하는 댓글이 많은 거예요. '어린 나이에 시합 나가는 것 자체가 말이 안 된다.', '좀 이상한 것 같다.'와 같은 내용이 적혀 있었어요. ㉡(단호한 표정으로) 하지만 어느새 ⓐ마음의 근육이 단단하게 생겼나 봅니다. 사소한 말에도 상처를 받고 온종일 신경 썼던 제가 이제는 전혀 개의치 않는다고 할까요? 자신감과 자부심이 생기니 어떠한 부정적인 생각도 끼어들 자리가 없었습니다. 또한 꿈을 이루기 위해 끝까지 최선을 다하는 저를 무척 사랑하게 되었습니다.

01 이와 같은 담화를 듣는 방법으로 적절한 것은?

① 객관적이고 정확한 정보인지 판단하며 듣는다.
② 문제 상황에 대한 해결 방안을 생각하며 듣는다.
③ 다양한 표현 방법이 주는 효과를 파악하며 듣는다.
④ 화자가 중시하는 가치가 무엇인지 파악하며 듣는다.
⑤ 주장과 이를 뒷받침하는 근거가 타당한지 평가하며 듣는다.

02 이 담화의 화자에 대한 설명으로 적절하지 **않은** 것은?

① 보통의 또래보다 유독 활발한 편이었다.
② 최연소로 권투 데뷔 경기를 치르고 우승까지 거두었다.
③ 친구들에게 상처받으면서 자신감을 잃고 무기력한 시간을 보냈다.
④ 힘든 훈련을 하면서도 한 번도 포기하고 싶은 생각을 하지 않고 최선을 다했다.
⑤ 마음의 근육이 단단해져 데뷔 경기 후에 자신을 비난하는 댓글을 보고도 개의치 않게 되었다.

어려워 ♡

03 〈보기〉를 참고할 때 ㉠과 ㉡의 효과로 적절한 것은?

┌ 보기 ┐
　비언어적 표현이란 언어 표현에 덧붙여 의미 전달에 영향을 미치는 시선, 표정, 몸동작 등을 말한다. 상황에 맞게 효과적으로 소통하기 위해서는 이러한 비언어적 표현을 적절하게 사용하는 것이 중요하다.

① 중심 화제를 전환한다.
② 주제를 명확하게 드러낸다.
③ 연설 내용의 신뢰성을 확보한다.
④ 전달하려는 내용을 구체적으로 제시한다.
⑤ 청자의 주의를 환기하고 내용을 강조한다.

서술형 ✎

04 ⓐ의 의미가 무엇인지 한 문장으로 쓰시오.

[05~07] 다음 강연을 읽고, 물음에 답하시오.

가 신사임당은 조선 시대 훌륭한 학자인 이이의 어머니로도 알려져 있지만, 조선 중기를 대표하는 예술가로도 손꼽힙니다. 오만 원권의 앞면에는 신사임당의 얼굴과 함께, 신사임당의 뛰어난 예술성을 보여 주는 작품인 「포도」 그림이 실려 있습니다. 지금 지폐를 확인해 보고 싶은 학생들이 있을 것 같아서 제가 지폐를 확대한 화면을 준비해 왔습니다. 여기 신사임당의 얼굴 옆으로 녹색의 큰 포도 잎이 보이나요? 포도 잎 위아래로 알알이 다른 색으로 칠해진 포도송이도 볼 수 있습니다.

나 「포도」 그림은 원래 여러 색을 사용하지 않고 먹으로만 그린 작품입니다. 신사임당은 먹색 하나로 이제 막 가지에 맺힌 꼬마 열매부터 몸집을 키우며 검붉게 익어 가는 열매까지 모두 표현한 것입니다. 그게 어떻게 가능했을까요? 포도송이는 모두 한꺼번에 똑같은 속도로 익는 것이 아니라, 알알의 열매가 점점 진해지면서 서로 다른 속도로 익기 때문입니다. 자, 그림을 확대할 테니 자세히 보세요. 모든 열매의 농도를 각기 다르게 표현한 것이 보이시나요? 먹으로만 그렸는데도 마치 여러 빛깔을 사용한 것처럼 열매 하나하나가 눈에 보이듯 생생하게 다가오지요. 신사임당의 관찰력이 얼마나 뛰어난지 알 수 있는 부분입니다.

다 또한 포도나무는 그 해에 새롭게 자란 가지에만 탐스러운 열매를 맺습니다. (목소리를 높이며) 눈을 크게 뜨고 그림을 다시 살펴보세요. 포도송이가 맺힌 가지들은 훨씬 진한 먹으로 그려져 있어서 다른 가지들과 색이 다릅니다. 신사임당은 새로 자란 푸른 가지를 먹으로 이렇게 표현한 것입니다. 가지마다 색깔이 다른 것까지 관찰하고 표현하다니, 정말 놀랍지 않나요?

라 또 한 치의 머뭇거림 없이 곧게 내리그은 가지와 용수철 모양의 덩굴손이 만들어 내는 조화로운 곡선을 보세요. 탱글탱글한 포도알들이 곧 솟아 튕겨 나갈 것 같지 않은가요? 대상을 생생하게 그리면서도 한 번 붓이 지나간 곳에는 다시 덧칠을 하지 않았다는 점이 무엇보다 놀라운 점입니다. 이런 자신감 있는 표현에서 신사임당이 포도의 생태를 세밀하게 관찰하고 연구하였음을 짐작할 수 있습니다.

05 이 강연을 듣는 방법으로 적절한 것을 모두 고른 것은?

> ㉠ 강연을 들으며, 신사임당이 지닌 예술적 감각에만 집중한다.
> ㉡ 화자의 설명에 따라 「포도」 그림의 세부적인 부분을 유심히 살펴본다.
> ㉢ 화자가 반복해서 강조한 내용보다는 자신만의 해석으로 그림을 감상한다.
> ㉣ 화자가 전달하려는 내용에 주의를 기울이며 「포도」 그림과 비교해 본다.

① ㉠, ㉡　　　② ㉠, ㉢　　　③ ㉡, ㉢
④ ㉡, ㉣　　　⑤ ㉢, ㉣

06 신사임당의 「포도」 그림에 대한 설명으로 적절하지 않은 것은?

① 한 번 붓이 지나간 곳에는 다시 덧칠을 하지 않았다.
② 오만 원권의 앞면에 「포도」 그림의 원본이 그대로 실려 있다.
③ 포도송이가 맺힌 가지는 다른 가지들과 달리 훨씬 진한 먹으로 그렸다.
④ 곧게 내리그은 가지와 용수철 모양의 덩굴손의 곡선이 조화를 이루었다.
⑤ 모든 열매의 농도를 다르게 표현하여 먹으로만 그렸는데도 여러 빛깔을 사용한 것 같은 효과를 주었다.

07 이 강연에서 화자가 신사임당의 「포도」 그림을 통해 반복해서 강조하는 내용이 무엇인지 쓰시오.

DAY 16 토의

 토의에서 다양한 의견을 교환하여 대안을 마련하고 문제를 해결할 수 있다.

키워드 모음 Zip

- 토의의 방법과 절차 이해하기
- 토의 참여자의 역할과 태도 이해하기

🔍 **개념 돋보기**

＋ 토의
공동의 문제를 해결하기 위해 여러 사람이 의견이나 생각을 주고받는 협력적인 말하기

＋ 대안
어떤 일에 대처하여 해결해 나갈 방법이나 계획

1 토의의 개념과 의의

토의는 공동의 문제를 해결하기 위해 여러 사람이 의견이나 생각을 주고받는 협력적인 말하기로, 일상생활에서 발생하는 다양한 문제들을 합리적으로 해결할 수 있다.

2 토의의 유형

원탁 토의	• 토의자들이 대등한 관계에서 자유롭게 의견을 나누는 토의 • 자유로운 분위기 속에서 적극적으로 의견을 나눌 수 있음.
패널 토의	• 서로 다른 입장을 지닌 3~6명의 패널들이 의견을 교환하고, 그 후 청중과 질의응답을 하는 토의 • 토의 주제에 관한 다양한 관점을 살펴볼 수 있음.
심포지엄	주로 학술적인 내용을 주제로, 각 분야의 전문가들이 강연식으로 의견을 발표한 뒤 청중의 질문을 받고 질문하는 토의
포럼	의견이 서로 다른 토의자가 자신의 의견을 발표한 후 청중과 공개적으로 논의를 하며 함께 결론을 이끌어 내는 토의

3 토의의 일반적인 절차

❶ **토의의 주제**
- 여러 사람이 함께 겪는 문제
- 다수가 관심 있어 하고 함께 논의할 만한 가치가 있는 문제
- 다양한 해결 방안을 제안할 수 있는 문제
- 해결 방안을 찾아 실천할 수 있는 문제

토의 주제 정하기	토의가 필요한 문제들을 탐색하고 그중 하나를 골라 토의의 주제로 정함.

↓

토의 준비하기	• 토의 유형 정하기 • 토의에서 맡을 역할 정하기 • 토의 내용 마련하기 • 토의의 주제에 대한 자신의 의견을 정리하고, 그 의견을 뒷받침할 수 있는 타당한 근거를 마련함.

↓

토의하기	• 토의 주제에 대해 각 토의자들이 의견을 교환하고, 의견의 장단점과 실현 가능성을 따져 본 후, 최선의 대안을 선택함. • 질의응답하기

↓

토의 내용 정리하기	토의에서 합의된 내용을 정리하고 토의를 마무리함.

| 더 알아보기 | **패널 토의의 절차**

토의 주제와 토의자 소개	사회자는 토의 주제와 토의자(패널)를 소개함.
↓	
토의자의 제안	토의자들은 근거를 들어 의견을 제안함. ❷
↓	
토의자 간 의견 교환	제안된 의견을 바탕으로 토의자들이 자유롭게 생각을 주고받음.
↓	
청중과의 질의응답	청중은 토의 내용과 관련하여 궁금한 점을 질문하고, 토의자들은 이를 귀 기울여 듣고 응답함.
↓	
토의 마무리	사회자는 토의자와 청중의 의견을 종합하며 토의를 마무리함.

4 토의 참여자의 역할

사회자	• 토의 주제와 토의자를 소개하고, 토의 방식과 절차에 맞게 진행함. • 토의 참여자들이 효과적으로 의견을 나눌 수 있도록 토의 방향을 안내함. • 토의자 간의 의견과 갈등을 조정하며 발언 기회를 적절히 분배하고, 청중과 토의자 사이의 질의응답을 유도함. • 토의 내용을 요약하고 토의 결과를 정리함.
토의자	• 토의 주제를 이해하고, 주제에 대한 자신의 의견을 미리 정리해 둠. • 토의 주제와 관련한 타당한 근거를 들어 자신의 의견을 말함. • 다른 토의자 및 청중과 의견을 나누며 더 나은 해결 방안을 찾음.
청중	• 토의자의 발표를 경청함. • 토의 내용과 관련하여 궁금한 점을 질문함.

5 토의에 참여하는 올바른 태도

• 토의가 여러 사람과 협력하여 문제를 해결하는 과정임을 알고 최선의 해결 방안을 찾도록 노력해야 한다.
• 자신의 의견과 근거를 명확하게 말해야 한다.
• 다른 사람의 의견을 경청하고 존중해야 한다.
• 토의에서 마련한 해결 방안을 수용하는 자세를 지녀야 한다.

교실에서 자리를 어떻게 바꿀까? ①

학습 포인트
• 토의를 통한 문제 해결 과정 파악하기
• 토의 참여자의 역할과 토의에 참여하는 올바른 태도 이해하기

토의 주제 정하기

가 은우: 우리 반은 지금까지 번호 순서대로 앉았잖아. 어땠어? 나는 계속 뒷자리에만 앉아서 이제 앞자리에 앉아 보고 싶어. 난 앞자리에 앉을 때 집중이 더 잘 되거든.

민준: 그렇구나. 나는 운동장에서 가까운 창문 쪽에 앉는데, 운동장의 소음이 자꾸 신경 쓰여. 그래서 창문에서 되도록 멀리 떨어진 곳에 앉고 싶어.

갈래	패널 토의
성격	협력적, 논리적
주제	교실에서 자리를 어떻게 바꿀까?
특징	• 학생들이 겪은 학급 공동의 문제를 토의 주제로 정함. • 패널 토의 절차에 따라 문제를 해결해 가는 과정이 잘 드러남.

지아: 나는 번호 순서대로 자리가 고정되니 자리가 먼 친구들과 가까워지기 어려운 점이 아쉬워. 한 학기 동안 많이 이야기해 보지 못한 친구와 짝이 되고 싶어.

민준: 그래서 말이야. 이렇게 불편한 점만 말할 게 아니라 자리를 바꾸는 다양한 방법을 생각해 보면 어떨까?

서연: 좋은 생각이야. 그동안 자리를 한 가지 방법으로만 정해서 아쉬웠거든. 이번 기회에 친구들과 토의해 보고 싶어. / 은우: 그래, 다른 친구들과 함께 합리적인 해결책을 찾아보자.

토의 준비하기

나 민준: 얘들아, 다음 주 국어 시간에 토의하기로 했잖아. 우리가 토의 전에 준비해야 할 일이 있어서 정리해 봤어.

> **1. 토의 유형 정하기**
> • 원탁 토의: 토의자들이 대등한 관계에서 자유롭게 의견을 나누는 토의
> • 패널 토의: 서로 다른 입장을 지닌 3~6명의 패널들이 의견을 교환하고, 그 후 청중과 질의응답을 하는 토의
>
> **2. 토의에서 맡을 역할 정하기**
> • 사회자, 토의자, 청중
> **3. 토의 내용 마련하기**
> • 토의 주제에 관한 자신의 의견을 명확하게 마련함.
> • 의견을 뒷받침할 타당한 근거를 정리함.

민준: 토의 유형으로 어떤 것을 선택하면 좋을까?

은우: 패널들이 서로 의견을 교환하는 과정을 거치면서 다양한 해결 방안을 살펴볼 수 있는 '패널 토의' 어때? 패널이 아닌 친구들은 청중이 되어 패널들에게 질문을 하며 토의에 참여할 수 있으니 말이야.

지아, 민준, 서연: 그래, 좋아.

서연: 이번에는 토의에서의 역할을 정해 보자. 사회자는 처음 토의를 제안한 '민준'이 하면 어떨까?

민준: 알겠어. 나는 토의 절차와 토의 진행의 유의점 등 토의에서 사회자의 역할을 알아볼게.

지아: 우리는 패널이 되어 토의에서 제시할 의견과 근거를 마련해 오자.

은우: 그래, 다른 친구들에게도 우리가 이야기한 내용을 전달할게.

토의하기

토의 주제와 토의자 소개

다 민준(사회자): 안녕하세요. 한 학기 동안 번호 순서대로 앉으면서 불편을 겪은 친구들이 있으니, 앞으로 어떻게 자리를 바꾸면 좋을지 이야기를 나누어 보자는 의견이 있었습니다. 따라서 오늘은 '교실에서 자리를 어떻게 바꿀까?'라는 주제로 토의하겠습니다. 토의자로 선정된 분은 서연, 은우, 지아 학생입니다. 먼저 세 분의 토의자가 각각 의견을 발표하고, 토의자 간 의견을 나눈 뒤에 청중의 질문을 받고 그에 답하는 순서로 진행하겠습니다. 그럼 서연, 은우, 지아 학생의 순서로 의견을 말씀해 주십시오.

토의자의
제안

라 **서연:** 요즘 수업 시간에는 짝이나 모둠이 함께하는 활동이 많습니다. 이때 서로 마음이 잘 맞거나 소통이 잘 되는 친구들과 앉으면 활동하는 과정도 수월하고, 활동의 결과물도 훨씬 좋았던 경험이 있습니다. 또한 수업 시간에 이해하기 어려운 내용도 가까운 사이라면 쉽게 물어볼 수 있습니다. 따라서 저는 친한 친구끼리 모둠을 이루어 앉는 방법을 제안합니다.

은우: 저는 선착순으로 자리를 정하는 방법을 제안합니다. 수업의 효율성을 고려하여 학교에 온 순서대로 자신이 원하는 자리에 앉는 것입니다. 선생님과 가까운 앞자리일 때 수업에 집중이 잘 되는 사람은 앞에 앉을 수 있고, 뒷자리일 때 심리적 안정감을 느껴 집중력이 높아지는 사람은 뒤에 앉을 수 있는 선택권을 주는 것이지요. 아침 일찍 오는 노력에 따라 원하는 자리에 앉게 되면 성취감도 느낄 수 있고, 자율성을 존중받는 경험을 할 수 있습니다.

지아: (서연과 은우를 번갈아 보며) 서연 학생과 은우 학생의 의견 모두 나름대로 일리가 있다고 생각합니다. 그런데 어떤 기준이든 자리를 정하고 나면 그 후에는 다양한 까닭으로 불편을 느끼거나, 불만을 가지는 사람이 있기 마련입니다. 모두가 만족할 수 없다면 모든 사람에게 공평한 기준을 적용할 수 있는 추첨을 제안합니다. 또한 추첨은 어디에 앉게 될지, 누구와 앉게 될지 알 수 없어 기대도 하고 긴장감도 느끼면서 즐겁게 자리를 바꿀 수 있는 방법입니다.

콕콕 핵심 정리

✦ 토의 주제와 유형

토의 주제	교실에서 자리를 어떻게 바꿀까?
토의 유형	패널 토의

✦ 토의자의 제안

서연	친한 친구끼리 모둠을 이루어 앉자.
은우	선착순으로 정하자.
지아	추첨으로 정하자.

✦ 토의 참여자의 역할

- 사회자: 토의 주제 및 토의자를 소개함. 토의 방식과 절차를 안내하고, 진행함.
- 토의자: 토의 주제에 대한 자신의 의견을 타당한 근거를 들어 제시함.

핵심만 바로 체크

1 토의 절차 중, '토의하기' 단계에서 토의 유형과 토의에서 맡을 역할을 정한다.
(○ , ×)

2 자리를 바꾸는 방법으로 서연은 친한 친구끼리 ☐☐을/를 이루어 앉기를, 은우는 ☐☐☐(으)로 정하기를, 지아는 ☐☐(으)로 정하기를 제안하였다.

실전으로 바로 연습

1 이 토의를 통해 알 수 있는 내용이 <u>아닌</u> 것은?

① 토의 주제는 '교실에서 자리를 어떻게 바꿀까?'이다.
② 자리를 번호 순서대로 앉으면서 불편함을 느껴 토의를 하게 되었다.
③ 토의자 간 의견을 나눈 뒤에 청중과의 질의응답이 진행될 예정이다.
④ 토의자들이 대등한 관계에서 의견을 나눌 수 있는 원탁 토의를 선택하였다.
⑤ 토의를 진행하기 전에 토의자는 자신의 의견과 뒷받침할 타당한 근거를 준비하였다.

2 (다)에서 알 수 있는 토의 사회자의 역할에 대해 서술하시오.

교실에서 자리를 어떻게 바꿀까? ②

마 **민준(사회자):** 세 분의 말씀 잘 들었습니다. 정리하면 서연 학생은 친한 친구끼리 모둠을 이루어 앉기를, 은우 학생은 선착순으로 정하기를, 지아 학생은 추첨으로 정하기를 제안하였습니다. 그러면 이제 토의자끼리 서로의 의견을 교환하겠습니다. 먼저 서연 학생의 제안에 질문해 주십시오.

지아: ㉠ 친한 친구와 같이 앉으면 이야깃거리가 많아 수업 시간에도 떠들게 되지 않을까요? 저는 친한 친구와 짝이 되었을 때 서로 자꾸 말을 걸게 되어서 수업에 집중할 수가 없었습니다.

서연: 네, 좋은 지적입니다. 하지만 수업 시간에 누구와 함께 앉든 떠들지 않아야 하는 것은 학생이라면 꼭 지켜야 하는 규칙입니다. 그리고 저는 가까운 친구와 앉았을 때 학교생활이 즐거워지는 등 긍정적인 면이 더 많았습니다.

민준(사회자): 이번에는 은우 학생의 제안에 질문해 주십시오.

서연: 선착순으로 원하는 자리에 앉을 경우 저처럼 ㉡ 집에서 학교까지의 거리가 먼 사람은 모두가 선호하지 않는 자리에만 앉아야 합니다. (점점 목소리를 높이며) 매일 멀리서 등교하는 것도 힘든데 얼마나 더 일찍 나와야 합니까? 멀리서 사는 게 무슨 죄인가요?

민준(사회자): 우리는 적절한 문제 해결 방안을 찾기 위해 토의하고 있습니다. 상대방의 감정을 상하게 하는 발언은 자제해 주시기 바랍니다.

은우: 아, 그 점은 미처 생각하지 못했네요. 그렇지만 지금 우리 반 친구들이 학교에 오는 순서가 꼭 집까지의 거리와 관련이 있지는 않습니다. 또한 매일 일찍 등교하기는 어려울 수 있지만, 일주일에 하루 정도는 평소보다 일찍 일어나 원하는 자리에 앉는 보람을 느껴 보는 것도 좋은 경험이라고 생각합니다.

지아: (차분한 목소리로) 네, ㉢ 먼저 온 친구가 친한 친구와 앉고 싶어서 다른 친구의 자리를 맡아 둘 수 있다는 점도 걱정스러운데요. 이러한 문제점도 생각해 봐야 합니다.

은우: 충분히 예상할 수 있는 문제라고 생각합니다. 친구들끼리 서로 빈자리를 맡아 주지 않기로 우리 반 규칙을 정하고, 약속을 어기는 친구에게는 일정 기간 동안 선택권을 주지 않으면 어떨까 합니다.

민준(사회자): 마지막으로 지아 학생의 제안에 질문을 받겠습니다.

은우: ㉣ 추첨은 어떤 방법으로 진행할 생각인가요? ㉤ 반의 모든 친구들이 참여해야 하는데, 시간이 오래 걸리지는 않을까요?

지아: 요즘에는 인터넷이나 애플리케이션에 자리를 추첨하는 프로그램이 다양하게 있습니다. 이러한 프로그램에 이름이나 번호, 좌석 수나 배치도 등의 기본 정보만 입력하면 짧은 시간 안에 손쉽게 자리를 정할 수 있습니다.

콕콕 핵심 정리

✦ 서연의 토의 태도

"(점점 목소리를 높이며) 매일 멀리서 등교하는 것도 힘든데 얼마나 더 일찍 나와야 합니까? 멀리서 사는 게 무슨 죄인가요?"

→ 서연의 발언은 다른 토의 참여자의 감정을 상하게 하고, 합리적인 해결 방안을 찾는 데 도움이 되지 않음.

✦ 사회자의 역할 ①

토의 내용 요약 및 정리

"정리하면 서연 학생은 친한 친구끼리 모둠을 이루어 앉기를, 은우 학생은 선착순으로 정하기를, 지아 학생은 추첨으로 정하기를 제안하였습니다."

토의 순서에 따른 토의 진행

"그러면 이제 토의자끼리 서로의 의견을 교환하겠습니다. 먼저 서연 학생의 제안에 질문해 주십시오."

토의자 간의 의견 충돌 조정, 원만한 토의 분위기 조성

"우리는 적절한 문제 해결 방안을 찾기 위해 토의하고 있습니다. 상대방의 감정을 상하게 하는 발언은 자제해 주시기 바랍니다."

핵심만 바로 체크

3 토의자 간 의견 교환 과정에서 (서연 , 은우 , 지아)은/는 다른 토의자의 의견을 비난하며 상대방의 감정을 상하게 하는 발언을 하였다.

4 (마)에서 알 수 있는 사회자의 역할을 모두 골라 ○표를 하시오.
(1) 토의 절차를 안내한다. ( )
(2) 토의 방식과 순서에 맞게 진행한다. ( )
(3) 토의 결과를 요약하고 토의를 마무리한다. ( )
(4) 토의자 간의 갈등을 조정하고 협조적인 분위기를 조성한다. ( )

실전으로 바로 연습

3 토의에 참여하는 은우의 태도로 적절한 것은?
① 토의에 적극적으로 참여하지 않고 있다.
② 토의 주제에서 벗어난 의견을 제시하고 있다.
③ 자신의 의견과 다른 의견은 경청하지 않고 있다.
④ 상대의 의견을 반박하며 자신의 의견을 고수하였다.
⑤ 자신이 제시한 의견의 문제점을 인정하고 해결 방안을 제시하였다.

4 토의 절차를 고려할 때, (마)에 해당하는 단계에 대한 설명으로 적절한 것은?
① 토의자들은 근거를 들어 의견을 제안하고 있다.
② 사회자가 토의의 주제와 토의자를 소개하고 있다.
③ 사회자가 토의자와 청중의 의견을 종합하여 토의를 마무리하고 있다.
④ 제안된 의견을 바탕으로 토의자들이 자유롭게 의견을 주고받고 있다.
⑤ 토의 내용과 관련하여 청중이 궁금한 점을 질문하고, 토의자가 질문에 답변하고 있다.

5 ㉠~㉤에 대한 답변이나 반대 의견으로 적절하지 <u>않은</u> 것은?
① ㉠: 수업 시간에 누구와 함께 앉든 떠들지 않아야 하는 것은 학생이라면 꼭 지켜야 하는 규칙이다.
② ㉡: 반 친구들이 학교에 오는 순서는 꼭 집까지의 거리와 관련이 있지 않다.
③ ㉢: 친구들끼리 서로 빈자리를 맡아 주지 않기로 반 규칙을 정하고, 약속을 어기는 친구에게는 일정 기간 선택권을 주지 않을 수 있다.
④ ㉣: 자리를 추첨으로 정하면 긴장감을 조성하여 재미를 줄 수 있다.
⑤ ㉤: 자리를 추첨하는 프로그램에 이름이나 번호, 좌석 수나 배치도 등의 기본 정보만 입력하면 짧은 시간 안에 자리를 정할 수 있다.

교실에서 자리를 어떻게 바꿀까? ③

바 **민준(사회자):** 토의자들의 의견 잘 들었습니다. 이제부터 세 분이 제시한 의견에 질문이 있거나 의견이 있는 청중은 손을 들어 말씀해 주시기를 바랍니다.

은서: 저는 서연 학생의 의견에 질문이 있습니다. 같은 반에 서로 성향이 비슷하거나 마음이 잘 맞는 친구가 없을 수 있습니다. 이러한 점에 대해 어떻게 생각하십니까?

서연: 네, 같이 앉고 싶은 친구가 없는 학생들은 선생님께 미리 의사를 전달하게 하여, 선생님께서 조정할 수 있도록 하면 좋겠습니다. 하지만 혹시라도 마음을 다치는 친구가 생길 수 있다면 이 방법은 다시 생각해 봐야 할 것 같습니다.

하윤: 저는 은우 학생에게 질문하겠습니다. 대부분의 학생이 선호하는 몇몇 자리는 일찍 오는 특정 학생들만 계속 앉게 되는 상황이 생기지 않을까요?

은우: 그러한 상황이 발생하지 않게 하기 위해서 같은 자리에는 일정 기간 앉지 못하는 규칙을 만들 수 있습니다. 예를 들어 오늘 내가 앉은 자리는 3일 혹은 일주일 등 정해진 기간 후에 다시 앉을 수 있도록 하는 것입니다. 이렇게 하면 특정 학생이 고정적으로 자리를 차지하는 상황이 생기지 않을 것입니다.

유찬: 저는 지아 학생의 의견에 질문이 있습니다. 추첨으로 자리를 정하면 모두에게 공평할 것 같아 좋은 방법이라고 생각하는데요. 추첨으로 자리를 정했을 때 교정시력이나 청력이 좋지 않은 친구가 맨 뒤에 앉게 되는 등의 상황도 생길 수 있습니다. 이런 경우는 어떻게 하면 좋을까요?

지아: 유찬 학생이 말씀하신 사례를 포함하여 신체적인 특성 때문에 어쩔 수 없이 특정한 자리에 앉아야 하거나 피해야 하는 등 고려해야 할 점이 있는 친구가 있다면 이를 미리 조사하여 자리 배치 프로그램에 반영할 수 있습니다.

서연: (고개를 끄덕이며) 좋은 생각입니다. 그런데 추첨으로 자리를 정했을 때에도 자리가 마음에 들지 않는 친구가 분명히 있을 것입니다. 이 방법의 목적이 공평한 기준을 적용하는 것이라고 볼 때, 자리를 일정 기간마다 바꾸어 학생의 불편함이나 불만을 해소하는 것도 필요하다고 생각합니다.

은우: 저도 찬성합니다. 저는 선착순으로 자리를 정하는 것이 좋다고 생각했는데, 오늘 토의를 하면서 추첨으로 생각이 바뀌었습니다. 지아 학생과 서연 학생이 제시한 절충안을 반영하면 추첨이 공평하면서도 친구들의 상황을 고려하여 자리를 배치할 수 있는 좋은 방법이라고 생각합니다.

사 **민준(사회자):** (잠시 기다린 후에 청중을 둘러보며) 네, 청중과의 질의응답은 여기에서 마무리하겠습니다. 지금까지 자리를 어떻게 바꿀지를 주제로 의견을 나누어 보았습니다. 오늘 토의를 통해 추첨으로 자리를 바꾸기로 의견이 모아졌습니다. 자리를 추첨할 때 고려해야 할 점이나 자리를 추첨하는 시기 등 구체적인 방법에 대해서는 다음 시간에 이야기를 나누어 보겠습니다. 적극적으로 토의에 참여해 주신 여러분께 감사합니다. 이것으로 토의를 마칩니다.

콕콕 핵심 정리

✦ 청중과의 질의응답

은서 질문	같은 반에 서로 성향이 비슷하거나 마음이 잘 맞는 친구가 없을 수 있음(같이 앉고 싶은 친구가 없을 수 있음).
서연 답변	선생님께 미리 의사를 전달해 선생님께서 조정하도록 할 수 있음. 하지만 혹시라도 마음을 다치는 친구가 생길 수 있다면 이 방법은 다시 생각해 봐야 함.
하윤 질문	대부분의 학생이 선호하는 자리에 일찍 오는 특정 학생들만 계속 앉을 수 있음.
은우 답변	같은 자리에는 일정 기간 앉지 못하는 규칙을 만들 수 있음.
유찬 질문	추첨으로 자리를 정했을 때 교정시력이나 청력이 좋지 않은 친구가 맨 뒤에 앉을 수 있음.
지아 답변	고려해야 할 점이 있는 친구를 미리 조사하여 자리 배치 프로그램에 반영할 수 있음.
서연 의견	추첨으로 자리를 정했을 때 마음에 들지 않으면 자리를 일정 기간마다 바꾸어 학생의 불편함이나 불만을 해소하는 것도 필요함.
은우 의견	추첨이 공평하면서도 친구들의 상황을 고려하여 자리를 배치할 수 있는 좋은 방법임.

✦ 사회자의 역할 ②

청중의 토의 참여 유도
"이제부터 세 분이 제시한 의견에 질문이 있거나 의견이 있는 청중은 손을 들어 말씀해 주시기를 바랍니다."

토의 내용 정리 및 다음 토의 안건 예고
"네, 청중과의 질의응답은 여기에서 마무리하겠습니다. ~ 이것으로 토의를 마칩니다."

핵심만 바로 체크

5 청중과의 질의응답 과정에서 ☐☐은/는 자신의 제안이 지닌 문제점을 인식하고 자신의 의견을 철회하고 있다.

6 청중과의 질의응답 과정에서 은우는 추첨이 ☐☐하면서도 친구들의 ☐☐을/를 고려하여 자리를 배치할 수 있는 좋은 방법이라고 다른 사람의 의견을 수용하고 있다.

7 토의 절차 중, '토의 마무리하기' 단계에서 사회자는 토의 내용을 정리하고 다음 토의 안건을 안내하며 토의를 마무리한다.　　　　(○ , ✕)

실전으로 바로 연습

6 이 토의에 나타난 청중의 역할로 적절한 것은?

① 토의 내용을 요약하고 결과를 정리한다.
② 토의 주제에 대해 파악하고 토의를 준비한다.
③ 문제 해결에 필요한 사항이나 궁금한 점을 질문한다.
④ 자신의 의견을 타당한 근거를 들어 명확하게 제시한다.
⑤ 토의 내용을 경청하며 사회자와 토의자의 질의에 대비한다.

7 이 토의에서 결정된 자리를 바꾸는 방법으로 알맞은 것은?

① 선착순으로 정한다.
② 번호 순서대로 앉는다.
③ 추첨으로 자리를 바꾼다.
④ 자신이 앉고 싶은 자리에 앉는다.
⑤ 친한 친구끼리 모둠을 이루어 앉는다.

8 (바)에 나타난 토의 참여자에 대한 설명으로 적절하지 <u>않은</u> 것은?

① 은우는 지아와 서연이 제시한 의견을 절충할 것을 제안하고 있다.
② 은우는 선호하는 몇몇 자리에 특정 학생만 앉게 되는 상황에 대한 대안을 제시하고 있다.
③ 서연은 지아의 의견에 공감하면서 자리를 추첨으로 정했을 때의 문제점을 지적하고 있다.
④ 지아는 유찬의 질문에 고려해야 할 점이 있는 친구를 미리 조사하여 자리 배치 프로그램에 반영할 수 있다고 제안하고 있다.
⑤ 서연은 같은 반에 서로 성향이 비슷한 친구가 없어 마음을 다치는 친구가 있을 수 있다는 의견에 근거를 들어 반박하고 있다.

[01~03] 다음 토의를 읽고, 물음에 답하시오.

가 민준(사회자): 안녕하세요. 한 학기 동안 번호 순서대로 앉으면서 불편을 겪은 친구들이 있으니, 앞으로 어떻게 자리를 바꾸면 좋을지 이야기를 나누어 보자는 의견이 있었습니다. 따라서 오늘은 '교실에서 자리를 어떻게 바꿀까?'라는 주제로 토의하겠습니다. 토의자로 선정된 분은 서연, 은우, 지아 학생입니다. 먼저 세 분의 토의자가 각각 의견을 발표하고, 토의자 간 의견을 나눈 뒤에 청중의 질문을 받고 그에 답하는 순서로 진행하겠습니다. 그럼 서연, 은우, 지아 학생의 순서로 의견을 말씀해 주십시오.

나 서연: 요즘 수업 시간에는 짝이나 모둠이 함께하는 활동이 많습니다. 이때 서로 마음이 잘 맞거나 소통이 잘되는 친구들과 앉으면 활동하는 과정도 수월하고, 활동의 결과물도 훨씬 좋았던 경험이 있습니다. 또한 수업 시간에 이해하기 어려운 내용도 가까운 사이라면 쉽게 물어볼 수 있습니다. 따라서 저는 친한 친구끼리 모둠을 이루어 앉는 방법을 제안합니다.

다 은우: 저는 선착순으로 자리를 정하는 방법을 제안합니다. 수업의 효율성을 고려하여 학교에 온 순서대로 자신이 원하는 자리에 앉는 것입니다. 선생님과 가까운 앞자리일 때 수업에 집중이 잘 되는 사람은 앞에 앉을 수 있고, 뒷자리일 때 심리적 안정감을 느껴 집중력이 높아지는 사람은 뒤에 앉을 수 있는 선택권을 주는 것이지요. 아침 일찍 오는 노력에 따라 원하는 자리에 앉게 되면 성취감도 느낄 수 있고, 자율성을 존중받는 경험을 할 수 있습니다.

라 지아: (서연과 은우를 번갈아 보며) 서연 학생과 은우 학생의 의견 모두 나름대로 일리가 있다고 생각합니다. 그런데 어떤 기준이든 자리를 정하고 나면 그 후에는 다양한 까닭으로 불편을 느끼거나, 불만을 가지는 사람이 있기 마련입니다. 모두가 만족할 수 없다면 모든 사람에게 공평한 기준을 적용할 수 있는 추첨을 제안합니다. 또한 추첨은 어디에 앉게 될지, 누구와 앉게 될지 알 수 없어 기대도 하고 긴장감도 느끼면서 즐겁게 자리를 바꿀 수 있는 방법입니다.

01 이와 같은 토의의 유형에 대한 설명으로 적절한 것을 골라 바르게 묶은 것은?

> ㉠ 토의자와 청중의 질의응답이 이루어진다.
> ㉡ 몇 사람의 전문가가 강연을 한 뒤 토의를 한다.
> ㉢ 학술적이고 기술적인 내용을 다루기에 적합하다.
> ㉣ 토의자 간 의견 교환 과정에서 다양한 해결 방안을 살펴볼 수 있다.

① ㉠, ㉡ ② ㉠, ㉣ ③ ㉡, ㉢
④ ㉡, ㉣ ⑤ ㉢, ㉣

02 토의 주제로 적절하지 <u>않은</u> 것은?
① 학교 누리집의 악성 댓글을 어떻게 줄일 수 있을까?
② 학급에서 발생하는 쓰레기를 어떻게 줄일 수 있을까?
③ 체육 대회 등 학교 행사를 위해서 학급 티셔츠를 맞춰야 할까?
④ 학년별로 공평하게 운동장을 사용할 수 있는 방법은 무엇일까?
⑤ 학교 폭력이 없는 평화로운 학교를 만들기 위해서 어떻게 해야 할까?

03 이 토의의 내용과 일치하지 <u>않는</u> 것은?
① 서연은 자신의 경험을 근거로 들어 의견을 뒷받침하고 있다.
② 서연은 친한 친구끼리 모둠을 이루어 앉는 방법을 제안하고 있다.
③ 지아는 서연과 은우의 의견을 비판하며 자신의 의견을 제시하고 있다.
④ 지아는 서연과 은우의 의견이 공평하지 않을 수 있다는 한계를 지적하고 있다.
⑤ 은우는 아침 일찍 오는 노력에 따라 자리를 앉게 되면 성취감을 느낄 수 있다는 점을 들어 선착순으로 자리를 정하는 방법을 제안하고 있다.

[04~06] 다음 토의를 읽고, 물음에 답하시오.

가 민준(사회자): 이번에는 은우 학생의 제안에 질문해 주십시오.

서연: 선착순으로 원하는 자리에 앉을 경우 저처럼 집에서 학교까지의 거리가 먼 사람은 모두가 선호하지 않는 자리에만 앉아야 합니다. (점점 목소리를 높이며) 매일 멀리서 등교하는 것도 힘든데 얼마나 더 일찍 나와야 합니까? 멀리서 사는 게 무슨 죄인가요?

민준(사회자): 우리는 적절한 문제 해결 방안을 찾기 위해 토의하고 있습니다. 상대방의 감정을 상하게 하는 발언은 자제해 주시기 바랍니다.

은우: 아, 그 점은 미처 생각하지 못했네요. 그렇지만 지금 우리 반 친구들이 학교에 오는 순서가 꼭 집까지의 거리와 관련이 있지는 않습니다. 또한 매일 일찍 등교하기는 어려울 수 있지만, 일주일에 하루 정도는 평소보다 일찍 일어나 원하는 자리에 앉는 보람을 느껴 보는 것도 좋은 경험이라고 생각합니다.

지아: (차분한 목소리로) 네, 먼저 온 친구가 친한 친구와 앉고 싶어서 다른 친구의 자리를 맡아 둘 수 있다는 점도 걱정스러운데요. 이러한 문제점도 생각해 봐야 합니다.

나 민준(사회자): 토의자들의 의견 잘 들었습니다. 이제부터 세 분이 제시한 의견에 질문이 있거나 의견이 있는 청중은 손을 들어 말씀해 주시기를 바랍니다.

은서: 저는 서연 학생의 의견에 질문이 있습니다. 같은 반에 서로 성향이 비슷하거나 마음이 잘 맞는 친구가 없을 수 있습니다. 이러한 점에 대해 어떻게 생각하십니까?

서연: 네, 같이 앉고 싶은 친구가 없는 학생들은 선생님께 미리 의사를 전달하게 하여, 선생님께서 조정할 수 있도록 하면 좋겠습니다. 하지만 혹시라도 마음을 다치는 친구가 생길 수 있다면 이 방법은 다시 생각해 봐야 할 것 같습니다.

다 서연: (고개를 끄덕이며) 좋은 생각입니다. 그런데 추첨으로 자리를 정했을 때에도 자리가 마음에 들지 않는 친구가 분명히 있을 것입니다. 이 방법의 목적이 공평한 기준을 적용하는 것이라고 볼 때, 자리를 일정 기간마다 바꾸어 학생의 불편함이나 불만을 해소하는 것도 필요하다고 생각합니다.

어려워 ♥

04 이와 같은 토의에 대한 설명으로 적절하지 <u>않은</u> 것은?

① 토의를 통해 다양한 시각에서 문제를 바라볼 수 있다.
② 토의를 진행하는 과정에서 여러 가지 대안이 제시될 수 있다.
③ 토의할 때에는 다른 사람의 의견을 존중하고 배려하는 태도를 가져야 한다.
④ 다수가 협력하여 다양한 의견을 모으면 적절한 문제 해결 방안을 찾을 수 있다.
⑤ 자신의 의견을 상대방에게 납득시키는 과정에서 최선의 해결 방안을 마련할 수 있다.

05 다음 토의 참여자에 대한 반응으로 적절하지 <u>않은</u> 것은?

① 은우는 학교에 오는 순서가 꼭 집까지의 거리와 관련이 있지는 않다고 여기고 있군.
② 지아는 학교에 먼저 온 친구가 다른 친구의 자리를 맡아 둘 수 있는 점을 걱정하고 있군.
③ 서연은 선착순으로 자리를 정하는 방법이 집에서 학교까지의 거리가 먼 사람에게 불리하다고 생각하고 있군.
④ 은서는 자리를 바꾸는 과정에서 마음을 다치는 친구가 생길 수 있는 방법은 다시 생각해 봐야 한다고 다짐하고 있근.
⑤ 서연은 자리를 일정 기간마다 바꾸면 추첨으로 자리를 정했을 때의 불편함이나 불만을 해소할 수 있다고 생각하고 있군.

서술형 ✎

06 (가)에서 알 수 있는 올바른 토의 참여자의 태도에 대해 〈조건〉에 맞게 서술하시오.

> **조건**
> 서연과 지아의 태도를 비교하여 서술할 것

DAY 17 언어폭력

 언어폭력의 문제점을 성찰하고, 서로를 존중하는 표현을 사용하여 말할 수 있다.

개념 돋보기

+ **언어폭력**
  공격하거나 무시하는 등 상대방에게 상처 주는 말을 하는 것

+ **존중**
  높이어 귀중하게 대함

키워드 모음 Zip

- 언어폭력의 개념과 영향력 이해하기
- 서로 존중하며 말하는 방법 익히기
- 가상 공간에서 일어나는 언어폭력의 문제점 이해하기

01 언어폭력

1 언어폭력의 개념

부정적인 언어 표현으로 상대방의 마음에 상처를 주는 행위로, 언어폭력을 판단할 때 가장 중요한 것은 듣는 사람의 느낌이다.

2 언어폭력의 유형과 특징

❶ **언어폭력의 예시**
욕설 또는 험담하기, 싫어하는 별명 부르기, 약점을 건드리며 놀리기, 차별하는 말하기, 외모나 옷차림 비하하기, 비웃거나 빈정거리기, 메신저에 들어오게 해서 욕하기, 이상한 거짓 소문 내기 등

유형	• 다수 앞에서 누군가의 명예를 훼손하는 말을 하거나 그런 내용의 글을 가상 공간에 퍼뜨리는 것 • 개인 및 다수에게 모욕적인 말을 하거나 그런 내용의 글을 가상 공간에 게시하는 것 • 정신, 신체 등에 해를 끼칠 듯한 말과 문자 메시지 등을 하는 것❶
특징	• 언어폭력을 가하는 사람은 자신의 말이 언어폭력을 당한 상대의 마음에 깊은 상처를 남긴다는 점을 잘 깨닫지 못함. • 언어폭력은 습관처럼 반복되는 경우가 많으며, 신체적 폭력으로까지 발전할 수도 있음.

❷ **가상 공간에서 일어나는 언어폭력**
인터넷, 스마트폰, 문자 서비스 등으로 욕설, 거친 언어, 인신공격적 발언 등을 하는 행위

3 가상 공간에서 일어나는 언어폭력❷

방식	• 실시간으로 소통할 수 있는 대화방에 피해자를 초대하여 이유 없이 욕설을 쏟아 냄. • 온라인 대화방을 나가지 못하게 하거나 지속적으로 상대를 대화방에 초대하여 위협함. • 거짓 정보나 소문, 악의적인 이야기 등을 메시지로 퍼뜨림.
문제점	• 시간과 장소를 가리지 않고 지속됨. • 언어폭력의 내용이 피해자의 의사와 상관없이 빠르게 확산됨.
해결 방안	• 가정, 학교 등에서 건전한 가상 공간 이용 예절에 대해 적극적으로 교육함. • 악성 댓글이나 비속어를 사용할 수 없도록 금기어 설정 기능, 강제 퇴장 기능 등을 강화함. • 가상 공간에서의 언어폭력도 엄연한 범죄 행위이므로 제도적, 법적으로 엄격하게 처벌함. • 상대방의 얼굴을 실제로 마주 볼 때와 같이 존중하는 마음을 갖고 착한 댓글 달기 운동을 실천함. • 언어폭력이 발생했을 때 부모님이나 선생님, 학교 폭력 신고 센터(117) 등에 알려 더 큰 피해가 생기지 않도록 함.

4 언어폭력의 문제점과 우리가 갖추어야 할 태도

언어폭력의 문제점

- 언어폭력을 당한 피해자에게 정신적인 고통을 줌.
- 피해자의 사회적인 관계에 부정적인 영향을 미침.
- 가해자의 인격에도 부정적인 영향을 미침.

↓

우리가 갖추어야 할 태도

- 언어폭력이 신체적 폭력보다 더 큰 상처를 남길 수 있다는 사실을 인식함.
- 자신의 말이 대화 상대에게 상처가 되지는 않았는지 처지를 바꾸어 생각함.
- 거칠고 센 말을 사용한다고 해서 그 사람도 강해 보이는 것은 아님을 인식함.

02 존중하는 말하기

1 존중하는 말하기의 개념

듣는 사람의 상황과 마음, 말하는 사람과 듣는 사람의 관계 등을 고려하여 상대를 존중하는 태도로 말하는 것을 뜻한다.

2 존중하는 말하기의 방법과 효과

존중하는 말하기의 방법

- 상대방의 인격을 존중하며 말하기
- 부드러운 말투와 배려하는 태도로 말하기
- 차별이나 편견이 담긴 표현 사용하지 않기
- 부정적인 표현보다 긍정적인 표현을 사용하기
- 부탁을 할 때에는 명령하는 표현보다는 제안하는 표현을 사용하며 말하기
- '나'를 주어로 하여 상대방의 행동에 대한 자신의 생각과 느낌을 진솔하게 표현하기 ('나' 전달법)
- 자기중심적인 생각에서 벗어나 상대방의 상황과 처지를 이해하고, 상대방의 입장에서 생각하며 말하기

↓

존중하는 말하기의 효과

- 문제 상황을 원만하게 해결할 수 있음.
- 자신의 생각이나 감정을 효과적으로 전달할 수 있음.
- 다른 사람과의 관계에 긍정적인 영향을 미침.

> 예 (복도에서 뛰다가 친구와 부딪혔을 때) 뭐야? 너는 눈을 어떻게 뜨고 다니는 거야?

→ ('나' 전달법) 갑자기 부딪혀서 순간 나는 깜짝 놀랐어. 너도 당황했겠다. 우리 앞으로는 복도에서 조심히 다니자.

01 언어폭력에 대한 설명으로 적절하지 <u>않은</u> 것은?

① 언어폭력은 상대의 자존감과 존엄성을 깨뜨리는 행위이다.
② 언어폭력이 반복되면 신체적 폭력으로까지 이어질 수 있다.
③ 언어폭력을 가하는 사람의 말과 행동도 거칠고 공격적으로 변한다.
④ 언어폭력은 당하는 사람의 사회적인 관계에 부정적인 영향을 미친다.
⑤ 언어폭력은 직접 대면한 상태에서만 이루어지며 개인 및 다수를 대상으로 한다.

02 〈보기〉의 ㉠~㉤ 중 언어폭력의 유형을 모두 골라 바르게 묶은 것은?

┌ 보기 ┐
㉠ 자기를 격려하는 말
㉡ 상대를 차별하는 말
㉢ 비속어나 욕설 및 험담
㉣ 다른 사람을 위협하는 말
㉤ 상대의 입장과 처지를 고려하는 말
└────┘

① ㉠, ㉡, ㉢   ② ㉠, ㉢, ㉣   ③ ㉠, ㉣, ㉤
④ ㉡, ㉢, ㉣   ⑤ ㉡, ㉣, ㉤

03 〈보기〉에 대한 설명으로 적절하지 <u>않은</u> 것은?

┌ 보기 ┐
촌티, 벙어리장갑, 편부모
└────┘

① 비속어에 해당하는 표현이다.
② 편견이나 차별이 담긴 말이다.
③ 누군가를 부정적으로 표현하는 말이다.
④ 언어폭력의 일종에 해당하는 표현이다.
⑤ 상대방의 모습이나 특징을 비하하는 표현이다.

04 다음 대화를 읽은 후의 반응으로 적절하지 <u>않은</u> 것은?

┌─────────────────────┐
영지: 야, 꺽다리! 너 요즘 농구 배운다며?
수찬: 그렇게 부르면 준호가 싫어하잖아!
준호: (떨떠름한 표정으로) 어.
영지: 야, 별명 좀 불렀다고 주둥이가 댓발 나온 거냐? 그러지 말고 농구 시범이나 한번 보여 줘.
준호: 배운 지 얼마 안 돼서…….
병민: (비아냥거리며) 쫄긴. 하긴 뭐 농구는 아무나 하냐?
└─────────────────────┘

① 영지는 준호가 듣기 싫어하는 별명을 부르고 있어.
② 영지와 병민의 말을 듣고 준호는 마음에 상처를 받았을 것 같아.
③ 병민은 비아냥거리면서 준호를 얕보고, 준호의 감정을 상하게 하고 있어.
④ 영지가 사용한 '주둥이'라는 말은 비속어로, 이러한 표현은 언어폭력에 해당해.
⑤ 영지는 악의 없이 장난스럽게 말하고 있으므로 언어폭력이라 보기 어려울 것 같아.

⟨어려워⟩♡

05 언어폭력에 대해 이해한 내용으로 적절하지 <u>않은</u> 것은?

① 언어폭력이 신체적 폭력보다 더 큰 상처를 남길 수도 있다고 생각해.
② 욕설뿐만 아니라 다른 사람의 약점을 놀리는 말도 언어폭력에 해당해.
③ 언어폭력은 피해자뿐만 아니라 가해자에게도 부정적인 영향을 미치는구나.
④ 평소 친구들 사이에서 장난스럽게 사용하는 말은 언어폭력이라 보기 어려워.
⑤ 상대방이 싫어하는 별명을 지어 부르는 것은 상대방의 마음에 상처를 주는 언어폭력이야.

⟨서술형⟩✎

06 〈보기〉와 같은 말이 친구 관계에 미치는 영향을 쓰시오.

┌ 보기 ┐
• 너 발표 잘한다고 칭찬 좀 받더니 요즘 엄청 잘난 척하더라. 완전 재수 없어.
• 야! 너 애들 앞에서는 나 발표 잘한다고 칭찬하더니 그렇게 생각한 거야? 어쩜, 너 완전 가식적이다!
└────┘

07 다음을 참고할 때, 가상 공간에서 일어나는 언어폭력의 문제점으로 적절하지 <u>않은</u> 것은?

> 가상 공간에서의 언어폭력은 실시간으로 소통할 수 있는 공간에서 빈번하게 발생한다. 단체 대화방에 피해자를 초대하여 아무 이유 없이 욕설을 쏟아 내는 방식, 대화방을 나가지 못하게 하거나 지속적으로 상대를 대화방에 초대하여 위협하는 방식, 거짓 정보나 소문, 악의적인 이야기 등을 메시지로 퍼뜨리는 방식 등으로 언어폭력이 이루어진다.

① 시간과 장소를 가리지 않고 지속된다.
② 피해자의 사회적 관계에 어려움을 줄 수 있다.
③ 가상공간 속 피해자에게만 부정적인 영향을 준다.
④ 언어폭력의 내용이 피해자의 의지와 상관없이 빠르게 확산된다.
⑤ 피해자에게 우울감, 불안감, 심한 스트레스 등 정신적 고통을 준다.

08 가상 공간에서 일어나는 언어폭력 문제를 해결할 수 있는 방법으로 적절하지 <u>않은</u> 것은?

① 비속어를 사용할 수 없도록 금기어를 설정한다.
② 악성 댓글을 달면 강제 퇴장시키는 기능을 강화한다.
③ 가정에서 건전한 가상 공간 이용 예절에 대해 적극적으로 교육한다.
④ 상대방의 얼굴을 실제로 마주 볼 때와 같이 존중하는 마음을 갖고 착한 댓글 달기 운동을 실천한다.
⑤ 언어폭력을 당했을 때에는 피해자와 가해자가 직접 만나서 해결하여 더 큰 피해가 생기지 않도록 한다.

09 존중하는 말하기를 실천하려고 할 때, 언어생활을 점검하는 기준으로 적절하지 <u>않은</u> 것은?

① 욕설이나 비속어를 쓴 적이 있는가?
② 상대가 싫어하는 별명을 부른 적이 있는가?
③ 편견이나 차별이 담긴 말을 한 적이 있는가?
④ 잘못된 행동이나 말을 비판한 적이 있는가?
⑤ 상대를 무시하거나 비난하는 말을 한 적이 있는가?

10 상대를 존중하며 말하는 방법으로 적절하지 <u>않은</u> 것은?

① 상대를 칭찬하거나 격려하는 긍정적인 표현을 사용한다.
② 부정적인 내용을 전할 때에는 상대가 당황하지 않도록 돌려 말한다.
③ 부탁을 할 때에는 명령하는 표현보다는 제안하는 표현을 사용하여 말한다.
④ 자신의 말이 대화 상대에게 상처가 되지는 않았는지 입장을 바꾸어 생각한다.
⑤ 부정적인 내용은 말이 아닌, 표정이나 몸짓, 자세 등의 비언어적 표현을 통해 전달되도록 한다.

11 다음 상황에서 ㉠과 ㉡의 말하기를 설명한 내용으로 적절한 것은?

> 문제 상황 도서관에서 공부를 하는 데, 친구가 듣고 있는 음악 소리가 너무 커서 집중이 안 된다.
>
> ㉠: 너 지금 도서관인 거 몰라? 여기가 음악 듣는 곳인 줄 아는 거야? 조용히 좀 해.
> ㉡: 네가 듣고 있는 음악 소리 때문에 나는 집중하기가 어려워. 혹시 소리를 조금만 줄여 줄 수 있을까? 도와주면 고마울 것 같아.

① ㉠은 '나' 전달법이고, ㉡은 '너' 전달법이다.
② ㉠은 갈등을 일으키는 표현이고, ㉡은 상대방을 존중하는 표현이다.
③ ㉠은 자신의 느낌을 표현하는 말하기이고, ㉡은 상대방을 비난하는 말하기이다.
④ ㉠은 자신의 감정을 말하는 데 초점을 두고, ㉡은 상대방의 행동에 초점을 둔다.
⑤ ㉠은 갈등 상황을 객관적으로 진술하는 표현이고, ㉡은 주관적으로 진술하는 표현이다.

쓰기

글을 통해 우리는 감정을 표현하기도 하고, 정보를 전달하기도 하며, 주장이나 의견을 나타내기도 해요. 이러한 글쓰기를 통해 우리의 삶은 풍요로워지고 명확해지며 더 발전해 나갈 수 있지요. 이 단원을 통해 글을 쓰는 과정을 이해하고, 글쓰기의 가치를 되새겨 보아요.

정서를 표현하는 글 쓰기

교과서 핵심 개념 자신의 삶과 경험을 바탕으로 정서를 진솔하게 표현하는 글을 쓸 수 있다.

키워드 모음 Zip
- 정서를 표현하는 글 쓰기 과정 이해하기
- 정서를 진솔하게 표현하는 글 쓰기

개념 돋보기

+ 정서
사람의 마음에 일어나는 여러 가지 감정 또는 감정을 불러일으키는 기분이나 분위기

+ 진솔하다
꾸미지 않고 있는 그대로 솔직하게 표현함

01 정서를 표현하는 글

1 정서를 표현하는 글의 개념
자신의 경험을 통해 얻게 된 생각이나 깨달음, 정서를 진솔하게 표현한 글

2 정서를 표현하는 글의 종류

일기	날마다 그날그날 겪은 일이나 생각, 느낌 등을 적은 글로, 사실적이고 솔직한 자기 고백이 드러남.
수필	글쓴이가 일상 속에서 경험한 일이나 경험에서 얻은 생각과 느낌을 일정한 형식에 얽매이지 않고 자유롭게 표현한 글. 일상에서 겪은 일 중, 다른 사람과 나누고 싶은 의미 있는 경험이나 생각을 소재로 하여 진솔하게 글을 쓸 수 있음.
편지글	한 사람, 또는 극히 한정된 사람들을 상대로 안부를 묻거나 자신의 용건과 심정을 전달하기 위해 말 대신 적어 보내는 글. 대체로 잘 아는 상대와 주고받는 글이기 때문에 개인적인 내용을 담아 상대방에게 전달함.

3 정서를 표현하는 글 쓰기의 과정

계획하기	• 자신의 경험을 자유롭게 떠올리기 • 떠올린 경험 중에서 글감 선택하기❶

↓

내용 생성하기	• 경험을 구체화하여 글로 쓸 내용 마련하기 • 내용을 육하원칙(누가, 언제, 어디서, 어떻게, 무엇을, 왜)에 따라서 정리하거나 마인드맵 활용하기

↓

내용 조직하기	• 경험한 내용이 잘 드러나도록 글로 쓸 내용 조직하기 • 시간의 흐름이나 공간의 이동, 원인과 결과, 사건과 깨달음 등을 고려하여 글로 쓸 내용의 순서 정하기 • '처음-중간-끝'의 형식으로 글의 개요 작성하기❷

❶ 글감 선택하기
- 소소하고 일상적인 것일지라도 특별한 의미가 있는 내용이라면 얼마든지 좋은 소재가 될 수 있음.
- 경험이 떠오르지 않을 경우, 일기장, 스마트폰 사진첩, 사회 관계망 서비스(SNS) 등을 살펴보는 것도 방법임.

❷ 개요 작성하기

처음	자신의 경험 소개하기
중간	경험의 구체적인 내용과 정서 표현하기
끝	경험을 통해 깨달은 점 정리하기

❸ 고쳐쓰기 과정

- 고쳐쓰기는 독자가 이해하기 쉽게 글을 다듬는 과정으로, 고쳐쓰기를 할 때에는 독자를 고려하여 글의 내용과 구성, 표현을 두루 살펴야 함.
- 고쳐쓰는 과정을 거쳐야 글의 완성도를 높일 수 있음.

표현하기	• 다양한 표현 방법(비유, 구체적인 장면 묘사, 대화의 직접 인용 등)을 활용하여 경험을 생생하게 드러내기 • 감정이나 생각을 진솔하게 나타내기

고쳐쓰기❸	자신이 쓴 글을 점검하고, 부족한 부분 보완하기	
	글의 주제	주제에서 어긋나는 내용이 없는가?
	글의 목적	• 자신의 삶과 경험이 글에 잘 드러나는가? • 자신의 정서를 진솔하게 표현하였는가?
	독자	• 독자의 관심을 끌 만한 내용인가? • 독자에게 감동과 즐거움을 줄 수 있는 내용인가?
	표현	• 자신의 삶과 경험을 구체적이고 생생하게 표현하였는가? • 적절한 단어나 표현을 맞춤법에 맞게 썼는가?

4 정서를 표현하는 글 쓰기의 유의점

- 삶과 경험을 전달하는 것에만 집중하지 말고, 삶과 경험을 통해 얻은 깨달음과 의미를 강조하여 표현한다.
- 글을 지나치게 꾸며 쓰는 것은 피하고, 사실적이고 진솔하게 표현한다.
- 자신과 같은 경험을 해 보지 못한 독자들도 함께 공감하고, 감동이나 즐거움을 느낄 수 있도록 독자를 고려하여 글을 쓴다.

5 정서를 표현하는 글의 가치

❹ 성찰

자기의 마음을 반성하고 살핌.
⑩ 깨달음을 얻는 일은 오랜 성찰을 통해서 가능하다.

글쓴이	독자
• 글을 쓰는 과정에서 자신을 성찰❹하고, 건강한 자아를 형성할 수 있음. • 자신의 의미 있는 경험과 경험을 통한 깨달음을 다른 사람들과 공유할 수 있고, 그들에게 감동이나 즐거움을 줄 수 있음.	• 진솔한 정서를 담은 글을 읽으며 감동과 즐거움을 느낄 수 있음. • 글쓴이의 경험을 통해 자신이 겪어 보지 못한 상황을 간접 경험할 수 있음. • 다른 사람의 경험을 공유하며 타인을 이해하는 폭을 넓힐 수 있음.

[01~03] 다음 글을 읽고, 물음에 답하시오.

가 내가 만지는 아빠의 하루 속에는 여러 글자와 숫자가 빽빽하게 들어 있었다. 그 속에서 나는 항상 열두 자리의 숫자만을 골라 입력하면서 아빠의 하루를 상상할 수 있었다. 상상 속 아빠의 모습은 주소를 머릿속 내비게이션에 입력한 뒤 그곳을 향해 뛰거나 운전하는 모습이었다.

나 "물건이 없어졌다는 거야. 분명 대문 안에 뒀는데."

"그럼 어떡해?"

"근데 알고 보니까 대문 요 틈 사이에 들어가 있다더라."

하지만 열두 자리 숫자를 컴퓨터에 입력하는 모습만으로 아빠가 나의 하루를 모두 알 수 없듯, 나 또한 아빠의 하루를 전부 알 수는 없었다. 깨끗하게 씻고 나온 아빠는 늦은 저녁을 드시면서 뜬금없이 그날 있었던 일을 말하고는 했는데, 그때마다 나는 아빠의 하루를 입력한 손이 왜 이리도 더러워지는지 짐작할 수 있었다. 하루에 200장이나 되는 운송장 속에는 아빠가 뛰거나, 물건을 옮기며 딸려 온 하루의 때가 고스란히 묻어 있었기 때문이다.

다 내가 아빠의 하루를 직접 본 것은 비가 주룩주룩 내리던 어느 초여름 날이었다. 오락가락하던 빗줄기는 내가 아빠의 차에 올라탄 후부터 가지는 않고 계속 오기만 했다. 아빠를 걱정하는 내 마음도 모른 채, 굵은 빗방울은 아빠가 물건을 배송하려고 차에서 내리는 순간까지도 계속되었다.

"아빠, 우산!"

나는 다급하게 소리쳤다. 아빠는 분명 내 말을 들었을 텐데도 우산을 들면 거추장스럽기만 하다는 걸 누구보다 잘 알지 않느냐는 몸짓으로, 그냥 차에서 뛰어내렸다. 그리고 겨우 얼굴만 가리는 모자를 쓴 채로 멀리 사라졌다.

아빠의 뒷모습을 지켜보고 있자니 정말 속상했다. 그날따라 아빠는 자꾸만 주소를 잘못 찾았고, 비를 맞으며 몇 번이나 차 주변으로 되돌아왔다. 하지만 나는 단 한 번도 아빠에게 우산을 건네지 못했다. 행여 두꺼운 상자로 포장된 물건이 젖을까 상자를 몸 가까이 바싹 쥔

⊙아빠의 손. 나는 그 손이 쥐어야 할 것은 당장의 비를 가려 주는 우산이 아니라 상자라는 것을, 그리고 그것이 아빠의 일이라는 것을 그때 처음으로 알았다.

– 「탑차를 끄는 사계절의 산타」

01 이와 같은 글을 쓸 때, 글쓰기의 과정을 순서대로 바르게 나열한 것은?

> ㉠ 내용 생성하기 ㉡ 계획하기
> ㉢ 고쳐쓰기 ㉣ 표현하기
> ㉤ 내용 조직하기

① ㉠-㉡-㉤-㉣-㉢ ② ㉠-㉡-㉣-㉤-㉢
③ ㉡-㉠-㉤-㉣-㉢ ④ ㉡-㉤-㉠-㉣-㉢
⑤ ㉡-㉠-㉤-㉢-㉣

02 이 글을 읽으면서 떠올릴 수 있는 장면으로 적절하지 **않은** 것은?

① 택배 송장 번호를 컴퓨터에 입력하는 '나'의 모습
② 비를 맞으며 택배 상자를 들고 뛰어가는 아빠의 모습
③ 아빠가 배송을 끝내고 차에 타자마자 비가 그치는 모습
④ 저녁을 먹으며 '나'에게 하루의 일을 이야기하는 아빠의 모습
⑤ 택배 상자를 몸 가까이 바싹 당겨 안고 주소를 찾는 아빠의 모습

어려워 ♥

03 ⊙에 담긴 의미로 적절한 것은?

① 주변 사람을 돌아보는 여유
② 자기 고집대로만 하려는 태도
③ 자신의 일에 대한 책임감과 열정
④ 가장으로서 생계를 책임지는 삶의 무게
⑤ 힘든 상황에서도 가족을 먼저 생각하는 마음

[04~08] 다음 글을 읽고, 물음에 답하시오.

가 시간이 흐르고 비가 서서히 잦아들 때쯤, 아빠는 겨우 배달을 마치고 차로 돌아왔다. 그리고 시동을 걸고 히터를 튼 뒤, 빵 하나를 꺼내 나에게 주었다. 빵을 건네는 아빠의 다른 손에는 물건을 배달하고 가져온 아빠의 하루 중 한 조각, 운송장이 들려 있었다. 그 운송장은 금방이라도 찢어질 것만 같았다.

ⓐ 나는 말없이 운송장을 건네받아 내 교복 상의 속으로 집어넣었다. 다행히 내 교복은 진한 붉은색 계열이어서 먼지가 묻거나 잉크가 번져도, 또는 빗물이 스며들어도 전혀 상관없었다. 그래서 나는 아빠가 준 빵을 먹으며 운송장을 내 교복 상의에 대고 말렸다. 보송보송해지지는 않더라도 힘없이 펄럭거리지 말고 빳빳하고 구김 없이 펴지기를. 나는 그렇게 바랐던 것 같다.

나 "송장 번호 좀 알려 주실래요?"

"주소가 어떻게 되시죠?"

이 두 마디로 아빠는 모든 물건의 상태를 파악했다. 그러니까 주소만 말해도 그 집 현관이 어떻게 생겼고 어떤 번호로 전화했지만 아무도 받지 않았으며, 집에 사람이 없어 우유 배달 주머니에 물건을 넣어 두었다고 말할 수 있었다. 아빠의 몸 어딘가에 택배와 관련된 엄청난 용량의 컴퓨터 프로그램이 있는 것 같았다.

"아빠, 어떻게 그런 걸 다 기억해?"

나는 경이로운 눈빛으로 아빠를 바라보며 물었다. 아빠는 정말로 택배에 관한 것이라면 대부분 기억했다.

"이 일을 하다 보면 그렇게 돼. 책임지고 물건을 전해 주어야 하니까." / "아무리 그래도……. 나는 못 할 것 같아. 막상 물어보면 기억이 가물가물하고."

다 "처음에는 누구나 그렇지. 근데 하다 보면 그걸 깨달아. 아빠가 배달하는 물건은 아빠보다 그 사람들한테 더 소중해. 나는 물건을 여러 개 배달하지만, 이 사람들은 딱 하나만 기다리니까. 그러니 얼마나 각별하겠어. 쟤들 봐. 산타 할아버지 때문에 일 년 내내 겨울만 기다리는 거."

아빠의 눈길은 나의 어린 두 동생에게 향해 있었다. 내 동생들은 크리스마스에 진짜 산타가 나타나 '뿅!' 하고 좋은 선물을 주기를 바라고 있었다. 아빠는 동생들이 산타를 기다리듯 사람들이 물건을 배달해 주는 자신을 기다리는 것이라고 말했다.

라 아빠는 오늘도 산타처럼 탑차를 타고, 자신에게 보낸 혹은 누군가로부터 온 물건을 배달한다. 운송장에 적힌 정보들을 머릿속에 그려 넣으며 가장 빠른 길을 찾는다. 비가 오거나 눈이 오거나 아빠에게는 배달해야 하는 물건이 가장 소중하다. 아빠는 그들의 집 앞에 도착해 꼭 전화를 하고, 이렇게 말한다.

"집에 아무도 안 계신데, 물건은 누가 가져가지 않게 잘 넣어 놓을게요."

– 「탑차를 끄는 사계절의 산타」

04 정서를 표현하는 글의 가치로 적절하지 않은 것은?

① 글쓴이와 독자가 공감대를 형성할 수 있다.

② 글을 읽으며 감동과 즐거움을 느낄 수 있다.

③ 지식을 확장시켜서 주변과 사물을 깊이 탐구할 수 있다.

④ 글을 쓰는 과정에서 자신을 성찰하고 건강한 자아를 형성할 수 있다.

⑤ 글쓴이의 삶과 경험을 통해 독자는 삶과 세계에 대한 새로운 시각을 가질 수 있다.

05 글쓴이가 이 글을 쓰기 전 '계획하기' 단계에서 고려했을 내용으로 적절한 것은?

> ㄱ. 내가 경험한 일 중에서 글감을 선택해야겠어.
> ㄴ. '처음-중간-끝'으로 나누어 내용을 조직해야지.
> ㄷ. 정서를 진솔하게 표현할 수 있는 소재를 떠올려 봐야겠어.
> ㄹ. 다양한 표현을 사용하면 경험을 생생하게 드러낼 수 있을 거야.

① ㄱ, ㄴ   ② ㄱ, ㄷ   ③ ㄱ, ㄹ
④ ㄴ, ㄷ   ⑤ ㄴ, ㄹ

06 (나)에 나타난 아빠의 모습으로 적절한 것은?

① 컴퓨터 프로그래밍에 관심이 많다.

② 자신의 일에 대한 책임감이 강하다.

③ 더 나은 사람이 되기 위해 노력한다.

④ 다른 사람보다 기억력이 좋은 편이다.

⑤ 택배와 관련된 일을 최근에 시작했다.

07 이 글에서 아빠는 자신의 일을 어떻게 생각하고 있는지 〈조건〉에 맞게 쓰시오.

┤조건├
'산타', '선물'이라는 단어를 활용하여 비유의 표현 방법을 사용할 것

08 ㉠의 행동에 담긴 의미로 적절한 것은?

① 택배 일을 하는 아빠가 부끄러워서 한 행동이다.
② 금방이라도 찢어질 것만 같은 운송장이 보기 싫어서 한 행동이다.
③ 아빠가 고생해서 배달한 결과물이므로 소중하게 말리려는 행동이다.
④ 비가 와서 아빠가 일하기 더 힘들어진 상황에 대한 슬픔과 절망감이 담긴 행동이다.
⑤ 기어이 우산을 쓰지 않고 비를 몽땅 맞은 아빠에게 서운한 감정이 들어서 한 행동이다.

[09~16] 다음 글을 읽고, 물음에 답하시오.

가 선물을 주고받는 문화를 낳는 터전은 유목적이고 도시적인 환경일 터인데 내가 태어나 자란 곳은 정착민, 농경의 세계였다. 오늘이 내일 같고 내일이 어제 같아서 좀처럼 변하지 않는 풍경, 관계, 면면에서는 선물을 주고받을 일이 없었다. 식구끼리 선물을 주고받는다는 건 상상할 수도 없었다.

나 그렇지만 나는 ㉠선물을 받은 적이 있다. 그것도 아버지에게서. "이건 네(게 주는) 선물."이라고 아버지가 말했기 때문에 ⓐ그건 선물이 되었다. 개였다. 정확하게는 강아지였다. / 아버지는 어느 날 점퍼 속에 ⓑ강아지 한 마리를 넣어 왔다. 난 지 며칠이나 지났을까. 호떡을 싸는 종이 봉지에 들어갈 수 있을 정도로 작았다. 어린 시절 내게 개는 닭처럼 잡아먹지는 않는다고 하더라도 닭 이상으로 좋아할 것도 없는 동물이었다. 중학교 2학년 때 서울이라는 유목적이고 도시적인 환경으로 전학 온 내게 아버지가 선물이라며 준 강아지는 내가 그때까지 보아 온 가축이 아니라 ⓒ처치 곤란하고 '낯선 것'이었다. 그 이전에는 물론 그 뒤로 아버지는 한 번도 내게 선물을 준 적이 없다.

다 겨울밤이었고 아버지가 일평생 처음으로 선물이라며 종이 봉지 속에 든 강아지를 내게 줄 때 술 냄새가 났다. 나는 종이 봉지 속의 강아지의 목덜미를 붙들어 현관 바깥 종이 상자 속에 내려놓았다. 가축은 집 안에 들일 수 없는 게 원칙이었다. 그때까지만 해도 나는 강아지를 선물로 생각하지 않았다. 아버지가 많은 식구 중 내게 주는 선물이라고 했지만 아버지가 그날 밤 집에 들어오면서 부딪친 첫 번째 식구가 내가 아니라 다른 사람이었다면 그의 선물이 되었을 가능성이 크다고 여겼다. 하지만 기분은 묘했다. 어쨌든 아버지에게서 처음 받은 선물이었으니까.

라 한밤중에 나는 ⓓ선물이 우는 소리에 잠을 깼다. 내 옆, 옆과 그 옆, 그 옆에 자고 있는 그 누구도 잠을 깨거나 일어나지 않았다. 방을 나가서 바깥에 있는 화장실로 가기 위해 문을 열었을 때 선물이 우는 소리가 더욱 크게 들렸다. 사실 오줌이 마려웠던 것도 아니었다. 선물이 어떤 상태인지 알고 싶었던 것이었다. 그건 다리를 덜덜 떨며 낑낑거렸다. 나는 배가 고파서 우는 걸로 알았다. 부엌에 뭐가 있는지 몰라서 뭘 가져다줄 수 없었다. ㉡나는 그날 저녁 내 몫으로 받고 아껴 먹다 남겨 둔 백설기를 가지고 나왔다. 접시에 물을 담아 백설기와 함께 큰맘 먹고 내밀었다. 선물은 내 선물에 관심이 전혀 없었다. 그저 낑낑거리며 다리를 떨며 울 뿐이었다. 나는 무시당한 데 대해 화가 났다. ⓔ선물을 철회했다.

마 방으로 돌아와 누웠을 때에도 선물의 울음소리는 계속해서 들려왔다. 천둥 치듯 아버지는 코를 골았지만 선물의 가느다란, 여린 낑낑거림은 정확하게 나의 청각을 자극하고 잠 못 들게 했다. 결국 다시 밖으로 나갔다. 철회했던 선물을 다시 주고 그 옆에 쭈그리고 앉았다. 선물의 머리를 쓰다듬기 시작하자 울음이 그쳤다. 선물은 너무 어려서 백설기를 먹을 수 없었다. 물을 마시지도 않았다. 다만 관심과 연민에 반응할 수 있을 뿐이었다. 관심과 연민의 공급이 중단되면 즉시 울음이 시작됐다. 결국 나는 내복 바람으로 날이 밝아 오는 것을 보았다.

바 아버지는 강아지를 선물했다. 나는 강아지에게 백설기를 선물했다. 밤이 아침을 선물하듯 강아지는 내게 난생처음 경험하는 연민의 감정을 선물했다.

– 성석제, 「선물」

09 이와 같은 글을 쓸 때 고려해야 할 점을 모두 고른 것은?

> ㄱ. 사건에 대해 객관적인 태도를 유지한다.
> ㄴ. 경험을 구체적이고 생생하게 표현한다.
> ㄷ. 반드시 교훈을 주는 내용을 제재로 선정한다.
> ㄹ. 자신의 경험, 감정과 생각을 진솔하게 표현한다.

① ㄱ, ㄴ ② ㄱ, ㄹ ③ ㄴ, ㄷ
④ ㄴ, ㄹ ⑤ ㄷ, ㄹ

10 이 글을 읽고 재미와 감동을 느낄 수 있는 이유로 알맞은 것은?

① '선물'의 의미가 무엇인지 구체적으로 설명하였기 때문에
② 낯선 집에 온 강아지의 심리를 자연스럽게 나타내었기 때문에
③ 아버지와 자식 간의 끈끈한 정을 설득력 있게 표현하였기 때문에
④ 어려운 상황에서도 화목한 가정의 모습을 따뜻하게 그려냈기 때문에
⑤ 강아지를 선물로 받은 자신의 경험을 담담하면서도 솔직하게 전달하였기 때문에

11 이 글의 '처음' 부분에 해당하는 중심 내용으로 알맞은 것은?

① '나'는 내복 바람으로 밤새 강아지를 쓰다듬어 줌.
② 현관 바깥에서 강아지가 밤새 다리를 덜덜 떨며 낑낑거림.
③ '나'는 아껴 먹던 백설기를 큰맘 먹고 강아지에게 주었으나 강아지가 먹지 않음.
④ 어느 날, 아버지가 종이 봉지 속에 들어 있는 강아지를 '나'에게 선물이라고 주심.
⑤ 강아지가 계속 우는데도 식구 중 누구도 그 소리를 듣지 못하고 오직 '나'만 신경을 씀.

12 강아지의 명칭이 '낯선 것'에서 '선물'로 바뀐 이유를 글쓴이의 심리 변화와 관련 지어 쓰시오.

어려워 ∨

13 (라)~(마)의 경험을 통해 깨달을 수 있는 내용으로 적절한 것은?

① 새끼 강아지는 엄마 개 없이는 잠들지 못한다.
② 동물을 가족으로 받아들이기 위해서는 자신이 아끼는 것을 내어 주어야 한다.
③ 생명은 소중한 것이기 때문에 물건처럼 누군가에게 선물로 줄 수 있는 것이 아니다.
④ 선물을 줄 때에는 선물을 받는 이가 예상하지 못한 반응을 보이더라도 화를 내서는 안 된다.
⑤ 다른 대상과 소통하고 진정한 관계를 맺기 위해서는 상대가 원하는 것이 무엇인지 살펴야 한다.

14 ㉠에 대한 설명으로 알맞은 것은?

① 아버지가 가족 모두를 위해 마련한 것이다.
② 아버지가 종이 상자에 담아 소중히 가져온 것이다.
③ 평소보다 일찍 퇴근한 아버지가 가져다 준 것이다.
④ 처음 받았을 당시 '나'에게 처치 곤란하고 낯설게 느껴진 존재이다.
⑤ '나'가 농경의 세계에서 아버지에게 처음이자 마지막으로 받은 선물이다.

15 ㉡의 행동에 담긴 의미로 적절한 것은?

① '나'는 강아지를 현관 밖에 내놓은 것이 미안했다.
② '나'는 배가 고픈 듯 우는 강아지에게 도움을 주고 싶었다.
③ '나'는 강아지가 엄마를 그리워하는 것 같아서 안타까웠다.
④ '나'는 강아지가 소중해서 백설기 따위는 안중에도 없었다.
⑤ '나'는 강아지가 낑낑거리고 울자 시끄러워서 조용히 시키고 싶었다.

16 ⓐ~ⓔ 중 가리키는 대상이 <u>다른</u> 것은?

① ⓐ ② ⓑ
③ ⓒ ④ ⓓ
⑤ ⓔ

정보를 전달하는 글 쓰기

교과서 핵심 개념 복수의 자료를 활용하여 다양한 형식으로 정보를 전달하는 글을 쓸 수 있다.

개념 돋보기

+ 정보
여러 가지 사실이나 자료 중에서 필요한 것을 골라 정리한 지식

+ 전달
어떠한 사실이나 상황, 지식을 전해 주는 것

키워드 모음 Zip

- 글쓰기 목적에 맞는 정보 선별하기
- 다양한 형식으로 정보를 전달하는 글 쓰기
- 체계적으로 내용 구조화하기

1 정보를 전달하는 글의 개념

독자에게 어떤 대상이나 사실에 관한 지식, 정보 등을 전달하는 글을 말한다.

2 정보를 전달하는 글 쓰기 과정

글을 쓰기 위해서는 '계획하기–내용 생성하기–내용 조직하기–표현하기–고쳐쓰기'의 과정을 거친다. 그러나 글쓰기 과정은 반드시 순서대로만 진행해야 하는 것은 아니며, 글을 쓰다가 필요한 자료를 수집하거나 내용을 다시 조직할 수 있다.

계획하기	글을 쓰는 목적, 예상 독자, 글의 주제, 글의 종류 정하기

↓

내용 생성하기	• 다양한 매체에서 주제와 관련한 정보 수집하기 • 수집한 정보의 중요도를 분석하고, 활용 여부 판단하기 • 정보의 중요도는 글을 쓰는 목적, 글의 주제와 연관이 있는지, 예상 독자의 수준에 맞는지, 신뢰할 만한 정보인지 등을 기준으로 판단하기

↓

내용 조직하기	• 글의 구조에 따라 내용 및 순서를 정하여 개요 작성하기 • 글 전체를 아우를 수 있는 핵심 단어나 문장을 사용하여 제목 짓기 • 수집한 정보의 활용 방안 구체화하기

↓

표현하기 및 고쳐쓰기	• 수집한 정보와 개요를 바탕으로 한 편의 글 쓰기 • 도표, 그림, 사진 등의 자료를 활용하여 개요에 따라 글 쓰기 • 내용의 흐름이나 구성, 표현이 적절하지 않은 부분 수정·보완하기 • 쓰기 윤리를 고려하여 글 점검하기

❶ 정보를 전달하는 글의 종류

설명문	어떤 지식이나 정보 등을 읽는 이에게 전달하기 위해 쉽게 풀어 쓴 객관적인 성격의 글
보고문	어떤 주제와 관련하여 관찰·실험·조사 등을 실시하고, 그 과정과 결과가 드러나도록 정리한 글
안내문	어떤 내용을 소개하여 알려 주는 글
기사문	사실을 보고 들은 그대로 적은 글

❷ 쓰기 윤리

- 글쓴이가 글을 쓰는 과정에서 지켜야 할 윤리적 규범으로, 다른 사람의 글이나 자료를 가져올 때에는 내용이 정확한지를 확인하고 출처를 밝혀야 함.
- 원래 자료의 내용을 왜곡하지 않고 사실에 근거하여 써야 함.

3 정보를 전달하는 글을 쓸 때 유의할 점

- 신뢰성 있는 정보를 활용해야 한다.
- 독자가 이해하기 쉽게 표현해야 한다.
- 글의 내용을 짜임새 있게 조직해야 한다.
- 왜곡이나 과장 없이 객관적인 사실 위주로 정보를 전달해야 한다.

[01~04] 다음 글을 읽고, 물음에 답하시오.

가 우리의 소중한 땅, 독도 바르게 알기

"울릉도 동남쪽 뱃길 따라 87케이(K) 외로운 섬 하나 새들의 고향……."

우리 모두 한 번쯤은 「독도는 우리 땅」이라는 노래를 들어 보거나 불러 본 적이 있을 것이다. 하지만 독도가 정확히 어디에 있는지, 독도가 정식으로 관광할 수 있는 섬인지, 독도가 왜 소중한지를 잘 아는 친구들은 많지 않다. 그래서 이 글에서는 독도의 위치와 전체 모습 등을 소개하고, 독도의 가치를 설명하려고 한다.

나 독도의 위치와 독도의 전체 모습

독도는 경상북도 울릉군 울릉읍에 속해 있는 섬으로, 우리나라 영토의 동쪽 끝에 있다. 정확히는 울릉도에서 동남쪽으로 약 87.4킬로미터 떨어진 곳에 있으며, 울릉도에서 독도가 눈으로 보일 정도로 울릉도와 가까운 거리에 있다.

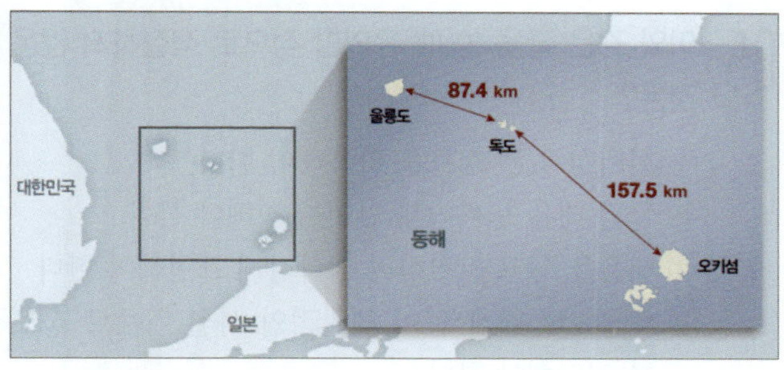

– 외교부 '독도' 누리집

'외로운 섬 하나'라는 노래 가사 때문인지 우리는 흔히 독도를 하나의 섬으로 생각하지만, 독도는 하나의 섬이 아니다. 독도는 동도와 서도를 비롯해 주변에 딸린 89개의 작은 바위섬까지 포함한다.

다 독도에 가는 방법

독도는 동도에 한해서 관광을 허용하고 있으므로 우리도 독도에 가 볼 수 있다. 독도로 가는 여객선 표는 울릉도에서 살 수 있으며, 배를 타고 한 시간 반 정도 가면 독도에 도착한다. 동도 부두 근처에서 30분 정도만 머무를 수 있도록 관광 시간이 제한되지만, 독도의 아름다움을 눈에 담기에는 충분하다.

– 「우리의 소중한 땅, 독도 바르게 알기」

01 이 글에 대한 설명으로 적절하지 <u>않은</u> 것은?

① 정보를 전달하는 글이다.
② 소제목을 사용하여 내용을 구분하고 있다.
③ 글의 제목을 통해 설명 대상을 알 수 있다.
④ 객관적인 성격의 글이그로 독자의 경험을 배제하고 읽어야 한다.
⑤ 도입 부분에서 주제와 관련된 노래 가사를 인용하여 독자의 흥미를 유발하고 있다.

02 이 글에서 알 수 있는 내용으로 알맞지 <u>않은</u> 것은?

① 서도는 일반인이 관광할 수 없다.
② 독도는 우리나라 영토의 동쪽 끝에 있는 섬이다.
③ 독도는 동도와 서도의 2개 섬으로 이루어져 있다.
④ 독도를 관광할 수 있는 시간은 30분으로 제한된다.
⑤ 독도는 울릉도에서 여객선을 타고 한 시간 반 정도 걸린다.

어려워 ♥

03 (나)의 지도에 대한 설명으로 적절하지 <u>않은</u> 것은?

① 독도의 위치를 한눈에 시각적으로 알 수 있다.
② 글의 내용을 더 풍부하게 해 주는 기능을 한다.
③ 독도의 전체 모습을 구체적으로 확인할 수 있다.
④ 출처가 분명하여 글과 자료에 신뢰성을 갖게 한다.
⑤ 울릉도 및 오키섬에서 독도까지의 거리를 비교할 수 있다.

04 (다)에 다음과 같은 영상 자료를 첨부하고자 할 때 확인할 사항으로 적절하지 <u>않은</u> 것은?

① 출처가 분명한지 확인한다.
② 영상의 해상도가 적절한지 확인한다.
③ 글의 내용과 부합하는 내용인지 점검한다.
④ 독자가 흥미를 가질 만한 내용인지 살펴본다.
⑤ 대상에 관한 주관적인 해석이 담겨 있는지 확인한다.

[05~13] 다음 글을 읽고, 물음에 답하시오.

가 "울릉도 동남쪽 뱃길 따라 87케이(K) 외로운 섬 하나 새들의 고향……."

우리 모두 한 번쯤은 「독도는 우리 땅」이라는 노래를 들어 보거나 불러 본 적이 있을 것이다. 하지만 독도가 정확히 어디에 있는지, 독도가 정식으로 관광할 수 있는 섬인지, 독도가 왜 소중한지를 잘 아는 친구들은 많지 않다. 그래서 이 글에서는 독도의 위치와 전체 모습 등을 소개하고, 독도의 가치를 설명하려고 한다.

나

독도는 경상북도 울릉군 울릉읍에 속해 있는 섬으로, 우리나라 영토의 동쪽 끝에 있다. 정확히는 울릉도에서 동남쪽으로 약 87.4킬로미터 떨어진 곳에 있으며, 울릉도에서 독도가 눈으로 보일 정도로 울릉도와 가까운 거리에 있다.

'외로운 섬 하나'라는 노래 가사 때문인지 우리는 흔히 독도를 하나의 섬으로 생각하지만, 독도는 하나의 섬이 아니다. 독도는 동도와 서도를 비롯해 주변에 딸린 89개의 작은 바위섬까지 포함한다.

다 ● 독도의 자원 가치

독도는 바다 아래로 수산 자원을 풍부하게 확보할 수 있는 황금 어장이 지나가고 있다. 독도 주변의 바다는 한류와 난류가 만나는 곳으로, 꽁치와 방어를 비롯한 각종 어류가 풍부하게 서식한다. 또한 연안 생물과 심해 생물이 공존하는 수심대이기에 온갖 바다 생물은 물론, 세계에 알려지지 않은 생물 종까지 발견되고 있어 독도를 수산 자원의 숨겨진 보물 창고라 부를 만하다.

또한 독도 주변의 깊은 바다에는 메탄 하이드레이트(methane hydrate)와 해양 심층수 등의 지하자원도 풍부한 것으로 알려

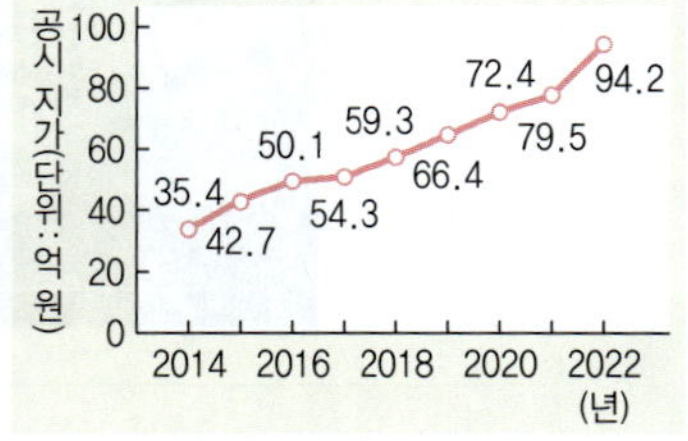

– '독도 종합 정보 시스템' 누리집

졌다. 메탄 하이드레이트는 메탄이 주성분인 천연가스가 얼어붙어서 만들어진 고체 연료로, 석유를 대체할 수 있는 에너지 자원이다. 이러한 이유로 독도 땅의 경제적 가치는 나날이 높아지고 있다.

라 ● 독도의 지질학적 가치

독도는 바다의 밑바닥에서 솟아오른 용암이 굳어서 만들어진 화산섬이다. 독도 아래의 바닷속에는 거대한 산맥이 존재하기 때문에 독도의 모습으로 화산의 형성과 진화 과정을 살펴볼 수 있다. 그리고 코끼리바위, 촛대바위, 독립문바위, 천장굴 등 다양한 암석과 지형, 독도 특유의 지질 경관이 주는 아름다움 덕분에 독도는 세계적인 지질 유적으로 인정받고 있다. 독도의 연평균 기온은 섭씨 14도로 온난한 편이며, 독도의 날씨는 안개가 잦고 눈과 비가 자주 내려서 비교적 습하다. 이러한 이유로 독도는 섬 전체가 천연기념물 제336호로 지정되었다.

마 지금까지 독도의 지리 및 독도의 가치와 관련한 정보를 전달하였다. 이 글을 읽은 친구들이 이 정보를 바탕으로 독도의 소중한 가치를 깨달았기를 바라며, 앞으로는 독도에 더욱 관심을 기울였으면 한다. 가족들과 함께 아름답고 소중한 우리의 땅, 독도로 여행을 가 보는 것은 어떨까?

– 「우리의 소중한 땅, 독도 바르게 알기」

05 이와 같은 글을 쓸 때 유의할 점으로 적절하지 <u>않은</u> 것은?

① 신뢰성 있는 정보를 활용해야 한다.
② 글의 내용을 짜임새 있게 조직해야 한다.
③ 내용을 쉽고 간결하며 명확하게 표현해야 한다.
④ 왜곡이나 과장 없이 객관적인 사실 위주로 정보를 전달해야 한다.
⑤ 글보다는 사진이나 도표, 영상 자료를 최대한 활용하여 독자의 관심을 끌어야 한다.

06 정보를 전달하는 글을 쓸 때 활용할 정보를 선별하는 기준으로 적절하지 <u>않은</u> 것은?

① 독자가 이해하기 쉬운 정보인가?
② 글에 담을 만큼 중요한 정보인가?
③ 정확하고 믿을 수 있는 정보인가?
④ 글의 목적과 주제에 맞는 정보인가?
⑤ 최신 유행을 반영한 흥미로운 정보인가?

07 이 글을 읽고 해결할 수 있는 질문으로 알맞지 <u>않은</u> 것은?

① 독도에 여행 가기 좋은 계절은 언제인가?
② 독도의 풍부한 지하자원에는 무엇이 있는가?
③ 독도와 울릉도 사이의 거리는 어느 정도인가?
④ 독도의 다양한 암석에는 어떤 것들이 있는가?
⑤ 독도를 수산 자원의 숨겨진 보물 창고라고 부르는 이유는 무엇인가?

08 (나)의 빈칸 소제목으로 들어갈 내용으로 적절한 것은?

① 독도를 둘러싼 영토 분쟁
② 독도의 생태계와 자연환경
③ 독도의 역사적 가치와 중요성
④ 독도의 위치와 독도의 전체 모습
⑤ 독도의 지형적 특징과 생성 과정

09 이 글의 내용과 일치하지 <u>않는</u> 것은?

① 독도는 섬 전체가 천연기념물 제336호로 지정되었다.
② 독도 주변의 바다에는 연안 생물과 심해 생물이 공존한다.
③ 독도 주변의 깊은 바다에는 석유 자원이 풍부하게 매립되어 있다.
④ 독도는 울릉도에서 동남쪽으로 약 87.4킬로미터 떨어진 곳에 있다.
⑤ 독도의 기온은 온난한 편이며, 안개가 잦고 눈과 비가 자주 내린다.

10 글쓴이가 이 글을 쓴 의도를 〈조건〉에 맞게 쓰시오.

┌─ 조건 ┐
'독자가 ~기를 바라는 마음에서 이 글을 썼다.'의 문장 구조를 갖추어 한 문장으로 쓸 것

11 이 글을 읽고 나눈 대화로 적절하지 <u>않은</u> 것은?

① (가)에서 독도에 관한 노래를 직접 들려 주면 집중도를 높일 수 있겠어.
② (나)에 독도의 전체 모습을 볼 수 있는 사진 자료를 추가하면 내용이 더 잘 이해될 것 같아.
③ (다)를 설명할 때 바다 생물의 모습을 볼 수 있는 사진 자료나 영상 자료를 함께 보여 주면 좋겠어.
④ (라)에서 다른 나라의 화산섬에 대한 예와 자세한 정보를 제시하면 내용이 더 잘 이해될 거야.
⑤ (라)에서 독도의 기온이나 날씨에 관한 정보는 독도의 지질학적 가치와 어울리지 않는 것 같아.

12 (다)에 제시된 도표에 대한 설명으로 적절하지 <u>않은</u> 것은?

① 2014년부터 2022년까지를 기준으로 한다.
② 매년 공시 지가가 상승하고 있음을 보여 준다.
③ 독도 종합 정보 시스템 누리집에서 가져온 자료이다.
④ 독도의 수산 자원과 지하자원의 가치를 시각적으로 보여 준다.
⑤ 구체적인 수치가 나와 있어 글의 내용을 보충하는 역할을 한다.

13 (다)에 다음과 같은 자료를 첨부하여 얻을 수 있는 효과로 적절한 것은?

① 글로 표현할 내용을 시각 자료로 대신할 수 있다.
② 독도의 수산 자원의 가치를 보다 생생하게 설명할 수 있다.
③ 독도에 서식하는 수산 자원의 규모를 구체적으로 알 수 있다.
④ 글의 내용에 신뢰감을 부여하고, 글쓴이의 의도를 분명히 드러낼 수 있다.
⑤ 바다 생물의 모습을 시각적으로 제시하여 글쓴이의 주장을 뒷받침할 수 있다.

주장하는 글 쓰기

교과서 핵심 개념 주장을 뒷받침할 수 있는 타당한 근거를 들고 적절한 표현을 사용하여 주장하는 글을 쓸 수 있다.

키워드 모음 Zip

- 주장을 뒷받침하는 타당한 근거를 마련하는 방법 이해하기
- 주장하는 글에 적절한 표현 사용하기
- 주장을 담은 글 쓰기

개념 돋보기

+ **주장**
  자신의 의견이나 생각을 굳게 내세움

+ **근거**
  어떤 일이나 의견을 뒷받침하는 까닭

1 주장하는 글의 개념과 주장하는 글 쓰기 방법

개념	어떤 문제와 관련하여 글쓴이가 자신의 주장을 타당한 근거를 들어 논리적으로 서술한 글
방법	• 주장이 명료하게 드러나게 씀. • 타당한 근거를 들어 주장을 뒷받침함. • 적절한 표현을 사용하여 글의 설득력을 높임. • '서론–본론–결론'의 구조에 맞추어 논리적으로 씀.

2 주장하는 글 쓰기 과정

계획하기	문제 상황 발견하고 주장 정하기

↓

❶ 자료의 적절성 평가하기
자료의 내용이 주장과 긴밀하게 연관되어 있는지, 객관적이고 믿을 만한 내용인지 판단해야 함.

내용 생성하기	• 자료 수집 및 적절한 자료 선정하기❶(인터넷 검색이나 관련 책, 전문가 면담, 설문 조사 등) • 근거 구성하기

↓

❷ 개요 작성하기
개요를 쓰면 글의 흐름을 일관성 있게 유지하고 근거가 타당한지 판단하는 데 도움이 됨.

내용 조직하기	'서론–본론–결론' 구조에 따라 개요 작성하기❷	
	서론	문제 상황과 주장 제시 및 독자의 관심 유발하기
	본론	주장을 뒷받침하는 타당한 근거 구체적으로 제시하기
	결론	글의 전체 내용 요약 및 주장 강조하기

↓

❸ 표현하기
글의 내용을 적절하게 표현하려면 주관적인 표현, 모호한 표현, 단정적인 표현은 사용하지 않아야 함.

표현하기❸	• 주장 명료하게 드러내기 • 구체적이고 타당한 근거 제시하기 • 설득력을 높이는 표현 활용하기

↓

❹ 고쳐쓰기
고쳐쓰기는 특정한 단계에서만 이루어지는 것이 아니라, 글쓰기 과정 전반에 걸쳐 이루어질 수 있음.

고쳐쓰기❹	점검 항목(근거의 타당성, 표현의 적절성, 글의 구조의 완결성) 점검하며 고쳐쓰기

3 주장하는 글을 점검할 때 고려해야 할 사항

- 주장이 명료하게 드러나고, 뒷받침하는 근거가 타당한가?
- 적절한 표현을 사용하여 글의 설득력을 높였는가?
- '서론–본론–결론'의 구조에 맞추어 논리적으로 썼는가?

● 정답과 해설 029쪽

[01~03] 다음 글을 읽고, 물음에 답하시오.

가 새 학기 첫날 "나는 외향적이고 계획을 중시하는 ○○○○ 유형인데, 넌 어떤 유형이야?"와 같은 대화를 나누어 본 적이 있는가? 각종 언론이나 영상 자료는 물론, 친구들 사이의 대화에서도 자주 등장하는 소재가 바로 '성격 유형'이다. '성격 유형'은 한 단어로 '나'를 표현하고 상대방의 성향을 파악할 수 있으며, 같은 유형끼리 공감대를 형성할 수 있어 큰 화제가 되고 있다. 에니어그램, 디스크(DISC) 등 '성격 유형'을 알아볼 수 있는 검사의 종류는 다양한데, 그중 우리에게 가장 친숙한 것은 '엠비티아이(MBTI)'이다. 이 검사는 태도, 인식, 판단, 생활 양식의 네 가지 기준에 따라 사람의 성향을 두 가지로 나눈다. 그리고 각각의 성향을 조합하여 성격 유형을 총 열여섯 가지로 제시한다.

나 그런데 엠비티아이 검사 결과에 과도하게 의존하는 사례가 늘고 있어 우려의 목소리가 나오고 있다. 일부 기업들이 채용 과정에서 이 검사 결과를 활용하여 논란이 되었다. 또한 청소년들 사이에서도 성격 유형에만 의존하여 상대방을 판단해서 갈등이 생기기도 한다. 그렇다면 우리가 엠비티아이 검사 결과에 과도하게 의존하면 안 되는 까닭은 무엇일까?

다 ㉠○○○ 심리학과 교수는 "엠비티아이 검사는 자신을 이해하는 데 목적이 있고, 자신이 속한 성격 유형이 자신의 모든 것을 설명한다고 생각하지는 말아야 한다."라고 강조했다. 또한 정식 엠비티아이 검사 결과지에서도 "이 결과는 성격 특성을 설명하는 하나의 근거 자료일 뿐입니다."라고 안내한다. 따라서 우리는 엠비티아이 검사 결과에 과도하게 의존하거나, 이를 맹신하는 태도를 버려야 한다. 우리가 이를 올바르게 활용한다면 엠비티아이는 나와 다른 사람을 이해하는 데 도움을 주는 매력적인 도구가 될 것이다.

– 「하나의 성격 유형이 나의 모든 것을 보여 주지는 않는다」

01 이 글에 대한 설명으로 적절하지 **않은** 것은?

① 대상에 대한 글쓴이의 의견을 객관적으로 서술하고 있다.
② 구체적인 사례를 들어 즈제와 관련한 문제 상황을 제시하고 있다.
③ 전문가의 의견을 제시하여 글쓴이의 주장에 대한 설득력을 높이고 있다.
④ 글의 서론에서 중심 화제에 대한 정보를 제시하여 독자의 이해를 높이고 있다.
⑤ 글쓴이의 주장을 질문 형식으로 제시하여 이후에 전개될 내용을 예측할 수 있도록 하였다.

02 이 글의 글쓴이가 발견한 문제 상황과 이에 대한 주장으로 바르게 짝지은 것은?

	문제 상황	주장
①	성격 유형 검사 중 엠비티아이 검사가 가장 유명함.	엠비티아이 검사 결과에 과도하게 의존하면 안 됨.
②	성격 유형 검사의 종류가 지나치게 많고 정확성이 떨어짐.	엠비티아이 검사 결과를 맹신하지 말고 올바르게 활용해야 함.
③	엠비티아이 검사 결과에 과도하게 의존하는 사례가 늘고 있음.	엠비티아이 검사 결과로 사람을 판단하는 것은 옳지 못한 행동임.
④	성격 유형 검사의 종류가 지나치게 많고 정확성이 떨어짐.	엠비티아이 검사 결과로 다른 사람을 판단하면 안 됨.
⑤	엠비티아이 검사 결과에 과도하게 의존하는 사례가 늘고 있음.	엠비티아이 검사 결과에 지나치게 의존하지 말고 올바르게 활용해야 함.

서술형

03 ㉠이 적절한 자료인지 판단하여 〈조건〉에 맞게 쓰시오.

┌ 조건 ┐
자료의 내용 및 특성을 고려하여 서술할 것

[04~11] 다음 글을 읽고, 물음에 답하시오.

가 ⓐ그런데 엠비티아이 검사 결과에 과도하게 의존하는 사례가 늘고 있어 우려의 목소리가 나오고 있다. 일부 기업들이 채용 과정에서 이 검사 결과를 활용하여 논란이 되었다. 또한 청소년들 사이에서도 성격 유형에만 의존하여 상대방을 판단해서 갈등이 생기기도 한다. 그렇다면 ㉠우리가 엠비티아이 검사 결과에 과도하게 의존하면 안 되는 까닭은 무엇일까?

나 첫째, 엠비티아이는 '중간'의 성격을 설명하기 어렵다. 이 검사에서는 한 사람의 성격을 기준에 따라 조금이라도 수치가 더 높은 쪽으로 분류한다. 예를 들어 한 성격 특성에서 성향이 외향 55퍼센트, 내향 45퍼센트인 학생 ㉮와 외향 45퍼센트, 내향 55퍼센트인 학생 ㉯가 있다고 가정해 보자. 두 학생의 성향은 하나의 성격 특성 안에서 중간쯤에 해당하고, 둘의 성격 특성은 큰 차이가 없다. 하지만 엠비티아이 성격 유형 분류에 따르면 학생 ㉮는 외향형으로, 학생 ㉯는 내향형으로만 인식된다. 물론 전문가가 검사 결과를 해석해 준다면 정확한 설명을 들을 수 있다. 하지만 일반적인 사람들은 네 개의 알파벳이 표현하는 전형적인 성격으로만 성격 유형을 받아들인다.

다 둘째, ⓑ신뢰도가 떨어지는 엠비티아이 자료나 검사가 뒤섞이어 있다. 엠비티아이를 검색해 보면 '○○○ ○ 유형과 가장 잘 맞는 유형은?'처럼 사실 관계가 분명하지 않은 흥미 위주의 자료가 많다. 또한 대중적으로 많이 활용하는 인터넷상의 무료 검사는 문항이나 측정 방법이 정식 검사와 차이가 있고, 결과가 다르게 나타나기도 한다. 이와 관련하여 한 방송 프로그램에서 무료 엠비티아이 검사를 제공하는 사이트의 관계자에게 확인해 보니, 자신들이 제공하는 모든 자료와 검사는 정식 엠비티아이와 전혀 관계가 없다고 말했다. 이처럼 신뢰도가 떨어지는 자료와 검사가 널리 퍼져 있지만, 우리는 그 내용과 결과를 무분별하게 받아들이고 있다.

라 셋째, ⓒ엠비티아이 검사 결과는 응답자의 상태나 상황에 따라 바뀔 수 있다. 엠비티아이 관련 연구소의 연구부장은 전문가의 도움 없이 검사를 진행하는 경우, 응답자의 상태나 상황에 영향을 받을 가능성이 높다고 설명했다. 이 검사는 응답자가 자신의 상태를 스스로 진단하는 방식으로 진행되므로 검사 당시 개인의 심리 상태나 개인이 속한 환경의 변화에 따라 결과가 다르게 나올 수 있다는 것이다. 이처럼 엠비티아이 검사 결과는 바뀔 수 있기 때문에 ⓓ검사 결과만으로 그 사람의 성격을 완벽하게 파악하기는 어렵다.

마 ○○○ 심리학과 교수는 "엠비티아이 검사는 자신을 이해하는 데 목적이 있고, 자신이 속한 성격 유형이 자신의 모든 것을 설명한다고 생각하지는 말아야 한다."라고 강조했다. 또한 정식 엠비티아이 검사 결과지에서도 "이 결과는 성격 특성을 설명하는 하나의 근거 자료일 뿐입니다."라고 안내한다. 따라서 우리는 엠비티아이 검사 결과에 과도하게 의존하거나, 이를 맹신하는 태도를 버려야 한다. 우리가 이를 올바르게 활용한다면 ⓔ엠비티아이는 나와 다른 사람을 이해하는 데 도움을 주는 매력적인 도구가 될 것이다.

– 「하나의 성격 유형이 나의 모든 것을 보여 주지는 않는다」

04 이와 같은 글을 쓸 때 유의할 점으로 적절하지 **않은** 것은?

① 예상 독자의 수준을 고려하여 쓴다.
② 주장을 명료하게 드러내는 표현을 사용한다.
③ 표현의 적절성은 고쳐쓰기 단계에서만 고려한다.
④ 주장을 뒷받침하는 타당한 근거를 구체적으로 제시한다.
⑤ 결론에서는 글의 전체 내용을 요약하고 주장을 다시 한번 강조한다.

05 이 글의 중심 내용으로 적절한 것은?

① 다른 사람을 있는 그대로 존중해야 한다.
② 엠비티아이 검사 결과를 다양하게 사용해야 한다.
③ 신뢰도가 떨어지는 유사 엠비티아이 검사를 주의해야 한다.
④ 우리가 신뢰하던 모든 심리 검사의 정확성을 따져 보아야 한다.
⑤ 엠비티아이 검사 결과에 과도하게 의존하지 말고, 올바르게 활용해야 한다.

06

다음은 글쓴이가 이 글을 쓰기 위해 작성한 개요 중 일부이다. 내용 조직하기 단계에서 고려한 내용으로 적절하지 <u>않은</u> 것은?

> 서론: 엠비티아이 검사 결과에 과도하게 의존하는 문제 제기
> 본론: 1. 엠비티아이는 '중간'의 성격을 설명하기 어려움.
> 　　　 2. 신뢰도가 떨어지는 엠비티아이 자료나 검사가 뒤섞이어 있음.
> 　　　 3. 엠비티아이 검사 결과는 응답자의 상태나 상황에 따라 바뀔 수 있음.

① '서론'에는 구체적인 사례를 넣어 문제의 심각성을 인식하게 해야겠어.
② '본론 1'은 구체적인 수치를 함께 제시하면 엠비티아이 검사의 한계를 쉽게 이해할 수 있을 것 같아.
③ '본론 1'에 전문가의 의견을 추가하여 일반인들이 엠비티아이 검사 결과를 판단했을 때의 문제점을 짚어 주어야겠어.
④ '본론 2'에 무료 엠비티아이 검사 사이트의 관계자와 인터뷰한 방송 프로그램의 내용을 근거 자료로 활용하면 근거의 신뢰성과 객관성을 확보할 수 있겠어.
⑤ '본론 3'은 엠비티아이 관련 연구소 전문가의 말을 인용하여 근거의 신뢰성을 높이면 좋겠어.

07

'엠비티아이 검사'에 대한 설명으로 알맞지 <u>않은</u> 것은?

① 인터넷상의 무료 검사는 신뢰도가 떨어진다.
② 사람의 성격 유형을 네 개의 알파벳으로 제시한다.
③ 한 번 결정된 검사 결과는 여러 번 검사해도 바뀌지 않는다.
④ 응답자가 자신의 상태를 스스로 진단하는 방식으로 진행된다.
⑤ 검사 결과는 성격 특성을 설명하는 하나의 근거 자료일 뿐이다.

08

엠비티아이 검사 결과를 활용하는 올바른 태도를 〈조건〉에 맞게 쓰시오.

> ┤ 조건 ├
> • 이 글에서 제시한 근거를 언급할 것
> • '~ 때문에 ~한다.' 형식의 한 문장으로 쓸 것

09

글쓴이가 고쳐쓰기 단계에서 고려했을 내용으로 적절하지 <u>않은</u> 것은?

① 근거의 신뢰성을 높이고 설득력 있게 표현해야겠어.
② 제목이 주장을 명료하게 드러내도록 고쳐 써야겠어.
③ 주관적이고 단정적인 표현을 사용해서 독자가 문제 상황을 간과하지 않도록 해야겠어.
④ 신뢰할 만한 전문가의 의견과 정식 검사 결과지의 안내 문구를 직접 인용하였음을 분명히 밝혀야겠어.
⑤ 서론에 글의 소재와 관련한 최근 사회 현상을 추가해서 독자의 관심을 끌고 공감을 불러일으켜야겠어.

10

㉠의 질문에 대한 답으로 적절한 내용을 모두 고른 것은?

> ㄱ. 중간의 성격을 설명하지 못한다.
> ㄴ. 신뢰도가 떨어지는 검사가 널리 퍼져 있다.
> ㄷ. 전문가의 도움 없이 검사를 진행할 수 없다.
> ㄹ. 여러 유형의 성격 검사가 뒤섞이어 있는 검사이다.
> ㅁ. 응답자의 상태나 상황에 따라 검사 결과가 바뀔 수 있다.

① ㄱ, ㄴ, ㄷ　　　　② ㄱ, ㄴ, ㅁ
③ ㄱ, ㄷ, ㄹ　　　　④ ㄴ, ㄷ, ㄹ
⑤ ㄴ, ㄹ, ㅁ

11

ⓐ~ⓔ 중 다음의 자료를 활용하여 뒷받침할 수 있는 것은?

> • 일부 기업들이 채용 과정에서 엠비티아이 검사 결과를 활용하여 논란이 된 사례
> • 청소년들 사이에서 성격 유형에만 의존하여 상대방을 판단해서 갈등이 생긴 사례

① ⓐ　　　　　　② ⓑ
③ ⓒ　　　　　　④ ⓓ
⑤ ⓔ

잘 아는 속담은 ○표, 헷갈리거나 모르는 속담은 ∨표 하기

구슬이 서 말이라도 꿰어야 보배	☐	닭 쫓던 개 지붕 쳐다보듯	☐
까마귀 날자 배 떨어진다	☐	돌다리도 두들겨 보고 건너라	☐
낫 놓고 기역 자도 모른다	☐	말 한마디에 천 냥 빚도 갚는다	☐

구슬이 서 말이라도 꿰어야 보배

아무리 훌륭하고 좋은 것이라도 다듬고 정리하여 쓸모 있게 만들어 놓아야 값어치가 있음을 비유적으로 이르는 말

◉ 좋은 원단을 사서 창고에 넣어 놓기만 하면 뭐하니. 구슬이 서 말이라도 꿰어야 보배라는데, 옷을 만들든가 가방을 만들든가 해야 쓸모가 있지.

까마귀 날자 배 떨어진다

아무 관계없이 한 일이 공교롭게도 때가 같아 어떤 관계가 있는 것처럼 의심을 받게 됨을 비유적으로 이르는 말

◉ 까마귀 날자 배 떨어진다더니 내가 그 방을 나서자마자 벽에 걸린 액자가 떨어져 깨지는 바람에 내가 액자를 깨뜨린 범인인 것처럼 의심을 받았다.

낫 놓고 기역 자도 모른다

기역 자 모양으로 생긴 낫을 보면서도 기역 자를 모른다는 뜻으로, 아주 무식함을 비유적으로 이르는 말

◉ 나처럼 낫 놓고 기역 자도 모르는 사람도 공부할 수 있는 기회만 있었다면 지금쯤 대단한 인물이 되었을지 누가 아는가.

닭 쫓던 개 지붕 쳐다보듯

애써 하던 일이 실패로 돌아가거나 남보다 뒤떨어져 어찌할 도리가 없이 됨을 비유적으로 이르는 말

◉ 달리기 시합에서 수진이를 이기고 1등을 하기 위해 열심히 노력했는데, 그만 넘어져 버린 거야. 결국 수진이를 이기기는커녕 꼴찌를 했고, 나는 닭 쫓던 개 지붕 쳐다보는 꼴이 되어 버렸어.

돌다리도 두들겨 보고 건너라

잘 아는 일이라도 세심하게 주의를 하라는 말

◉ 섣부른 판단은 금물이야. 돌다리도 두들겨 보고 건너라는 말처럼 신중하게 생각하고 행동해야지.

말 한마디에 천 냥 빚도 갚는다

말만 잘하면 어려운 일이나 불가능해 보이는 일도 해결할 수 있다는 말

◉ 당신의 그 따뜻한 말 한마디는 저에게 큰 힘이 되었습니다. 말 한마디에 천 냥 빚도 갚는다는 말이 정말 맞는 것 같아요.

밑 빠진 독에 물 붓기 ☐ 　티끌 모아 태산 ☐
사공이 많으면 배가 산으로 간다 ☐ 　핑계 없는 무덤이 없다 ☐
콩 심은 데 콩 나고 팥 심은 데 팥 난다 ☐ 　하늘이 무너져도 솟아날 구멍이 있다 ☐

밑 빠진 독에 물 붓기	밑 빠진 독에 아무리 물을 부어도 독이 채워질 수 없다는 뜻으로, 아무리 힘이나 밑천을 들여도 보람 없이 헛된 일이 되는 상태를 비유적으로 이르는 말 예 그 사람은 아무리 충고해도 변하지 않아. 밑 빠진 독에 물 붓기 같아.
사공이 많으면 배가 산으로 간다	여러 사람이 저마다 제 주장대로 배를 몰려고 하면 결국에는 배가 물로 못 가고 산으로 올라간다는 뜻으로, 주관하는 사람 없이 여러 사람이 자기주장만 내세우면 일이 제대로 되기 어려움을 비유적으로 이르는 말 예 오늘 토의 시간에는 조원들 모두 다른 사람들의 이야기를 듣지 않고 각자 하고 싶은 말만 하였다. 사공이 많으면 배가 산으로 간다고, 결국 주제에 대한 결론을 이끌어 내지도 못하고 서로 감정만 상한 채 끝이 났다.
콩 심은 데 콩 나고 팥 심은 데 팥 난다	모든 일은 근본에 따라 거기에 걸맞은 결과가 나타나는 것임을 비유적으로 이르는 말 예 콩 심은 데 콩 나고 팥 심은 데 팥 난다고, 열심히 공부하면 분명 좋은 성적을 얻을 수 있을 거야.
티끌 모아 태산	아무리 작은 것이라도 모이고 모이면 나중에 큰 덩어리가 됨을 비유적으로 이르는 말 예 적은 용돈이지만 조금씩 모아 저금하였더니, 티끌 모아 태산이라고 좋아하는 가수의 공연에 갈 수 있을 정도로 돈을 모았어.
핑계 없는 무덤이 없다	아무리 큰 잘못을 저지른 사람도 그것을 변명하고 이유를 붙일 수 있다는 말 예 핑계 없는 무덤이 없듯, 오늘도 경찰서에서는 붙잡혀 온 사람들이 모두 제각각의 이유를 들며 억울하다고 말하고 있었다.
하늘이 무너져도 솟아날 구멍이 있다	아무리 어려운 경우에 처하더라도 살아 나갈 방도가 생긴다는 말 예 모두가 포기하려고 했지만, 우리는 해냈어! 하늘이 무너져도 솟아날 구멍은 있다는 것을 다시 한번 느꼈어.

V

문법

문법 단원에서는 우리가 매일 사용하는 말이 어떻게 구성
되고, 어떤 규칙에 따라 쓰이는지 알아볼 거예요. 품사의
종류와 특성, 단어의 짜임과 새말, 어휘의 양상과 쓰임을
배우며, 우리말의 구조를 이해하는 기본을 쌓을 수 있어요.
이 단원에서 배운 내용을 통해 우리말의 다양성과 체계성을
이해하고, 더 풍부한 표현과 정확한 의미로 사용해 보아요.

DAY 21   품사의 종류와 특성
DAY 22   단어의 짜임과 새말
DAY 23   어휘의 양상과 쓰임

DAY 21 품사의 종류와 특성

교과서 핵심 개념 | 품사의 종류와 특성을 이해하고 국어 자료를 분석할 수 있다.

키워드 모음 Zip

- 품사의 개념 이해하기
- 품사의 기준에 따라 단어 분류하기
- 품사의 종류와 특성 이해하기

---

01 품사의 개념과 분류 기준

1 품사의 개념

- 품사란 공통의 성질을 지닌 단어들을 모아 분류해 놓은 갈래를 말한다.
- 우리말에는 명사, 대명사, 수사, 동사, 형용사, 관형사, 부사, 조사, 감탄사의 아홉 개 품사가 있다.

2 품사의 분류 기준

형태	단어가 문장에서 쓰일 때 형태가 변하느냐, 변하지 않느냐에 따라 가변어, 불변어로 분류함.
기능	단어가 문장에서 주로 어떤 기능(역할)을 하느냐에 따라 체언, 용언, 수식언, 관계언, 독립언으로 분류함.
의미❶	단어가 지닌 공통적인 의미가 무엇이냐에 따라 명사, 대명사, 수사, 동사, 형용사, 관형사, 부사, 조사, 감탄사로 분류함.

---

02 품사의 종류

1 형태를 기준으로 한 품사의 종류

불변어	문장에서 쓰일 때 형태가 변하지 않는 단어로, 명사, 대명사, 수사, 관형사, 부사, 조사(서술격 조사 '이다' 제외), 감탄사가 이에 속함. 예 학교, 그녀, 둘, 모든, 몹시, 는, 아하 등
가변어	문장에서 쓰일 때 형태가 변하는 단어로, 동사, 형용사, 서술격 조사 '이다'❷가 이에 속함. 예 먹다(먹고, 먹어서 등), 아름답다(아름답고, 아름다워서 등), 이다(이고, 이어서) 등

개념 돋보기

+ 품사
공통된 성질을 가진 것끼리 묶은 단어의 갈래

+ 분류
여럿을 종류에 따라 각각의 범위나 부분으로 나눔

❶ 의미
여기서 '의미'란 각 단어들이 지닌 공통적인 뜻을 말함. 예 '넷'은 '둘', '셋'과 함께 '수량을 나타내는 단어'라는 의미를 지니고 있다.

참고 가변어와 불변어의 구분
예 철수가 빵을 먹었다.
불변어: 철수, 가, 빵, 을
가변어: 먹었다.

❷ 서술격 조사 '이다'
조사는 문장에서 쓰일 때 형태가 변하지 않지만, '이다'는 예외적으로 '이고, 이면, 이라서' 등으로 형태가 변함.
예 형은 고등학생이고, 나는 중학생이다.

체언	문장에서 주로 주어, 목적어 등의 기능을 하는 단어로, 명사, 대명사, 수사가 이에 속함. 예 새가 하늘을 날아간다. / 아무도 그를 못 보았다. / 사탕 하나를 얻었다.
용언	문장에서 주로 주어를 서술하는 기능을 하는 단어로, 동사, 형용사가 이에 속함. 예 개미가 먹이를 나른다. / 빨간 꽃이 예쁘다.
수식언	다른 말을 꾸며 주는 기능을 하는 단어로, 관형사, 부사가 이에 속함. 예 옛 친구를 만났다. / 나는 매우 피곤하다.
관계언	다른 말과의 문법적인 관계를 나타내는 단어로, 조사가 이에 속함. 예 구름이 비가 되다. / 내일은 7시까지 가야 한다.
독립언	문장에서 독립적으로 쓰이는 단어로, 감탄사가 이에 속함. 예 아, 그렇구나. / 우아! 멋지다.

3 의미를 기준으로 한 품사의 종류

명사 ❸	사람이나 사물의 이름을 나타내는 품사 예 자동차, 연필, 평화 등
대명사	사람, 사물, 장소 등의 이름을 대신 나타내는 품사 예 너, 그녀, 이것, 여기 등
수사	사물의 수량이나 순서를 나타내는 품사 예 둘, 셋째 등
동사	사람이나 사물의 움직임이나 작용을 나타내는 품사 예 가다, 먹다, 놀다, 자다 등
형용사	사람이나 사물의 상태나 성질을 나타내는 품사 예 예쁘다, 높다, 슬프다 등
관형사	문장에서 체언을 꾸며 주는 품사 예 모든, 무슨, 아무런 등
부사	문장에서 용언이나 다른 부사, 문장 전체 등을 꾸며 주는 품사 예 갑자기, 과연, 결코 등
조사	주로 체언 뒤에 붙어서 그 말과 다른 말과의 문법적 관계를 나타내거나 특별한 뜻을 더해 주는 품사 예 이/가, 을/를, 이다, 에게, 처럼 등
감탄사	말하는 사람의 느낌이나 놀람, 부름, 대답 등을 나타내는 품사 예 어머, 우아, 여보세요, 아니요 등

---

❸ 명사의 종류

구체 명사	구체적인 대상의 이름을 나타내는 명사 예 솜사탕, 무지개, 책상 등
추상 명사	추상적인 대상의 이름을 나타내는 명사 예 사랑, 걱정, 희망 등

참고 대명사와 관형사의 구별

대명사	뒤에 조사가 옴. 예 이것은 연필이다. 대명사 + 조사
관형사	뒤에 명사가 옴(조사가 붙을 수 없음). 예 내가 찾던 것이 이 연필이다. 관형사 └ 명사

품사의 종류와 특성

03 품사의 개념과 특성 및 종류

1 체언

> • 개념
> 문장에서 주로 주어, 목적어 등의 기능을 하는 명사, 대명사, 수사를 통틀어 이르는 말
> • 특성
> – 문장에서 쓰일 때 형태가 변하지 않음.
> – 문장에서 주로 주어나 목적어로 쓰임.
> – 주로 조사와 결합하여 쓰이며, 홀로 쓰이기도 함.

• 종류

명사	사람이나 사물의 이름을 나타내는 품사 예 꽃, 책상, 자유, 사랑 등
대명사④	사람, 사물, 장소 등의 이름을 대신 나타내는 품사 예 너희, 그것, 여기 등
수사⑤	사물의 수량이나 순서를 나타내는 품사 예 둘, 넷째, 서넛 등

④ 대명사의 종류

인칭 대명사	사람을 가리키는 대명사
지시 대명사	• 사물을 가리키는 대명사 • 장소를 가리키는 대명사

⑤ 수사의 종류

양수사	수량을 나타내는 수사
서수사	순서를 나타내는 수사

2 용언

> • 개념
> 문장에서 주로 주어를 서술하는 기능을 하는 동사, 형용사를 통틀어 이르는 말
> • 특성
> – 문장에서 쓰일 때 형태가 변함(활용).⑥
> – 문장에서 주로 주어를 서술하는 기능을 함.

• 종류

동사	사람이나 사물의 움직임이나 작용을 나타내는 품사 예 달리다, 먹다, 걷다, 숨다 등
형용사	사람이나 사물의 성질이나 상태를 나타내는 품사 예 빠르다, 맑다, 푸르다 등

⑥ 용언의 활용

어간	용언이 활용할 때 형태가 변하지 않는 부분 예 '앉다, 앉고, 앉아서'의 '앉'
어미	용언이 활용할 때 형태가 변하는 부분 예 '앉다, 앉고, 앉아서'의 '–다', '–고', '–아서'
기본형	어간에 어미 '–다'가 붙은 것 예 어간 '앉'에 어미 '–다'가 붙은 '앉다'

| 더 알아보기 | 동사와 형용사의 구별

동사		형용사
어간에 현재형 어미 '–는다/–ㄴ다', 명령형 어미 '–어라/–아라.', 청유형 어미 '–자'가 결합할 수 있음.	↔	어간에 현재형 어미 '–는다/–ㄴ다', 명령형 어미 '–어라/–아라.', 청유형 어미 '–자'가 결합할 수 없음.

3 수식언

- **개념**
  다른 말을 꾸며 주는 기능을 하는 관형사, 부사
  를 통틀어 이르는 말
- **특성**
  - 문장에서 쓰일 때 형태가 변하지 않음.
  - 문장에서 다른 말을 꾸며 주는 기능을 함.
  - 생략해도 문장이 성립함.

- **종류**

관형사[7]	문장에서 체언을 꾸며 주는 품사 예 헌, 어떤 다른 등
부사	문장에서 용언이나 다른 부사, 문장 전체 등을 꾸며 주는 품사 예 갑자기, 과연, 일찍, 정말로 등

4 관계언

- **개념**
  다른 말과의 문법적인 관계를 나타내는 기능을
  하는 조사를 이르는 말
- **특성**
  - 서술격 조사 '이다'를 제외하고 문장에서 쓰일
    때 형태가 변하지 않음.
  - 홀로 쓰일 수 없으나 단어로 인정함.

- **종류[8]**

조사	주로 체언 뒤에 붙어서 그 말과 다른 말과의 문법적인 관계를 나타내거나 특별한 뜻을 더해 주는 품사 예 이/가, 을/를, 도, 까지, 이다 등

5 독립언

- **개념**
  문장에서 독립적으로 쓰이는 말인 감탄사를
  이르는 말
- **특성**
  - 문장에서 쓰일 때 형태가 변하지 않음.
  - 문장에서의 위치가 비교적 자유로움.

- **종류**

감탄사[9]	말하는 사람의 느낌이나 놀람, 부름, 대답 등을 나타내는 품사 예 어머나, 아이코, 네 등

---

7 관형사의 종류

성상 관형사	사람이나 사물의 모양, 상태, 성질을 나타내는 관형사
지시 관형사	특정한 대상을 지시하여 가리키는 관형사
수 관형사	사물의 수나 양을 나타내는 관형사

8 조사의 종류
- 격 조사: 체언이나 체언 구실을 하는 말 뒤에 붙어 앞말이 다른 말에 대하여 일정한 자격을 갖도록 하는 조사
  예 비가 내린다.
- 보조사: 체언이나 부사, 활용 어미 등에 붙어 특별한 뜻을 더해 주는 조사
  예 비마저 내린다.
- 접속 조사: 둘 이상의 낱말이나 구 등을 같은 자격으로 이어 주는 조사
  예 비랑 눈이 내린다.

9 감탄사
감탄사라는 단어를 글자 그대로 풀이하면 '느끼어 저절로 나오는 말'이라는 뜻임. 감탄사는 문장에서 상황을 보다 매끄럽고 생생하게 전달함.

01 품사에 대한 설명으로 알맞지 않은 것은?

① 우리말에는 아홉 개의 품사가 있다.
② 품사를 알면 단어의 기원을 짐작할 수 있다.
③ 품사를 나누는 기준은 형태, 기능, 의미이다.
④ 품사는 공통된 성질을 가진 것끼리 묶은 단어의 갈래이다.
⑤ 품사를 통해 단어가 문장에서 쓰일 때 어떤 기능을 하는지 알 수 있다.

02 다음 단어들을 (가), (나)와 같이 분류한 기준으로 알맞은 것은?

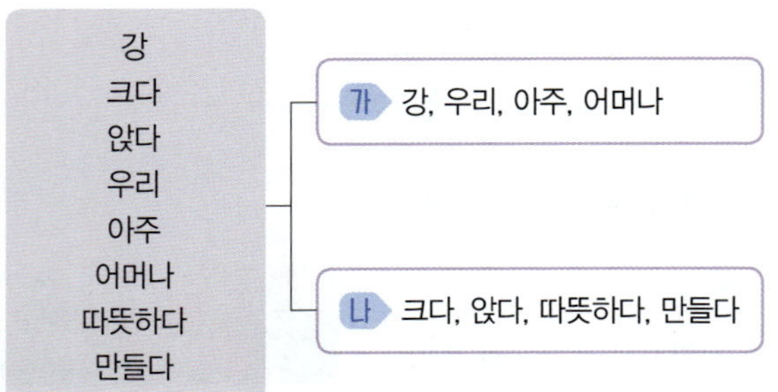

① 음절의 개수
② 단어의 의미적 특성
③ 단어의 상태나 성질
④ 단어의 형태 변화 여부
⑤ 단어가 문장에서 하는 기능

03 아래 문장에서 〈보기〉의 밑줄 친 단어와 같은 기능을 하는 것은?

> ┤보기├
> • 하늘이 매우 파랗다.
> • 유이는 키가 정말 크다.

① 풍경이 정말 아름다웠다.
② 수현이는 어제 책을 읽었다.
③ 저 바다에 큰 고래가 살고 있다.
④ 민수가 헌 옷을 벗고, 새 옷을 입었다.
⑤ 아버지께서 일 년 동안 새 집을 지으셨다.

04 다음 대화의 빈칸에 들어갈 내용으로 알맞은 것은?

(정답 2개)

> 학생: 선생님, 기능을 기준으로 분류한 단어들을 더 세분화해서 나눌 수 없을까요?
> 선생님: 나눌 수 있어요. 예를 들어 용언의 경우에는 동작이나 움직임이라는 공통적 의미를 지닌 '동사', 성질이나 상태라는 공통적 의미를 지닌 '형용사'로 다시 분류할 수 있답니다.
> 학생: 그럼 체언은요?
> 선생님: [＿＿＿＿＿＿＿＿＿＿]로 분류할 수 있어요.

① 수량이나 순서를 나타내는 '수사'
② 문장에서 독립적으로 쓰이는 '감탄사'
③ 다른 말과의 문법적인 관계를 나타내는 '조사'
④ 대상의 이름을 나타내는 '명사'와 이름을 대신하여 나타내는 '대명사'
⑤ 체언을 꾸며 주는 '관형사'와 주로 용언이나 다른 부사 등을 꾸며 주는 '부사'

05 ㉠~㉢에 대한 설명으로 알맞은 것은?

> ㉠수지가 ㉡빨간 사과 ㉢를 ㉣하나 ㉤먹는다.

① ㉠: 사람이나 사물의 이름을 나타낸다.
② ㉡: 문장에서 체언을 꾸며 준다.
③ ㉢: 사람이나 사물의 움직임을 나타낸다.
④ ㉣: 주로 체언 뒤에 붙어서 그 말과 다른 말과의 문법적 관계를 나타낸다.
⑤ ㉤: 사람이나 사물의 상태나 성질을 나타낸다.

06 다음 밑줄 친 단어에 대한 설명으로 알맞지 않은 것은?

> 나는 이번 생일에 친구 넷을 초대했다.

① 문장에서 주로 조사와 결합하여 쓰인다.
② 문장에서 단독으로 쓰이는 경우는 없다.
③ 문장에서 쓰일 때 형태가 변하지 않는다.
④ 품사는 순서대로 대명사, 명사, 수사이다.
⑤ 문장에서 주로 주어나 목적어의 역할을 한다.

07 〈보기〉의 단어에서 ㉠~㉢에 들어갈 알맞은 것을 모두 쓰시오.

> ┤보기├
> 희망, 지우개, 의자, 자유, 명사, 형용사

> (　㉠　)은/는 구체적인 대상의 이름을 나타내는 단어이고, (　㉡　)은/는 추상적인 대상의 이름을 나타내는 단어이다. 이 단어들은 모두 대상의 이름을 나타내는 품사인 (　㉢　)(이)라는 공통점이 있다.

08 밑줄 친 단어가 가리키는 대상으로 알맞은 것은?

> 20○○년 ○○월 ○○일
> 　오늘은 학원에 갔다가 수호, 민지를 만나서 같이 영화관에 갔다. ㉠그곳에서 ㉡우리는 함께 볼 영화를 골랐다. 상영관 내부가 어두워서 자리를 찾기 어려웠는데, 직원이 친절하게 "이 표에 적힌 관람석은 ㉢저기입니다."라고 알려 주었다.

	㉠	㉡	㉢
①	학원	나, 수호, 민지	상영관
②	학원	수호, 민지, 직원	관람석
③	영화관	나, 직원	상영관
④	영화관	나, 수호, 민지	관람석
⑤	영화관	수호, 민지, 직원	관람석

09 ㉠과 ㉡의 차이점으로 알맞은 것은?

> 기자: 둘이 먹다가 ㉠하나가 죽어도 모른다는 만두의 비결을 알아보기 위해 음식점에 나왔습니다. 만두를 만드는 특별한 비법이 있나요?
> 음식점 주인: 비법이라면 ㉡첫째는 정성이고, 둘째는 신선한 재료입니다.

① ㉠은 수량을 나타내고, ㉡은 품질을 나타낸다.
② ㉠은 품질을 나타내고, ㉡은 순서를 나타낸다.
③ ㉠은 순서를 나타내고, ㉡은 수량을 나타낸다.
④ ㉠은 사람을 나타내고, ㉡은 수량을 나타낸다.
⑤ ㉠은 수량을 나타내고, ㉡은 순서를 나타낸다.

10 용언에 대한 설명으로 알맞지 <u>않은</u> 것은?

① 의미를 기준으로 동사와 형용사로 분류된다.
② 문장에서 주로 주어를 서술하는 기능을 한다.
③ 문장에서 쓰일 때 형태가 변하는 가변어이다.
④ 구체적이거나 추상적인 대상의 이름을 나타낸다.
⑤ 사전에서 뜻을 확인하기 위해서는 기본형으로 찾아야 한다.

11 다음 밑줄 친 단어 중에서 품사가 <u>다른</u> 것은?

① 유라의 목소리는 꾀꼬리처럼 <u>곱다</u>.
② 하늘에 기러기가 무리를 지어 <u>난다</u>.
③ 혜미의 다리가 나뭇가지처럼 <u>가늘다</u>.
④ 책이 <u>얇아서</u> 한 시간 만에 다 읽었다.
⑤ 진우는 현우에 비해 달리기가 <u>느리다</u>.

12 ㉠과 ㉡에 대한 설명으로 알맞은 것은?

> ㉠ 달리다: 달린다, 달려라, 달리자
> ㉡ 바쁘다: 바쁘다, 바빠라, 바쁘자

① ㉠은 명령형으로 만들 수 없다.
② ㉠은 현재를 나타내는 '-는다/-ㄴ다'를 붙여 쓸 수 있다.
③ ㉡은 '-자'를 붙여 쓸 수 있다.
④ ㉠은 형용사이고, ㉡은 동사이다.
⑤ ㉠과 ㉡은 모두 활용이 어색한 단어이다.

13 밑줄 친 단어를 동사와 형용사로 바르게 분류한 것은?

> • 소민이가 ㉠즐겁게 노래를 ㉡부른다.
> • 물감으로 ㉢칠한 것처럼 하늘이 ㉣푸르다.

	동사	형용사
①	㉠, ㉡	㉢, ㉣
②	㉠, ㉢	㉡, ㉣
③	㉡, ㉢	㉠, ㉣
④	㉡, ㉣	㉠, ㉢
⑤	㉢, ㉣	㉠, ㉡

14 다음 설명에 해당하는 품사로 알맞은 것은? (정답 2개)

> • 문장에서 쓰일 때 형태가 변하지 않는다.
> • 문장에서 다른 말을 꾸며 주는 기능을 한다.

① 명사 ② 부사 ③ 대명사
④ 관형사 ⑤ 형용사

15 ㉠과 ㉡에 대한 설명으로 알맞은 것은?

> 인애는 ㉠새 신발을 사야 해서 집에 ㉡빨리 갔다.

① ㉠은 용언을 꾸며 주고 ㉡은 체언을 꾸며 준다.
② ㉠과 달리 ㉡의 뒤에는 조사가 붙을 수도 있다.
③ ㉠은 ㉡에 비해 문장 내에서의 위치가 비교적 자유롭다.
④ ㉠과 ㉡은 모두 체언을 꾸며 준다.
⑤ ㉠과 ㉡은 모두 문장에서 쓰일 때 형태가 변한다.

서술형

16 다음 문장에서 밑줄 친 두 단어의 공통점과 차이점을 쓰시오.

> • 새가 아주 멀리 날아갔다.
> • 과연 우리나라는 아름답구나.

17 다음 밑줄 친 단어의 품사에 대한 설명으로 알맞지 않은 것은?

> 김밥을 먹고 라면도 먹었다.

① 다른 말과의 문법적 관계를 나타낸다.
② 문장에서 주로 용언에 붙어서 쓰인다.
③ 특별한 뜻을 더해 주는 역할을 하기도 한다.
④ 관계언에 해당하며 품사의 이름은 '조사'이다.
⑤ 문장에 쓰일 때 '이다'를 제외하고 형태가 변하지 않는다.

18 다음 문장에 쓰인 조사의 개수로 알맞은 것은?

> 주인공이 다른 사람을 업은 장면도 기억에 남아.

① 2개 ② 3개 ③ 4개
④ 5개 ⑤ 6개

19 아래 문장 중에서 〈보기〉에서 설명하는 단어가 들어 있는 것은?

> ┤보기├
> • 문장 내에서 독립적으로 사용된다.
> • 말하는 사람의 느낌이나 놀람, 부름, 대답 등을 나타내는데, 그중에서도 부름에 해당한다.

① 앗! 깜짝이야.
② 오냐, 네 말대로 하자.
③ 어이, 자네 나 좀 도와주게.
④ 그래, 알아들었으니까 그만 가 봐.
⑤ 와, 정말 반갑다. 이게 얼마만이냐?

20 밑줄 친 단어 중에서 감탄사에 해당하는 것은?

① 너, 이리 좀 와 봐라.
② 아하, 이거 큰일 났군!
③ 철수야, 이제 집에 가자.
④ 아차 잘못해서 전봇대에 부딪혔어.
⑤ 청춘, 이는 듣기만 해도 가슴이 설레는 말이다.

21 ㉠~㉤의 품사가 바르지 않은 것은?

> ㉠이런, ㉡오늘은 일요일이라 ㉢남은 자리㉣가 ㉤거의 없습니다.

① ㉠: 감탄사
② ㉡: 명사
③ ㉢: 동사
④ ㉣: 조사
⑤ ㉤: 관형사

22 ㉠과 ㉡에 대한 설명으로 알맞은 것은?

> • 농구를 좋아하는 사람 ㉠다섯이 모였습니다.
> • 농구를 좋아하는 ㉡다섯 사람이 모였습니다.

① ㉠과 ㉡은 '사람'을 꾸며 주는 관형사이다.
② ㉠과 ㉡은 사람의 수를 나타내는 수사이다.
③ ㉠과 ㉡은 '모였습니다'를 꾸며 주는 부사이다.
④ ㉠은 사람의 수를 나타내는 수사이고, ㉡은 '사람'을 꾸며 주는 관형사이다.
⑤ ㉠은 '사람'을 꾸며 주는 관형사이고, ㉡은 '모였습니다'를 꾸며 주는 부사이다.

23 ㉠과 ㉡에 대한 설명으로 알맞지 <u>않은</u> 것은?

> • ㉠<u>어제</u>가 그의 생일이었다.
> • 모든 것이 ㉡<u>어제</u> 시작되었다.

① ㉠은 조사와 결합하며, 문장에서 주어 역할을 한다.
② ㉡은 문장에서 용언을 꾸며 주는 역할을 한다.
③ ㉠의 품사는 대명사이고, ㉡의 품사는 부사이다.
④ ㉠과 ㉡의 형태는 '어제'로 동일하다.
⑤ ㉠과 ㉡은 기능과 의미를 기준으로 품사를 분류해야 한다.

24 다음 문장에 대한 설명으로 알맞은 것은?

> 우아, 비가 정말 시원하게 온다.

① '우아'는 부사이다.
② 이 문장에 쓰인 용언은 2개이다.
③ 이 문장에는 총 5개의 품사가 쓰였다.
④ 이 문장에 쓰인 관계언은 '가'와 '게'이다.
⑤ '정말'을 삭제하면 문장이 성립하지 않는다.

25 다음은 품사의 종류와 특성에 대해 학생들이 나눈 대화이다. 적절하지 <u>않은</u> 의견을 낸 학생은?

① 재희: 관계언은 형태가 바뀌지 않는 불변어이지만, 서술격 조사 '이다'는 활용을 해.
② 미진: 독립언은 놀람, 부름, 대답 등을 나타내는 감탄사로, 가변어이면서 조사와 결합하지 않아.
③ 가희: 용언은 문장에서 쓰일 때 주로 주어를 서술하는 기능을 하는데, 동사와 형용사가 이에 속해.
④ 혜리: 체언은 주로 주어, 목적어의 기능을 하는 명사, 대명사, 수사를 말하는데, 이들은 조사와 결합할 수 있어.
⑤ 민정: 수식언은 관형사와 부사를 통틀어 이르는 말인데, 관형사는 체언을 수식하고 부사는 주로 용언이나 다른 부사를 수식해.

어려워 ♡

26 ㉠~㉤에 대한 설명으로 적절하지 <u>않은</u> 것은?

> ㉠ <u>나그네</u>는 황금을 주웠다.
> ㉡ 동생<u>마저</u> 춤을 추는구나.
> ㉢ 형이 <u>달리면서</u> 모자를 <u>쓰고</u> 있다.
> ㉣ 일요일에 <u>무슨</u> 일로 <u>일찍</u> 일어났니?
> ㉤ <u>그래</u>, 서두르지 말고 천천히 오려무나.

① ㉠의 '나그네'는 사람이나 사물의 이름을 나타내는 명사이다.
② ㉡의 '마저'는 체언 뒤에 붙어서 특별한 뜻을 더해 주는 조사이다.
③ ㉢의 '달리면서'와 '쓰고'는 사람이나 사물의 움직임을 나타내는 동사이다.
④ ㉣의 '무슨'은 체언을 꾸며 주는 관형사이고, '일찍'은 다른 부사를 꾸겨 주는 부사이다.
⑤ ㉤의 '그래'는 대답을 나타내는 감탄사이다.

DAY 22 단어의 짜임과 새말

- 단어와 형태소의 형성 원리를 이해할 수 있다.
- 단어의 짜임을 분석하여 새말 형성의 원리를 이해할 수 있다.

키워드 모음 Zip

- 단어와 형태소의 개념과 종류 이해하기
- 단어의 짜임과 활용 이해하기
- 단어의 형성 방법 및 새말의 짜임 분석하기

개념 돋보기

＋ 단어
홀로 쓰일 수 있는 가장 작은 말의 단위. 또는 홀로 쓸 수 있는 말에 붙어 앞말과 쉽게 분리되는 말

＋ 새말
새로 생긴 말. 또는 새로 쓰이는 외래어

---

01 단어와 형태소

1 단어와 형태소

단어	홀로 쓰일 수 있는 가장 작은 말의 단위. 또는 홀로 쓸 수 있는 말에 붙어 앞말과 쉽게 분리되는 말(조사) 예 책가방이 무겁다. ──단어──→ 책가방 / 이 / 무겁다
형태소	뜻을 가진 가장 작은 말의 단위 예 책가방이 무겁다. ──형태소──→ 책 / 가방 / 이 / 무겁– / –다

2 형태소의 종류

자립성 유무	자립 형태소	홀로 쓰일 수 있는 형태소 예 나무
	의존 형태소	다른 말에 기대어 쓰이는 형태소 예 놀–, –다

실질적 의미의 유무	실질 형태소	실질적인 의미가 있는 형태소 예 나무, 놀–
	형식 형태소	문법적인 기능을 하는 형태소 예 –다

참고 형태소 분석

예 영희는 사과를 먹었다.

영희	자립	실질
는	의존	형식
사과	자립	실질
를	의존	형식
먹	의존	실질
었	의존	형식
다	의존	형식

---

02 단어의 짜임

1 단어의 구성 요소

단어는 자립성을 지닌 말의 단위로, 실질적 의미를 지닌 한 개 이상의 형태소로 이루어진다.

어근	단어의 실질적인 의미를 나타내는 형태소 → 홀로 단어를 이룰 수 있음. 예 '애호박'의 '호박'
접사	어근에 붙어 그 뜻을 제한하는 형태소 → 홀로 단어를 이루지 못하고 어근과 결합하여 단어를 이룸. 예 '애호박'의 '애–'

참고 단어의 짜임

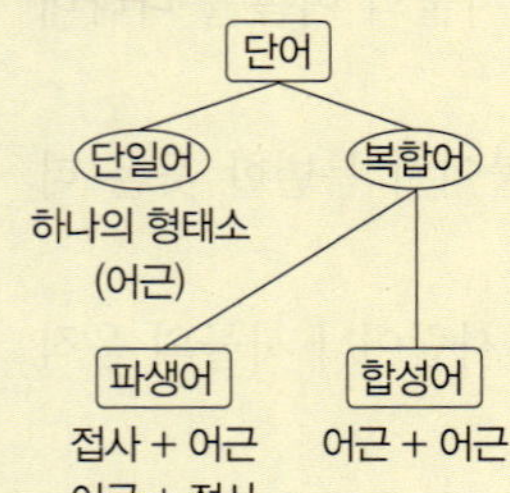

❶ 외국에서 가져온 새말 다
듬기

예 '손글씨를 이용하여 글
씨를 아름답게 표현하는
기술'이라는 뜻을 가진 '캘
리그래피' → '멋글씨'

• 단어의 짜임: 멋(어근) + 글
씨(어근) → 멋글씨(합성어)
• 까닭: 글씨를 아름답게 표
현한다는 뜻이므로, '글씨'
라는 말에 '세련되고 아름
다움.'이라는 뜻의 '멋'을 더
하여 '멋글씨'로 바꿈.

참고 새말의 형성 이유
• 새로운 사물이나 개념 등을
표현하기 위해 만들어짐.
• 빠른 의미 전달을 위해 생겨
남.
• 의도적으로 국어 순화를 위
해 만들어지기도 함.

2 단어의 종류

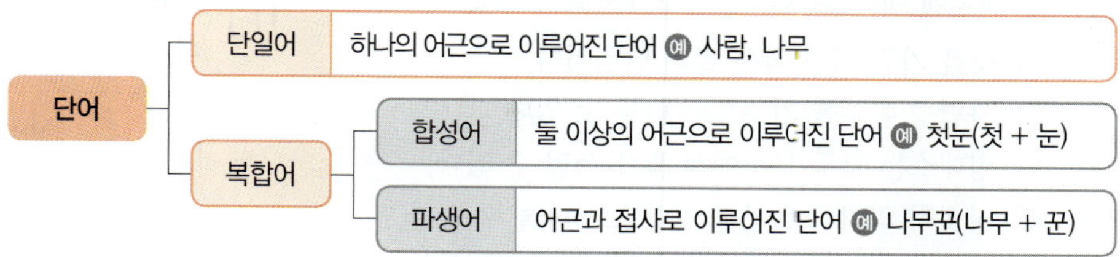

03 새말

1 새말의 개념과 형성 방법

개념	새로운 사물이나 개념을 표현하기 위해 새로 만들어 사용하는 말로, 외래어나 외래어를 우리말로 순화한 말❶도 포함됨.
형성 방법	• 기존의 단어 형성 방법: 합성이나 파생의 방법을 사용함.

합성의 방법	예 그림말(그림 + 말), 붕어빵(붕어 + 빵) 어근 어근　어근 어근
파생의 방법	예 누리꾼(누리 + -꾼), 엄지족(엄지 + -족) 어근 접사　어근 접사

• 새로운 단어 형성 방법: 단어의 첫 글자를 결합하거나 단어의 일부를 따서 결합함.

단어의 첫 글자를 결합	예 아점(아침 + 점심), 슈붕(슈크림 + 붕어빵)
단어의 일부를 결합	예 라볶이(라면 + 떡볶이), 편세권(편의점 + 역세권)

2 새말의 영향 및 새말을 대하는 올바른 태도

긍정적 영향	부정적 영향
새말은 우리말을 더욱 풍성하게 만들어 줌.	무분별하게 만들어진 새말은 의사소통을 어렵게 하거나 우리말의 아름다움을 해칠 수 있음.

↓

새말을 대하는 올바른 태도	• 재미있다거나 다른 사람이 사용한다고 해서 무조건 새말을 만들거나 사용하지 않도록 주의해야 함. • 자신이 사용하는 말이 다른 사람과의 의사소통에 문제가 되지는 않는지 스스로 점검하는 태도를 지녀야 함.

01 형태소에 대한 설명으로 적절하지 <u>않은</u> 것은?

① 뜻을 가진 가장 작은 말의 단위이다.
② 자립성 유무를 기준으로 나눌 수 있다.
③ 형태소는 모두 문장에서 홀로 쓰일 수 있다.
④ 실질적 의미의 유무를 기준으로 나눌 수 있다.
⑤ 하나의 단어는 여러 개의 형태소로 구성되기도 한다.

02 다음 문장을 형태소로 바르게 나눈 것은?

> 마당에 감나무를 심었다.

① 마당에/감나무를 심었다.
② 마당에/감나무를/심었다.
③ 마당/에/감나무/를/심었다.
④ 마당/에 감나무/를 심/었/다.
⑤ 마당/에/감/나무/를/심/었/다.

03 두 단어를 다음과 같이 형태소를 나눌 때 그 분류 기준으로 알맞은 것은?

> 예쁘다, 손가락 → 예쁘-, 손, 가락 / -다

① 홀로 쓰일 수 있는가?
② 실질적인 뜻을 가지고 있는가?
③ 문장에서 어떤 역할을 하는가?
④ 문장에서 어떤 의미를 지니는가?
⑤ 문장에서 쓰일 때 형태가 변하는가?

04 다음 문장의 밑줄 친 부분과 같은 성격을 지닌 형태 소로 알맞은 것은?

> 가을 하늘은 높고 <u>푸르</u>다.

① 가을　　② 하늘　　③ 은
④ 높-　　⑤ -고

05 다음 단어들에서 홀로 쓰일 수 있는 형태소를 모두 쓰시오.

> 밤나무, 햇과일, 집안, 날음식

06 다음 중 단어에 대한 설명으로 옳지 <u>않은</u> 것은?

① 단어를 형성하는 요소는 어간과 어미이다.
② 조사는 홀로 쓰일 수 없지만 단어로 인정한다.
③ 단어 중에는 하나의 형태소로 이루어진 것이 있다.
④ 단어는 형성 방법에 따라 단일어, 복합어로 구분할 수 있다.
⑤ 단어 중에는 두 개 이상의 형태소가 결합해서 이루어진 것이 있다.

07 다음 중 '봄나물'과 단어의 짜임이 <u>다른</u> 것은?

① 오가다　　　② 밤송이
③ 겁쟁이　　　④ 고무신
⑤ 밤나무

08 어근 '손'을 이용하여 만든 복합어 중 파생어를 만든 친구는?

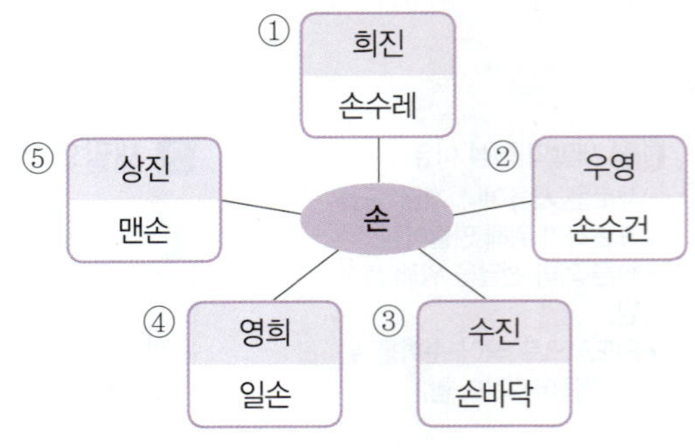

09 다음 중 밑줄 친 말이 어근이 <u>아닌</u> 것은?

① <u>먹</u>보　　② <u>생</u>고기　　③ <u>치</u>솟다
④ <u>검</u>푸르다　　⑤ <u>새</u>하얗다

 서술형

10 다음 단어에 공통적으로 쓰인 '햇-'의 의미를 쓰시오.

> 햇과일　　　햇곡식　　　햇나물

11 (가)~(라)에 들어갈 단어의 종류로 볼 때, 〈보기〉의 내용 중에서 알맞은 것으로만 묶은 것은?

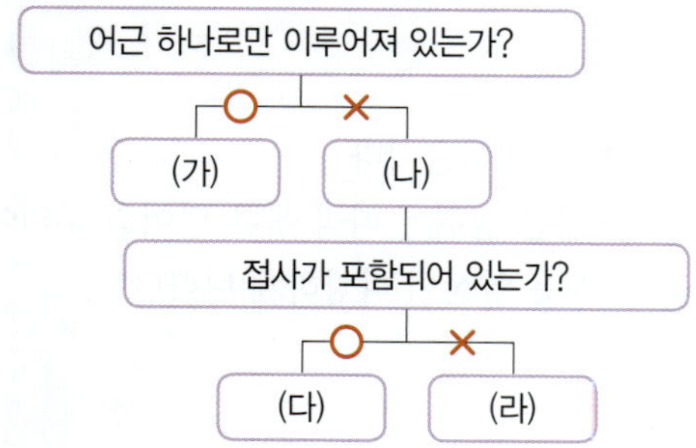

┤보기├
ㄱ (가)는 뜻을 제한하는 형태소만으로 구성된다.
ㄴ (나)는 둘 이상의 형태소로 이루어진 단어이다.
ㄷ (다)에 속하는 단어로 '새파랗다'를 들 수 있다.
ㄹ (라)는 둘 이상의 어근이 결합된 단어이다.
ㅁ (가)는 단일어, (나)는 합성어, (다)는 파생어, (라)는 복합어라고 한다.

① ㄱ, ㄴ, ㄷ 　　　　② ㄱ, ㄴ, ㄹ
③ ㄴ, ㄷ, ㄹ 　　　　④ ㄴ, ㄷ, ㅁ
⑤ ㄴ, ㄹ, ㅁ

12 다음 중 단어의 짜임 방식이 다른 것끼리 묶인 것은?

① 논밭, 돌다리
② 깊이, 맏아들
③ 베개, 맨주먹
④ 앞뒤, 물병
⑤ 잣나무, 잠꾸러기

어려워 ∨

13 다음 단어에 대한 설명으로 적절하지 <u>않은</u> 것은?

> 덧버선　　　지우개　　　손발

① 세 단어 모두 복합어이다.
② '덧-'과 '-개'는 접사이다.
③ '버선', '지우-', '손', '발'은 어근이다.
④ '덧-', '지우-', '-개'는 홀로 쓰일 수 없다.
⑤ '덧-'은 '겹쳐 신거나 입는'이라는 실질적인 뜻을 지닌다.

14 새말에 대해 분석한 내용으로 적절하지 <u>않은</u> 것은?

　　사회가 변화함에 따라 새로운 생각과 사물이 생겨나면서 이를 표현할 새말이 필요해지기 마련이다. 새말은 외래어나, 외래어를 우리말로 순화한 말도 포함한다. 새말의 형성 방법에는 단어의 첫 글자를 따서 결합하거나 단어의 일부를 따서 결합하여 만드는 방법이 있다. '라면과 떡볶이를 섞어 만든 음식'을 의미하는 '라볶이'가 그 예이다.

① 새말의 형성은 우리 사회의 변화와 관련이 깊다.
② '와이파이'와 같은 외래어도 새말이라 볼 수 있다.
③ 새말은 새로운 사물이나 개념 등을 표현하기 위해 만들어진다.
④ '라볶이'와 같은 단어 형성 방법으로 만든 새말에는 '웃프다'가 있다.
⑤ '오늘 운동 완료'라는 의미의 '오운완'은 단어의 일부를 따서 결합하여 만든 새말이다.

15 다음 밑줄 친 새말 형성 방법의 예에 해당하는 것은?

　　새말은 이미 있는 단어를 합성하거나 파생하는 방식으로 만들기도 한다. 예를 들어 '엄지족'은 명사 '엄지'에 접사 '-족(族)'을 결합하여 만든 단어로, 엄지손가락을 이용해 휴대 전화로 메시지를 빠르게 쳐서 보내는 사람들을 뜻한다.

① 전자책　　　② 둘레길　　　③ 그림말
④ 누리꾼　　　⑤ 마을버스

16 〈보기〉를 바탕으로 새말에 대해 탐구한 내용으로 적절하지 <u>않은</u> 것은?

┤보기├
• 인생템: '인생 + 아이템(item)'의 결합. 평생 쓰고 싶을 정도로 자신에게 가장 잘 맞는 물건을 이르는 말
• 꿀성대: '꿀 + 성대'의 결합. 감미로운 목소리 또는 그런 목소리의 사람을 비유적으로 이르는 말

① 두 단어 이상이 합쳐져서 만들어지기도 한다.
② 새말을 처음 듣는 사람은 바로 이해하기 어렵다.
③ 기존 단어의 의미와 멀어진 의미로 사용되고 있다.
④ 자신이 전하고자 하는 의미를 보다 간결한 단어로 전달할 수 있다.
⑤ 국어의 어휘에 외국어의 활용 빈도가 높아지는 문제가 발생할 수 있다.

DAY 22

어휘의 양상과 쓰임

교과서 핵심 개념 세대 · 분야 · 매체에 따른 어휘의 양상과 쓰임을 분석하고, 다양한 집단과 사회의 언어에 관용적 태도를 지닐 수 있다.

키워드 모음 Zip

• 세대, 분야, 매체에 따른 어휘의 양상 탐구하기   • 다양한 집단과 사회의 언어를 대하는 바람직한 태도 파악하기

개념 돋보기

+ **어휘**
  특정한 범위 안에서 쓰이는 단어의 묶음

+ **관용**
  너그럽게 받아들이는 것

참고 사회 방언의 개념
지역 이외의 요인, 즉 세대나 직업 등의 사회적 요인에 따라 다르게 쓰는 말
예 전문어, 은어, 유행어 등

1 어휘의 양상과 쓰임

• 어휘는 특정한 범위 안에서 쓰이는 단어의 묶음이다.
• 어휘는 나이, 직업, 주제, 나라 등 다양한 범위에 따라 묶은 단어의 무리이기도 하며 세대, 분야, 매체 등에 따라 그 사용 양상이 다양하게 나타난다.

2 세대에 따른 어휘의 양상

양상	세대마다 경험한 문화와 환경이 달라 서로 사용하는 어휘에도 차이가 생김.
특성	• 청소년층: 줄임말, 외래어 등 새말을 자주 사용함. 예 볼매: '볼수록 매력 있는 사람'의 줄임말, 국룰: 보편적으로 정해진 규칙 등 • 노년층: 한자어, 예의를 갖춘 표현 등을 자주 사용함. 예 사흘간: 3일 동안, 별고(別故): 특별한 사고 등
세대별 어휘를 대하는 태도	서로의 차이를 인정하고, 상대방이 이해할 수 있는 어휘를 사용해야 함.

3 분야에 따른 어휘의 양상

양상	각 분야마다 그 일을 효과적으로 하기 위해 사용하는 전문어가 있음.
특성	• 주로 외국어나 외래어, 한자어로 이루어짐. • 뜻이 명확하고 구체적이므로, 해당 분야의 내용을 빠르고 정확하게 전달할 수 있음.
전문어를 대하는 태도	• 전문어를 수용하는 사람은 효율성을 높이는 전문어의 효과를 이해해야 함. • 전문어를 사용하는 사람은 해당 분야 외의 일반인과 대화할 때에는 전문어를 쉽게 풀어서 표현해야 함.

❶ 변론
소송 당사자나 변호인이 법정에서 주장하거나 진술함. 또는 그런 주장이나 진술

❷ NPO(엔피오)
금식(禁食)이라는 뜻으로, 치료로 일정 기간 동안 음식을 먹지 못하게 금해짐. 또는 먹지 않음.

❸ 쇼트 프로그램
피겨 스케이트 경기에서, 프리 스케이팅의 과제 경기

예 법 분야의 전문어

> 변호인,
> 최후 **변론❶**해 주세요.

예 의료 분야의 전문어

> 환자,
> **NPO(엔피오)❷** 할게요.

예 스포츠 분야의 전문어

> ○○○ 선수,
> **쇼트 프로그램❸**
> 시작합니다.

4 매체에 따른 어휘의 양상

양상	인터넷 매체가 등장하면서 매체의 특성에 따라 어휘가 다양하게 변이됨.
특성	• 간편하게 쓰기, 생생하게 쓰기, 글자를 재미있게 표현하기 등 어휘를 다양한 형태로 활용함. • 그림말, 사진, 영상 등 시각적·청각적 요소가 언어의 일부로 활용됨.

특성	
간편하게 쓰기	글자를 입력하는 시간과 노력을 줄여 빠르고 쉽게 쓰는 것
생생하게 쓰기	의성어나 의태어를 사용하거나 음절을 반복하여 생동감 있게 쓰는 것
재미있게 쓰기	의도적으로 글자를 잘못 쓰거나 영문자나 숫자를 이용하여 글자를 바꾸어 써서 재미있게 표현하는 것
시청각적❹ 요소 활용하기	이모티콘이라 불리는 그림말, 사진이나 영상 등 시청각적 요소를 활용하는 것

인터넷 언어를 대하는 태도	• 무분별하게 사용하지 않아야 함. • 소통 상황과 대상을 고려하여 사용해야 함.

| 더 알아보기 | 인터넷 언어의 예

간편하게 쓰기	생생하게 쓰기
예 'ㅇㅈ': 상대방의 말이나 의견에 동의한다는 뜻으로, '나도 그렇게 생각해.'라는 의미로 받아들일 수 있음.	예 • '헉!': 놀라거나 당황했을 때 내는 소리 • '절레절레': 부정이나 거절의 의미로, 머리를 좌우로 흔드는 모습을 나타냄.

재미있게 쓰기	시청각적 요소
예 • '쵝오!': '최고!'라는 단어를 의도적으로 변형한 말 • '1도 모르겠다.': '하나' 대신 숫자 '1'을 사용하여 '하나도 모르겠다.'라는 뜻을 표현한 말	예 그림말, 사진, 영상 그림말　사진　영상

5 다양한 집단과 사회의 언어를 대하는 바람직한 태도

• 자신이 속하지 않은 집단과 사회의 언어를 이해하려는 노력이 필요하다.
• 서로 사용하는 어휘에 차이가 있더라도 상대를 존중하며 소통하는 태도를 지녀야 한다.

[01~03] 다음 대화를 읽고, 물음에 답하시오.

가 ▶ 딸: 친구 생파 간다며? 생선은 뭐 샀어?

아들: 그냥 문상 주려고.

엄마: 생파? 문상? 무슨 말들을 하는 거니?

나 ▶ 엄마: 어르신 안녕하세요, 어디 다녀오는 길이세요?

할아버지: 고등어를 한 손 사 오는 길이네. 자네 춘부장(春府丈)께서는 강녕(康寧)하신가?

딸: (속으로) 한 손? 춘부장? 강녕? 대체 다 무슨 말이지?

01 (가)와 (나)에 사용된 어휘의 특징으로 적절하지 <u>않은</u> 것은?

① (가): 줄임말을 자주 사용한다.

② (가): 새로 만들어진 말을 자주 사용한다.

③ (나): 예의를 갖춘 표현을 자주 사용한다.

④ (나): 한자에 기초하여 만들어진 말을 자주 사용한다.

⑤ (나): 다른 사람들이 알아듣지 못하도록 특정 집단의 구성원들끼리만 쓰는 말을 사용한다.

02 (가)와 (나)에 나타난 의사소통의 문제점을 방지하기 위하여 필요한 태도로 적절한 것은?

① 되도록이면 새말을 만들지 않는다.

② 같은 집단의 구성원들끼리만 대화한다.

③ 한자어로 구성된 단어들은 사용하지 않는다.

④ 어르신들이 익숙해지도록 줄임말만을 사용하여 의사소통한다.

⑤ 서로의 차이를 인정하고, 상대방이 이해할 수 있는 어휘를 사용한다.

03 (가)와 (나)에서 원활한 의사소통을 가로막은 사회적 요인을 쓰시오.

04 〈보기〉에서 전문어의 특징으로 알맞지 <u>않은</u> 것은?

┤보기├

㉠ 일반인들도 쉽게 이해할 수 있다.

㉡ 고유어보다 외국어나 외래어가 많다.

㉢ 어휘가 담고 있는 뜻이 정확하고 구체적이다.

㉣ 하나의 어휘가 두 가지 이상의 뜻을 지니는 경우가 많다.

① ㉠, ㉡   ② ㉠, ㉣   ③ ㉡, ㉢

④ ㉡, ㉣   ⑤ ㉢, ㉣

[05~06] 다음 대화를 읽고, 물음에 답하시오.

가 ▶ 변호인: 재판장님, 당시 사건 현장에 있던 ○○○ 씨를 <u>재정 증인</u>으로 신청합니다.

재판장: 인정합니다.

나 ▶ 지휘자: 이 부분은 <u>싱커페이션</u>을 최대한 잘 지켜서 연주해 주세요.

연주자: 중간에 나오는 <u>트리플렛</u>은 어떻게 할까요?

05 (가)와 (나)의 밑줄 친 단어들의 공통점으로 적절한 것은?

① 집단 내의 비밀을 유지하기 위해 사용된다.

② 뜻이 세밀하여 일반적인 어휘로 바꾸기 어렵다.

③ 외부에 알려지면 새로운 어휘로 변경되기도 한다.

④ 짧은 시기 동안만 쓰이다가 사라지는 경우가 많다.

⑤ 같은 집단 내에서 사용하면 친밀감을 형성할 수 있다.

06 (가)와 (나)에 사용된 어휘의 종류와 그 효과를 쓰시오.

07 다음 상황에서 의사가 동일한 내용을 다르게 말한 이유로 적절한 것은?

> **가** 환자의 상태를 동료 의사에게 말할 때
> 동료 의사: 환자의 상태는 어떻습니까?
> 의사: 네, 심계 항진과 연하 곤란 등 불안 장애를 동반하고 있습니다.
> **나** 환자의 상태를 보호자에게 말할 때
> 보호자: 선생님, 제 동생의 상태는 어떻습니까?
> 의사: 불안 증세로 가슴 두근거림이 있고 음식을 삼키는 데에도 어려움이 있습니다.

① 보호자의 심리 상태를 고려하여 모호한 표현을 사용하였다.
② 동료 의사와 보호자 사이에 오해의 소지를 줄이고자 하였다.
③ 보호자에게 의사 집단에서만 쓰는 말을 사용하여 환자의 현재 상태를 정확하게 전하였다.
④ 효율적인 의사소통을 위해 동료 의사에게는 전문어를, 보호자에게는 일반인들이 이해하기 쉬운 표현을 사용하였다.
⑤ 동료 의사에게는 예의를 갖추기 위해 격식 있는 표현을, 보호자에게는 안정감을 주기 위해 친근한 표현을 사용하였다.

08 전문어를 대하는 올바른 태도로 적절하지 <u>않은</u> 것은?

① 전문인은 일반인에게 최대한 전문어를 쉽게 풀어서 말하려는 노력이 필요해.
② 그리고 일반인도 일의 효율성을 높이는 전문어의 효과를 이해해야 해.
③ 개별적인 소통 상황이라면 전문인은 일반인이 자신의 말을 알아듣고 있는지 확인해 보는 것도 방법이야.
④ 그런 경우 일반인은 전문인에게 자신이 모르는 말의 뜻을 쉽게 풀어 설명해 달라고 요청할 수도 있어.
⑤ 무엇보다 일반인이 전문인과의 원활한 소통을 위해 평소 전문어를 학습하는 것이 중요해.

09 인터넷 언어의 특성으로 적절하지 <u>않은</u> 것은?

① 시청각적 요소가 언어의 일부로 활용된다.
② 의도적으로 글자를 변형하고 잘못 쓰는 경우가 있다.
③ 영문자나 숫자를 이용하여 글자를 재미있게 표현한다.
④ 의성어나 의태어를 반복 사용하여 글자를 빠르고 쉽게 쓴다.
⑤ 단어의 초성만 적는 방법을 활용하여 의미를 신속하게 전달한다.

10 그림말에 대한 설명으로 적절하지 <u>않은</u> 것은?

① 인터넷 공간에서의 의사소통에 흔하게 사용된다.
② 의사소통에 참여한 사람들이 내용을 이해하는 데 도움을 준다.
③ 언어적 표현의 의미를 더 풍부하게 하기 위해 사용하는 경우가 많다.
④ 적절히 사용하면 대화의 재미를 높이고, 감정을 효과적으로 전달할 수 있다.
⑤ 단독으로 의미를 전달하지 못하기 때문에 항상 문자 언어와 함께 사용해야 한다.

11 〈보기〉에 나타난 민수의 글에 대한 내용으로 적절하지 <u>않은</u> 것은?

> **보기**
>
> 민수는 평소 급식실의 긴 줄로 인해 불편했던 점을 건의하고자, 학교 누리집의 '건의하기' 게시판에 다음과 같은 글을 올렸다.
>
> > 급식실 줄 넘 길어. 매일 줄 서다가 점심시간 끝남--- 빨리 개선ㄱㄱ.

① 친구와 대화를 하듯 글을 썼다.
② 소통 공간의 특성을 고려하여 글을 썼다.
③ 빠르고 간편한 인터넷 언어를 활용하였다.
④ 민수가 글을 올린 게시판은 공적인 소통 공간이다.
⑤ 소통 상황과 대상에 적합하지 않은 표현을 사용하였다.

VI

매체

매체는 우리 생활 속에서 다양하게 활용되고 있어요. 우리는 매체를 통해 정보를 얻기도 하고, 다른 사람과 소통하기도 하며, 즐거움을 얻기도 해요. 이 단원을 통해 매체가 우리 생활에 미치는 다양한 영향들을 이해하고, 더 똑똑하게 매체를 활용할 수 있는 방법을 배워 보아요.

DAY
24
상호 작용적 매체의 특성
DAY
25
매체와 생활

상호 작용적 매체의 특성

교과서 핵심 개념 소통 맥락과 수용자 참여 양상을 고려하여 상호 작용적 매체를 분석할 수 있다.

키워드 모음 Zip

- 상호 작용적 매체의 특성 파악하기
- 소통 방식의 적절성 평가하기
- 소통 맥락에 따른 매체 소통 방식 비교하기

개념 돋보기

+ **매체**
  정보와 지식, 생각과 감정을 전달하고 나누는 수단

+ **소통**
  뜻이 통하여 오해가 없음

01 상호 작용적 매체의 개념과 특성

1 상호 작용적 매체의 개념

정보의 생산과 수용이 쌍방향으로 이루어지는 매체를 말한다.

2 상호 작용적 매체의 특성

- 시간과 장소의 제약 없이 대화를 나눌 수 있다.
- 거의 실시간으로 정보를 전달하거나 공유할 수 있다.
- 정보의 생산자와 수용자의 구분 없이 쌍방향으로 의사소통할 수 있다.
- 문자, 소리, 사진, 그림, 동영상 등 다양한 요소를 활용하여 소통할 수 있다.

02 상호 작용적 매체의 종류

1 온라인 대화방

개념	온라인에서 두 명 이상의 사용자가 실시간으로 대화를 나눌 수 있는 매체
유형	개인 대화방, 단체 대화방, 익명 대화방 등
특성	• 직접 만나지 않아도 다른 사람과 실시간으로 대화를 나눌 수 있음. • 대화를 전달한 시각을 알 수 있으며, 상대방이 대화 내용을 읽었는지 확인할 수 있음. • 자음이나 모음을 활용하여 감정을 표현할 수 있음. **예** ㅠㅠ, ㅋㅋ 등 • 문자와 함께 그림으로 된 그림말❶을 함께 전송하여 감정을 표현할 수 있음. • 링크 기능을 활용하여 특정 장소에 대한 정보 등을 공유할 수 있음. • 프로필 사진이나 상태 메시지를 설정하여 개인의 상황이나 생각을 드러낼 수 있음. • 개인 대화방과 단체 대화방이 있어 대화방의 유형에 따라 일대일 또는 다수와 동시에 소통이 가능함.

❶ 그림말의 기능

- 대화 내용을 강조하거나 보완해 줌.
- 감정이나 느낌을 문자 대신 간단하게 전달하여 상대방의 이해를 도움.
- 면대면 상황과 유사한 소통 환경을 조성해 주어, 의사소통을 원활하게 하고 소통 참여자 간의 친밀감을 높여 줌.

개념	특정한 관심사나 활동을 공유하는 사용자들이 서로 정보를 공유하거나 소통할 수 있도록 관계망을 구축해 주는 매체
특성	• 멀리 떨어져 있거나 개인적인 친분이 없는 사람과도 소통할 수 있음. • 글과 함께 사진이나 영상 등을 게시하여 정보를 공유하거나 자신의 생각이나 감정을 표현할 수 있음. • '@' 기호를 활용하여 특정 계정을 언급하거나 연결할 수 있음. • '#' 기호 뒤에 특정 단어나 문구를 붙여 게시 글에 대한 접근성을 높일 수 있음. • 게시 글에 댓글을 달아 다른 사람과 실시간으로 정보를 공유할 수 있음. • 게시 글에 대한 반응을 남길 수 있음. • 사회 관계망 서비스(SNS) 내의 일대일 대화 기능을 활용하여 특정 대상과 개인적으로 대화를 나눌 수 있음.

3 누리집

개념	단체의 업무, 홍보와 관련된 내용 등을 다양하게 제공하는 매체
특성	• 인터넷 검색창에 검색어를 입력하여 관심 있는 누리집에 접근할 수 있음. • 누리집의 주소를 직접 복사하여 전달하거나 게시 글의 공유 기능을 활용하면 다른 사람들이 연결된 링크를 통해 해당 누리집에 접근할 수 있음. • 원하는 정보에 효율적으로 접근할 수 있도록 게시판이 대개 항목별로 나누어져 있음. • 게시판의 성격에 따라 소통 방식이나 올릴 수 있는 글의 내용이 달라지기도 함. • 조회 수나 추천 수 등을 통해 게시 글에 대한 사람들의 관심도를 알 수 있음. • 글과 함께 문서를 첨부하거나 자료를 내려받을 수 있음. • 댓글을 통해 참여자들이 서로 소통할 수 있음. • 온라인 대화방이나 사회 관계망 서비스(SNS)에 비해 주로 공적인 정보를 공유하는 데 초점을 둔 공간임.

4 블로그

개념	웹(web) 로그(log)의 줄인 말로, 자신의 관심사에 따라 자유롭게 칼럼, 일기, 취재 기사 등을 올리는 웹 사이트
특성	• 불특정 다수에게 정보를 전달하거나 정서를 표현함. • 일상생활에서 생각하고 느낀 것을 글, 사진, 동영상 등으로 기록할 수 있음. • 게시 글에 대한 감상을 댓글로 남길 수 있음. • 유익한 정보가 담긴 글을 다른 사람과 공유할 수 있음. • 관심사와 관련된 블로그와 이웃을 맺으며 관계를 형성할 수 있음. • 생산자의 설정에 따라 게시 글마다 접근할 수 있는 독자의 범위를 제한할 수 있음. • 인터넷 누리집 제작과 관련한 지식이 없어도 자신의 공간을 만들 수 있음.

---

❷ 해시태그(#)의 개념 및 특징

• 특정 단어 또는 문구 앞에 '#' 기호를 붙여 게시물에 꼬리표를 다는 기능을 말함.
• 처음에는 관련 정보를 묶는 정도의 기능으로 쓰였지만, 지금은 검색 등 다른 용도로도 쓰임.
• '#' 기호 뒤에 문구를 띄어 쓸 경우 바로 뒤에 붙은 단어만 해시태그로 인식이 되기 때문에, 단어를 모두 붙여 쓰거나 '_' 기호를 활용하여 띄어쓰기를 표현함.

❸ 인터넷 게시판

• 인터넷상에서 여러 사람에게 알리는 글을 볼 수 있으면서, 자신의 글을 올릴 수도 있는 공간을 말함.
• 각종 정보의 교환, 질의응답, 게시 글 검색 등이 가능함.
• 주로 불특정 다수의 사용자를 대상으로 정보 공유가 이루어지나, 경우에 따라 일정한 자격을 갖춘 회원 간에만 정보를 공유할 수도 있음.

참고 전자 우편

개념	인터넷이나 기타 컴퓨터 통신망을 이용하여 전자 우편 주소를 소유한 사용자 간에 편지를 주고받는 통신 방법
특성	• 대체로 길이의 제약이 없음. • 하나의 편지를 다수에게 동시에 전달할 수 있음. • 다양한 형태의 파일을 첨부할 수 있음. • 사회적인 목적으로도 두루 사용됨.

상호 작용적 매체의 특성

03 상호 작용적 매체의 소통 맥락과 소통 방식

1 소통 맥락에 따른 매체 소통 방식 비교

사람들은 상호 작용적 매체에서 정보를 나누고 반응을 공유하며 소통한다. 이때 소통 목적❹과 소통 공간❺의 특성에 따라 소통 방식이 달라질 수 있다. 따라서 상호 작용적 매체를 이용할 때에는 자신의 소통 방식이 소통 맥락, 즉 소통 목적과 소통 공간의 특성 등을 고려한 것인지 점검하며 소통해야 한다.

	누리집	온라인 대화방	사회 관계망 서비스(SNS)
소통 상대	개인적인 친분이 없는 불특정 다수	친밀한 관계의 사람들	상대적으로 친밀한 관계의 사람들, 혹은 불특정 다수(공개 범위를 전체로 설정하면 해시태그 등을 통해 많은 사람들이 정보에 접근 가능함)
소통에 활용할 수 있는 요소	글, 문서 등	그림말, 프로필 사진, 링크 등	글, 사진, 영상, 해시태그 등
소통 맥락 (공적/사적)	주로 공적인 정보를 공유하는 데 초점을 둔 공간임.	정보 전달을 포함하나, 주로 사적인 대화가 이루어짐.	설정에 따라 계정의 공개 범위가 제한되거나 개인(사적) 계정, 공식(공적) 계정으로 계정의 성격이 구분되어 있음.

❹ **소통 목적**
정보 전달, 설득, 사회적 상호 작용, 정서 표현 등

❺ **소통 공간**
누리집, 사회 관계망 서비스(SNS), 온라인 대화방, 블로그 등

04 상호 작용적 매체의 소통 방식 점검 기준

1 상호 작용적 매체를 활용할 때 고려해야 할 요소

- 맥락: 공적인 맥락인가, 사적인 맥락인가?
- 목적: 의사소통의 목적에 적합한 매체를 사용하였는가?
- 공간: 참여자들이 소통 공간의 특성에 적합한 소통 방식을 사용하였는가?
- 참여자: 의사소통의 참여자나 수용자를 고려하였는가?

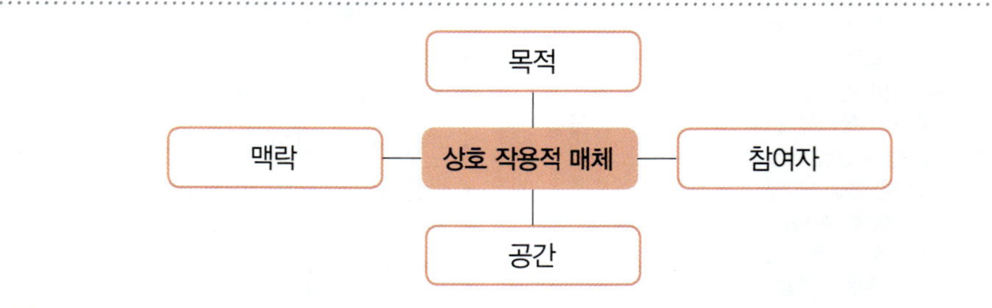

참고 **상호 작용적 매체 활용 시 유의점**
- 소통 상대와의 친밀도, 소통에 활용할 수 있는 요소, 소통이 이루어지는 맥락 등을 고려하여 적절한 방식으로 소통해야 함.
- 활용하는 매체가 개인적(사적) 의사소통의 특성과 사회적(공적) 의사소통의 특성 중 어느 쪽이 더 강한 매체인지 고려해야 함.

[01~04] 다음 자료를 읽고, 물음에 답하시오.

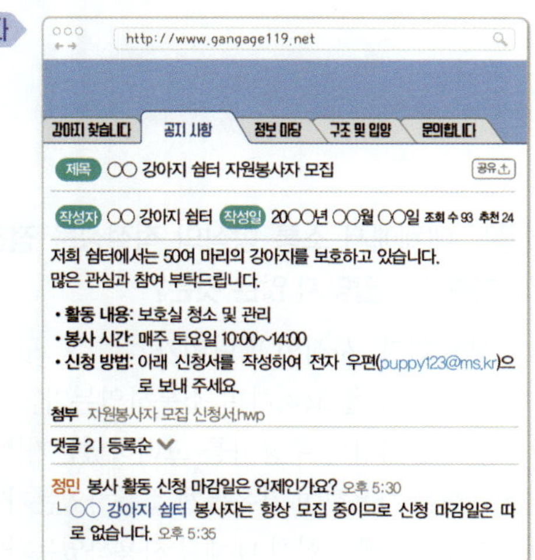

01 (가)~(다)와 같은 매체에 대한 설명으로 적절하지 <u>않은</u> 것은?

① 쌍방향으로 의사소통이 이루어진다.
② 시간이나 공간의 제약 없이 소통할 수 있다.
③ 실시간으로 정보를 전달하거나 공유할 수 있다.
④ 정보의 생산자와 수용자의 구분 없이 소통한다.
⑤ 생산자와 소비자의 소통 방식이 획일화되어 있어 사용하기 편리하다.

02 (가)와 같은 매체를 활용하여 소통할 수 있는 상황으로 적절하지 <u>않은</u> 것은?

① 모둠 친구들에게 의견을 물어볼 때
② 방과 후 친구들에게 과제를 물어볼 때
③ 방학 중 친구들과 약속 장소를 정할 때
④ 멀리 전학 간 친구에게 안부를 물어볼 때
⑤ 학교 생활 규정 중 개정할 사항을 전체 구성원에게 공식적으로 알릴 때

03 (나)와 같은 매체의 특성에 대한 설명으로 적절한 것은?

① 형식과 격식을 갖춘 언어 표현을 사용하기에 적합하다.
② 개인적인 친분이 있는 소수의 사람들끼리 소통하기에 유용하다.
③ '@' 기호 뒤에 특정 단어나 문구를 붙여 게시물에 대한 접근성을 높일 수 있다.
④ 멀리 떨어져 있거나 친분이 없는 사람들과도 정보를 실시간으로 주고받을 수 있다.
⑤ 원하는 정보에 효율적으로 접근할 수 있도록 게시판이 대개 항목별로 나누어져 있다.

04 (다)와 같은 매체에 대한 설명으로 알맞은 것을 모두 고른 것은?

> ㉠ 인터넷 검색 창에 검색어를 입력하여 접근할 수 있다.
> ㉡ 공적인 정보보다 사적인 정보를 공유하는 데 초점을 둔 공간이다.
> ㉢ 게시판의 성격에 따라 소통 방식이나 올릴 수 있는 글의 내용이 달라지기도 한다.
> ㉣ 가까운 가족이나 친구에게 일정을 묻거나 일상을 공유하는 등 개인적인 대화를 간단히 주고받을 때 활용하기 좋은 공간이다.

① ㉠, ㉡　　② ㉠, ㉢　　③ ㉡, ㉢
④ ㉡, ㉣　　⑤ ㉢, ㉣

05 블로그와 온라인 대화방의 특성에 따른 소통 방식을 비교하여 정리한 내용으로 알맞지 <u>않은</u> 것은?

> ㉠ 주로 사적인 대화가 이루어진다.
> ㉡ 대화방에 소속된 상대와 소통한다.
> ㉢ 생각, 의견, 관점 등을 자유롭게 공유할 수 있다.
> ㉣ 주로 불특정 다수에게 정보를 전달하거나 정서를 표현한다.
> ㉤ 생산자의 설정에 따라 게시 글마다 접근할 수 있는 독자의 범위를 제한할 수 있다.

공통점	차이점	
	블로그	온라인 대화방
㉢	㉣	㉠, ㉡, ㉤

① ㉠　　② ㉡　　③ ㉢
④ ㉣　　⑤ ㉤

06 다음 중 상호 작용적 매체에 해당하는 것을 고르고, 공통적인 특징을 2가지 이상 쓰시오.

> 영화, 누리집, 사회 관계망 서비스(SNS), 신문

07 다음 매체들의 공통점으로 적절한 것은?

> 블로그, 온라인 대화방, 사회 관계망 서비스(SNS)

① 주로 불특정 다수를 대상으로 한다.
② 상대가 대화 내용을 읽었는지 확인할 수 있다.
③ 다른 사람들과 관계를 형성하고 발전시킬 수 있다.
④ 개인 계정과 공식 계정으로 계정의 성격이 구분되어 있다.
⑤ '@' 기호를 활용하여 특정 계정을 언급하거나 연결할 수 있다.

08 다음은 청소년 동아리 축제에 가기 위한 계획을 세우면서 활용할 매체를 정하는 상황이다. 빈칸에 들어갈 알맞은 말을 쓰시오.

> "이번 주말에 우리 지역 문화 센터에서 청소년 동아리 축제가 열린대! 밴드 공연, 댄스 경연, 다양한 체험 부스까지 준비되어 있다고 하던데, 너무 기대돼. 우리 동아리 구성원끼리 (　　　) 을/를 만들어서 자세한 정보도 공유하고, 같이 갈 친구들도 모아 보면 어때?"

09 상호 작용적 매체에서 소통 방식의 적절성을 점검할 때, 그 기준으로 알맞지 <u>않은</u> 것은?

① 공적인 맥락인가, 사적인 맥락인가?
② 소통 공간의 특성을 고려하며 소통하였는가?
③ 의사소통의 참여자나 수용자를 고려하였는가?
④ 친근한 표현을 사용하여 자유롭게 소통하였는가?
⑤ 의사소통의 목적에 적합한 매체를 사용하였는가?

[10~12] 다음 자료를 읽고, 물음에 답하시오.

가
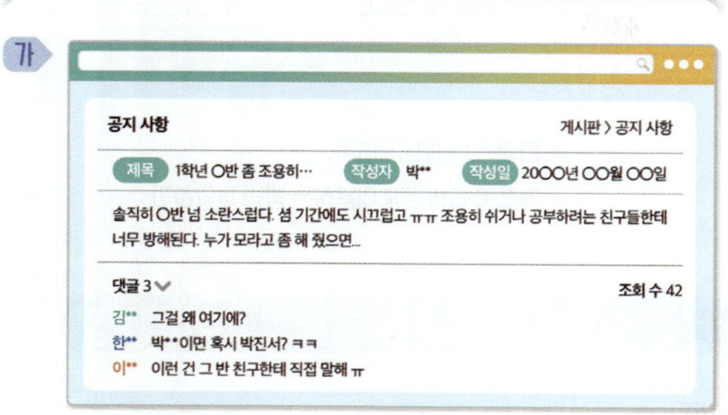

나

10 **(가)와 (나)를 비교한 내용으로 적절하지 <u>않은</u> 것은?**

① (가)와 달리 (나)는 주로 공적인 정보를 공유하는 데 초점을 맞춘다.

② (가)와 달리 (나)는 특정 대상과 일대일로 대화를 나눌 수 있는 기능이 있다.

③ (나)와 달리 (가)는 글과 함께 관련 문서를 첨부하여 수용자가 내려받도록 할 수 있다.

④ (나)와 달리 (가)는 원하는 정보에 효율적으로 접근할 수 있도록 게시판이 항목별로 나누어져 있다.

⑤ (가)와 (나) 모두 댓글 기능을 통해 사용자 간의 소통이 이루어질 수 있다.

11 **(가)에 나타난 소통 방식의 문제점으로 적절한 것은?**

① 격식을 갖춘 표현을 사용하였다.

② '@' 기호를 활용하여 특정 사람을 언급하였다.

③ 공론화해야 할 내용을 사적인 공간에 게시하였다.

④ 게시 글에 접근할 수 있는 독자의 범위를 제한하였다.

⑤ 소통 공간의 성격에 적합하지 않은 내용을 게시하였다.

12 **(나)에 나타난 문제점을 해결하기 위한 방안으로 적절한 것은?**

① 글의 내용과 관련된 해시 태그(#)를 사용한다.

② 댓글을 통해 다양한 사람들의 의견을 더 많이 수집한다.

③ 사회 관계망 서비스(SNS)의 일방적인 소통 관계를 강화한다.

④ 개인 온라인 대화방을 이용하여 친구와 일대일로 대화를 나눈다.

⑤ 가족이나 친한 친구들만 게시 글을 볼 수 있도록 계정의 공개 범위를 제한한다.

어려워 ♥

13 **〈보기〉는 한 회사 누리집의 고객 문의 게시판에 올라온 글이다. 〈보기〉에 나타난 소통 방식의 적절성을 점검한 내용으로 알맞은 것을 모두 고른 것은?**

┤ 보기 ├

　고객님, 안녕하세요! ^_^ 제품의 사용법이 어려우셨던 것 같아 속상해요. ㅠㅠ 제품의 뒷면에 사용법과 주의 사항이 적혀 있으니 읽어 보시면 될 것 같습니다. 그리고 제 생각에는 식품에 직접 사용하면 매우 위험할 것 같습니다.

ㄱ. 정확한 정보를 전달하지 않았다.
ㄴ. 고객에게 필요한 정보를 전달하였다.
ㄷ. 격식에 맞지 않는 언어 표현을 사용하였다.
ㄹ. 공개적인 공간에 사적인 일에 대한 글을 썼다.

① ㄱ, ㄴ　　　② ㄱ, ㄷ　　　③ ㄴ, ㄷ
④ ㄴ, ㄹ　　　⑤ ㄷ, ㄹ

서술형

14 **다음 상황에 나타난 소통 방식의 적절성을 점검하고, 이를 해결하기 위한 방법을 쓰시오.**

　교내 행사에 대한 공지를 일대일 온라인 대화방에 게시한 상황

매체와 생활

  대중매체와 개인 인터넷 방송의 특성과 영향력을 비교할 수 있다.

키워드 모음 Zip

- 다양한 매체의 특성 이해하기
- 다양한 매체 비교하기
- 매체의 영향력 이해하기
- 매체를 올바르게 이용하는 방법 파악하기

01 대중매체와 개인 인터넷 방송

1 대중매체(전통적인 일방향 매체)

개념	많은 사람에게 같은 정보를 대량으로 전달하는 매체 예 신문, 잡지, 라디오, 텔레비전 등	
유형	**인쇄 매체**	문자와 사진 등을 이용해 정보를 전달하는 매체 예 신문, 잡지, 책 등
	음성 매체	소리와 음성을 이용해 정보를 전달하는 매체 예 라디오, 녹음기 등
	영상 매체	소리와 음성, 문자, 영상 등을 이용해 정보를 전달하는 매체 예 텔레비전, 영화 등
	뉴 미디어	정보 통신 기술이 발달하면서 등장한 새로운 전달 매체 예 스마트폰, 인터넷, 사회 관계망 서비스(SNS) 등
특성	• 많은 자본을 지닌 전문 조직(방송사, 신문사)에 속한 전문 인력이 분업·협업하여 매체 자료를 생산함. • 대중을 대상으로 많은 양의 매체 자료를 전달함. • 매체 자료의 생산자와 수용자가 명확하게 구분되어 있고, 매체 자료를 대부분 일방향으로 전달함.	

2 개인 인터넷 방송(상호 작용적 매체)

개념	개인이 매체 자료의 기획부터 진행, 촬영, 편집까지 직접 해서 인터넷으로 공유하는 방송
특성	• 비교적 적은 자본으로 전문성이 없어도 누구나 제작할 수 있음. • 주제에 관심 있는 일부 대상을 중심으로 매체 자료를 전달함. • 공공의 이익보다는 개인의 이익을 위해 운영하는 경우가 많음. • 특정한 주제에 국한되지 않고 게임이나 음식, 여행 등 다양하고 독특한 내용을 많이 다루고 있음. • 특정 시간에 얽매이지 않고 언제든지 방송을 시작하고 종료할 수 있음. • 일반적으로 방송법의 규제를 받지 않고, 자율 규제 또는 플랫폼 규정을 따르기 때문에 자체 선정적·폭력적·차별적인 표현이 담긴 방송을 의도적으로 노출하여 사람들의 관심을 끌기도 함. • 매체 자료 생산자와 수용자의 구분이 명확하지 않으며, 실시간 쌍방향 소통이 가능함.

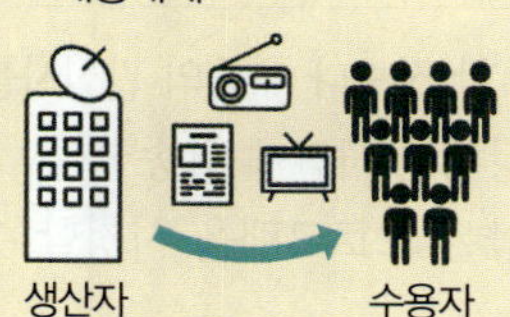

③ 대중매체와 개인 인터넷 방송의 비교❶

대중매체와 개인 인터넷 방송은 구성원의 역할 분담, 상호 작용성, 신속성, 전문성 등에서 차이가 나타난다. 하지만 최근에는 대중매체가 인터넷 매체에 정보를 동시에 제공하고, 분야별 전문가가 개인 인터넷 방송에 참여하는 비율이 높아지고 있어서 두 매체의 특성 차이가 줄어들고 있다.

	대중매체	개인 인터넷 방송
자본의 크기	많은 자본	비교적 적은 자본
생산자	다수의 분업 및 협업	거인 또는 적은 인원
전문성	전문적인 조직과 인력	누구나
수용자	대중	일부 대상
소통 방식	일방향	쌍방향
수익 구조	수신료, 광고비, 정부 지원금 등	조회 수, 구독자 수 등

④ 매체의 영향력과 매체를 이용하는 올바른 태도

긍정적 영향력	부정적 영향력
• 사람들에게 새로운 소식과 다양한 정보를 빠르게 전달함. • 사람들에게 즐거움을 주고, 휴식을 취할 수 있게 함. • 사회의 문화나 규범, 가치를 전수함. • 사회에서 일어나는 다양한 문제에 관여함.	• 잘못된 정보나 한쪽으로 치우친 관점을 전달하여 혼란을 줄 수 있음. • 사람들의 흥미를 끌기 위해 폭력적이거나 선정적인 내용을 담기도 함.

↓

매체를 이용하는 올바른 태도
• 매체 자료를 생산할 때에는 수용자에게 부정적인 영향을 미치지 않도록 주의해야 함. • 매체 자료는 사실을 있는 그대로 전달하는 것이 아니라 생산자가 자신의 관점으로 편집하고 제작한 결과물임. 따라서 매체 자료를 수용할 때에는 객관적인 사실과 매체 자료에 담긴 의도를 명확하게 파악해야 함. • 자신에게 필요한 자료는 무엇이고, 어떻게 활용할 수 있는지를 고민해 보며 매체 자료의 적절성을 평가하고 비판적으로 수용해야 함.

01 매체의 유형에 대한 설명으로 적절하지 <u>않은</u> 것은?

① 텔레비전과 영화는 영상 매체에 속한다.
② 개인 인터넷 방송은 매체에 포함되지 않는다.
③ 인쇄 매체는 문자와 사진 등을 이용하여 정보를 전달한다.
④ 라디오나 녹음기는 소리와 음성을 이용하는 음성 매체이다.
⑤ 정보 통신 기술이 발달하면서 새로운 전달 매체로 뉴 미디어가 등장하였다.

02 대중매체에 대한 설명으로 적절하지 <u>않은</u> 것은?

① 사람들에게 같은 정보를 대량으로 전달한다.
② 많은 자본을 바탕으로 매체 자료가 생산된다.
③ 주제에 관심 있는 일부 사람들을 대상으로 한다.
④ 생산자가 수용자에게 일방향으로 정보를 전달한다.
⑤ 매체 자료의 생산자와 수용자가 명확하게 구분된다.

03 다음 상황에 나타난 매체의 유형과 그 특징을 쓰시오.

> A: 길이 왜 이렇게 막히지? 도로 교통 상황을 좀 들어 봐야겠다.
> B: 현재 ○○산에 나와 있는 ○○○ 리포터입니다. 단풍 축제가 열리는 ○○산 주변의 도로가 꽉 막힌 상황입니다.

04 〈보기〉에서 설명하는 매체의 특징으로 적절하지 <u>않은</u> 것은?

> ┤보기├
> • 많은 사람들이 알아야 할 정보나 대중의 관심사를 반영한 프로그램을 정해진 시간에 방송한다.
> • 채널을 변경하여 다양한 프로그램을 시청할 수 있다.

① 많은 양의 정보를 전달한다.
② 불특정 다수의 사람들을 대상으로 한다.
③ 편성 시간에 따라 일방향으로 정보를 제공한다.
④ 많은 자본을 지닌 전문 조직이 자료를 생산한다.
⑤ 매체 자료의 생산자와 수용자의 구분이 명확하지 않다.

05 개인 인터넷 방송에 대한 설명으로 적절하지 <u>않은</u> 것은?

① 수용자는 자신이 관심 있는 방송을 검색하여 시청한다.
② 자신이 원하는 시간에 방송을 시작하고 종료할 수 있다.
③ 개인이 직접 매체 자료를 제작하여 인터넷으로 공유한다.
④ 수용자가 댓글을 달면 생산자가 이를 실시간으로 확인할 수 있다.
⑤ 정확하지 않은 정보를 전달했을 경우, 방송법의 규제를 받을 수 있다.

06 개인 인터넷 방송이 성장하게 된 배경으로 적절하지 <u>않은</u> 것은?

① 인터넷의 확산
② 스마트폰의 보편화
③ 방송 장비의 전문화
④ 동영상 제작·편집 도구의 대중화
⑤ 다양한 유형의 동영상 플랫폼의 확산

07 개인 인터넷 방송의 특징으로 알맞은 것을 모두 고른 것은?

> ㉠ 같은 취미를 가진 사람들과 소통할 수 있다.
> ㉡ 조회 수나 구독자 수 등을 통해 수익을 얻는다.
> ㉢ 다수의 분업과 협업을 통해 매체 자료가 생산된다.
> ㉣ 전문적인 영상 제작 기술이 없이도 쉽게 제작할 수 있다.
> ㉤ 전문 장비나 작업실을 마련하는 등 제작 비용이 비교적 많이 든다.

① ㉠, ㉡, ㉢　　　　② ㉠, ㉡, ㉣
③ ㉠, ㉢, ㉣　　　　④ ㉡, ㉢, ㉤
⑤ ㉡, ㉣, ㉤

08 대중매체와 개인 인터넷 방송을 비교한 내용으로 적절하지 <u>않은</u> 것은?

	대중매체	개인 인터넷 방송
①	역할이 체계적으로 분담되어 있음.	개인이 모든 일을 담당하는 경우가 많음.
②	방송 제작에 많은 자본이 듦.	방송 제작에 비교적 적은 자본이 듦.
③	실시간 상호 작용이 가능함.	실시간 상호 작용이 어려움.
④	다양한 분야의 전문 인력이 제작에 참여함.	비전문가도 제작에 참여할 수 있음.
⑤	대중을 대상으로 정보를 전달함.	일부 사람들을 대상으로 정보를 전달함.

어려워 ∨

09 매체가 우리 생활에 긍정적인 영향력을 미친 사례로 적절하지 <u>않은</u> 것은?

① 일기예보에서 비 소식을 빠르게 접했어.
② 주말에 가족들과 영화를 보면서 휴식을 취했어.
③ 우리나라의 노래가 매체를 통해 외국에서 인기를 얻었어.
④ 최근 화제가 된 드라마는 자극적인 내용으로 사람들의 관심을 끌었어.
⑤ 뉴스에서 어린이 보호 구역에서 일어난 사고를 보도하자 관련 논의가 활성화되었어.

10 다음은 매체의 영향력을 긍정적 측면과 부정적 측면으로 나눈 것이다. 이를 알맞게 정리한 것은?

> ㉠ 사회의 문화와 가치를 전수한다.
> ㉡ 한쪽으로 치우친 관점을 전달한다.
> ㉢ 흥미를 끌기 위해 선정적인 내용을 담는다.
> ㉣ 새로운 소식과 다양한 정보를 빠르게 전달한다.
> ㉤ 사회 문제에 대한 인식을 높이고, 논의를 활성화한다.

	긍정적 측면	부정적 측면
①	㉠, ㉡, ㉤	㉢, ㉣
②	㉡, ㉢, ㉣	㉠, ㉤
③	㉢, ㉤	㉠, ㉡, ㉣
④	㉠, ㉣, ㉤	㉡, ㉢
⑤	㉡, ㉢, ㉣	㉠, ㉤

11 매체를 이용하는 올바른 태도로 적절하지 <u>않은</u> 것은?

① 자신에게 필요한 자료와 그 활용 방안을 고민해 본다.
② 매체 자료의 적절성을 평가하며 비판적으로 수용한다.
③ 매체 자료를 기분 전환용으로만 사용하여 부정적인 영향을 받지 않도록 주의한다.
④ 매체 자료를 생산할 때에는 수용자에게 부정적인 영향을 미치지 않도록 주의한다.
⑤ 매체 자료를 수용할 때에는 객관적인 사실과 매체 자료에 담긴 생산자의 의도를 명확하게 구분한다.

서술형 ✎

12 다음 사례를 참고하여 우리가 매체를 이용할 때 갖춰야 할 태도를 쓰시오.

> 개인 인터넷 방송에서 건강에 좋다고 소개했던 영양제를 구입한 적이 있는데, 이 영양제의 성분이 건강에 좋지 않다는 연구 결과가 나와서 놀랐던 적이 있어.

문해력 넓히기 · 관용어

잘 아는 관용어는 ○표, 헷갈리거나 모르는 관용어는 ∨표 하기

간(이) 크다	☐	눈에 불을 켜다	☐	맛(을) 들이다	☐
귀가 얇다	☐	담을 쌓다	☐	머리(를) 맞대다	☐
눈감아 주다	☐	두각을 나타내다	☐		

간(이) 크다
겁이 없고 매우 대담하다.
예 홍길동은 임금을 속이고 탐관오리를 벌주는 간 큰 행동을 했어.

귀가 얇다
남의 말을 쉽게 받아들인다.
예 그는 귀가 얇아서 좋다는 물건이 있으면 사 오기 일쑤이다.

눈감아 주다
남의 잘못을 알고도 모르는 체하다.
예 그는 부하들의 작은 잘못도 눈감아 주는 법이 없었다.

눈에 불을 켜다
몹시 욕심을 내거나 관심을 기울이다.
예 그는 용돈이 생기는 일이라면 눈에 불을 켜고 달려든다.

담을 쌓다
관계를 끊어 버리고 속마음을 터놓지 않는다.
예 나는 이제부터 컴퓨터 게임만 하는 친구와는 담을 쌓겠어.

두각을 나타내다
남들보다 훨씬 뛰어난 학식이나 재능을 드러내다.
예 수학 경시대회에서 탁월한 실력을 보이며 전교생 앞에서 두각을 나타냈다.

맛(을) 들이다
좋아하거나 즐기다.
예 낚시에 맛 들이신 아빠는 매주 바다로 나가신다.

머리(를) 맞대다
어떤 일을 의논하거나 결정하기 위하여 서로 마주 대하다.
예 해결하기 힘든 일이 생겼을 때, 친구들과 머리를 맞대고 의논하면 해결책을 발견할 수 있다.

발 벗고 나서다	☐	엉덩이가 무겁다	☐	터무니가 없다	☐
비행기를 태우다	☐	죽을 쑤다	☐	한 배를 타다	☐
시치미를 떼다	☐	칼을 빼 들다	☐		

발 벗고 나서다	적극적으로 나서다. 예 제가 반장이 된다면 학급 일에 발 벗고 나서겠습니다.
비행기를 태우다	남을 지나치게 칭찬하거나 높이 추어올려 주다. 예 저는 그냥 운이 좋았을 뿐이에요. 너무 비행기를 태우지 마세요.
시치미를 떼다	자기가 하고도 하지 아니한 체하거나, 알고 있으면서도 모르는 체하다. 예 그 사람은 자기가 잘못을 하고도 시치미를 떼고 모른 척하였다.
엉덩이가 무겁다	한번 자리를 잡고 앉으면 좀처럼 일어나지 아니하다. 예 내 동생은 엉덩이가 무거워 방에 들어가면 좀처럼 나오지 않는다.
죽을 쑤다	어떤 일을 망치거나 실패하다라는 뜻이다. 예 이번 시험은 아주 죽을 쑤었어.
칼을 빼 들다	결함, 문제 등을 해결하려고 하다. 예 정부가 그 문제를 해결하기 위해 칼을 빼 들 것인지에 관심이 쏠린다.
터무니가 없다	어떤 것이 합당하지 않고 근거가 없다. 혹은 정도가 지나치다. 예 그런 일이 실제로 일어날 거라고 생각하는 건 터무니없는 소리야.
한 배를 타다	운명을 같이하다. 예 같은 조가 된 이상 우리는 한 배를 탄 거야. 그러니 이 과제를 성공적으로 해내기 위해 힘을 모으자.

부록

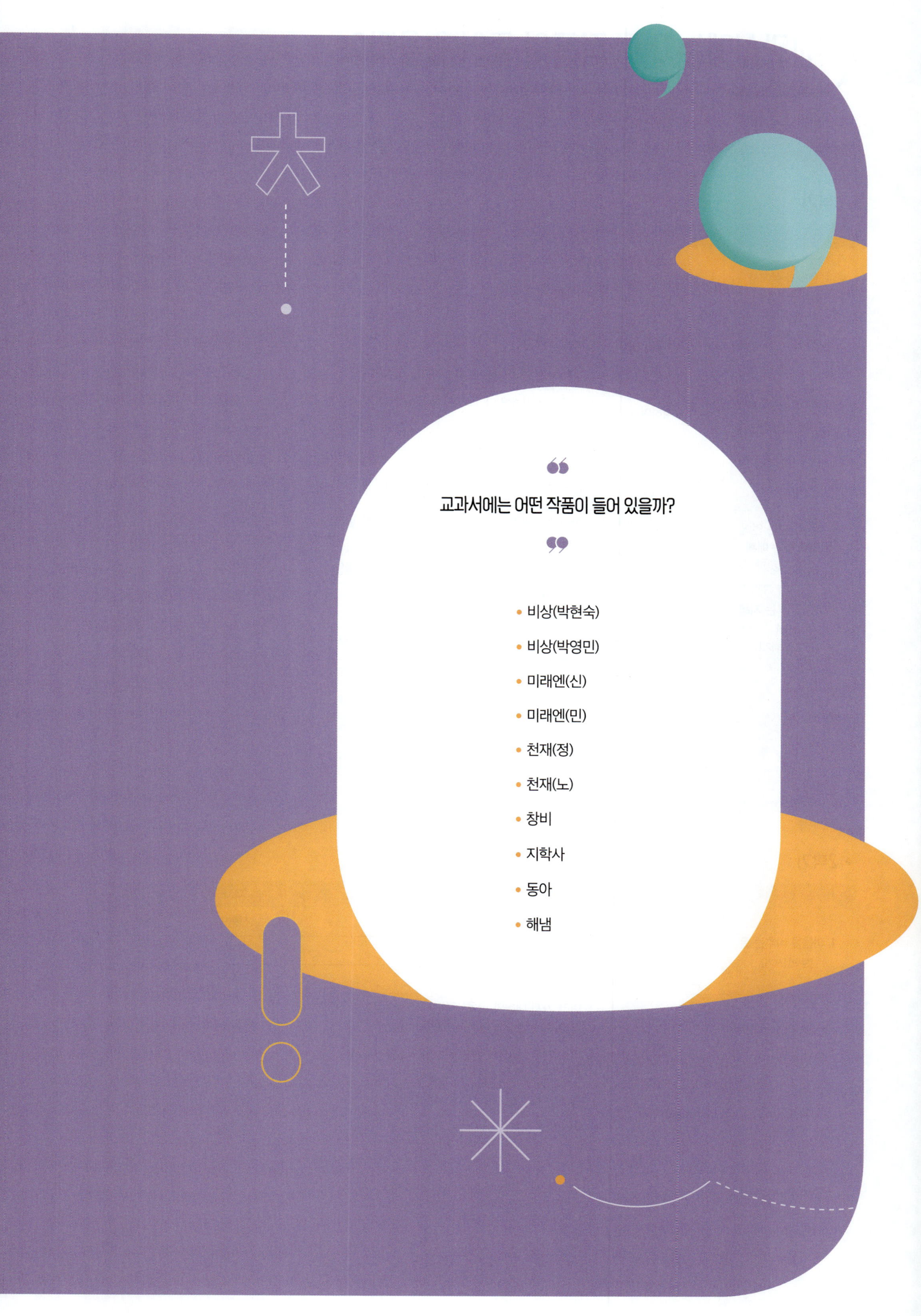

교과서에는 어떤 작품이 들어 있을까?

• 비상(박현숙)
• 비상(박영민)
• 미래엔(신)
• 미래엔(민)
• 천재(정)
• 천재(노)
• 창비
• 지학사
• 동아
• 해냄

교과서에는 어떤 작품이 들어 있을까? 

비상교육(박현숙)

● 1학기

단원		제재/활동	저자	갈래
1. 문학과 삶에서 만나는 의미 [문학] [듣기·말하기]	(1) 운율과 비유, 상징의 즐거움	3월	오규원	현대 시
		사랑하는 별 하나	이성선	현대 시
		열보다 큰 아홉	이문구	수필
	(2) 추론하며 듣기	10대가 말하다	신유진	연설
2. 정보를 판단하는 힘 [읽기] [쓰기]	(1) 요약하며 읽기	스마트폰은 나의 뇌에 어떤 영향을 미칠까	양은우	설명하는 글
		지구에 옷이 쌓인다, 패스트 패션	성해인	주장하는 글
		소나기의 유래	작자 미상, 서정오 엮음	이야기 글
	(2) 정보를 전달하는 글 쓰기	은은한 전통의 맛, 너도 아니? 너비아니	집필	설명하는 글
3. 세상을 담는 언어, 우리를 잇는 매체 [문법] [매체]	(1) 품사로 빚어낸 세상	만화를 통해 품사의 종류와 특성을 파악하는 활동		
	(2) 상호 작용적 매체와 소통	여러 가지 대화와 글을 통해 소통 맥락과 수용자 참여 양상을 고려하여 상호 작용적 매체를 분석하는 활동		
4. 갈등을 푸는 지혜 [문학] [듣기·말하기]	(1) 문학과 갈등	하늘은 맑건만	현덕	현대 소설
		이파라파냐무나무	이지은	그림책
	(2) 토의하기	교실에서 자리를 어떻게 바꿀까?	집필	토의

● 2학기

단원		제재/활동	저자	갈래
1. 마음을 비추는 글 [문학] [쓰기]	(1) 문학과 성장	멍키 스패너	진형민	현대 소설
		비스듬히	정현종	현대 시
	(2) 진솔한 글 쓰기	탑차를 끄는 사계절의 산타	김지원	수필
2. 다채로운 언어 [문법]	(1) 단어의 짜임과 새말	여러 가지 대화와 글을 통해 단어의 짜임을 분석하고 새말 형성의 원리를 이해하는 활동		
	(2) 어휘의 양상과 쓰임	여러 가지 대화와 글을 통해 세대·분야·매체에 따른 어휘의 양상과 쓰임을 분석하는 활동		
3. 삶을 가꾸는 글의 힘 [읽기] [쓰기]	(1) 추론하며 읽기	동네 쓰레기를 하루아침에 사라지게 하려면	공규택	설명하는 글
		아이들은 어른보다 추위를 덜 탈까?	신인철	설명하는 글
	(2) 주장하는 글 쓰기	하나의 성격 유형이 나의 모든 것을 보여 주지는 않는다	집필	주장하는 글
4 소통하며 이해하는 삶 [매체] [듣기·말하기]	(1) 매체와 생활	여러 가지 대화와 글을 통해 대중매체와 개인 인터넷 방송의 특성과 영향력을 비교하는 활동		
	(2) 존중하는 언어생활	우리들	윤가은	시나리오

● 1학기

단원		제재/활동	저자	갈래
1. 문학과 매체로 여는 소통의 창 [문학] [매체]	(1) 깊이 감상하고 넓게 표현하기	봄날 아침	최일환	현대 시
		새로운 길	윤동주	현대 시
	(2) 상호 작용적 매체를 분석하기	여러 가지 대화와 글을 통해 소통 맥락과 수용자 참여 양상을 고려하여 상호 작용적 매체를 분석하는 활동		
2. 안 보이던 것도 보이는 지혜 [읽기] [듣기·말하기]	(1) 글 속에 숨은 생각 찾기	공간이 우리의 삶을 만든다	한현미	수필
	(2) 실마리를 따라가며 듣기	우리 곁의 옛 그림 관찰하기	김소연	강연
3. 다채로운 우리말 어휘 [문법]	(1) 단어가 만들어지는 원리	만화와 여러 가지 글을 통해 단어의 짜임을 분석하고 새 말 형성의 원리를 이해하는 활동		
	(2) 우리 주변의 다양한 어휘	깨비와 함께하는 우리말 어휘 탐험	집필	설명문
4 나를 돌아보는 내 마음의 거울 [문학] [쓰기]	(1) 문학으로 성장하는 우리	나는 보리	김진유	시나리오
	(2) 진솔하게 그린 나의 마음	할아버지 엄마 나무	한아리	수필

● 2학기

단원		제재/활동	저자	갈래
1. 정보의 숲에서 길을 찾기 [읽기] [쓰기]	(1) 요약하며 읽기	아름다운 별똥별의 비밀	이비에스(EBS) 오디오 콘텐츠 팀	설명하는 글
		복 타러 간 총각	작자 미상	설화
	(2) 정보를 전달하는 글 쓰기	우리의 소중한 땅, 독도 바르게 알기		
2. 단어는 나누어 보고, 매체는 견주어 보고 [문법] [매체]	(1) 품사의 종류와 특성	만화와 여러 가지 글을 통해 품사의 종류와 특성을 파악하는 활동		
	(2) 대중 매체와 개인 인터넷 방송의 비교	만화와 여러 가지 글을 통해 대중매체와 개인 인터넷 방송의 특성과 영향력을 비교하는 활동		
3. 갈등을 딛고 크는 우리들 [문학] [듣기·말하기]	(1) 갈등하고 화해하고	동백꽃	김유정	현대 소설
		홍길동전	허균, 김일렬 풀이	고전 소설
	(2) 존중하고 배려하고	하트가 빛나는 순간	신수지 극본	시나리오
4. 문제를 풀어내는 슬기로운 방법 [듣기·말하기] [쓰기]	(1) 토의로 문제 해결하기	우리 학교의 분실물, 어떻게 줄일까?	집필	토의
	(2) 주장하는 글 쓰기	나에게는 꿈이 있습니다	마틴 루서 킹	연설문

● 1학기

단원		제재/활동	저자	갈래
1. 표현과 소통의 즐거움 [문학] [매체]	(1) 길	길	김종상	현대 시
	(2) 사랑하는 별 하나	사랑하는 별 하나	이성선	현대 시
	(3) 매체로 소통하기	여러 가지 대화와 글을 통해 소통 맥락과 수용자 참여 양상을 고려하여 상호 작용적 매체를 분석하는 활동		
2. 간추리고 쓰고 [읽기] [쓰기]	(1) 요약하며 읽기	식물의 미래를 지키는 시드볼트	집필	설명하는 글
	(2) 정보를 전달하는 글 쓰기	세계가 인정한 우리의 탈춤	집필	설명하는 글
3. 능동적인 언어생활 [듣기·말하기] [문법]	(1) 추론하며 듣기	여러 가지 대화와 글을 통해 화자의 의도와 관점을 추론하며 듣는 활동		
	(2) 품사의 종류와 특성	여러 가지 대화와 글을 통해 품사의 종류와 특성을 파악하는 활동		
4. 성장의 시간 [문학] [쓰기]	(1) 옥수수 뺑소니	옥수수 뺑소니	박상기	현대 소설
		걷기왕	백승화, 남순아 각본	시나리오
	(2) 정서를 표현하는 글 쓰기	안녕, 나의 물고기	이다영	수필

● 2학기

단원		제재/활동	저자	갈래
1. 갈등을 넘어서 [문학] [듣기·말하기]	(1) 동백꽃	동백꽃	김유정	현대 소설
		홍길동전	허균, 류수열 옮김	고전 소설
	(2) 토의하기	깨끗한 학교를 만들려면 어떻게 해야 할까?	집필	토의
2. 우리가 만드는 세상 [매체] [듣기·말하기]	(1) 슬기로운 매체 생활	여러 가지 대화와 글을 통해 대중매체와 개인 인터넷 방송의 특성과 영향력을 비교하는 활동		
	(2) 존중하며 말하기	여러 가지 대화와 글을 통해 언어폭력의 문제점을 성찰하고 서로 존중하는 표현을 알아보는 활동		
3. 우리말의 요모조모 [문법]	(1) 단어의 짜임과 새말	여러 가지 대화와 글을 통해 단어의 짜임을 분석하고 새말 형성의 원리를 이해하는 활동		
	(2) 어휘의 양상과 쓰임	여러 가지 대화와 글을 통해 세대·분야·매체에 따른 어휘의 양상과 쓰임을 분석하는 활동		
4. 너의 생각, 나의 의견 [읽기] [쓰기]	(1) 추론하며 읽기	달콤한 광고의 꼼수	알랭 드보통, 인생학교, 신인수 옮김	주장하는 글
		귀여워서 슬픈 동물	보선	만화
		'근'과 '검' 두 글자를 유산으로	정약용, 강정규 옮김	편지글
	(2) 주장하는 글 쓰기	카페인	집필	주장하는 글

● 1학기

단원		제재/활동	저자	갈래
1. 마음을 표현하는 법 [문학] [쓰기]	(1) 운율과 비유	후후후	성미정	현대 시
	(2) 상징	소나기	황순원	현대 소설
	(3) 정서를 표현하는 글 쓰기	나의 형벌	이세라	수필
2. 숨은 의미 찾기 [읽기] [듣기·말하기]	(1) 추론하며 읽기	인공지능(AI) 기술의 도입	집필	주장하는 글
	(2) 추론하며 듣기	여러 가지 대화와 글을 통해 화자의 의도와 관점을 추론하며 듣는 활동		
3. 분류하고 활용하기 [문법] [쓰기]	(1) 단어의 갈래	여러 가지 대화와 글을 통해 품사의 종류와 특성을 파악하는 활동		
	(2) 자료를 활용하여 글 쓰기	올바른 무색 페트병 분리배출 방법	집필	설명하는 글
4. 성장하고 변화하고 [문학] [매체]	(1) 문학과 성장	내 이름은 백석	유은실	현대 소설
		재희	이주혜	시나리오
	(2) 생활 속의 다양한 매체	여러 가지 대화와 글을 통해 대중매체와 개인 인터넷 방송의 특성과 영향력을 비교하는 활동		

● 2학기

단원		제재/활동	저자	갈래
1. 갈등과 문제 해결 [문학] [듣기·말하기]	(1) 문학 속의 갈등	옥수수 뺑소니	박상기	현대 소설
		홍길동전	허균, 류수열 옮김	고전 소설
	(2) 문제를 해결하는 토의	학교 생활에서 이동이 불편할 때 겪는 어려움을 어떻게 해결할까?	집필	토의
2. 핵심을 찾고 주장하기 [읽기] [쓰기]	(1) 요약하며 읽기	감정 연습을 시작합니다	하지현	설명하는 글
		바보 사또	정영애	이야기 글
	(2) 주장하는 글 쓰기	스마트폰 사용 시간을 줄이자	집필	주장하는 글
3. 단어의 세계 [문법]	(1) 단어의 짜임과 새말	여러 가지 대화와 글을 통해 단어의 짜임을 분석하고 새말 형성의 원리를 이해하는 활동		
	(2) 어휘의 양상과 쓰임	여러 가지 대화와 글을 통해 세대·분야·매체에 따른 어휘의 양상과 쓰임을 분석하는 활동		
4. 올바르게 소통하기 [매체] [듣기·말하기]	(1) 매체와 의사소통	여러 가지 대화와 글을 통해 대중매체와 개인 인터넷 방송의 특성과 영향력을 비교하는 활동		
	(2) 존중하며 말하기	여러 가지 만화와 글을 통해 언어폭력의 문제점을 성찰하고 서로 존중하는 표현을 알아보는 활동		

● 1학기

단원		제재/활동	저자	갈래
1. 문학과 표현 [문학] [쓰기]	(1) 3월	3월	오규원	현대 시
	(2) 오우가	오우가	윤선도, 성낙은 엮음	고전 시가
		세상에서 가장 따뜻했던 저녁	복효근	현대 시
	(3) 정서를 표현하는 글 쓰기	여름비와 방석	박이안	수필
2. 요약과 정보 전달 [읽기] [쓰기]	(1) 요약하며 읽기	오랜 세월 보물을 지킨 장경판전	박상국	설명하는 글
	(2) 정보를 전달하는 글 쓰기	뼈가 되고 살이 되는 맛있는 역사, 우리나라 치킨 이야기	이지수	설명하는 글
3. 슬기로운 언어생활 [문법] [매체]	(1) 품사의 종류와 특성	여러 가지 대화와 글을 통해 품사의 종류와 특성을 파악하는 활동		
	(2) 매체로 소통하기	애니메이션 박물관에 가 보자!	집필	인터넷 게시글
4. 성장하는 우리 [문학] [듣기·말하기]	(1) 멍키 스패너	멍키 스패너	진형민	현대 소설
		큰 나무	조재도	현대 시
	(2) 존중하며 말하기	잘할 수 있어!	집필	만화

● 2학기

단원		제재/활동	저자	갈래
1. 갈등과 토의 [문학] [듣기·말하기]	(1) 하늘은 맑건만	하늘은 맑건만	현덕	현대 소설
		그린 북	닉 발레롱가· 브라이언 커리· 피터 패럴리	시나리오
	(2) 토의하기	마을 축제에서 무엇을 운영할까?	집필	토의
2. 추론하며 읽고 듣기 [읽기] [듣기·말하기]	(1) 추론하며 읽기	육지의 배설물은 바다에 쌓인다	남종영	설명하는 글
		송사리	이문구	현대 시
	(2) 추론하며 듣기	동메달이 행복한 까닭은?	집필	만화
3. 단어의 세계 [문법]	(1) 단어의 짜임	여러 가지 대화와 글을 통해 단어의 짜임을 분석하고 새 말 형성의 원리를 이해하는 활동		
	(2) 어휘의 양상	여러 가지 대화와 글을 통해 세대·분야·매체에 따른 어휘의 양상과 쓰임을 분석하는 활동		
4. 매체의 이해와 주장 [매체] [쓰기]	(1) 대중매체와 개인 인터넷 방송	텔레비전 방송과 개인 인터넷 방송, 무엇이 다른가?	집필	기사문
	(2) 주장하는 글 쓰기	자기 전, 스마트폰을 멀리하자	최유나	주장하는 글

● 1학기

단원		제재/활동	저자	갈래
1. 문학과의 만남 [문학]	(1) 시의 표현	3월	오규원	현대 시
		하늘의 별 따기	나희덕	현대 시
		오우가	윤선도, 성낙은 엮음	고전 시가
	(2) 산문의 아름다움	소나기	황순원	현대 소설
		자연은 위대한 스승	김하경	수필
2. 바람직한 언어생활 [문법] [매체] [듣기·말하기]	(1) 어휘의 양상과 쓰임	여러 가지 대화와 글을 통해 세대·분야·매체에 따른 어휘의 양상과 쓰임을 분석하는 활동		
	(2) 매체로 소통하기	여러 가지 대화와 글을 통해 소통 맥락과 수용자 참여 양상을 고려하여 상호 작용적 매체를 분석하는 활동, 여러 가지 대화와 글을 통해 언어폭력의 문제점을 성찰하고 서로 존중하는 표현을 알아보는 활동		
3. 세상을 이해하는 힘 [읽기] [쓰기]	(1) 요약하며 읽기	종자 보관소, 우리의 미래를 지켜 주는 열쇠	집필	설명하는 글
		부정적인 감정에 사로잡힌 나에게 가장 필요한 것은	전수경	설명하는 글
	(2) 정보를 전달하는 글 쓰기	조선의 모자가 말해 주는 것들	집필	설명하는 글
4. 갈등을 넘어 [문학] [듣기·말하기]	(1) 갈등을 담은 문학	먹고 싶다, 수박	장주식	현대 소설
		내일은 내일에게	정진국 각색, 감선영 원작	희곡
	(2) 문제를 해결하는 토의	학교의 아기 고양이를 어떻게 도울까?	집필	토의

● 2학기

단원		제재/활동	저자	갈래
1. 성찰하며 성장하며 [문학] [쓰기]	(1) 나를 키우는 문학	딱지	이준관	현대 시
		오후 4시, 달고나	이송현	현대 소설
		우리의 꿈	0 원희 작사	노랫말
	(2) 진솔하게 글 쓰기	튼튼이가 내게 준 선물	집필	수필
2. 소통의 열쇠 [매체] [듣기·말하기]	(1) 대중매체와 개인 인터넷 방송	여러 가지 대화와 글을 통해 대중매체와 개인 인터넷 방송의 특성과 영향력을 비교하는 활동		
	(2) 추론하며 듣기	여러 가지 대화와 글을 통해 화자의 의도와 관점을 추론하며 듣는 방법을 알아보는 활동		
3. 단어의 세계 [문법]	(1) 품사의 종류와 특성	여러 가지 대화와 글을 통해 품사의 종류와 특성을 파악하는 활동		
	(2) 단어의 짜임	여러 가지 대화와 글을 통해 단어의 짜임을 분석하고 새말 형성의 원리를 이해하는 활동		
4. 글에 담긴 세상 [읽기] [쓰기]	(1) 추론하며 읽기	피하고 싶은 '징크스', 해야만 하는 '루틴'	공규택	설명하는 글
		웃기는 짬뽕, 웃기는 짜장면	이상국	수필
	(2) 주장하는 글 쓰기	충분한 수면이 꿈을 이루게 합니다	집필	주장하는 글

● 1학기

단원		제재/활동	저자	갈래
1. 오늘부터 우리는 [문학] [쓰기]	(1) 운율, 비유, 상징	별밤에	나태주	현대 시
	(2) 진솔하게 표현하기	버려진 두부와 내 엄지발톱	최소연	수필
2. 간결하게, 정확하기 [읽기] [쓰기]	(1) 요약하며 읽기	편의점에 숨겨진 비밀	집필	설명하는 글
	(2) 자료를 활용하여 글 쓰기	일상생활 속 눈 건강 관리법	집필	설명하는 글
3. 마음이 자라는 시간 [문학] [듣기·말하기]	(1) 성장하는 우리	멍키 스패너	진형민	현대 소설
	(2) 존중하며 말하기	잘 준비된 말을	이해인	수필
4. 우리 여기서 만날까	(1) 어휘의 양상과 쓰임	여러가지 만화와 글을 통해 세대·분야·매체에 따른 어휘의 양상과 쓰임을 분석하는 활동		
	(2) 상호 작용적 매체 이해하기	상호 작용적 매체로 소통하기	옥현진	설명하는 글

● 2학기

단원		제재/활동	저자	갈래
1. 네 마음이 궁금해 [듣기·말하기] [읽기]	(1) 추론하며 듣기	여러가지 대화와 글을 통해 화자의 의도와 관점을 추론하며 듣는 방법을 알아보는 활동	손재곤	시나리오
	(2) 추론하며 읽기	추론하며 읽기, 어떻게 할까?	집필	설명하는 글
		자기 말만 모두 맞다는 사람의 심리	김경일	설명하는 글
2. 부딪히며 나아간다 [문학] [듣기·말하기]	(1) 삶과 갈등	하늘은 맑건만	현덕	현대 소설
		줄 넘기	성나연	영상
	(2) 토의로 문제 해결하기	학급 행사 수익금, 어떻게 사용할까?	집필	토의
3. 너와 나, 우리의 말들 [문법]	(1) 품사의 종류와 특성	여러 가지 대화와 글을 통해 품사의 종류와 특성을 파악하는 활동		
	(2) 단어의 짜임과 새말	여러 가지 대화와 글을 통해 단어의 짜임을 분석하고 새말 형성의 원리를 이해하는 활동		
4. 나도 할 말 있어 [쓰기] [매체]	(1) 근거를 들어 글 쓰기	학급 텃밭을 만들자	집필	주장하는 글
	(2) 대중 매체와 개인 인터넷 방송	개인 인터넷 방송 제작자를 만나다	집필	면담

● 1학기

단원		제재/활동	저자	갈래
1. 표현하는 나, 소통하는 우리 [문학] [매체]	(1) 비유	우리 둘이	김준현	현대 시
	(2) 상징과 운율	오우가	윤선도, 김진경 외 옮김, 국어독문학회 엮음	고전 시가
	(3) 매체에 따른 의사소통	여러 가지 대화와 글을 통해 소통 맥락과 수용자 참여 양상을 고려하여 상호 작용적 매체를 분석하는 활동		
2. 간추리는 재미, 전달하는 보람 [읽기] [쓰기]	(1) 요약하며 읽기	우리는 왜 매운맛에 빠질까	최낙언	설명하는 글
	(2) 정보를 전달하는 글 쓰기	「직업 조사 보고서_(정보보안전문가)」	집필	보고문
		「우리 동네 맛집을 소개합니다」	집필	소개하는 글
3. 국어의 품사, 존중의 언어 [문법] [듣기·말하기]	(1) 우리말 품사	여러 가지 대화와 글을 통해 품사의 종류와 특성을 파악하는 활동		
	(2) 존중하는 말하기	여러 가지 대화와 글을 통해 언어폭력의 문제점을 성찰하고 서로 존중하는 표현을 알아보는 활동		
4. 갈등을 넘어, 서로를 향해 [문학] [듣기·말하기]	(1) 갈등을 담은 문학	하늘은 맑건만	현덕	현대 소설
	(2) 추론하며 듣기	여러 가지 대화와 글을 통해 화자의 의도와 관점을 추론하며 듣는 방법을 알아보는 활동		

● 2학기

단원		제재/활동	저자	갈래
1. 성장의 시간, 삶을 담은 글 [문학] [쓰기]	(1) 성장을 담은 문학	멍키 스패너	진형민	현대 소설
		자물쇠가 철컥 열리는 순간	조재도	현대 시
	(2) 정서를 표현하는 글 쓰기	천 원	손성주	수필
2. 다양한 단어, 모두의 어휘 [문법]	(1) 단어의 짜임과 새말	여러 가지 대화와 글을 통해 단어의 짜임을 분석하고 새말 형성의 원리를 이해하는 활동		
	(2) 어휘의 양상과 쓰임	여러 가지 대화와 글을 통해 세대·분야·매체에 따른 어휘의 양상과 쓰임을 분석하는 활동		
3. 숨어 있는 의미, 근거 있는 주장 [읽기] [쓰기]	(1) 추론하며 읽기	내가 버린 옷은 어디로 갈까	이주은	주장하는 글
	(2) 주장을 담은 글 쓰기	즐겁고 유익한 학교 텃밭 가꾸기	집필	주장하는 글
4. 연결하는 매체, 해결하는 토의 [매체] [듣기·말하기]	(1) 슬기로운 매체 생활	여러 가지 대화와 글을 통해 대중매체와 개인 인터넷 방송의 특성과 영향력을 비교하는 활동		
	(2) 토의로 문제 해결하기	우리 반이 함께한 소중한 추억을 어떤 방법으로 남길 것인가?	집필	토의

● 1학기

단원		제재/활동	저자	갈래
1. 만남, 설레는 시작 [문학] [매체]	(1) 문학의 표현	3월	오규원	현대 시
		새로운 길	윤동주	현대 시
		소나기	황순원	현대 소설
	(2) 매체를 통한 만남	사회 관계망 서비스의 두 얼굴	에듀넷 · 티–클리어	설명하는 글
2. 마음을 담은 소통 [문법] [듣기 · 말하기]	(1) 어휘의 세계	언어에는 문화가 깃든다	한국일보	기사문
	(2) 존중하는 말하기	말의 무서움을 일찌감치 깨달았던 선조들	도원영 외	설명하는 글
3. 정보 간추리고 알려 주기 [읽기] [쓰기]	(1) 효과적으로 요약하기	꿀잠이 중요해요	목정민	설명하는 글
		사람답게 살 권리, 인권	정용주	설명하는 글
	(2) 정보를 전달하는 글 쓰기	창녕 우포늪 안내문	김형배	안내문
4. 성장하는 우리, 표현하는 나 [문학] [쓰기]	(1) 문학 속 성장	껍질을 벗다	프란시스코 히메네스	현대 소설
		거꾸로 말했다	장철문	현대 시
	(2) 경험과 표현	선물	성석제	수필
		괜찮아	장영희	수필

● 2학기

단원		제재/활동	저자	갈래
1. 알고 싶은 생각, 알리고 싶은 생각 [듣기 · 말하기] [쓰기]	(1) 추론하며 듣기	훈민정음 창제와 보급에 관한 가상 토론	김슬옹	토론
	(2) 주장하는 글 쓰기	즉석식품 섭취를 줄이자	심선아	주장하는 글
2. 함께 사는 세상 [문학] [듣기 · 말하기]	(1) 문학 속 갈등	자전거 도둑	박완서	현대 소설
		홍길동전	허균, 김일렬 옮김	고전 소설
	(2) 문제 해결을 위한 토의	학급별 장기 자랑으로 무엇을 할까	집필	토의
		투표 방식, 어떻게 바꿀까	집필	토의
3. 단어의 갈래와 짜임 [문법]	(1) 품사의 종류와 특성	조상들의 재치가 엿보이는 감탄사	한국교육신문	기사문
	(2) 단어의 짜임	새말 다듬기, 소통 위한 기본이죠	이데일리	기사문
4. 능동적으로 보고 읽기 [읽기] [매체]	(1) 추론하며 읽기	토종 씨앗의 행방불명	박경화	주장하는 글
		집을 수리하고 나서	이규보	수필
	(2) 비교하며 보기	검색이 아니라 사색이다	이어령	주장하는 글

• 1학기

단원		제재/활동	저자	갈래
1. 빛나는 표현 [문학]	(1) 운율과 비유	맨드라미	김선우	현대 시
		돌담장의 안녕	김봉군	현대 시
	(2) 상징	연탄 한 장	안도현	현대 시
		오우가	윤선도, 이상현, 이승현 옮김	고전 시가
		아름다운 흉터	이청준	수필
2. 간추리고 알리고 [읽기] [쓰기]	(1) 요약하며 읽기	인공 지능은 어떻게 똑똑해졌을까?	김대식	설명하는 글
		아기 장수 우투리	지자 미상	설화
	(2) 정보를 전달하는 글 쓰기	약과, 어디까지 알고 있니?	집필	설명하는 글
	(3) 삶과 만나는 책 읽기	법정 스님의 내가 사랑한 책들	법정 스님	수필
3. 읽고 쓰며 성장하는 삶	(1) 문학과 함께 성장하기	커튼콜	조우리	현대 소설
		어느 날 자전거가 내 삶 속으로 들어왔다	성석제	수필
	(2) 정서 표현의 글 쓰기	삼촌	김영롱	현대 시
4. 언어와 매체를 만나다 [문법] [듣기·말하기] [매체]	(1) 어휘의 양상과 올바른 언어생활	여러 가지 대화와 글을 통해 세대·분야·매체에 따른 어휘의 양상과 쓰임을 분석하는 활동, 여러 가지 대화와 글을 통해 언어폭력의 문제점을 성찰하고 서로 존중하는 표현을 알아보는 활동		
	(2) 매체의 특성과 영향력	여러 가지 대화와 글을 통해 대중매체와 개인 인터넷 방송의 특성과 영향력을 비교하는 활동		

• 2학기

단원		제재/활동	저자	갈래
1. 갈등에서 소통으로	(1) 갈등으로 읽는 문학	하늘은 맑건만	현덕	현대 소설
		아이 캔 스피크	강지연, 유승희	시나리오
	(2) 삶과 만나는 책 읽기	내 인생을 바꾼 한 권의 책 2	박경철	수필
2. 숨은 뜻을 찾아라	(1) 추론하며 이해하기	모든 치킨은 옳을까?	이지선	주장하는 글
	(2) 매체를 통한 소통	여러 가지 대화와 글을 통해 소통 맥락과 수용자 참여 양상을 고려하여 상호 작용적 매체를 분석하는 활동		
3. 단어야 놀자 [문법]	(1) 단어의 갈래	여러 가지 대화와 글을 통해 품사의 종류와 특성을 파악하는 활동		
	(2) 단어의 짜임	여러 가지 대화와 글을 통해 단어의 짜임을 분석하고 새말 형성의 원리를 이해하는 활동		
4. 더불어 살아가는 힘 [듣기·말하기] [쓰기]	(1) 문제 해결을 위한 토의	학교생활에서 불편한 점을 어떻게 바꿀까?	집필	토의
	(2) 주장하는 글 쓰기	우리 동네에 청소년 문화의 집을 설치해야 한다	집필	주장하는 글

한끝 중학 국어 1 통합편 작품 수록 목록

대단원	소단원	쪽수	제재	저자	출처
I. 문학	시/시조	014쪽	3월	오규원	『나무 속의 자동차』 (문학과지성사, 2008), 12~13쪽
		016쪽	사랑하는 별 하나	이성선	『빈 산이 젖고 있다』 (미래사, 1991), 66쪽
		018쪽	새로운 길	윤동주	『하늘과 바람과 별과 시』 (서정시학, 2010), 50쪽
		020쪽	딱지	이준관	『천국의 계단』 (서정시학, 2015), 95쪽
		022쪽	오우가	윤선도, 성낙은 엮음	『고시조 산책』 (성낙은 엮음, 국학자료원, 1996)
	소설	032쪽	하늘은 맑건만	현덕	『현덕 전집』 (역락, 2009), 327~339쪽
		040쪽	멍키 스패너	진형민 외	『희망의 질감』 (문학동네, 2022), 37~56쪽
		048쪽	동백꽃	김유정	『동백꽃』 (문학과지성사, 2016), 296~306쪽
		056쪽	소나기	황순원	『소나기』 (문학과지성사, 2023), 7~20쪽
		064쪽	홍길동전	허균, 김일렬 풀이	『한국 고전 문학 전집 25』 (고려대학교 민족 문화 연구소, 1996), 16~21쪽
	수필	074쪽	열보다 큰 아홉	이문구	『끝장이 없는 책(이문구 전집 19)』 (랜덤하우스중앙(주), 2005), 160~162쪽
		076쪽	괜찮아	장영희	『살아온 기적 살아갈 기적』 (샘터, 2023), 131~134쪽

대단원	소단원	쪽수	제재	저자	출처
Ⅱ. 읽기	설명하는 글 + 요약하며 읽기	086쪽	아름다운 별똥별의 비밀	이비에스(EBS) 오디오 콘텐츠팀	『알면 똑똑해지는 과학 속 비하인드 스토리』 (이비에스북스(EBS BOOKS), 2021), 287~291쪽
	설명하는 글 + 요약하며 읽기	088쪽	스마트폰은 나의 뇌에 어떤 영향을 미칠까	양은우	집필
	설명하는 글 + 추론하며 읽기	090쪽	동네 쓰레기를 하루아침에 사라지게 하려면	공규택	『교과서에 나오지 않는 발칙한 생각들』 ((주)우리학교, 2014), 273~280쪽
	주장하는 글 + 추론하며 읽기	094쪽	내가 버린 옷은 어디로 갈까	이주은	지학사 편집부, 『중학 독서평설 2023년 1월 호』 (지학사, 2023), 14~19쪽 재구성
Ⅲ. 듣기· 말하기	담화	108쪽	10대가 말하다	신유진	『이비에스(EBS) 10대가 말하다 틴스피치』 2020. 11. 12.
		110쪽	우리 곁의 옛 그림 관찰하기	김소연	『신사임당 그림에 담은 자연 친구들』 (도서출판 다림, 2016), 9~13쪽
	토의	116쪽	교실에서 자리를 어떻게 바꿀까?	집필	『중학교 국어 1-1』 (비상교육 박현숙, 2024)
Ⅳ. 쓰기	정서를 표현하는 글 쓰기	132쪽	탑차를 끄는 사계절의 산타	김지원	『2016 광화문글판 에세이 공모전』
		134쪽	선물	성석제	『성석제의 농담하는 카메라』 (문학동네, 2016), 70~72쪽
	정보를 전달하는 글 쓰기	137쪽	우리의 소중한 땅, 독도 바르게 알기	집필	『중학교 국어 1-2』 (비상교육 박영민, 2024)
	주장하는 글 쓰기	141쪽	하나의 성격 유형이 나의 모든 것을 보여 주지는 않는다	집필	『중학교 국어 1-2』 (비상교육 박현숙, 2024)

MEMO

한끝

정답과 해설

통합편

중학
국어1

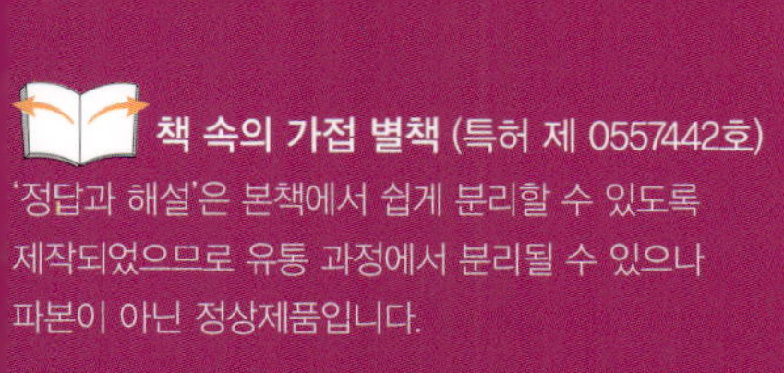

책 속의 가접 별책 (특허 제 0557442호)
'정답과 해설'은 본책에서 쉽게 분리할 수 있도록
제작되었으므로 유통 과정에서 분리될 수 있으나
파본이 아닌 정상제품입니다.

visang

정답과 해설

I 문학

DAY 1 시 / 시조

기본 다지기

✦ 3월 | 오규원

| 작품 설명 |

이 시는 비유를 활용하여 이른 봄의 계절 변화를 노래한 작품이다. 봄눈이 쌓인 풍경을 '하얀 이불'에 빗대고, 봄눈이 녹은 자리에 새싹이 돋아난 모습을 '잠자리에서 뛰어오는 아이들'에 빗대는 등 다양한 비유 표현을 활용하여 풍경의 변화와 분위기를 생생하게 나타내고 있다. 또한 시 전반에 걸쳐 반복되는 구절과 의성어, 의태어 등은 시의 운율을 형성하여 시를 읽는 재미를 부여하고 있다.

| 핵심 보기 |

이 시의 운율 형성 방법

운율이 느껴지는 부분	운율 형성 방법
• 1연의 '봄눈이 내리더니'와 5연의 '해가 떠오르더니' • 2연의 '점심 무렵에는 / 산과 / 들이'와 6연의 '점심 무렵에는 / 산과 / 들에'	같거나 비슷한 소리, 단어, 구절의 반복
펑 펑, 나즉 나즉, 좌아악, 왁자지껄	의성어와 의태어의 사용

이 시의 비유 표현

표현하려는 대상	빗대어 표현한 대상
산과 들에 쌓인 눈	하얀 이불
물소리	자장가
파란 싹들	아이들

핵심만 바로 체크 1 ✕ 2 ○ 3 ✕

실전으로 바로 연습 1 ② 2 ④ 3 ⑤

핵심만 바로 체크

1 이 시는 눈이 내리는 겨울날이 아니라 이른 봄의 계절 변화를 생생하게 표현한 것이 특징이다. 1~4연에서는 3월의 봄눈이 내린 날의 풍경과 분위기를, 5~8연에서는 봄눈이 내린 그 다음 날의 풍경과 분위기를 노래하고 있다.

2 이 시는 같거나 비슷한 소리, 단어, 구절의 반복과 '펑 펑, 나즉 나즉, 좌아악, 왁자지껄'과 같은 의성어와 의태어를 사용하여 운율을 형성하고 있다.

3 이 시에서 '하얀 이불'은 '산과 들에 쌓인 눈'을 간접적으로 비유한 표현, 즉 은유법이 활용된 표현이다.

실전으로 바로 연습

1 1~4연에서는 봄눈이 내린 날의 조용하고 포근한 분위기를, 5~8연에서는 봄눈이 내린 다음 날, 눈이 녹은 자리에 파란 싹들이 일어난 생동감 넘치는 분위기를 대비하여 제시하고 있다.

오답풀이 ① 이 시는 봄눈이 내린 날에서 봄눈이 녹은 그 다음 날로 시간의 흐름에 따라 시상이 전개된다.

③, ⑤ 2연의 '점심 무렵에는 / 산과 / 들이 / 눈부시게 / 하얀 이불을 덮고 / 잠이 들었다'에서 은유법이 사용되었으며, 3연과 4연에서는 '골짝을 타고 내리는 물소리'를 '자장가'에, 7연에서는 땅에 돋아난 '파란 싹들'을 '아이들'로 직접적으로 빗댄 직유법이 사용되었다. 또한 7연과 8연에서 '파란 싹들'을 사람이 행동하는 것처럼 표현한 의인법이 사용되었다.

④ 이 시는 '아침부터 / 펑 펑', '산과 / 들이 / 눈부시게'와 같이 한 행의 길이가 비교적 짧게 구성되어 있다.

2 이 시는 같거나 비슷한 소리, 단어, 구절의 반복을 바탕으로 내재율의 운율을 형성하고 있다. 그러나 행마다 규칙적인 호흡으로 끊어 읽는 마디를 동일하게 반복하지는 않는다.

3 이 시의 7~8연에서 봄눈이 녹은 자리에 솟아오른 '파란 싹들'을 잠자리에서 뛰어나온 '아이들'에 빗대어 표현하고 있다. 두 대상은 활기차고 생동감이 넘친다는 공통점을 가진다.

기본 다지기

✦ 사랑하는 별 하나 | 이성선

| 작품 설명 |

이 시는 '별', '꽃' 등의 상징적 시어를 사용하여 말하는 이의 소망을 노래한 작품이다. '별'과 '꽃'은 외로움과 슬픔 속에서도 위로와 희망을 주는 존재를 상징하며, 말하는 이는 자신도 누군가에게 그러한 사람이 되고 싶은 동시에 그러한 존재를 갖고 싶다는 소망을 드러낸다. 이를 통해 서로가 서로에게 힘이 되고, 어두운 순간에도 희망을 잃지 않으며 따뜻한 위로를 주고받는 삶을 꿈꾸는 긍정적이고 희망적인 메시지를 전달하고 있다.

| 핵심 보기 |

이 시의 상징 표현과 그 의미

별	꽃	길
내 마음을 알아주는 존재, 힘이 되는 존재 등	내게 공감해 주는 존재, 나를 포용해 주는 존재 등	앞으로 살아갈 날들, 앞으로 나아가야 할 방향, 이루고자 하는 꿈이나 목표 등

핵심만 바로 체크

1 이 시의 1~2연에서는 '될 수 있을까'라는 시구를, 3~4연에서는 '되고 싶다'라는 시구를 반복하여 의미 있는 존재에 대한 말하는 이의 소망을 강조하고 있다.

2 이 시는 '별', '꽃', '길'과 같은 시어에 말하는 이의 소망과 관련한 상징적인 의미를 부여하여 주제를 함축적으로 제시하고 있다.

3 이 시의 말하는 이는 누군가에게 '별', '꽃'과 같은 존재가 되고 싶어 하고, 자신도 '별'과 같은 존재를 갖고 싶다고 말한다. 즉 서로가 서로에게 따뜻한 위로가 되고, 의미 있는 존재가 되어 주는 삶을 소망하고 있다.

실전으로 바로 연습

1 이 시의 말하는 이는 1연에서 '나도 별과 같은 사람이 / 될 수 있을까.', 2연에서 '나도 꽃이 될 수 있을까.'와 같은 표현으로 어떠한 대상에게 위로와 힘이 되는 의미 있는 존재가 되고 싶은 소망을 드러내고 있다.

> **오답 풀이** ① 말하는 이는 어린 시절의 추억이 아니라, 현재 자신이 처한 상황에서의 소망을 노래하고 있다.
> ② 이 시에서 자연물인 '별'과 '꽃'이 등장하긴 하지만, 이는 말하는 이에게 깨달음을 주기보다는 말하는 이가 바라보는 이상적인 존재를 상징한다.
> ③ 말하는 이는 '별', '꽃'과 같은 시적 대상을 긍정적으로 여기며 이에 대한 소망을 드러내고 있다. 그러므로 시적 대상에게 냉소적인 태도를 보인다고 볼 수 없다.
> ④ 말하는 이는 의미 있는 존재를 갖고 싶은 바람을 지속적으로 드러내고 있을 뿐, 서로에 대한 인정이 사라진 현실을 비판하고 있지는 않다.

2 이 시는 1연과 2연에서 '나도 ~이 될 수 있을까. ~는 ~이 될 수 있을까.'의 비슷한 문장 구조를 반복하여 시의 분위기를 형성하고 주제를 효과적으로 드러내고 있다.

3 이 시에서 '꽃'은 누군가가 괴롭고 쓸쓸한 순간에 안길 수 있는 존재이다. 따라서 '꽃'은 누군가를 공감해 주고, 포용해 주며, 위로가 되어 주는 긍정적인 존재라고 볼 수 있지만, 누군가의 소원을 들어 주는 존재로 보기는 어렵다.

4 '길'은 말하는 이가 앞으로 나아가야 할 방향, 이루고자 하는 꿈이나 목표 등을 상징하는 시어이며, 말하는 이는 이러한 '길'을 비추어 줄 존재를 소망하고 있다.

기본 다지기

✦ 새로운 길 | 윤동주

| 작품 설명 |

이 시는 언제나 새로운 마음으로 삶을 살고자 하는 말하는 이의 의지를 고백적 어조로 표현한 작품이다. '길'에 '인생'이라는 상징적 의미를 부여하여, 날마다 새로운 마음으로 끊임없이 길을 걸어가겠다는 말하는 이의 삶의 자세를 효과적으로 드러내고 있다.

| 핵심 보기 |

이 시의 상징 표현과 그 의미

시어	상징적 의미
내, 고개	고난, 어려움
숲, 마을	희망, 평화
길	삶, 인생
민들레, 까치, 아가씨, 바람	길에서 만나는 다양한 존재로, 삶에 대한 희망을 주는 존재

핵심만 바로 체크

1 이 시는 자연물에 상징적 의미를 담아 표현하고 있는데, '숲'은 희망과 평화, '고개'는 인생에서 만나는 시련, '민들레'는 길에서 만나는 다양한 존재를 상징한다.

2 이 시에서 '길'이라는 시어가 반복적으로 나타나기는 하나, 이를 모든 연에서 규칙적으로 반복하지는 않는다.

3 이 시의 말하는 이는 지금까지 걸어온 길을 늘 새로운 마음으로 계속 걸어가겠다는 의지를 드러내고 있으며, 이를 통해 말하는 이의 미래 지향적인 태도를 엿볼 수 있다.

실전으로 바로 연습

1 이 시에서는 인생을 상징하는 시어인 '길'을 비롯하여, 추상적인 개념을 내, 고개, 숲, 마을, 민들레 등 구체적인 사물로 드러내고 있다.

2 이 시는 1연을 마지막 연인 5연에서 다시 반복하는 수미상관의 구조를 통해 운율을 형성하고, 말하는 이의 삶의 태도와 의지를 강조하고 있다. 말의 순서를 바꾸어 변화를 주고 있지는 않다.

오답 풀이 ① 1연의 내용을 이 시의 마지막 연인 5연에 한 번 더 반복하고 있다.
③, ④ 1연과 5연을 반복적으로 구성함으로써 형태적으로 안정감을 주고, 리듬감을 형성하고 있다.
⑤ 1연은 늘 새로운 마음으로 끊임없이 길을 걸어가겠다는 말하는 이의 삶의 태도와 의지를 드러낸다. 이를 마지막 연에 한 번 더 반복함으로써 말하는 이의 삶에 대한 태도와 의지를 강조하고 있다.

3 이 시의 3연에서 '민들레', '까치', '아가씨,' '바람'은 말하는 이가 살면서 만나는 다양한 존재를 상징한다. 하지만 '고개'는 말하는 이가 삶에서 만나는 어려움, 고난, 역경 등을 상징한다.

4 이 시에서 '내'와 '고개'는 말하는 이가 삶에서 겪게 되는 고난과 역경, 어려움 등을 의미하고, '숲'과 '마을'은 말하는 이가 가고자 하는 평화로운 공간, 즉 희망과 평화를 의미한다.

기본 다지기

020~021쪽

✦ 딱지 | 이준관

| 작품 설명 |
이 시는 상처에 생긴 딱지를 억지로 떼어 내지 말아야 상처가 낫는다는 어린 시절 아버지의 말을 통해, 시련을 이겨 내고 성장하기 위해서는 상처를 입고 그것을 회복하는 과정이 필요함을 표현한 작품이다. 일상적인 경험 속에서 보편적인 삶의 가치를 깨닫고 있으며 비유 표현을 사용해 의미를 구체적으로 드러내고 있다.

| 핵심 보기 |
말하는 이의 성장 과정

어린 시절의 '나'	흉물 같은 딱지를 싫어하며 손톱으로 긁어서 떼어 내려고 함.
아버지의 조언	딱지를 떼어 내지 말아야 상처가 낫고, 새살이 돋는다고 조언함.
성인이 된 '나'의 깨달음	몸에 생긴 딱지를 떼지 않아야 상처가 낫는 것처럼 마음속에 생긴 딱지 역시 저절로 떨어지는 과정을 겪어야만 상처가 회복되고 성장할 수 있음을 깨달음.

핵심만 **바로 체크** 1 ○ 2 ○ 3 ○

실전으로 **바로 연습** 1 ④ 2 ① 3 ⑤

핵심만 바로 체크

1 이 시의 1~11행에서 말하는 이는 '딱지'와 관련된 자신의 어린 시절 경험을 회상하고 있다.

2 13~14행의 '사람에 걸려 넘어지고 부딪히며 / 마음에 딱지를 달고 다닌다'를 통해 말하는 이가 사람들과의 관계에서 생기는 오해와 갈등으로 마음의 상처를 받았음을 알 수 있다.

3 이 시는 딱지가 생기고 떨어지면서 상처가 회복되는 과정을 시련을 극복하고 성장해 가는 인생의 과정에 빗대어 표현하고 있다.

실전으로 바로 연습

1 이 시의 말하는 이는 딱지와 관련된 아버지의 말씀을 바탕으로 아픔을 극복하고 성장하기 위해서는 상처를 회복하는 과정을 참고 견디는 자세가 필요하다는 깨달음을 전하고 있다. 따라서 이를 접한 독자들은 힘들었던 경험을 떠올리고, 이를 극복하면 언젠가 성장할 수 있음을 깨달을 수 있을 것이다.

2 이 시의 '딱지'는 몸이나 마음에 난 상처 또는 상처가 회복되는 과정, 그리고 시련 등을 극복하고 성장하는 과정과 관련이 있어야 한다. 시에서 '딱지'를 태어날 때부터 지니고 있던 상처로 표현한 부분은 드러나지 않는다.

3 '아버지의 말씀'은 7행과 17행의 내용을 가리키는 것으로, 현재의 '나'에게 생긴 마음의 딱지 역시 몸에 생긴 딱지처럼 저절로 떨어지기를 기다리는 과정에서 성장할 수 있다는 깨달음을 준다. 그러나 이것이 아버지가 실패했던 경험을 바탕으로 '나'에게 한 질책에 해당하지는 않는다.

DAY 3 시 / 시조

본문 022~027쪽

기본 다지기

022~023쪽

✦ 오우가 | 윤선도

| 작품 설명 |
이 시조는 조선 시대의 문신인 윤선도의 작품으로 물, 바위, 소나무, 대나무, 달을 벗 삼아 살고자 하는 마음을 노래하고 있다. 시인은 각 자연물에 상징적 의미를 부여하여 자연물이 지닌 덕을 예찬하였다.

자연물의 속성과 상징적 의미

자연물	속성과 상징적 의미
물	• 깨끗함(청렴함). • 그치지 않음.
바위	변하지 않음(불변성).
소나무	꿋꿋함(지조와 절개).
대나무	• 곧음(굳건함). • 속이 비어 있음(청렴함).
달	• 온 세상을 다 비춤(포용성). • 보고도 말이 없음(과묵함).

핵심만 바로 체크 1 ○ 2 ○ 3 ✕

실전으로 바로 연습 1 ⑤ 2 ④ 3 ④ 4 포용하는 태도와 과묵한 태도

핵심만 바로 체크

1 이 시조는 '물, 바위, 소나무, 대나무, 달'과 같은 자연물을 다섯 벗이라고 의인화하여 표현하고, 그 속성을 유교적 이념에 연결하고 있다.

2 이 시조 전반에 걸쳐 '물, 바위, 소나무, 대나무, 달'이 말하는 이의 벗으로 등장하며, 각각의 속성을 통해 말하는 이가 지향하는 삶의 태도를 제시하고 있다.

3 제2수에서 말하는 이가 바람보다 물을 좋아하는 이유는 자꾸 그치는 바람보다 깨끗하고 그치지 않는 물의 속성 때문이다.

실전으로 바로 연습

1 제6수에서는 포용성과 과묵함을 지닌 '달'의 덕성을 예찬하고 있으며, 자연을 누리며 살아가게 한 임금의 은혜를 달빛에 빗댄 것은 아니다.

오답 풀이 ① 이 시의 제1~6수에 걸쳐 말하는 이는 '물, 바위, 소나무, 대나무, 달'을 자신의 벗으로 여기며 예찬하고 있다. 이를 통해 말하는 이의 자연 친화적인 태도를 알 수 있다.
② 제1수에서 '물, 바위, 소나무, 대나무, 달'을 소개하고, 나머지 다섯 수에서 차례대로 다섯 벗을 좋아하는 이유를 밝히고 있다.
③ 제3수에서 쉽게 변하는 '꽃'과 '풀'의 속성과 대조하여 변하지 않는 '바위'를 예찬하고 있다.
④ 제4수에서는 '꽃'과 '잎'이 계절에 따라 변하는 일반적인 자연의 섭리를 설명한 후, 중장과 종장에서 '소나무'가 눈서리에도 변하지 않는 속성을 이와 대조하여 벗으로서 소나무의 지조와 절개를 칭찬하고 있다.

2 '바위'와 '솔(소나무)'은 가변성을 지닌 '꽃', '풀', '잎'과 달리 변함없이 한결같은 모습을 지키는 존재들이다.

3 이 시조는 외형률이 드러나는 작품으로, 세 글자와 네 글자의 배열을 반복하거나, 4음보의 단위로 끊어 읽거나, 유사한 문장 구조를 나란히 배치하는 대구법을 활용하여 운율을 형성하고 있다.

4 제6수에서 '달'은 온 세상의 만물을 비추는 넓은 마음(포용성)과 보고도 말을 하지 않는 과묵한 태도를 지녔다고 노래하고 있다.

실력 쌓기

024~027쪽

01 ④   02 ⑤   03 ①   04 사람이 아닌 것을 사람에 빗대어, 사람이 행동하는 것처럼 표현하는 의인법이 사용되었다.
05 ②   06 ③   07 ⑤   08 ⑤   09 ⑤   10 ⑤
11 ④   12 ①   13 성장   14 ④   15 ④   16 ②
17 제2, 3, 4수

01 이 시는 시각적 심상('눈부시게 하얀 이불'), 청각적 심상('물소리만 나즉 나즉') 등 다양한 이미지를 활용하여 이른봄의 생동감을 감각적으로 표현하고 있다.

오답 풀이 ① 이 시는 꽃이 만개한 봄날이 아닌, 봄눈이 내리고 그 다음 날 눈이 녹아 새싹이 돋아난 이른 봄의 정경을 그리고 있다.
② 이 시에서 새싹을 예찬하는 태도를 보이지는 않는다.
③ 이 시에서 봄눈은 새싹과 대조되는 시어가 아니며, 생명을 향한 의지 또한 나타나지 않는다.
⑤ 이 시는 풍경과 분위기를 재치 있게 묘사하고 있을 뿐, 비현실적인 장면이나 이상향에 도달하고자 하는 말하는 이의 소망은 나타나지 않는다.

02 이 시의 1~4연은 전반부로, 봄눈이 내린 날의 풍경에서 조용하고 포근한 분위기가 느껴진다. 5~8연은 후반부로, 그 다음 날 봄눈이 녹고 새싹이 일어나는 풍경에서 활기찬 분위기가 느껴진다.

03 '하얀 이불', '자장가', '아이들'은 각각 '쌓인 눈', '물소리', '파란 싹들'이라는 원관념을 빗대어 표현한 보조 관념이다.

04 [A]는 사람이 아닌 것을 사람에 빗대어 표현하는 의인법을 사용하여, '파란 싹들'이 돋아난 모습을 마치 사람이 행동하는 것처럼 표현했다. 이를 통해 이른 봄의 생동감과 동적인 분위기를 느낄 수 있다.

05 이 시의 말하는 이는 힘들 때 위로가 되어 주는 존재를 '별'이라는 상징적인 소재로 표현하면서 '가슴에 사랑하는 별 하나를 갖고 싶다.'고 소망하고 있다.

오답풀이 ① 이 시에서 과거 회상은 드러나지 않는다.
③ 말하는 이는 '가슴에 사랑하는 별 하나'와 같이 의미 있는 존재를 갖기를 소망한다. 그러므로 말하는 이가 주변에 자신을 이해해 주는 존재가 많다고 생각한다고 볼 수는 없다.
④ 말하는 이는 외로운 자신을 위로해 줄 누군가를 소망하고 있을 뿐, 미래에도 외롭고 쓸쓸할 것이라고 전망하고 있지는 않다.
⑤ 말하는 이는 누군가에게 의미 있는 존재가 되고 싶은 소망은 있으나, '될 수 있을까'와 같이 의문형으로 표현하고 있다. 따라서 자신이 상대에게 위로가 되는 존재임을 확신한다고 보기 어렵다.

06 세상일이 괴로워 쓸쓸히 밖으로 나서는 날에 '눈물짓듯 웃어 주는'이라고 하였으므로, 이는 누군가의 괴로움과 슬픔 등에 공감하고 이를 위로하며 웃어 준다는 뜻이다.

오답풀이 ① ㉠ '눈 마주쳐 마음 비쳐 주는'은 외로운 마음을 알아 주고 위로가 된다는 뜻이다.
② ㉡ '화안히'는 '환히'를 의도적으로 늘여 쓴 표현이며 이를 통해 운율감을 느낄 수 있게 한다.
④ ㉣ '마음 어두운 밤 깊을수록'은 말하는 이의 현재 상황이 괴롭고 힘들다는 것을 의미한다.
⑤ ㉤ '나를 씻어'는 '나'의 마음을 정화해 준다는 뜻이다. 또한 '길'은 '앞으로 살아갈 날들'을 의미하므로, 앞으로 살아갈 날들을 비추어 희망을 준다는 의미이다.

07 이 시에서 '별'과 '꽃'은 내 마음을 알아주는 존재, 힘이 되어 주는 존재, 공감해 주는 존재, 포용해 주는 존재 등을 상징한다. 이 시에서 말하는 이가 서로가 서로의 잘못을 깨닫게 해 주는 존재가 되고 싶은 소망을 드러낸 시어나 시구는 찾을 수 없다.

08 이 시에서 '별'과 '꽃'은 외롭고 쓸쓸한 상황 속에서 위로와 힘을 주는 존재로, 말하는 이의 소망을 담고 있는 상징적인 소재이다. 이러한 상징 표현은 막연한 대상을 눈에 보이는 사물로 표현하여 작품의 주제를 효과적으로 드러내고, 대상에 여러 의미를 부여하여 작품을 다양하고 깊이 있게 감상할 수 있도록 한다.

09 이 시의 전체적인 내용을 고려해 볼 때, 말하는 이는 단순히 어려움이 없는 길만을 찾는 것이 아니라, 어려움을 이겨 내고 언제나 새로운 마음으로 길(인생)을 걸어가겠다는 의지적인 태도를 보이고 있다.

10 이 시는 1연을 5연에서 반복하는 수미상관의 구조를 통해 운율을 형성하고 시에 안정감을 부여하며, 말하는 이의 삶의 태도와 주제를 강조한다. 또한 1연과 5연에는 추상적인 대상을 구체적으로 표현한 시어가 사용되었을 뿐, 구체적인 대상을 추상적으로 나타낸다는 설명은 적절하지 않다.

11 [A]는 성인이 된 현재의 말하는 이가 주변 사람들과의 관계에서 생기는 오해나 갈등 등으로 마음의 상처를 많이 받았음을 드러낸다.

오답풀이 ① [A]는 아버지와 말하는 이의 관계에 대한 내용이 아니라, 말하는 이가 마주하는 다른 사람들과의 관계에 대한 내용이다. 따라서 말하는 이가 아버지와 심한 갈등을 겪고 있다고 볼 수는 없다.
② [A]에서 말하는 이는 다른 사람들과의 관계에서 마음의 상처를 입었음을 언급하고 있을 뿐, 이 관계에서 자신이 어떤 행동을 취했는지는 제시하고 있지 않다. 따라서 말하는 이가 자신이 처한 어려움을 외면하지 않고 당당하게 맞섰다고 추측하기는 어렵다.
③ [A]에서 말하는 딱지는 육체적인 것이 아니라, 마음에서 오는 상처로 인한 것이다.
⑤ 다른 사람들에게 마음의 상처를 입었다는 것을 통해 말하는 이의 마음이 여리다고 생각할 수는 있으나, 이것만으로 말하는 이가 소심하여 현실에 적응하지 못하였다고 추측하는 것은 적절하지 않다.

12 ㉠, ㉡, ㉢은 모두 몸에 생긴 딱지를 의미하며, ㉣, ㉤은 새로 돋아난 살을 의미한다.

13 이 시는 일상에서 쉽게 접할 수 있는 '딱지'라는 소재를 활용하여 딱지가 생기고 새살이 돋는 것처럼 사람은 상처를 입고 회복되는 과정에서 더욱 성장할 수 있음을 전하고 있다.

14 말하는 이는 자연물을 다섯 벗이라고 칭하며 자연물의 속성을 예찬하고 있다. 또한 자연물의 덕성을 바탕으로 지향하고자 하는 삶의 태도를 드러낸다.

오답풀이 ① 이 시조에서 자연물을 본받고자 하는 태도는 드러나지만, 자연물을 통해 말하는 이가 반성하는 태도를 보이지는 않는다.
② 이 시조는 자연물 그 자체를 예찬하는 내용을 담고 있으며, 자연물을 통해 세상의 부조리함을 비판하고 있지는 않다.
③ 이 시조는 자연물의 가치를 논리적이거나 분석적으로 평가하고 있지 않으며, 자연물에 주관적인 의미를 부여하여 이를 칭송하고 있다.
⑤ 말하는 이는 벼슬을 피하거나 자연물을 가까이하며 사는 즐거움보다는 자연물로부터 깨달은 진리를 노래하고 있다.

15 이 시조의 제5수에서는 곧고 속이 비어 있는 대나무의 특성을 바탕으로 외형적으로 굳건하면서도 내면은 비우고 청렴하게 살아가야 한다는 덕목을 강조하고 있다. 그러므로 대나무는 지조와 청렴함의 상징으로 볼 수 있다.

16 말하고자 하는 바를 반대로 표현함으로써 의미를 강조하는 표현 방법은 반어이다. 이 시조에는 문답법, 설의법, 상징 표현, 대구법 등 다양한 표현 방법이 활용되었으나, 반어는 활용되지 않았다.

17 제2, 3, 4수에서는 쉽게 변하는 속성을 가진 자연물인 '구름', '바람', '꽃', '풀', '잎'을 쉽게 변하지 않는 속성을 가진 '물', '바위', '소나무'와 대비함으로써 말하는 이가 본받고자 하는 자연물의 속성을 더욱 강조하고 있다.

기본 다지기
032~039쪽

✦ 하늘은 맑건만 | 현덕

| 작품 설명 |
이 소설은 문기가 고깃간에서 거스름돈을 잘못 받은 뒤 다양한 갈등을 겪는 과정을 담고 있는 작품이다. 순간적인 욕심 때문에 양심에 어긋난 행동을 한 문기가 겪는 내적 갈등과 외적 갈등, 그리고 문기의 심리 변화를 구체적으로 묘사함으로써 양심을 지키는 삶의 중요성을 강조하고 있다.

| 핵심 보기 |

갈등의 종류	갈등의 양상	갈등의 해결 과정
문기의 내적 갈등	문기는 잘못 거슬러 받은 돈으로 산 공과 쌍안경을 수만에게 받았다고 삼촌에게 거짓말을 하고 나서 양심의 가책을 느낌	문기는 공과 쌍안경을 버리고, 남은 거스름돈을 고깃간 안마당에 던짐.
문기와 수만의 외적 갈등	수만은 남은 돈을 돌려주었다는 문기의 말을 믿지 않고 문기를 협박함.	문기는 숙모의 돈을 훔쳐 수만에게 줌.
문기의 내적 갈등	문기는 자신이 숙모의 돈을 훔쳤는데 점순이 누명을 쓰고 쫓겨나자 죄책감에 시달림.	문기는 교통사고를 당한 후 삼촌에게 모든 사실을 털어 놓음.

소주제 발단 거스름돈　전개1 수만, 반성　전개2 고깃간
위기1 숙모　위기2 점순, 누명　절정 자백, 교통사고　결말 고백

핵심만 바로 체크 1 ×　2 ○　3 ○　4 죄책감　5 ○　6 ○
7 정직　8 ○　9 자신, 마음

실전으로 바로 연습 1 ②　2 ⑤　3 ⑤　4 ②　5 ①　6 ②
7 ③　8 ⑤　9 ④　10 ②

핵심만 바로 체크

1 고깃간에서 거스름돈을 더 받은 문기는 당황하여 숙모에게 사실대로 말하려 했지만, 친구 수만의 제안에 흔들리며 결국 숙모에게 거짓말을 하고 말았다. 수만은 문기에게 잔돈만 숙모에게 주고 나머지 돈으로 원하는 것을 사자고 제안했고, 문기는 이에 동조하여 잘못된 선택을 하게 된 것이다.

2 (다)에서 수만은 문기가 잘못 거슬러 받은 돈으로 평소에 원하던 물건을 마음껏 사자는 제안을 하고, 문기는 이를 받아들여 잘못된 행동을 하게 된다. 따라서 문기는 갈등 속에서 올바른 판단을 하지 못하고 친구의 부추김에 넘어가 잘못된 선택을 하게 된 것이다.

3 (라)에서 문기와 수만은 환등 기계를 사서 아이들에게 일 전씩 받고 구경을 시켜 주는 계획을 세운다. 이를 통해 용돈을 벌고자 하는 것이다. 즉, 즐거운 계획이란 단순히 환등 기계를 가지고 노는 것이 아니라, 이를 활용하여 용돈을 벌고자 하는 목적을 포함하고 있다.

4 (바)에서 문기는 삼촌에게 혼난 후 스스로의 행동에 대해 반성하게 된다. 삼촌이 문기에게 성실하지 못한 행동을 하는 것과 나쁜 친구들과 어울리는 것에 대한 훈계를 하자, 문기는 자신이 잘못된 행동을 했음을 깨닫고 부끄러움과 죄책감을 느낀다.

5 (자)에서 쓰고 남은 거스름돈을 고깃간에 던져서 이제 돈이 없다는 문기의 말에 수만은 문기가 혼자 돈을 쓰려고 거짓말을 한다고 생각하며 돈을 달라고 요구하고 있다.

6 (카)에서 문기는 숙모가 점순이 돈을 가져갔다고 말하자 속으로 돈을 갚으면 그만이라고 생각하고 있다.

7 (파)에서 문기는 수신 시간에 '정직'에 대한 선생님의 말씀을 들으며 양심의 가책을 느끼고, 운동장에서도 죄책감으로 괴로워한다.

8 [A]에서 문기는 수신 시간에 선생님이 자신의 잘못을 아는 것처럼 느끼고 있다. '도둑이 제 발 저리다'는 지은 죄가 있으면 자연히 마음이 조마조마해진다는 의미로, 이러한 문기의 모습과 관련이 있다.

9 (너)에서 문기는 병원 침대에 누워 삼촌에게 자신의 모든 잘못을 솔직하게 고백하며 진심으로 반성하는 모습을 보여 준다. 이를 통해 문기는 마음속에 쌓였던 죄책감과 불안감을 해소하고, 비로소 마음의 평화를 되찾게 된다.

실전으로 바로 연습

1 이 글은 전지적 작가 시점으로, 작품 밖의 서술자가 사건의 정황이나 인물의 심리까지 모두 자세하게 설명하고 있다. 따라서 작품 속의 인물이 서술자 역할을 하는 1인칭 시점으로 볼 수 없다.

2 수만과 문기는 잘못 받은 거스름돈을 그동안 사고 싶었던 것을 사거나 하고 싶었던 일을 하는 데 쓰기로 마음먹는다. 따라서 이 둘이 돈을 사용하고 싶은 곳이 달라 갈등을 겪는다는 설명은 적절하지 않다.

오답풀이 ① 수만은 거스름돈을 쓰자고 문기를 꾀어내고 있다. 자신의 돈도 아니면서 이를 사용하고자 하는 행동에서 수만은 겁이 없고 영악한 성격임을 알 수 있다.
② 돈을 쓰자는 수만의 말에 머뭇거리는 문기의 모습으로 보아 소극적이고 소심한 성격임을 알 수 있다.
③ 수만이 문기에게 돈을 함께 쓰자고 제안하면서 문기의 행동에 변화를 일으키고 있다.

④ 문기를 중심으로 사건이 전개되므로 문기는 사건을 이끌어 나가는 중심인물이다.

3 수만이 말한 '좋은 일'이란 '거리에서 보고 지내던 온갖 가지고 싶고 해 보고 싶은 가지가지를 한번 모조리 돈으로 바꾸어 보자는 것'이다.

4 (마)에서 삼촌은 문기의 말을 믿어 주며 문기가 나쁜 길로 빠지지 않도록 훈계를 하고 있다. 따라서 삼촌이 문기의 거짓말을 눈치채게 되면서 문기와의 갈등이 심화되었다는 설명은 적절하지 않다.

5 (라)에서 문기는 수만과 함께 잘못 받은 거스름돈을 쓰면서 기쁨을 느끼나, (마)~(바)에서 삼촌의 훈계를 들으며 자신의 행동에 대해 죄책감과 부끄러움을 느끼게 된다. 이후 (사)에서 문기는 잘못 받은 거스름돈으로 산 물건들을 버리고, 남은 돈을 고깃간 안마당에 던져 놓으면서 내적 갈등을 해결하고 후련함을 느끼게 된다.

6 (자)~(차)에는 자신의 잘못을 바로잡고 싶은 문기와 그런 문기를 협박하는 수만의 외적 갈등이 드러나 있다. 수만과의 외적 갈등을 해결하기 위해 문기는 숙모의 돈을 훔쳤으나, 이 행동은 또 다시 문기의 내적 갈등을 불러일으키고 있으므로 문기의 행동은 불완전한 갈등 해결 방안임을 알 수 있다.

오답 풀이 ㄴ. 이 글에는 주인공인 문기의 내적 갈등이 두드러지게 나타난다. 그러나 문기는 사회적 편견에 맞서 저항하는 인물이 아니다. ㄷ. 하나의 갈등이 해결되기 전에 또 다른 갈등이 발생하여 사건이 얽히고 있는 것이 아니라 갈등을 해결하기 위해 한 행동이 또 다른 갈등을 불러일으키고 있다.

7 (차)에서 문기는 돈을 가지고 나오라는 수만의 협박에 못 이겨, 숙모가 화초 모종을 하는 사이 몰래 붙장 안의 돈을 훔쳐 수만에게 주었다. 따라서 문기가 숙모에게 돈을 빌렸다는 설명은 적절하지 않다.

8 점순은 문기 대신 붙장에 있던 돈을 훔쳤다는 누명을 쓰고 쫓겨나고, 문기는 이 사실에 죄책감을 느껴 뜬눈으로 밤을 새운다.

9 이 글의 결말인 (너)에서 문기가 숙모에게 돈을 돌려주었다는 내용은 나타나지 않는다.

10 '하늘'은 정직하지 못한 행동 때문에 죄책감에 시달리는 문기와 대조되는 대상으로, 문기가 회복하고 싶은 양심과 정직한 마음을 상징하는 대상이기도 하다.

기본 다지기 　　040~047쪽

✦ 멍키 스패너 | 진형민

| 작품 설명 |

이 소설은 엄마가 집을 비운 사이 고장 난 화장실의 전등불과 세면대를 스스로 고치면서 생긴 '한경'의 변화와 성장을 담고 있는 작품이다. 소설 속 주인공인 '나'를 주인공으로 설정하여, 어른들의 도움을 받아 문제를 해결하려는 수동적인 태도에서 벗어나 자신의 힘으로 문제를 해결할 수 있다는 자신감을 갖게 된 '한경'의 심리 변화와 내면의 성장 과정을 세밀하게 표현하였다.

| 핵심 보기 |

세면대를 고치기 전 '나'의 태도	세면대를 고치친 후 '나'의 태도
• 엄마가 없는 동안 동생 한아를 돌봐야 하는 것을 귀찮게 여김. • 문제를 스스로 해결하지 않고 어른들의 도움을 받으려는 수동적인 태도를 보임.	• 함께 세면대를 고치며 한아의 존재가 자신에게 힘이 되고 있다는 것을 깨달음. • 문제를 스스로 해결할 수 있다는 자신감과 적극적인 태도를 가지게 됨.

소주제 **발단** 전등불, 세면대　**전개** 수리비　**위기** 관리 사무소　**절정** 근심, 스스로　**결말** 뿌듯함

핵심만 바로 체크 1 ○　2 ×　3 ×　4 ×　5 한성 설비　6 ×
7 ×　8 ○　9 ×　10 멍키 스패너

실전으로 바로 연습 1 ③　2 ②　3 혹　4 ④　5 ④　6 ③
7 ①　8 멍키 스패너　9 ④　10 ⑤

핵심만 바로 체크

1 '나'라는 표현을 사용하여 주인공이 자신의 생각이나 속마음을 자연스럽게 이야기하는 것으로 보아, 이 소설은 소설 속 주인공이 자신의 이야기를 직접 서술하는 1인칭 주인공 시점이라는 것을 알 수 있다.

2 (다)에서 엄마는 냉장고 안에 한아가 좋아하는 밑반찬들을 꽉꽉 채워 두었다고 했을 뿐, '나'가 좋아하는 밑반찬을 채워 뒀는지는 확인할 수 없다. 이러한 엄마의 행동을 미루어 볼 때 엄마가 한아를 아기처럼 취급한다는 것을 보여 준다.

3 (다)에서 한아가 화장실 문을 열고 볼일을 본 것은 화장실 전등불이 나갔기 때문임을 알 수 있다.

4 엄마가 집을 비운 사이 화장실 불이 나가고 세면대가 막히는 등 여러 문제가 발생하지만, '나'는 엄마가 돌아와 이를 해결할 것이라고 생각하고 있을 뿐 자신이 직접 문제를 해결하기 위해 적극적으로 노력하고 있지는 않다.

5 (마)에서 만년 철물점 할머니는 한성 설비에 대해 세면대, 화장실, 싱크대 등 막힌 건 무엇이든 다 뚫어 주는 곳이라고 말하며, '나'에게 한성 설비에 막힌 세면대 문제를 물어보라고 조언했다.

6 '나'가 세면대를 뚫기 위해 제일 처음으로 간 곳은 '만년 철물점'이다. 이후 '나'는 관리 사무소에 한번 가 보라는 만년 철물점 할머니의 말을 듣고, 관리 사무소에 찾아가 도움을 요청하려고 하였다.

7 '나'는 자전거 가게 사장님에게 멍키 스패너를 빌리고, 혼자 동영상을 찾아보고 순서대로 막힌 세면대를 뚫었다. 따라서 자전거 가게 사장님이 '나'에게 세면대 뚫는 법을 알려 주었다는 설명은 적절하지 않다.

8 (차)에서 '나'는 막힌 세면대를 뚫기 위해 동영상을 따라 작업했고, 배수관을 막고 있던 머리카락 뭉치를 빼내었다. 이를 통해 세면대가 막혀 물이 내려가지 않았던 것은 머리카락 때문임을 알 수 있다.

9 (타)에서 '나'는 한아도 유리컵에 주스를 마시는 맛과 멋을 누릴 자격이 있다고 생각하며, 유리잔에 오렌지주스를 따라 한아에게 주었다.

10 (파)에서 '나'는 멍키 스패너를 손에 쥐면 자신의 힘이 몇 배로 커지면서 고장 난 것들을 스스로 척척 고치는 사람이 될 수 있을 것 같다고 하였다. 따라서 '나'는 멍키 스패너로 세면대 고친 경험을 통해 스스로 문제를 해결할 수 있다는 자신감을 얻게 되었음을 알 수 있다.

실전으로 바로 연습

1 (나)에서 '나'는 눈을 감고 자는 척하며 배고프다는 동생의 말을 못 들은 체 하고 있다. 따라서 '나'가 잠을 자느라 동생의 말을 듣지 못하였다는 설명은 적절하지 않다.

오답풀이 ① (가)에서 '나'는 엄마 없이 일주일 동안 자신의 마음대로 생활할 수 있다는 생각에 들뜬 모습을 보이고 있다.
② (나)에서 '나'는 자신과 달리 여덟 살이 됐는데도 아기 취급을 받는 동생을 못마땅하게 여기고 있다.
④ (라)에서 한아가 세면대 물이 안 내려가 '나'를 부르자, '나'는 "언니가 저번에 알려 줬지? 이렇게 한 번 더 누르면 물이 ……."라고 말하였다. 이를 통해 '나'가 이전에 한아에게 세면대의 물이 내려가게 하는 방법을 알려 준 적이 있음을 알 수 있다.
⑤ (라)에서 '나'는 화장실의 전등불에 이어 세면대까지 고장 나자, 엄마가 돌아와 문제를 해결해 줄 것이라 생각하고 있다.

2 '엎친 데 덮치다'는 어렵거나 나쁜 일이 겹치어 일어날 때 사용하는 표현이다. ㉠은 화장실 전등불이 나가고 세면대가 막히는 등 예상치 못한 문제가 연달아 발생한 것을 가리키므로, '엎친 데 덮치다'라는 관용구를 쓸 수 있다.

3 (나)에서 '나'는 '옆구리에 혹이 하나 붙어 있기는 했다.'라고 하였다. 이때 '혹'은 동생 한아를 비유적으로 표현하는 말로, 동생을 귀찮게 여기는 '나'의 태도가 단적으로 드러난다.

4 (마)를 통해 수리비와 별도로 한성 설비 사장님은 한 번 방문할 때마다 기본 출장비가 5만 원임을 알 수 있다. 따라서 한성 설비에서 세면대를 수리하는 데 드는 비용은 5만 원보다 더 많이 들 것임을 짐작할 수 있다.

5 '나'는 물건을 수리하기 위한 인건비를 아까워하는 사람들의 태도를 나무라는 만년 철물점 할머니의 말도 틀린 건 아니라며 수긍하는 모습을 보인다. 다만 돈이 많으면 얼마든 순순히 낼 수 있지만, 자신은 엄마가 주고 간 10만 원이 전부이기 때문에 부담스럽다는 입장을 보인다.

6 (아)에서 한아의 근심 어린 두 눈을 본 '나'는 막힌 세면대 문제를 직접 해결하기로 결심하고, 보란 듯이 양칫물을 바닥에 퉤 뱉으며 '한번 해 보지, 뭐. 안 되면 말고.'라고 생각하였다. 이러한 '나'의 모습은 자신의 힘으로 문제를 해결하려는 '나'의 적극적이고 자신감 있는 태도를 드러내는 것으로, 불안하고 두려운 마음을 감추고 있다고 보기는 어렵다.

오답풀이 ① (차)에서 '나'와 한아는 힘을 합쳐 막힌 세면대를 뚫었다.
② (아)에서 사건의 시점이 토요일 아침에서 그 전날인 금요일 밤으로 전환되고 있다.
④ '나'는 처음에는 동생을 귀찮게 여겼으나, 함께 배수구를 고칠 때 냄새를 참아가며 의리를 지키는 한아를 보고 대견함을 느끼고 있다.
⑤ (차)에서 '나'는 '세면대 뚫는 법'에 관한 동영상을 다섯 번쯤 돌려 보는 적극적인 문제 해결 태도를 보여 주고 있다.

7 (아)에서 동생 한아의 근심 어린 눈동자를 본 '나'는 '한번 해 보지, 뭐. 안 되면 말고.'라는 다짐을 하며, 자신이 직접 막힌 세면대를 고치기로 결심하였다. 이는 이전과는 다르게 적극적이고 능동적으로 문제를 해결하려는 '나'의 태도가 드러나는 부분이다.

8 (자)에서 '나'는 '막힌 세면대 뚫는 법'에 관한 동영상을 찾아보며 세면대를 고치기 위해서는 '멍키 스패너'가 필요하다는 것을 알게 되었고, 이를 자전거 가게 사장님께 빌렸다.

9 (카)에서 '나'는 세면대가 잘 고쳐졌는지 확인하기 전까지 마음이 조마조마하였으나, 세면대가 뚫린 것을 확인한 뒤에는 "별것도 아니네."라고 말하며 성취감과 안도감을 느끼고 있다.

오답 풀이 ① '나'는 막힌 세면대를 스스로 고치고 난 후 뿌듯함, 성취감, 자신감 등의 복합적인 감정을 느꼈다.
② 엄마는 한아를 아기 취급하며 유리컵을 사용하지 못하도록 했다. 그러나 (타)에서 '나'는 엄마와 달리, 한아도 이 맛과 멋을 누릴 자격이 있다며 한아에게 오렌지주스를 유리컵에 따라 주었다.
③ '나'는 막힌 세면대를 고치는 데 성공한 후 고장 난 것들을 스스로 척척 고치는 사람이 될 수 있을 것 같다고 생각하며, 화장실 전등불을 가는 것에도 도전한다. 이를 통해 '나'는 문제를 적극적으로 해결하려는 태도를 지니게 된 자신을 긍정적으로 여기고 있음을 알 수 있다.
⑤ (카)에서 '나'는 막힌 세면대를 고친 후, 내친김에 나머지 문제도 해결하기 위해 철물점에 가서 화장실 전구를 샀다. 그리고 (타)에서 한아를 목욕시키던 '나'는 머리 위의 불빛이 환했다고 하였다. 이를 통해 '나'는 막힌 세면대 문제를 해결한 뒤에 화장실 전등불까지 고쳤음을 알 수 있다.

10 ㉠은 엄마가 없는 동안 화장실의 전등불이 나가고 세면대의 물이 내려가지 않는 문제가 발생했지만, 이를 모두 해결하여 원래의 문제 없는 상태로 되돌려 놓았음을 의미한다.

DAY 16 소설

본문 048~055쪽

기본 다지기

048~055쪽

✦ 동백꽃 | 김유정

| 작품 설명 |
이 소설은 산골 마을의 소년과 소녀의 순박한 사랑 이야기를 담고 있다. 순박하고 어수룩한 '나'가 점순의 사랑을 알아채지 못하면서 해학성이 유발되고, 점순이 벌인 닭싸움을 통해 갈등이 발생한다. 사건의 흐름을 역순행적 구성으로 표현하고 있으며, 비속어와 사투리의 사용으로 토속적인 분위기를 형성하고 있다. 결말 부분에서는 동백꽃을 통해 서정적인 분위기를 감각적으로 드러낸다.

| 핵심 보기 |

갈등의 원인	점순이 호감의 표시로 '나'에게 감자를 주지만, '나'는 감자를 받지 않음.
갈등의 진행	점순이 닭싸움을 시켜 '나'의 닭을 괴롭히자, '나'는 자신의 닭에게 고추장을 먹여 점순네 닭을 이기려고 함.
갈등의 해결	'나'가 점순네 닭을 때려죽인 것을 점순이 어른들에게 이르지 않겠다고 하고, '나'와 점순은 동백꽃 속으로 쓰러짐.

소주제 **발단** 싸움 **전개** 감자, 거절 **위기** 고추장 **절정** 괴롭 **결말** 동백꽃

핵심만 바로 체크 1 × 2 ○ 3 ○ 4 ○ 5 × 6 ○ 7 ○ 8 × 9 ○ 10 ○

실전으로 바로 연습 1 ⑤ 2 감자 3 ② 4 ④ 5 ④ 6 ⑤ 7 그때에는 뜻밖에 내가 닭쌈을 붙여 놓는 데 놀라서 울 밖으로 내다보고 섰던 점순이도 입맛이 쓴지 눈살을 찌푸렸다. 8 ⑤ 9 ② 10 ⑤ 11 (노란) 동백꽃

핵심만 바로 체크

1 (가)와 (나)에서 '두 놈이 또 얼렸다'. '이번에도 점순이가 쌈을 붙여 놨을 것이다' 등을 미루어 보아 점순이 의도적으로 두 수탉을 싸움 붙이는 일을 반복적으로 해왔다는 것을 알 수 있다.

2 '나'는 '점순'이 "느집엔 이거 없지?"라고 한 말이 생색을 내는 것이라고 생각하여 자존심이 상했고, 이 때문에 점순이 준 감자를 거절한 것이다.

3 감자로 자신의 마음을 '나'에게 전했지만 거절당한 점순은 일부러 닭싸움을 부추기며 '나'의 관심을 끌고 있다.

4 점순네는 마름집이고, 나의 집은 소작인이라는 사회적 신분 차이가 있었기 때문에 '나'는 점순네에 뛰어 들어가 적극적으로 암탉을 구하지 못한 것이다. 대신 '나'는 지게막대기로 울타리를 후려치면서 답답함을 간접적으로 표출하고 있다.

5 '나'는 점순이 적극적으로 마음을 표현하고 있음에도 불구하고 이를 전혀 눈치채지 못하고 있다. 이러한 '나'의 어수룩함이 이 글의 해학적인 분위기를 형성한다.

6 '나'는 자신의 수탉이 점순네 수탉에게 밀리는 상황을 보며 고추장을 먹이는 방법을 떠올린다. 그리고 수탉이 고추장을 먹고 점순네 수탉에게 반격하자 (차)에서 "옳다, 알았다, 고추장만 먹이면 되는구나"라고 외치며 기뻐한다. 이는 '나'가 점순네 수탉과의 싸움에서 승리하고 싶어 한다는 것을 보여 준다.

7 (카)에서 점순은 '나'의 수탉이 점순네 수탉에게 계속 쪼여 힘을 못 쓰는 모습을 보며 깔깔 웃는다. 점순이 이렇게 크게 웃는 것은 단순히 즐거워서가 아니라, '나'를 약 올리며 '나'의 관심을 끌기 위한 의도가 담겨 있다.

8 '나'는 닭을 때려죽인 후 기뻐하기보다는 당황하고 두려운 감정을 느낀다. (하)에서 '나'는 닭을 단매로 때려 죽인 후, '멍하니 서 있다가', '분하기도 하고 무안도 스럽고', '이젠 땅이 떨어지고 집도 내쫓기고 해야 될는지 모른다'라고 생각하며 자신이 저지른 행동에 대한 두려움과 불안함을 드러내고 있다. 또한, 울음을 터뜨리기도 하고, 점순이에게서 나오는 꾸짖음에 위축된 모습을 보이며, 두려움과 불안감이 크다는 것을 알 수 있다.

9 (거)에서 점순은 '나'에게 이다음부턴 안 그럴 것이냐고 물으며 '나'와의 화해를 주도적으로 이끌고 있다.

10 (거)에서 '나'는 점순의 말과 행동에 담긴 의미를 제대로 파악하지 못한 채 "그래!"라고 대답하고 있다.

1 점순은 '나'에게 호감을 표현하기 위해 감자를 건네지만, '나'는 점순의 호감을 알아채지 못하고 이를 거절한다. 이 사건 이후 점순은 '나'를 괴롭히기 위해 일부러 자기네 수탉과 '나'의 수탉 사이에 싸움을 붙이며 '나'와 갈등하게 된다.

2 점순은 '나'를 좋아하는 마음을 감자를 건네며 표현한다. 그러나 이런 점순의 마음을 눈치채지 못하고 '나'가 호의를 거절하자 둘 사이에 본격적인 갈등이 시작된다.

3 이 글에는 마름의 딸인 점순과 소작인의 아들인 '나' 사이의 갈등이 제시되어 있다. 하지만 이는 '나'에게 호감이 있는 점순과 이런 점순의 마음을 알아채지 못하는 '나' 사이에서 발생한 갈등일 뿐, 마름과 소작인 사이의 계층 간 갈등을 강조하였다고는 볼 수 없다.

오답풀이 ① 이 소설은 열일곱 살 점순과 '나' 사이에 벌어지는 여러 사건을 통해서 사춘기 소년과 소녀의 미묘한 감정을 그리고 있다. ③ '암팡스레 패 주는 것이 아닌가', '넌지시 장독께로 갔다', '이놈의 계집애' 등의 사투리와 비속어를 사용하여 글에 생동감을 주고 있다. ④ 이 소설은 산골 마을을 배경으로 '씨암탉', '울섶' 등과 같은 다양한 토속적인 소재를 사용하여 작품 전반에서 향토적 분위기를 드러낸다. ⑤ 이 소설에서 '나'는 점순의 마음을 눈치채지 못하고 점순의 행동을 엉뚱하게 해석하고 있다. 이러한 '나'의 모습은 점순의 마음을 아는 독자에게 웃음을 자아낸다.

4 점순은 '나'에게 감자를 건네며 호감을 표시하지만 '나'가 이를 알아주지 않자 그에 대한 앙갚음으로 '나'의 집 씨암탉을 못살게 군 것이다.

5 점순은 '나'에 대한 관심과 애정을 닭싸움을 붙이는 것으로 비뚤어지게 표현하고 있다. 이와 같이 닭싸움은 점순과 '나'의 갈등을 심화시키는 매개체 역할을 한다.

6 '나'는 쌈닭에게 고추장을 먹이면 기운이 뻗친다는 소문을 그대로 믿고, 닭에게 고추장만 먹이면 닭싸움에서 이길 수 있다고 생각한다. 또한 자신의 수탉이 싸움에서 지자, 고추장을 적게 먹여서 그런 것이라는 착각한다. 이를 통해 '나'는 욕심 많고 영악한 사람이라기보다 순진하고 어수룩한 사람임을 알 수 있다.

7 (차)에서 점순은 자신의 수탉이 '나'의 수탉에게 반격을 당하는 모습을 보고 불쾌해한다. 이를 드러내는 문장은 '일이 뜻대로 되지 아니하여 기분이 언짢거나 괴롭다.'라는 뜻의 관용 표현이 있는 문장을 쓰는 것이 적절하다.

8 '나'는 ㉠에서 어쩐 일인지 자신의 수탉이 점순네 수탉을 공격하자 기쁘고 통쾌함을 느끼지간, ㉡에서 점순네 수탉에게 당하자 실망하고 허탈해한다. ㉢에서 나무를 하러 가서도 닭을 걱정하던 '나'는 점순에게 분노가 치민다.

9 점순은 '나' 몰래 닭싸움을 즐기려 한 것이 아니라, '나'의 관심을 끌기 위해 '나'가 내려오는 것을 알고도 고의적으로 '나'의 수탉을 괴롭힌 것이다. 점순의 이러한 행동을 '나'는 자신을 약 올리기 위한 것이라고 추측한다.

10 (하)에서는 '나'가 홧김에 점순네 수탉을 때려죽이면서 두 사람 사이의 갈등이 최고조에 이르는 과정이 드러나 있고, (거)~(너)에서는 집에서 쫓겨날 것을 걱정하는 '나'에게 점순이 닭 죽은 것을 이르지 않겠다고 약속하면서 두 사람의 갈등이 해결되는 과정이 드러나 있다.

오답풀이 ① 이 글에서 점순은 다름의 딸이고, '나'는 소작인의 아들로 두 사람은 신분의 차이가 있다. 그러나 이러한 신분의 차이가 두 사람 사이의 갈등의 원인이 되고 있지는 않으며, 갈등을 심화시키는 계기 역시 되고 있지 않다.
② '나'는 자꾸만 자기네 수탉을 괴롭히는 점순에게 화가 나 점순네 닭을 때려죽인다. 그리고 이런 '나'의 행동을 본 점순이 어른들에게 '나'의 잘못을 이르지 않겠다고 약속하면서 두 사람은 화해를 하게 된다. 즉 '나'의 행동을 통해 두 사람 사이에 새로운 갈등이 발생하게 된 것이 아니라 화해의 계기가 마련된 것이다.
③ '나'는 점순의 마음을 모르는 척하는 것이 아니라 실제로 점순이 자신에게 호감이 있다는 것을 눈치채지 못하고 있다.
④ 점순네 수탉과 '나'의 수탉이 싸우는 것 때문에 두 집안 사이의 갈등이 발생하지는 않았다.

11 (노란) 동백꽃은 서정적이고 낭만적인 분위기를 형성하며, '나'와 점순 사이에 절정으로 무르익어 가던 갈등이 해소되었음을 드러낸다. 또한 '나'가 점순에게서 느낀 미묘한 감정을 감각적으로 표현하여 두 사람 사이에 사랑이 싹트게 되었음을 암시한다.

 **DAY 07 소설** 본문 056~063쪽

기본 다지기 056~063쪽

✦ 소나기 | 황순원

| 작품 설명 |

이 소설은 서울에서 이사 온 소녀와 순박한 시골 소년의 짧고 순수한 사랑 이야기를 담고 있다. 적극적으로 관심을 보이는 소녀와 다르게 소녀에게 관심이 있지만 눈도 마주치지 못하는 소극적인 소년의 이야기가 서정적으로 펼쳐진다. 이후 함께 산 너머에 가게 되었다가 소나기를 만나면서 소년과 소녀의 사이가 가까워지지만 소녀가 소나기를 맞고 병으로 죽게 되면서 둘의 사랑은 비극적으로 끝나게 된다.

| 핵심 보기 |

소재의 상징적 의미

먹장구름	위기감과 긴장감을 조성하고 불길한 일이 일어날 것임을 암시함.
소나기	소년과 소녀가 친밀해지는 계기가 되는 동시에 불행한 결말을 암시함.
우그러진 꽃묶음	꽃은 소녀를 상징하며, 우그러진 꽃묶음은 소녀의 죽음이라는 불행한 결말을 암시함.
흰 조약돌	소녀와의 추억이 깃든 소재로, 소녀를 그리워하는 소년의 마음을 드러냄.
얼룩진 분홍 스웨터	소년과 소녀의 소중한 추억을 상징함.
대추	소년을 위하는 소녀의 마음을 상징함.
호두	소녀를 위하는 소년의 마음을 상징함.

소주제 **발단** 개울가 **전개** 산 **위기** 소나기 **절정** 소나기, 병 **결말** 죽음

핵심만 바로 체크 1 ○ 2 ○ 3 비단조개 4 ○ 5 ○ 6 송아지 등에 올라타는 것 7 ○ 8 ○ 9 흰 조약돌 10 ○ 11 ✕ 12 ✕

실전으로 바로 연습 1 ④ 2 ③ 3 ③ 4 ③ 5 ② 6 소나기 7 ⑤ 8 ③ 9 ④ 10 ④

핵심만 바로 체크

1 (가)에서 '소년은 개울가에서 소녀를 보자 곧 윤 초시네 증손녀딸이라는 걸 알 수 있었다.'라는 부분에서 소년과 소녀가 개울가에서 처음 만나게 되었음을 알 수 있다.

2 징검다리에서 소녀가 길을 비키기를 기다리던 소년은 다음 날에는 소녀와 마주치지 않기 위해 일부러 늦게 나왔다.

3 (라)에서 소녀는 소년에게 조개의 이름을 물었고, 소년이 "비단조개."라고 답하며 처음으로 대화를 나누게 되었다.

4 (바)에서 소녀는 소년을 따라 무를 먹어 보지만 세 입도 못 먹고 맵고 지리다며 집어 던진다. 소년은 소녀와 친해지고 싶은 마음에 소녀와 똑같이 행동한다.

5 (사)에서 소년은 소녀를 좋아하는 마음에 싱싱한 꽃가지만 골라 소녀에게 건네고, 이런 소년의 정성을 고맙게 여긴 소녀는 하나도 버리지 말라고 말한다.

6 소년은 누렁 송아지 등에 올라타서는 어지러움을 느끼지만 이것만은 소녀가 흉내 내지 못할 일이라고 생각하며 자랑스러워한다.

7 먹장구름은 '먹빛같이 시꺼먼 구름'을 의미하는 것으로, 긴장감과 위기감을 조성한다. 또한 소나기를 맞게 된 소녀에게 불길한 일이 일어날 것임을 암시하는 역할을 한다.

8 소년과 소녀는 갑자기 내리는 소나기를 원두막과 수숫단 속에서 함께 피하며 더욱 가까워지게 된다.

9 이 소설의 '발단'에서 소녀는 소년의 소극적인 태도에 대한 불만의 표시로 조약돌을 던진다. 소녀에게 관심이 있었던 소년은 그 조약돌을 주머니에 넣었다. 둘이 소나기를 맞고 난 이후 며칠째 소녀가 보이지 않자 소년은 소녀를 생각하며 조약돌을 만지작거리는 것이다.

10 (거)에서 소녀의 아버지인 윤 초시의 손자는 사업에 실패하여 고향에 돌아왔으며, 결국에는 고향 집마저 남의 손에 넘기게 되었다고 하였다.

11 (너)에서 소년은 소녀에게 병이 좀 낫거든 이사 가기 전에 한 번 개울가로 나와 달라는 말을 하지 못한 것을 생각하며 자책한다. 하지만 소녀가 소년에게 이사 가기 전에 만나자고 말했다는 부분은 찾아볼 수 없다.

12 소년은 소녀가 다음 날 양평읍으로 이사 간다는 이야기를 듣고 갈림길에서 소녀네 집이 있는 아래쪽으로 가 본다. 하지만 소녀가 죽었다는 소식은 아버지와 어머니의 대화를 통해 알게 된다.

실전으로 바로 연습

1 소녀가 소년에게 조약돌을 던진 다음 날부터 소녀가 개울가에 나오지 않았고, 며칠 후 토요일에 소년과 소녀는 개울가에서 다시 만났다고 하였다.

2 (나)에서 소녀는 자신을 모르는 척하는 소년에게 조약돌을 던지며 소년에 대한 관심을 적극적으로 드러낸다. 또한 (다)에서 소녀가 던진 조약돌을 집어 주머니에 넣고, 소녀가 보이지 않는 날에는 조약돌을 주무르는 소년의 행동 역시 소녀에 대한 소년의 관심과 호감의 표현임을 알 수 있다.

 ① '갈림길'은 사건 전환의 계기가 되는 소재이다. 소녀는 아래편으로, 소년은 위쪽으로 가야 하지만 소년과 헤어지고 싶지 않은 소녀가 소년에게 산 너머에 가 보자고 말하며 둘은 함께 길을 나서게 된다.

② '개울가'는 소년과 소녀가 처음 만난 장소이다. 소녀는 개울가에서 소년에게 관심을 표현하지만 소극적인 소년은 소녀를 피하기만 한다.

④ '비단조개'는 소년과 소녀가 처음으로 대화를 나누게 되는 계기를 만들어 주는 소재이다.

⑤ '징검다리'는 시골 마을이라는 공간적 배경을 드러내며, 소년과 소녀를 만나게 해 주는 소재이다.

3 ⓒ은 소녀를 의식하면서도 의식하지 않는 척하는 소년의 소심한 성격을 나타내는 부분이다.

4 소년은 개울가에 소녀가 보이지 않자 처음에는 다행이라고 생각했으나, 소녀가 보이지 않는 날이 계속되자 허전함을 느낀다.

 ①, ②, ④, ⑤ '발단' 부분에서 소년은 소녀에게 말도 걸지 못하고, 눈이 마주치면 금방 피하는 소극적인 태도를 보였다. 하지만 함께 산 너머에 가게 되면서 소년은 소녀의 질문에 적극적으로 답을 하거나, 꽃을 꺾어 소녀에게 건네고, 미끄러져 다친 소녀를 구해주고 상처를 치료해 주는 등 태도의 변화를 보이게 된다.

5 (바)에서 논이 끝난 길에 있는 도랑을 소녀가 먼저 뛰어 건너고 이후 소년이 건넌 것은 등장인물의 행동을 서술한 것일 뿐, 소년의 태도 변화를 알 수 있는 부분이라고 보기 어렵다.

6 농부가 말한 "소나기가 올라."라는 말에서 '소나기'는 위기감과 긴장감을 조성하고, 소년과 소녀의 산에서의 즐거운 시간이 전환되어 내용이 전개될 것임으로 짐작하게 한다.

7 삽시간에 주위가 보랏빛으로 변하고, 소녀의 입술이 파랗게 질린 것, 가지가 꺾이고 꽃이 일그러진 송이와 우그러든 꽃묶음은 모두 비극적인 결말을 암시한다. 그러나 도랑물이 불어 있는 것은 소년이 소녀를 업게 되는 계기일 뿐, 비극적 결말을 암시하는 것은 아니다.

8 (하)에서 소년은 소나기를 맞고 앓아서 해쓱해진 소녀를 보고 걱정하지만, 그날의 일을 자책하거나 후회하고 있지는 않다.

 ① 소년은 한동안 보이지 않던 소녀를 개울둑에서 발견하자 가슴부터 두근거렸다고 이야기하고 있다.

② 소년은 한동안 소녀가 보이지 않자 소녀를 보고 싶은 마음에 학교에서 쉬는 시간에 운동장을 살피기도 하고, 남몰래 오 학년 여자 반을 엿보기도 했다.

④, ⑤ 소녀는 진흙물이 든 분홍 스웨터 앞자락을 보며, 소년과 함께 산에 놀러 갔던 추억을 떠올리며 즐거워하고 있다. 소년은 이러한 소녀의 말에 소녀를 업었던 일이 떠올라 부끄러워하고 있다.

9 ⓔ은 떳떳하지 못한 일을 하고 있다는 죄책감보다 소녀를 위하는 마음이 앞선 소년의 행동이라 볼 수 있다.

10 소녀가 소년과 함께했던 날 입었던 분홍 스웨터는 소년과의 즐거운 추억을 상징하는 소재이다. 즉, 소녀가 자신이 죽으면 이 옷을 입혀 묻어 달라고 한 것은 소년과의 추억을 영원히 간직하고 싶어서이다.

DAY 08 소설

기본 다지기

✦ 홍길동전 | 허균 지음, 김일렬 풀이

| 작품 설명 |

이 소설은 조선 시대를 배경으로 서얼긴 길동이 적서 차별 제도로 인하여 겪는 갈등과 그 갈등의 해결 과정을 그리고 있다. 비범한 능력을 지녔지만 서얼이라는 이유로 차별받던 길동이 스스로 자신의 이상을 실현해 가는 모습을 통해 신분에 따라 차별하던 당대 현실을 비판하고 있다.

| 핵심 보기 |

갈등의 원인	갈등의 양상	
적자와 서얼을 차별하는 사회 제도	길동의 내적 갈등	호부호형과 입신양명을 원하지만 천한 신분 때문에 그럴 수 없음.
	길동과 홍 대감의 갈등	길동은 홍 대감에게 자신의 처지를 한탄하지만, 홍 대감은 길동이 현실에 순응하기를 바람.

핵심만 바로 체크 1 × 2 × 3 × 4 × 5 ○

실전으로 바로 연습 1 ② 2 ④ 3 ⑤ 4 ⑤ 5 서얼이라도 성공할 수 있다는 가능성을 보여 주는 인물

핵심만 바로 체크

1 길동이 아버지를 '아버지'라고 부르지 못한 까닭은 길동의 신분이 서얼이기 때문이다.

2 홍 대감은 길동을 불쌍히 여기지만, 사회적인 관습과 신분 제도 때문에 호부호형을 허락하지 않는다.

3 재상 집안에 천한 종의 몸에서 쾌어난 자식이 길동뿐이 아니라는 홍 대감의 말에서 길동이 살아가던 조선 시대에는 태어나는 순간부터 신분이 결정되어 차별을 겪는 서얼 출신들이 많았음을 알 수 있다.

4 길동의 어머니는 길동의 결심을 응원하기보다는 현실에 안주하고 순응하도록 권유하였다.

5 이 글에서 길동이 겪는 가장 큰 갈등은 바로 '서자'라는 신분으로 인한 차별이다. 적서 차별은 길동으로 하여금 집을 떠나 새로운 삶을 살고자 하는 결심을 하게 하는 주된 원인이 된다.

실전으로 바로 연습

1 (가)에서 길동이 '총명하기가 보통이 넘어 하나를 들으면 백 가지를 알 정도'인 비범한 인물임을 알 수 있고, (다)에서 길동이 자신의 처지를 한탄하며 검술을 익힐 때 마침 달빛을 구경하던 홍 대감이 길동을 보게 되면서 우연적으로 사건이 전개된다.

2 이 글에 드러난 갈등의 근본적인 원인은 신분 제도로 인한 적서 차별로, 길동은 자신의 이상과 이를 막는 신분의 한계 사이에서 고민하고 자신의 처지를 한탄하며 홍 대감과도 갈등한다.

3 홍 대감은 길동의 처지와 마음을 이해하고 있지만, 당시의 적서 차별 제도를 따라야 했기 때문에 어쩔 수 없이 길동을 꾸짖고 있다.

4 길동 어머니는 "재상 집안에 천한 출생이 너뿐이 아닌데, 어찌 마음을 좁게 먹어 어미의 간장을 태우느냐?"라고 하며 길동의 출가를 만류한다. 이는 길동 어머니가 적서 차별이라는 사회적 제도를 인정하는 순응적인 태도를 보여 준다고 할 수 있다. 반면, 길동은 자신의 신분 때문에 받는 불합리한 차별에 저항하며 적극적으로 삶의 방식을 개척하려는 비판적인 태도를 드러낸다.

5 길동이 언급한 장충의 아들 길산은 길동에게 희망과 용기를 주는 존재이다. 길산의 사례를 통해 길동은 자신의 처지를 극복하고, 새로운 삶을 개척할 수 있다는 가능성을 발견하게 된다.

실력 쌓기

067~071쪽

01 ③	**02** ⑤	**03** ①	**04** 정직하지 못한 행동 때문에 내적 갈등하는 문기의 괴로움과 죄책감	

05 ③　**06** ③
07 ③　**08** '나'는 처음에는 한아를 귀찮게 여기고, '혹'이라고 생각했으나, 이후 세면대를 고칠 때 냄새를 참아가며 의리를 지키는 한아를 보며 자신과 어려움을 함께 나눌 수 있는 존재로 인식하게 되었다.
09 ①　**10** ④　**11** ⑤　**12** ③　**13** ②　**14** ④
15 소녀의 죽음　**16** ①　**17** ④　**18** ①

01 (가)에서 문기는 지금껏 애써 외면하며 수만이 시켜서 한 일이라고 합리화하려던 자신의 잘못을 마주하고, 양심의 가책을 느끼며 괴로워하고 있다.

02 (다)에서 문기는 수신 시간에 '정직'에 대한 선생님의 말씀을 듣고, 마치 자신의 잘못을 나무라는 것 같다고 생각하며 양심의 가책을 느끼고 있다. 이를 통해 문기의 내적 갈등이 심화되었음을 알 수 있다.

03 (나)에서 문기는 수만의 협박에 못 이겨 붓장 안의 돈을 훔쳐 수만에게 준다. '두 번째 허물'이란 바로 이러한 문기의 잘못을 의미한다.

04 (라)에 제시된 '하늘'은 문기의 마음과 대조되는 대상으로, 문기가 회복하고 싶은 양심과 정직한 마음을 상징하는 대상이다. 따라서 제목 '하늘은 맑건만'은 정직하지 못한 행동 때문에 하늘을 제대로 쳐다볼 수 없는 문기의 죄책감을 나타낸다.

05 이 글은 1인칭 주인공 시점의 소설로, 주인공인 '나'가 문제를 해결하면서 경험한 내면의 성장 과정을 그리고 있을 뿐, 작가의 어린 시절 경험을 드러내고 있지 않다.

오답 풀이 ① 이 글은 집에 엄마가 없는 사이 발생한 문제를 해결하는 과정에서 '나'의 생각이나 느낀 점을 세밀하게 표현하고 있다.
② (가)에서 '나'는 한아를 귀찮게 여겼으나, (다)에서 한아와 함께 문제를 해결하면서 한아를 대견하게 여기고 있다.
④ 이 글은 소설 속 주인공인 '나'의 경험과 생각을 중심으로 이야기가 서술되고 있다.
⑤ '나'는 막힌 세면대를 직접 고친 경험을 통해 스스로 문제를 해결할 수 있다는 자신감을 얻으며 내면의 성장을 이루었다.

06 ㉠에서 '나'는 집에 엄마가 없는 상황에서 화장실 전등불이 나가고 세면대가 막히는 등의 문제가 발생하자 막막함을 느끼지만, ㉡에서는 이러한 문제들을 스스로 해결한 자신에 대해 뿌듯함을 느끼고 있다.

07 (라)에서 '나'는 멍키 스패너를 쥐면 자신의 손아귀의 힘이 몇 배로 커지고, 고장 난 것들을 스스로 척척 고치는 사람이 될 수 있을 것 같다고 하였다. 따라서 '멍키 스패너'는 '나'에게 자신감을 불어넣고 '나'의 문제 해결 능력을 키워 주는 도구라고 할 수 있다.

08 (가)에서 '나'는 한아를 혹처럼 여기며 한아가 아기 취급받는 것을 못마땅하게 생각한다. 그러나 (다)에서 '나'는 한아와 함께 막힌 세면대 문제를 고치면서, 한아를 더 이상 아기가 아닌 함께 성장해 나가는 존재로 여기게 되었다.

09 이 글은 현재(오늘)에서 과거(나흘 전)의 사건을 서술하는 역순행적 구성을 보이고 있다.

10 점순은 '나'에게 먼저 말을 걸고, 감자를 건네며 '나'에 대한 호감을 적극적으로 표현한다. 이에 반해, '나'는 점순의 마음을 알아차리지 못하는 눈치 없고 어수룩한 모습을 보이고 있다.

11 점순은 '나'에게 감자를 전해 주고 싶지만, 자신이 '나'에게 호감을 가지고 있는 것을 들키고 싶지 않아 생색을 내듯 말을 한다. 이로 인해 '나'는 자존심이 상하게 되어 점순의 호의를 거절하게 된다.

 ① 점순이 '나'에게 ㉠과 같이 말하며 감자를 내미는 것은 맛있는 음식을 '나'에게 전해 줌으로써 자신의 호감을 표현하기 위한 것이다. 이 글에서 점순이 '나'의 가난을 놀리려고 하는 행동은 나타나지 않는다.
② 점순이 ㉠과 같이 말한 것은 자기 집의 감자를 자랑하려고 한 것이 아니라, '나'에게 감자를 주어 먹이려고 한 것이다.
③ 이 글에서 점순이 '나'를 불쌍하게 여기는 모습은 나타나지 않는다.
④ '나'가 점순이 내민 감자를 거절한 것은, 감자를 싫어해서가 아니라 점순의 생색내는 듯한 말투에 자존심이 상했기 때문이다. 또한 점순 역시 '나'를 괴롭히기 위해 감자를 내밀며 ㉠과 같이 말한 것이 아니다.

12 이 글은 소설 밖의 서술자가 등장인물의 행동을 관찰하여 서술하는 방식으로 전개된다. 소설의 일부분에서 등장인물인 '소년'의 심리까지 서술하는 부분이 나타나기도 하지만 '소년'이 자신의 경험과 심리를 서술한다고 볼 수는 없다.

 ① 이 소설은 소년과 소녀가 처음 만난 날부터 소녀가 죽었다는 소식을 들은 날까지 시간의 흐름에 따라 사건이 전개된다.
② 이 소설은 수식이나 묘사가 많지 않은 간결하고 압축적인 문장으로 서술되었다.
④ 이 소설은 시골 어느 마을을 배경으로 한다. 따라서 소설 속에 '개울가', '징검다리', '갈꽃' 등 향토적인 정서가 드러나는 공간과 소재가 주로 등장한다.
⑤ '조약돌', '분홍 스웨터' 등의 상징적 소재를 사용하여 인물의 심리를 간접적으로 드러낸다.

13 이 글은 소녀의 죽음이라는 비극적인 사건으로 마무리된다. 또한 '결말' 부분에서 "~자기가 죽거든 자기 입던 옷을 꼭 그대로 입혀서 묻어 달라구⋯⋯."와 같이 생략법을 사용함으로써 독자에게 안타까움과 슬픔을 남기고, 동시에 소년의 성장과 변화를 암시하면서 여운을 준다.

14 이 글의 제목인 '소나기'는 '갑자기 세차게 쏟아지다가 곧 그치는 비'로, '갑자기 찾아와 짧게 끝난 소년과 소녀의 사랑'을 의미한다.

15 이 글에서는 소녀를 꽃에 비유하고 있으며 ㉠은 소녀에게 불길한 사건이 일어날 것임을 암시하는 복선이다. (다)에서 소년의 부모가 나누는 대화 중 '악상'은 수명을 다 누리지 못하고 젊어서 죽은 사람의 초상을 뜻하는 단어로 소녀의 죽음을 의미한다. 따라서 ㉠은 소녀의 죽음을 암시한다고 볼 수 있다.

16 (나)에서 길동은 서얼로 태어나 입신양명할 수 없고, 호부호형하지 못하는 자신의 처지를 한탄하고 있다. 즉, 갈등의 원인은 적서 차별 제도이고, 이로 인해 길동은 자신의 이상과 이를 막는 신분의 한계 사이에서 내적 갈등을 겪고 있다.

17 (다)에서 홍 대감은 호부호형을 하지 못하여 서러워하는 길동을 마음속으로는 불쌍히 여겼지만, 길동의 마음을 받아 주고 이를 위로하면 길동이 방자해질까 봐 일부러 길동을 크게 꾸짖었다.

18 영웅의 일대기 구조는 영웅이 겪는 전형적인 이야기 전개를 뜻하며, 홍길동전도 이러한 서사적 특징을 따른다. ㉠은 어린 시절 길동의 비범한 능력을 보여 주는 부분이다.

보충 자료

영웅의 일대기 구성

영웅적 인물의 출생, 성장, 활동, 사망까지의 일대기를 서술하는 구성으로 고전 소설에서 흔히 나타난다. 영웅은 주로 고귀한 혈통을 지녔고, 기이하게 태어났으며, 비범한 재주와 능력을 갖췄고, 고난과 시련에 처한 뒤에 조력자의 도움으로 위기를 극복하고 마침내 승리자가 되는 단계를 거친다.

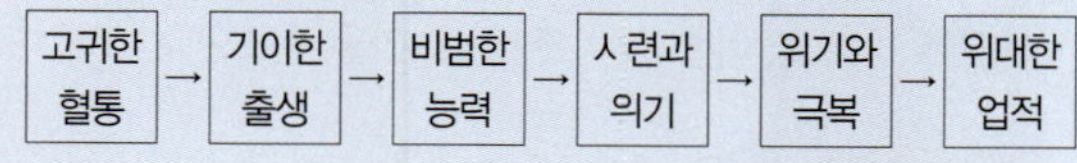

DAY  수필

기본 다지기

✦ 열보다 큰 아홉 | 이문구

| 작품 설명 |

이 수필은 우리 조상들이 아홉이라는 숫자를 사랑한 까닭을 설명하면서 꽉 차지 않은, 무한한 꿈과 가능성의 수인 아홉을 청소년에 대응시키고 있다. 글쓴이는 숫자 열과 아홉을 대조하면서 아홉이라는 수의 의미에 대해 생각해 보도록 한다. 이를 통해 청소년이 스스로를 소중하고 가치 있는 존재로 여기며, 앞으로 성장할 수 있는 가능성을 가진 존재로 인식하도록 주제를 전달하고 있다.

| 핵심 보기 |

열	아홉
이미 이룰 것을 이룩한 완전한 수, 성공을 한 수	열보다 하나가 모자란 수, 완전하지 않은 수
부족한 것 없이 모든 것을 이룬 어른과 같은 수	앞으로 무엇이든 할 수 있는 가능성을 지닌 청소년과 같은 수

소주제 처음 열, 아홉 중간 존재 끝 아홉, 청소년

핵심만 바로 체크 1 ○ 2 × 3 열, 아홉

실전으로 바로 연습 1 ① 2 ① 3 ④

핵심만 바로 체크

1 (가)에서 글쓴이는 우리나라에서 아홉 구 자가 두 번 든 중양절을 천 년이 넘도록 큰 명절로 쇠어 온 것을 예로 들며 선조들이 열보다 아홉을 더 사랑했다고 하였다.

2 (나)에서 글쓴이는 우리 선조들이 열보다 아홉을 더 사랑한 까닭을 모든 일에 완벽함이나 완전한 것은 없다는 사실을 알고 있었기 때문이라고 하였다.

3 (라)의 첫 번째 문장에서 글쓴이는 열은 이미 모든 것을 이룬 어른과 같고, 아홉은 앞으로 무엇이든 될 수 있는 청소년과 같은 수라고 하였다.

실전으로 바로 연습

1 (가)에서 글쓴이가 중양절, 중굿날 등의 예를 들어 우리 선조들이 열보다 아홉을 사랑했음을 나타내고 있기는 하지만, 여러 가지 일화를 나열한 부분은 이 글에서 찾을 수 없다.

오답 풀이 ② 이 글에서 글쓴이는 숫자 '열'과 '아홉'에 담긴 의미를 대조적으로 제시하고 있다.
③ (나)에서 글쓴이는 선조들이 아홉이라는 수를 사랑한 까닭에 대

해 스스로 묻고 답하는 표현법을 활용하며 내용을 강조하고 있다.
④ (라)에서 글쓴이는 '열'과 '아홉'을 각각 어른과 청소년에 비유하며 말하고자 하는 주제를 강조하고 있다.
⑤ (다)에서 글쓴이는 인간이 무한한 가능성과 동시에 불완전성을 지닌 존재라는 것을 나타내기 위해 '모든 기록은 깨어지기 위해서 있다.'라는 관용 표현을 인용하고 있다.

2 (다)에서 글쓴이는 아무리 대단한 기록이라도 결국 깨어지기 마련이라는 뜻의 관용 표현을 인용하여, 인간은 무한한 가능성을 타고난 동시에 불완전한 존재로 완전한 인간은 없음을 이야기하고 있다.

3 이 글의 글쓴이는 꽉 차기 전 가능성의 수인 아홉을 청소년에 대응시키고 있다. 청소년 시기는 아홉이라는 숫자처럼 미래를 향한 가능성이 열려 있는 시기임을 일깨우고자 이 글을 쓴 것이다.

기본 다지기

✦ 괜찮아 | 장영희

| 작품 설명 |

이 수필은 다리가 불편한 글쓴이가 어린 시절의 경험을 회상하여 쓴 글로, 세상을 긍정적으로 바라보게 된 경험을 담고 있다. 몸이 불편하여 놀이에 낄 수 없었던 글쓴이에게 역할을 만들어 주던 친구들의 배려와 깨엿 장수 아저씨에게 들은 "괜찮아."라는 말을 통해 인생의 의미를 깨닫는 과정을 진솔하게 전달하고 있다. 또한 '괜찮아.'라는 말의 의미를 용기를 북돋아 주는 말, 용서의 말, 격려의 말, 나눔의 말, 부축의 말, 희망의 말이라고 정리하면서, 위로와 희망을 주는 말의 가치를 말하고 있다.

| 핵심 보기 |

글쓴이의 경험	• 초등학교 시절 친구들이 '나'를 배려했던 일 • 깨엿 장수에게 "괜찮아."라는 말을 들었던 일	>	• 어린 시절의 경험을 통해 깨달은 점을 진솔하게 드러냄. • 자신의 경험과 보고 들은 일화를 통해 일상적인 말인 "괜찮아."의 의미를 여섯 가지로 나누어 살핌.
글쓴이의 깨달음	세상은 살 만한 곳이며, 선의와 사랑, 용서와 너그러움이 있는 곳이라고 믿게 됨.		

소주제 처음 배려 중간 괜찮아 끝 의미

핵심만 바로 체크 1 ○ 2 ×

실전으로 바로 연습 1 ② 2 세상은 선의와 사랑이 있고 용서와 너그러움이 있는, 살 만한 곳이다.

1 (가)와 (마)의 첫 번째 문장에서 글쓴이는 과거 초등학교 시절 자신이 겪은 일을 회상하며 글을 썼다는 것을 알 수 있다.

2 (다)~(바)에서 글쓴이는 몸이 불편한 자신을 배려하는 친구들과, 자신에게 "괜찮아."라고 말해 준 깨엿 장수와의 만남을 통해 세상을 긍정적으로 바라보게 되었다.

실전으로 **바로 연습**

1 이 글에 나타나는 "괜찮아."라는 말은 용기를 북돋아 주는 말, 용서의 말, 격려의 말, 나눔의 말, 부축의 말, 희망의 말이라는 의미를 가진다. 그러나 '다음번에는 더 잘해라'라는 상대방에게 부담을 주는 말로, 이 글에 나타나는 '괜찮아'의 의미로 적절하지 않다.

2 (바)에서 글쓴이는 깨엿 장수가 말한 "괜찮아."라는 말의 의미를 떠올리며 그 말을 들은 날부터 세상이 선의와 사랑이 있고, 용서와 너그러움이 있는 곳이라고 믿기 시작했다고 말하고 있다.

실력 **쌓기**
078~079쪽

01 ②　　**02** ⑤　　**03** ⑤　　**04** 청소년과 숫자 아홉은 모두 완벽하지 않지만 무엇이든 될 수 있는 무한한 가능성을 지닌 존재라는 공통점을 가지고 있다.　　**05** ②　　**06** ⑤　　**07** ④　　**08** 지금은 아파도 슬퍼하지 말라.

01 (다)에서 "모든 기록은 깨어지기 위해서 있다."라는 관용 표현을 인용하고 있지만, 이는 인간의 불완전성과 무한한 가능성을 이야기하기 위해 인용한 부분으로 다른 사람의 주장을 반박하기 위한 것은 아니다.

오답 풀이 ① (라)에서 중학생을 직접 언급하며 아홉이라는 수를 통해 청소년의 성장 가능성을 말하고 있으므로, 청소년을 예상 독자로 한 글임을 알 수 있다.
③ 이 글은 수필로, 아홉과 열에 대한 글쓴이의 개인적인 생각을 일정한 형식에 얽매이지 않고 자유롭게 표현하고 있다.
④ 이 글은 '열'과 '아홉'이라는 수에 각각 '어른(이룰 것을 완전히 이룩한 존재)'과 '청소년(무한한 가능성을 지닌 존재)'이라는 비유적 의미를 부여하여 주제를 전달하고 있다.
⑤ (라)의 "행여 무엇이 남들보다 모자란 것이 아닌가 싶어서 스스로 괴로워하고 외로워하고 서글퍼해 온 학생이 있다면 어떨까요. 이제부터라도 열이란 수보다 아홉이란 수를 더 사랑해 보는 것은."에서 문장의 앞뒤 순서를 바꾸어 이야기함으로써 청소년에게 위로와 격려의 말을 건네고자 하는 글쓴이의 의도와 글의 주제를 강조하였다.

02 (다)에서 글쓴이는 모든 기록이 깨어지기 마련인 것을 인간의 무한한 가능성을 보여 주는 증거로 생각하며, 변화와 성장을 긍정적으로 평가한다.

03 이 글에서 말하는 '아홉'은 완벽하게 채워지지 않은 상태이지만, 동시에 무한한 가능성을 품고 있는, 성장하는 과정을 의미하는 수이다.

04 (라)에서 글쓴이는 청소년을 숫자 '아홉'에 빗대어 표현하였다. 청소년과 '아홉'은 꽉 차기 전, 부족하지만 무엇이든 될 수 있는 가능성이 있다는 공통점이 있다.

05 이 글은 동네 골목에서 친구들과 놀던 일, 엿장수 아저씨와 관련된 일화, "괜찮아."라는 말로 친구를 배려한 어느 가수의 일화 등 여러 일화를 등을 통해 주제를 전달하고 있다.

오답 풀이 ① 이 글은 글쓴이가 일상의 경험을 통해 얻은 생각이나 느낌을 자유롭게 쓴 수필이다. 수필은 특정 독자를 대상으로 하는 글이 아니며, 글을 쓰는 직업을 가진 사람이 아니어도 누구나 쓸 수 있는 비전문적인 글이다.
③ 이 글은 글쓴이의 개인적인 경험과 그것에서 얻은 깨달음을 전달하는 수필에 해당한다. 이 글에 글쓴이의 경험이 드러나긴 하지만 이것이 주장을 뒷받침하는 근거의 역할을 하지는 않는다.
④ 이 글은 과거를 회상하며 과거의 경험을 바탕으로 현재의 감정과 생각을 이야기하는 구조를 취하고 있으나, 미래에 대한 내용은 나타나지 않는다.
⑤ 이 글은 사회 문제를 다루기 보다는 개인적인 경험을 통해 얻은 삶의 교훈을 전달하고 있다.

06 (가)에서 글쓴이는 다리가 불편해 놀이에 낄 수 없는 자신을 배려하여 역할을 만들어 준 친구들에 대해 이야기하고 있다.

07 "괜찮아."라는 말은 맥락에 따라 여러 의미를 지닐 수 있지만 이 글에서는 어떤 상황에서든 "괜찮아."라는 말이 사람들에게 힘이 되어 준다는 것이 핵심이므로 ④와 같은 감상은 적절하지 않다.

08 목발을 옆에 두고 앉아 있는 '나'에게 깨엿 장수 아저씨가 한 말이므로, (다)에 열거된 '괜찮아."의 의미 중에서 '지금은 아파도 슬퍼하지 말라.'라는 의미에 가장 가깝다.

Ⅱ 읽기

DAY 10 설명하는 글 + 요약하며 읽기
본문 082~087쪽

기본 다지기
086~087쪽

✦ 아름다운 별똥별의 비밀 | 이비에스(EBS) 오디오 콘텐츠 팀

| 지문 설명 |

이 글은 하늘에서 떨어지는 별똥별에 대해 과학적으로 설명하는 글이다. 별똥별의 정체가 무엇인지, 평소 별똥별을 쉽게 볼 수 없는 이유가 무엇인지, 별똥별이 한꺼번에 쏟아지는 유성우는 어떻게 생겨나는지 등에 대한 정보를 전달하고, 별똥별에 대한 사람들의 상반된 인식을 나라별로 나누어 제시하고 있다.

| 핵심 보기 |

별똥별	• 혜성이나 소행성에서 떨어져 나온 우주 먼지가 중력에 의해 지구로 떨어질 때 공기와 마찰을 일으키면서 열과 빛을 내는 것임. • 햇빛이 없는 늦은 밤이나 새벽에 볼 수 있음. • 대부분 1초 사이에 순식간에 떨어져 육안으로 보기 어려움.
유성우	• 별똥별이 비처럼 한꺼번에 쏟아지는 현상임. • 우주 먼지들이 지구의 중력에 이끌려 한꺼번에 쏟아지는 것임.

별똥별에 대한 긍정적 인식		별똥별에 대한 부정적 인식
별똥별을 소원을 들어주는 특별한 존재로 여김. 예 우리나라, 일본, 칠레, 필리핀	↔	별똥별을 좋지 않은 징조로 여김. 예 유럽, 고대 그리스, 고대 동양

소주제 처음 별똥별 중간 유성우 끝 눈

핵심만 바로 체크 1 ○ 2 × 3 ×

실전으로 바로 연습 1 ④ 2 평상시에 낮에는 별똥별의 빛보다 태양 빛이 훨씬 밝기 때문에 보기 어려우며, 늦은 밤이나 새벽에 볼 수 있다 하더라도 별똥별이 총알보다도 빠르게 떨어지기 때문이다.

핵심만 바로 체크

1 이 글은 '처음-중간-끝'의 구조로 이루어진 설명하는 글에 해당하므로 중심 소재인 '별똥별'과 그와 관련한 정보를 중심으로 내용을 요약해야 한다.

2 (나)에서 우리가 보는 별똥별은 별에서 떨어져 나온 것이 아니라 '혜성이나 소행성에서 떨어져 나온 우주 먼지'라고 설명하고 있다.

3 우리나라와 칠레, 일본, 필리핀에서는 별똥별을 소원을 들어주는 특별한 존재로 여겨 왔으나 유럽에서는 별똥별이 위험한 시기를 암시하는 징조라고 생각하며 부정적으로 여겨 왔다.

실전으로 바로 연습

1 이 글은 설명하는 글로, 중간 부분에서는 다양한 설명 방법을 활용하여 설명 대상인 별똥별과 유성우에 대해 구체적으로 설명하고 있다. 앞에서 설명한 대상의 특징을 간략히 서술하여 내용을 강조하는 단계는 끝 부분이다.

2 (다)에서는 우리가 별똥별을 쉽게 볼 수 없는 두 가지 까닭을 설명하고 있다. 낮에는 별똥별의 빛보다 태양 빛이 훨씬 밝기 때문에 실제 우리가 별똥별을 볼 수 있는 시간은 제한적이며, 별똥별은 대부분 1초 사이에 떨어지기 때문에 우리가 눈으로 볼 수 있는 시간도 너무 짧다.

DAY 11 설명하는 글 + 요약하며 읽기
본문 088~089쪽

기본 다지기
088~089쪽

✦ 스마트폰은 나의 뇌에 어떤 영향을 미칠까 | 양은우

| 지문 설명 |

이 글은 과도한 스마트폰 사용이 청소년의 뇌 발달에 미치는 부정적 영향을 설명한 글이다. 현대 사회의 필수품이 된 스마트폰의 다양한 기능과 활용 사례를 소개한 후, 스마트폰 과의존 문제의 심각성을 객관적인 통계 자료를 통해 제시하고 있다. 이어서 과도한 스마트폰 사용이 청소년기 뇌 발달에 미치는 영향을 과학적 근거를 바탕으로 설명하고, 마지막에는 이러한 문제점들을 인식하고 스마트폰을 현명하게 사용할 수 있는 능력을 기를 것을 당부하며 글을 마무리하고 있다.

| 핵심 보기 |

청소년기 뇌 발달에 미치는 영향	• 뇌가 고르게 발달하지 못함. • 뇌의 사고 능력이 떨어짐. • 수면 시간에 영향을 미쳐 기억력과 창의력이 저하됨.

스마트폰을 현명하게
사용할 수 있는 능력을 길러야 함.

소주제 처음 일상 중간 스마트폰, 뇌 끝 태도

핵심만 바로 체크 1 ○ 2 × 3 ×

실전으로 바로 연습 1 ⑤ 2 스마트폰을 현명하게 사용할 수 있는 능력을 길러야 한다.

1 (나)에서 2023년 여성가족부에서 실시한 청소년 인터넷·스마트폰 이용 습관 진단 조사 결과를 인용하여 중학생의 스마트폰 과의존 비율을 객관적인 수치로 제시하고 있다.

2 (다)에서 청소년기에 뇌가 재편될 때 '자주 사용하는 신경 회로는 연결이 강화되지만 자주 사용하지 않는 신경 회로는 연결이 약화된다'고 명시되어 있다.

3 (라)에서 스마트폰에서 방출되는 청색광은 수면을 유도하는 호르몬의 정상적인 분비를 '방해'한다고 설명하고 있다.

1 이 글은 스마트폰을 과도하게 사용할 경우 청소년기 뇌 발달에 미치는 영향 전반에 대해 설명하고 있다. 잠을 자기 전에만 스마트폰 사용량을 조절해야겠다는 것은 단편적인 정보만 받아들인 태도에 해당한다.

2 〈보기〉는 요약하기의 방법 중 '선택'이다. (마)에서 글쓴이가 궁극적으로 전하려고 하는 중심 내용이 분명하게 드러나는 문장은 앞의 내용을 종합하여 핵심 주장을 제시한 마지막 문장이다.

DAY 12 설명하는 글 + 추론하며 읽기 본문 090~093쪽

기본 다지기 116~121쪽

✦ 동네 쓰레기를 하루아침에 사라지게 하려면 | 공규택

| 지문 설명 |

이 글은 작은 자극으로 자연스럽게 변화를 이끄는 넛지 효과를 다룬 글이다. 넛지 효과를 활용하여 문제를 해결한 다양한 사례를 제시하며, 사람들이 스스로 변화하도록 유도하는 창의적인 생각의 필요성을 강조하고 있다.

| 핵심 보기 |

기존의 해결 방법	넛지 효과를 활용한 해결 방법
• 규제나 단속, 감시 도구 등을 활용함. • 주변에서 흔히 볼 수 있는 천편일률적인 방식이 대부분임.	• 새롭고 창의적인 방법을 활용함. • 작은 자극을 주어 은근하게 사람들의 행동 변화를 유도함.
▽	▽
결과	결과
• 문제 상황을 해결하지 못함. • 사람들의 마음을 움직이는 데 어려움을 겪음.	• 문제 상황을 효과적으로 해결함. • 사람들의 마음을 움직여 사람들이 스스로 변화하도록 이끎.

 처음 담벼락 쓰레기 중간 넛지, 넛지 끝 창의적인

  1 ✕ 2 화단 조성 3 ✕ 4 ○ 5 빠르게

  1 ③ 2 화장지를 낭비하면 숲이 사라진다.
3 ④ 4 ② 5 ③

1 글을 추론하며 읽을 때에는 글에 나타난 정보뿐만 아니라 독자의 경험이나 배경지식 등도 활용할 수 있다.

2 (가)~(라)에 따르면 쓰레기를 버리지 말라는 호소문보다 담벼락 앞에 앞에 화단을 조성하 꽃을 심은 것이 쓰레기 무단 투기 문제 해결에 더 효과적이었다.

3 글쓴이는 독자가 이미 알고 있다고 생각하는 내용을 생략하기도 하므로 글의 내용을 온전히 이해하려면 생략된 내용도 추론해야 한다.

4 추론하며 읽기를 할 때에는 기존에 알고 있는 배경지식이나 경험을 바탕으로 추론하며 읽을 수 있다.

5 (카)에서 점점 간격을 좁혀서 흰색 가로선을 그리면 운전자는 같은 속도로 달리더라도 중심부에 가까워질수록 실제보다 속도를 더 빠르게 느낀다고 하였다.

1 '인상적'이라는 단어의 사전적 의미는 '인상이 강하게 남는 것'으로, 주로 어떠한 행동이나 결과물을 긍정적으로 평가할 때 쓰인다. 단어가 일반적으로 사용되는 맥락을 떠올려 보았을 때 글쓴이는 넛지 효과에 대해 긍정적으로 보고 있다고 추론하는 것이 적절하다.

오답 풀이 ① (가)에서 담벼락 쓰레기 무단 투기 문제 해결에 대한 질문을 던지며 문단을 끝내고, (나)~(라)에서 그 문제를 해결한 방법에 대한 답이 이어지고 있다.
② (나)에서 문제를 해결한 방법보다 담벼락 앞에 쓰레기가 없어졌다는 결과를 먼저 제시하여 독자의 흥기심을 유발하고 있다.
④ '은근하다'의 사전적 의미는 '행동 등이 함부로 드러나지 아니하고 은밀하다.'로, 겉으로 두드러지게 드러나지 않고 작은 자극으로 사람들의 마음을 움직이는 넛지 효과의 특성을 드러낸다.
⑤ 사람들의 계단 이용률이 66퍼센트나 증가했다는 구체적인 수치를 제시하면서 넛지 효과를 활용한 방법의 성과를 강조하고 있다.

2 (아)에서는 남미 지도 모양이 그려진 화장지 케이스의 화장지를 뽑아 쓸 때마다 초록색 부분의 높이가 점점 낮아지는 모습과 아마존이 지닌 상징성을 활용해 사람들에게 '화장지

를 낭비하면 숲이 사라진다.'는 메시지를 전달한다고 설명하고 있다.

3 (자)에서 교통사고 발생 건수가 줄어들지 않았던 부산의 문제 상황을 제시한 후, (카)에서 넛지 효과를 이용하여 문제를 해결한 사례를 제시하고 있다.

4 '천편일률적인 방법'은 넛지 효과를 활용한 창의적인 방법과는 대조되는 기존의 해결 방법을 가리킨다. 노면 색깔 유도선은 넛지 효과를 활용한 사례이므로 여기에 해당하지 않는다.

5 ㉠에서 '천 마디 잔소리'는 기존의 해결 방법을, '부드러운 메시지'는 넛지 효과를 의미한다. 글쓴이는 독자에게 질문을 던지는 형식을 통해 넛지 효과를 활용한 해결 방법처럼 문제를 효과적으로 해결할 수 있는 새롭고 창의적인 생각의 필요성을 강조하고 있다.

DAY 13 주장하는 글 + 추론하며 읽기

본문 094~101쪽

기본 다지기

094~097쪽

✦ 내가 버린 옷은 어디로 갈까 | 이주은

| 지문 설명 |

이 글은 옷이 만들어지고 버려지는 과정에서 환경에 미치는 부정적인 영향을 제시하고 이를 해결하기 위해서는 책임감 있는 소비가 필요하다는 주장을 담은 글이다. 글쓴이는 옷으로 인해 발생하는 환경 문제의 근본적인 원인을 지적하면서 환경을 생각하며 옷을 구매하는 것이 중요하다고 주장하고 있다.

| 핵심 보기 |

	옷으로 인한 환경 오염의 근본적인 원인	옷이 지나치게 많이 생산되고, 소비되고, 버려지기 때문임.
옷이 만들어지고 버려지는 과정에서 다양한 환경 오염이 발생함.	해결 방안	옷을 사기 전에 그 구매가 우리 사회와 환경에 미치는 영향을 생각해 보아야 함.

소주제	서론 환경 오염 본론 옷 결론 환경 문제, 소비

핵심만 바로 체크	1 ✕ 2 ✕ 3 ○ 4 재활용 섬유 5 ✕

실전으로 바로 연습	1 ② 2 ② 3 ③ 4 ② 5 ⑤

---

1 (다)에서 옷을 생산할 때와 옷을 소각할 때 모두 온실가스가 배출된다고 하였다.

2 (나)에서 목화밭에 농약을 뿌리는 과정에서 토양과 공기가 오염된다고 설명하고 있을 뿐, 이 과정에서 수질 오염이 일어난다는 내용은 언급하지 않았다.

3 이 글에서는 소제목을 활용하여 앞으로 전개될 핵심 내용을 압축적으로 제시하고 있으므로 글을 추론하며 읽을 때 소제목을 활용할 수 있다.

4 (사)에 따르면 폐플라스틱으로 만든 재활용 섬유를 세탁할 때마다 미세 플라스틱이 배출되는 문제가 있다고 하였다.

5 (바)에서 유기농 면은 가격이 비싸서 소비자가 계속해서 구매하기 쉽지 않다는 내용을 제시하고 있다.

---

1 (나)에 따르면 지구에서 한 해 동안 버려지는 옷의 양이 아니라 만들어지는 옷의 양이 1,000억 벌이다.

> **오답 풀이** ① (마)에서 버려진 옷에서 발생하는 악취와 유독한 화학 성분은 환경을 오염시키는 원인이 되고, 결국 그 피해가 인간에게 돌아간다고 하였다.
> ③ (나)에서 목화를 생산하기 위해 매년 전 세계 농약의 10퍼센트, 살충제의 25퍼센트가 사용됨을 알 수 있다.
> ④ (다)에서 옷을 생산할 때와 소각할 때 모두 온실가스가 배출되며, 전 세계 온실가스 배출량의 약 10퍼센트를 의류 산업이 차지한다고 하였다.
> ⑤ (라)에서 청바지 한 벌을 만드는 데는 약 7천 리터의 물을 사용되며, 물 7천 리터는 우리나라 4인 가족이 5~6일 동안이나 쓸 수 있는 양임을 알 수 있다.

2 ㉠에는 의류 폐기물의 양은 매우 많은 것에 비해, 재활용되는 옷의 비율은 매우 적다는 내용이 생략되어 있다. 그리고 글쓴이는 구체적인 수치를 들어 재활용되지 않고 버려지는 옷이 많다는 것을 강조하며 이를 부정적으로 보고 있다.

3 글의 내용을 추론하며 읽는 것은 글의 내용에 집중하면서 능동적으로 읽는 행위이므로 글의 내용을 오래 기억할 수 있고, 보다 깊이 있게 이해할 수 있다. 또한 글쓴이의 의도를 효과적으로 파악할 수도 있다. 글의 주요 내용을 간추려 정리할 수 있는 것은 '요약하며 읽기'의 효과에 해당한다.

4 (바)~(사)에서 글쓴이는 친환경 섬유나 재활용 섬유가 의류 산업의 환경 문제를 완전히 해결하지 못한다는 한계를 강조하고 있다. 유기농 면이 환경 오염을 어느 정도 줄일 수는 있지만 생산 과정에서 환경에 악영향을 미치고 있으며, 재활용

섬유는 세탁 과정에서 미세 플라스틱을 배출하여 또 다른 환경 문제를 일으킨다는 점을 언급하고 있다.

5 (아)에서 글쓴이가 이 글을 통해 궁극적으로 전하려는 주장을 추론할 수 있다. 글쓴이는 소비자가 옷과 같은 물건을 살 때 환경에 미치는 영향에 대해 생각하고, 이를 고려하여 책임감 있는 소비를 해야 한다고 주장하고 있다.

실력 쌓기

098~101쪽

01 ③　　**02** ⑤　　**03** (나), (다) / 사람들은 별똥별을 소원을 이루어 주는 긍정적인 존재로 여기기도 하고, 불운을 상징하는 부정적인 존재로 여기기도 했다. **04** ③　　**05** ③　　**06** 수면 부족
07 ⑤　　**08** ③　　**09** ⑤　　**10** ②　　**11** ①　　**12** ②
13 면의 원료인 목화를 생산하는 과정에서 다량의 농약과 살충제가 사용되기 때문이다.

01 (나)에서 우리나라에서는 별똥별을 소원을 들어주는 존재로 여겨, 떨어지는 별을 바라보며 소원을 빈다고 설명하고 있다. 다만, 별똥별을 보기 위해서 어떤 노력을 했는지에 대해서는 언급하고 있지 않다.

[오답풀이] ① (라)에서 별똥별은 스스로 빛을 내는 별이 아니라 우주를 떠돌던 먼지가 불타는 것이라고 하였다.
② (다)에서 고대 그리스인들이 별똥별을 위대한 존재의 종말과 연관 지어 생각했다는 것을 알 수 있다.
④ (나)에서 일본에서는 별똥별이 사라지기 전에 소원을 세 번 말해야 소원이 이루어진다고 믿는다는 내용이 나타나 있다.
⑤ (다)에서 고대 동양에서는 사람마다 자신의 별이 있다고 믿었으며, 별똥별이 떨어지면 큰 인물이 죽음을 맞이한다고 생각했다는 내용이 나타나 있다.

02 (라)는 글쓴이의 제안이 나타나는 부분으로, '뉴스에서 유성우가 내린다는 소식을 전하면 별똥별이 쏟아지는 밤하늘을 올려다보는 것을 어떨까.'라는 중심 문장이 글에 뚜렷하게 나타나 있다.

03 〈보기〉의 읽기 목적은 별똥별에 대한 사람들의 인식과 관련한 정보를 전달하는 것이므로, 별똥별에 대한 사람들의 긍정적 인식과 부정적 인식에 대해 각각 설명하고 있는 (나), (다)를 중심으로 내용을 요약하는 것이 적절하다. 각 문단에서 이와 관련된 중심 내용을 요약하고 이를 한 문장으로 연결해 보도록 한다.

04 이 글은 설명하는 글로, 과도한 스마트폰 사용이 뇌 발달에 미치는 영향을 설명하고 있다. 따라서 설명하는 대상과 그와 관련한 정보를 중심으로 요약할 수 있다. 문제와 해결 방안을 중심으로 요약하는 방법은 주장하는 글에 적합하다.

[오답풀이] ①, ④ 이 글은 설명하는 글로, '처음-중간-끝'의 구조를 고려하여 설명하는 대상과 그와 관련된 정보를 중심으로 요약해야 한다.
② 글의 구조에 따라 요약할 때에는 각 문단의 중심 내용을 간추려서 정리해야 한다.
⑤ (가)에 스마트폰으로 할 수 있는 구체적인 사례에 해당하는 부분은 '스마트폰의 다양한 기능'으로 일반화하여 중심 내용을 정리할 수 있다.

05 〈보기〉의 자료는 출처가 분명하고 구체적인 수치가 제시되어 있어 신뢰도가 높은 조사 결과이다. 이를 인용하여 스마트폰 과의존 현상의 심각성을 강조할 수 있다.

06 과도한 스마트폰 사용은 수면 부족을 일으키고, 이에 따라 깨어 있는 동안 학습했던 정보가 장기 기억으로 전환되지 못하고 사라지면서 기억력과 창의력이 저하된다.

07 이 글은 설명하는 글로, 넛지 효과와 그를 활용하여 문제를 해결한 다양한 사례를 제시하며 그 효과를 설명하고 있다.

[오답풀이] ① (가)에서 '피아노 계단'을 우리에게 익숙한 사례 중 하나로 소개하고 있다.
② (나)에서 피아노 계단을 설치한 후 사람들의 계단 이용률이 66퍼센트나 늘었다고 제시하며 구체적인 수치를 활용하여 해결 방법의 성과를 강조하고 있다.
③ 이 글에서는 각 사례마다 문제 상황에 대한 기존의 해결 방법과 넛지 효과를 활용한 해결 방법, 두 가지를 언급하고 있다.
④ (나)에서는 피아노 계단을 설치하면서 사람들이 자연스럽게 계단을 이용하게 되었다는 내용이, (라)에서는 남미 지도 모양의 화장지 케이스를 설치하면서 사람들이 자연스럽게 화장지를 아껴 쓰게 되었다는 내용이 나타나 있다.

08 주어진 내용은 소제목, 접속어, 단어의 의미, 문장 간의 관계와 같은 글에 제시된 정보가 아니라, 공익 캠페인이 주로 공적인 영역을 다루며 불특정 다수를 대상으로 한다는 독자의 배경지식을 바탕으로 추론한 것이다.

09 글쓴이는 피아노 계단과 화장지 케이스 사례를 통해 사람들이 의식적으로 노력하지 않아도 자연스럽게 계단을 이용하거나 화장지를 아껴 쓰도록 자연스럽게 변화를 유도할 수 있다는 점을 강조하고 있다.

10 (다)에서 합성 섬유는 대부분 석유를 원료로 하여 만들어진다는 내용이 나오므로, 이 글을 읽고 '합성 섬유를 만들 때 사용하는 원료는 무엇인가?'라는 질문에 답할 수 있다.

[오답풀이] ① (나)에서 한 해 동안 1,000억 벌의 옷이 만들어진다고 하였으나, 의류 수거함에 매년 몇 벌의 옷이 버려지는지 이 글에 제시되어 있지 않다.
③ (나)~(다)에서 옷을 만들 때 쓰이는 섬유의 종류와 각 섬유가 옷의 생산 및 소각 과정에서 환경에 미치는 악영향에 대해 설명하고 있을 뿐, 각 섬유의 장단점을 제시한 부분은 찾을 수 없다.

④ (가)에서 사람들이 쉽게 옷을 사고 버린다고 언급하고 있지만, 옷을 사는 평균적인 주기를 구체적으로 제시하지는 않는다.

⑤ (다)에서 전 세계적으로 연간 9,200만 톤의 의류 폐기물이 쏟아진다고 하였으나, 어느 나라가 가장 많은 옷을 폐기하는지는 나타나지 않는다.

11 ㉠의 앞부분에서는 옷이 만들어질 때부터 환경에 미치는 영향이 심각하다는 내용을 제시하고 있다. 그리고 ㉠에서는 옷과 환경의 상관관계에 대해 질문을 던지고 있으므로, 이어지는 내용으로는 옷이 환경에 미치는 부정적인 영향에 대한 내용이 제시될 것임을 추론할 수 있다.

12 (가)에서는 화제와 관련하여 독자의 경험을 떠올려 볼 수 있는 질문으로 글을 시작하며 독자의 주의를 환기하고 있다. 또 (나)~(다)에서는 옷을 만들고 소각하는 과정에서 환경에 미치는 악영향을 구체적인 수치로 나타내어 글쓴이가 주장하려는 내용에 대한 설득력을 높이고 있다.

> **오답 풀이** ㄴ. '주범'이라는 단어는 '어떤 일에 대하여 좋지 아니한 결과를 만드는 주된 원인.'이라는 뜻으로, 주로 어떠한 대상을 부정적으로 표현할 때 사용하는 단어이다. 따라서 글쓴이는 옷이 버려지는 일을 부정적으로 보고 있다고 추론하는 것이 적절하다.
> ㄹ. (다)에서 글쓴이는 옷을 생산할 때와 소각할 때 모두 온실가스가 배출되며 의류 산업이 전 세계 온실가스 배출량의 약 10퍼센트를 차지한다고 말하고 있다. 이 부분에서 의류 산업이 환경 오염에 악영향을 미치고 있다는 것을 강조하고 있다고 추론하는 것이 적절하다.

13 이 글에서는 천연 섬유가 친환경적이지 않은 예로, 대표적인 천연 섬유이자 면의 원료인 목화를 제시하고 있다. 목화의 생산 과정에서 매년 전 세계 농약의 10퍼센트, 살충제의 25퍼센트가 사용되고 있음을 확인할 수 있다.

Ⅲ 듣기·말하기

DAY 14 담화 본문 106~109쪽

기본 다지기 108~109쪽

✦ 10대가 말하다 | 신유진

| 담화 설명 |

이 담화는 종합 격투기 프로 선수라는 꿈을 이룬 학생이 권투를 배우면서 어려움을 극복했던 자신의 경험을 다룬 연설이다. 이를 통해 화자는 자신감과 자부심을 갖고 자신을 사랑하며 마음에 근육을 만들어야 한다는 가치관을 전하고 있다.

| 핵심 보기 |

화자의 관점 변화	친구들에게 따돌림을 당할 때에는 스스로를 원망하고 자책했으나, 종합 격투기 선수가 된 후에는 자신감과 자부심이 생겨 스스로를 사랑하게 되면서 다른 사람의 비난에도 흔들리지 않음.
화자의 가치관	마음의 근육을 만들면 어떠한 어려움도 이겨낼 수 있음.

→ 연설 담화는 화자의 관점과 가치관을 바탕으로 주제를 파악하며 들어야 한다.

핵심만 바로 체크 1 × 2 × 3 ○

실전으로 바로 연습 1 ④ 2 ③ 3 권투가 시련과 고통을 극복할 수 있는 방법이라고 느꼈다.

핵심만 바로 체크

1 '나'는 자신이 종합 격투기 프로 선수이고, 열다섯 살에 최연소로 데뷔 경기를 치르고 우승을 거두었다고 하였으나 우리나라 최초의 여성 종합 격투기 프로 선수인지는 알 수 없다.

2 (나)에서 '나'는 초등학교 시절에 또래보다 유독 활발하게 행동하였고, 친구들은 그런 '나'를 못마땅하게 생각하였음을 알 수 있다.

3 (라)에서 '나'는 꿈을 이루기 위해 끝까지 최선을 다하는 자신을 사랑하게 되었기에, 시합 직후에 찍은 눈물 콧물 범벅인 사진을 '인생 사진'으로 여기게 되었다고 말하였다.

실전으로 바로 연습

1 이 담화는 설득 담화의 하나인 연설로, 연설은 여러 사람 앞에서 자기의 의견을 표현하여 듣는 이를 설득하는 데 목적이 있는 말하기이다.

2 (마)에서 '나'는 자신감과 자부심을 갖고 스스로를 사랑하면 마음의 근육이 더 강하고 단단해져, 어떠한 상황에서도 꺾이지 않고 꿈을 향해 나아갈 수 있는 힘이 생길 것이라고 하였다.

3 화자는 권투를 통해 힘든 현실에서 벗어나 새로운 삶을 시작할 수 있다는 기대감을 가졌음을 알 수 있다. 이는 곧 권투가 화자에게 새로운 희망과 목표를 제시해 주었음을 의미한다.

기본 다지기
110~111쪽

✦ 우리 곁의 옛 그림 관찰하기 | 김소연

| 담화 설명 |
이 담화는 신사임당의 「포도」 그림을 통해 신사임당의 뛰어난 관찰력과 예술성을 소개하고, 학생들에게 옛 그림 감상의 즐거움을 선사하는 내용을 담은 강연이다. 화자는 단순히 그림을 보여 주는 것을 넘어 그림 속에 담긴 작가의 의도를 파악하고, 나아가 학생들 스스로 옛 그림을 세밀하게 감상하며 해석하는 능력을 키울 것을 당부하고 있다.

| 핵심 보기 |

「포도」 그림의 특징	• 먹색 하나로 모든 열매의 농도를 각기 다르게 표현함. • 포도나무의 가지마다 색깔이 다른 것을 표현함. • 덧칠을 하지 않으면서 대상을 생생하게 그림.
화자의 가치관	옛 그림을 세밀하게 관찰하면 재미있게 감상할 수 있음.

핵심만 **바로 체크**　1 ○　2 ✕　3 ✕

실전으로 **바로 연습**　1 ④　2 ③

핵심만 **바로 체크**

1 (나)에서 오늘 감상할 조선 시대 예술가의 그림은 오만 원권 지폐에 그려진 인물인 신사임당이 그린 그림이라고 하였다.

2 (라)에서 「포도」 그림은 여러 색을 사용하지 않고 먹으로만 그린 그림이라고 하였다.

3 (마)에서 「포도」 그림의 포도송이가 맺힌 가지들을 훨씬 진한 먹으로 그린 것은 새로 자란 푸른 가지를 표현한 것이라고 하였다.

실전으로 **바로 연습**

1 이 강연에서 화자는 청중에게 옛 그림을 감상할 때 단순히 보는 것에서 그치는 것이 아니라, 세밀한 관찰을 통해 그 의미를 깊게 이해할 것을 당부하고 있다.

2 (다)~(마)에서 「포도」 그림의 특징을 통해 신사임당의 뛰어난 관찰력을 설명한 것에서 신사임당이 그림을 그리기 전에 사물을 세밀하게 관찰하고 연구했음을 추론할 수 있다.

실력 쌓기
112~113쪽

01 ④　　**02** ④　　**03** ⑤　　**04** '마음의 근육'은 자신감과 자부심을 갖고 자신을 사랑하게 된 마음을 의미한다.
05 ④　　**06** ②　　**07** 화자는 신사임당이 포도를 세밀하게 관찰한 것을 반복해서 설명함으로써 옛 그림을 감상할 때 세밀한 관찰의 중요성을 강조하고자 하였다.

01 이 담화는 설득 담화의 하나인 연설로, 연설을 들을 때에는 화자의 관점과 가치관을 바탕으로 주제를 파악하며 들어야 한다.

02 (나)에서 화자는 모든 것을 다 포기하고 싶은 유혹이 수시로 찾아왔다고 하였으므로, 힘든 훈련을 하면서도 한 번도 포기하고 싶은 생각을 하지 않았다는 설명은 적절하지 않다.

오답 풀이 ① (가)에서 화자는 자신이 보통의 또래보다 유독 활발하게 행동했다고 하였다.
② (나)에서 화자가 열다섯 살에 최연소로 데뷔 경기를 치르고 우승까지 거둔 종합 격투기 선수가 되었음을 알 수 있다.
③ (가)에서 화자는 친구들에게 따돌림을 당하면서 자신감도 떨어지고 무기력하게 되어 외모 콤플렉스까지 생겼다고 하였다.
⑤ (다)에서 화자는 마음의 근육이 생겨 데뷔 경기 이후 자신을 비난하는 댓글을 보아도 이제는 전혀 개의치 않게 되었다고 하였다.

03 ㉠과 ㉡은 비언어적 표현으로, 청자의 주의를 환기하고 내용을 강조하는 효과가 있다. 이러한 비언어적 표현은 직접적인 언어 표현은 아니지만 언어 표현에 덧붙여 의미를 전달한다.

04 (다)에서 화자는 자신감과 자부심을 갖고 스스로를 사랑하게 되면서 마음의 근육을 가지게 되었고, 자신을 비난하는 댓글을 보아도 개의치 않게 되었다고 하였다.

05 이 강연은 「포도」 그림에 나타난 신사임당의 세밀한 관찰력과 예술성을 설명하고 있으므로, 화자의 설명에 따라 「포도」 그림의 세부적인 부분을 유심히 살펴보고, 화자가 전달하려는 내용과 「포도」 그림을 비교하며 듣는 것이 적절하다.

오답 풀이 ㉠ 이 강연의 목적은 신사임당의 예술적 감각이 세밀한 관찰을 통해 어떻게 「포도」 그림에 표현되었는지를 소개하는 데 있다. 따라서 신사임당의 예술적 감각에만 집중하며 듣는 것은 적절하지 않다.

㉢ 화자는 신사임당의 「포도」 그림을 통해 옛 그림을 감상할 때 관찰의 중요성을 강조하고 있다. 이를 무시하고 자신만의 해석으로 그림을 감상하는 것은 적절하지 않다.

06 (가)에서 오만 원권의 앞면에서 「포도」 그림이 실려 있다고 하였다. 그러나 (나)에서 「포도」 그림은 원래 여러 색을 사용하지 않고 먹으로만 그린 작품이라고 하였으므로, 오만 원권의 앞면에 「포도」 그림의 원본이 그대로 실려 있다는 설명은 적절하지 않다.

오답 풀이 ① (라)에서 신사임당이 한 번 붓이 지나간 곳에는 다시 덧칠을 하지 않았다는 것을 알 수 있다.

③ (다)에서 포도송이가 맺힌 가지들은 훨씬 진한 먹으로 그렸다고 하였다.

④ (라)에서 곧게 내리그은 가지와 용수철 모양의 덩굴손이 조화로운 곡선을 만들어 내었음을 알 수 있다.

⑤ (나)에서 「포도」 그림은 먹으로만 그렸는데도 마치 여러 빛깔을 사용한 것처럼 열매 하나하나가 눈에 보이듯 생생하다고 하였다.

07 이 강연에서 화자는 「포도」 그림에서 신사임당이 포도의 생태를 세밀하게 관찰하고 연구하여 표현하였음을 반복하여 말함으로써 옛 그림을 감상할 때 세밀한 관찰의 중요성을 강조하고 있다.

DAY 16 토의

본문 114~123쪽

기본 다지기

116~121쪽

✦ 교실에서 자리를 어떻게 바꿀까?

| 담화 설명 |

이 담화는 민준과 학급 친구들이 '교실에서 자리를 어떻게 바꿀까?'라는 주제에 대해 의견을 나눈 토의이다. 이 토의 담화를 보면서 토의 주제와 토의 방식, 역할 등을 정한 후에 토의를 진행하면서 협력적으로 의견을 교환하여 해결 방안을 찾는 과정을 살펴볼 수 있다.

| 핵심 보기 |

토의 주제와 토의자 소개	• 주제: '교실에서 자리를 어떻게 바꿀까?' • 토의자: 서연, 은우, 지아
토의자의 제안	• 서연: 친한 친구끼리 모둠을 이루어 앉자. • 은우: 선착순으로 정하자. • 지아: 추첨으로 정하자.
토의자 간 의견 교환	서연, 은우, 지아가 각자의 제안에 대해 서로 의견을 교환함.
청중과의 질의응답	은서, 하윤, 유찬은 토의 내용과 관련하여 질문하고, 서연, 은우, 지아는 이에 답변함.
토의 마무리	추첨으로 자리를 바꾸기로 결정하고, 다음 시간에 구체적인 방법을 이야기하기로 함.

핵심만 바로 체크 1 ✕ 2 모둠, 선착순, 추첨 3 서연 4 (2) ○ (4) ○ 5 서연 6 공평, 상황 7 ○

실전으로 바로 연습 1 ④ 2 토의 주제와 토의자를 소개하고, 토의 방식과 절차를 안내한다. 3 ⑤ 4 ④ 5 ④ 6 ③ 7 ③ 8 ⑤

핵심만 바로 체크

1 '토의 준비하기 단계'에서 토의 유형과 토의에서 맡을 역할을 정하고, 토의 내용을 마련한다.

2 (라)에서 자리를 바꾸는 방법에 대한 서연, 은우, 지아의 제안을 알 수 있다.

3 서연이 은우의 제안에 대한 의견을 말하며 올바르지 않은 토의 태도를 보이자, 민준(사회자)은 서연에게 상대방의 감정을 상하게 하는 발언을 자제해 달라고 하였다.

4 (마)에서 사회자는 토의 내용을 정리하고, 토의 순서에 따라 토의를 진행하며, 토의자 간의 의견 충돌을 조정하여 원만한 토의 분위기를 조성하고 있다.

5 (바)에서 서연은 은서의 질문을 통해 자신의 제안이 지닌 한계를 인식하고, 이에 대해 다시 생각해 봐야 할 것 같다고 답변하고 있다.

6 (바)에서 은우는 다른 사람의 의견을 능동적으로 수용하여 추첨으로 자리를 정하는 방법을 긍정적으로 생각하고 있다.

7 (사)에서 민준(사회자)은 자리를 바꾸는 방법에 관한 토의 내용을 정리하고, 다음 토의 안건을 안내하며 토의를 마무리하고 있다.

실전으로 바로 연습

1 (나)에서 토의 참여자들은 패널들이 의견을 교환하는 과정에

서 다양한 해결 방안을 살펴볼 수 있는 '패널 토의'를 선택했음을 알 수 있다.

2 "따라서 오늘은 '교실에서 자리를 어떻게 바꿀까?'라는 주제로 토의하겠습니다. 토의자로 선정된 분은 서연, 은우, 지아 학생입니다."에서 토의 주제와 토의자를 소개하고 있으며, "먼저 세 분의 토의자가 각각 의견을 발표하고, 토의자 간 의견을 나눈 뒤에 청중의 질문을 받고 그에 답하는 순서로 진행하겠습니다."에서 토의 방식과 절차를 안내하고 있다.

3 은우는 자신의 제안에 대하여 지아가 제기한 문제점을 수용하고, 이를 보완할 수 있는 해결 방안을 제시하고 있다.

4 (마)에서 토의자들은 토의 주제에 관한 각자의 제안에 대하여 자유롭게 의견을 교환하고 있다.

5 '자리를 추첨으로 정하면 긴장감을 조성하여 재미를 줄 수 있다.'는 내용은 추첨의 장점으로, 추첨의 방법에 대해 질문한 ㉣과 관련이 없다. ㉣에 대해 지아는 인터넷이나 애플리케이션에 자리를 추첨하는 프로그램이 다양하게 있다고 답변하고 있다.

6 이 토의에서 청중은 앞서 토의자들이 제시한 의견에 대해 궁금한 점을 질문하고 있다. 이때 청중이 질문한 내용은 문제 해결을 위해 추가적으로 확인이 필요한 사항들이다.

7 (사)에서 민준(사회자)은 이 토의를 통해 추첨으로 자리를 바꾸기로 의견이 모아졌다고 하였다.

8 서연은 은서의 질문을 적극적으로 수용하여 해결 방안을 제시하였고, 혹시라도 마음을 다치는 친구가 생길 수 있다면 자신의 제안을 다시 생각해 봐야겠다고 하였다.

실력 쌓기

122~123쪽

01 ②　　02 ③　　03 ③　　04 ⑤　　05 ④　　06 서연은 상대의 감정을 상하게 하는 발언을 하였으나, 지아는 차분하고 예의 바른 태도로 자신의 의견을 제시하였다.

01 (나)에서 토의자 간 의견을 나눈 뒤 청중의 질문을 받고 그에 답하는 순서로 진행한다고 하였으므로, 이 토의의 유형은 패널 토의임을 알 수 있다. 패널 토의에서는 토의자와 청중의 질의응답이 이루어지며, 토의자 간 의견 교환 과정에서 다양한 해결 방안을 살펴 볼 수 있다.

오답 풀이 ㉡, ㉢ 주로 학술적인 주제에 대해 각 분야의 전문가가 강연식으로 발표한 뒤 청중의 질문에 응답하는 토의 유형은 심포지엄이다.

02 토의는 공동의 문제에 대한 최선의 해결 방안을 찾기 위한 의사 소통 과정이므로 ③과 같이 찬성과 반대의 의견을 묻는 주제는 토의의 주제로 적절하지 않다.

03 (마)에서 지아는 "서연 학생과 은우 학생의 의견 모두 나름대로 일리가 있다고 생각합니다."라고 하면서, 다른 토의자인 서연과 은우의 의견을 존중하며 자신의 의견을 제시하고 있다.

04 토의는 자신의 의견을 상대방에게 납득시키는 것이 아니라, 서로 의견을 나누는 과정에서 최선의 해결 방안을 찾는 것이 목적이다.

💡 보충 자료

토의와 토론의 차이

	토의	토론
목적	문제 해결 방안 도색	주장과 설득을 통한 문제 해결
담화 방법	다양한 의견을 자유롭게 제시	찬성과 반대로 나누어 주장 제시
상호 관계	상호 협력적	상호 경쟁적
핵심 사고력	문제 해결적·협력적 사고	논리적·비판적 사고

05 자리를 바꾸는 과정에서 마음을 다치는 친구가 생길 수 있다면 그 의견은 다시 생각해 봐야겠다고 말한 사람은 (나)의 서연이다.

오답 풀이 ① (가)에서 은우는 반 친구들이 학교에 오는 순서가 꼭 집까지의 거리와 관련이 있지는 않다고 하였다.
② (가)에서 지아는 학교에 먼저 온 친구가 친한 친구와 앉고 싶어서 다른 친구의 자리를 맡아 둘 수 있다는 점을 걱정하고 있다.
③ (가)에서 서연은 선착순으로 원하는 자리에 앉을 경우 집에서 학교까지의 거리가 먼 사람은 모두가 선호하지 않는 자리에 앉을 수 있어, 집에서 학교까지의 거리가 먼 사람에게 선착순의 방법을 불리하다고 생각하고 있다.
⑤ (다)에서 서연은 일정 기간마다 자리를 바꾸어 학생의 불편함이나 불만을 해소하는 것이 필요하다고 이야기하고 있다.

06 서연은 자신의 의견을 직접적이고 감정적으로 표현하면서, 목소리를 높여 상대방의 감정을 상하게 할 수 있는 발언을 하였다. 반면, 지아는 차분한 목소리로 문제를 제기하면서도 상대방을 존중하며 예의 바르게 자신의 생각을 표현하고 있다.

DAY 17 언어폭력

본문 124~127쪽

실력 쌓기

126~127쪽

| 01 ⑤ | 02 ④ | 03 ① | 04 ⑤ | 05 ④ |

06 듣는 사람의 마음에 큰 상처를 남기고 친구 간의 갈등이 깊어지게 한다.　**07** ③　**08** ⑤　**09** ④　**10** ⑤　**11** ②

01 언어폭력은 부정적인 언어 표현으로 상대방의 마음에 상처를 주는 행위로, 인터넷이나 스마트폰, 문자 서비스 등의 가상 공간에서도 일어날 수 있다.

02 상대를 차별하는 말, 비속어나 욕설 및 험담, 다른 사람을 위협하는 말은 모두 언어폭력에 해당한다.

　오답 풀이　㉠, ㉢ 자기를 격려하는 말과 상대의 입장과 처지를 고려하는 말은 모두 긍정적인 언어 사용에 해당하며, 언어폭력과는 관련이 없다.

03 ⟨보기⟩의 촌티, 벙어리장갑, 편부모는 성별, 장애, 외모 등을 이유로 누군가에 대한 편견이나 차별을 담은 말로, 언어폭력에 해당한다. 다만 비속어에 해당하는 표현은 아니다.
- 촌티: 특정 지역 출신에 대한 편견과 차별을 담고 있는 표현으로, 외모나 행동 등을 비하하는 의미로 사용되며 지역 감정을 조장할 수 있다.
- 벙어리장갑: 신체적인 특징을 이용하여 비하하는 표현으로, 장애인에 대한 차별과 혐오를 조장한다.
- 편부모: 한 부모 가정의 아이들을 일반화하여 비하하는 표현으로, 가정 환경에 대한 편견을 드러낸다.

04 악의 없이 한 말이라도 듣는 사람이 그 말을 듣고 기분이 나빴다면 언어폭력에 해당한다.

05 평소 친구들 사이에서 장난스럽게 사용하는 말이라도 듣는 사람이 그 말을 듣고 상처를 받았다면 언어폭력에 해당한다. 언어폭력은 말하는 사람의 의도가 아니라, 듣는 사람이 어떤 기분을 느꼈는지가 중요하다.

06 ⟨보기⟩는 부정적인 언어 표현으로 상대방의 마음에 상처를 주는 언어폭력에 해당한다. 이러한 언어폭력은 상대방에게 정서적 고통을 주고, 친구 사이의 신뢰를 무너뜨리며, 궁극적으로 관계를 단절시킨다. 건강한 친구 관계를 유지하려면 서로를 존중하고 배려하는 언어 사용이 중요하다. 긍정적인 표현을 사용하고 상대방의 처지에서 생각하며 말해야 한다.

07 가상 공간에서 일어나는 언어폭력은 피해자뿐 아니라 가해자의 인격에도 부정적인 영향을 미친다.

08 가상 공간에서 언어폭력을 당했을 때에는 직접 만나서 해결하려고 하는 것보다 기록을 통해 증거를 확보하고 관련 기관에 신고하여 도움을 받는 등의 방법으로 문제를 해결하는 것이 더 안전하고 효과적이다.

09 모든 비판이 부정적인 것은 아니며, 상황에 따라 비판이 필요할 수도 있다. 상대의 잘못된 행동이나 말에 대한 정당한 비판은 상대의 성장을 돕고 관계를 발전시키는 데 기여할 수 있다. 다만 정당한 비판이 되기 위해서는 적절한 방식으로 전달하는 것이 중요하다. 비난이나 감정적인 언어로 전달된 비판은 상대에게 상처를 줄 수 있으며, 오히려 갈등을 초래할 수 있기 때문에 비판을 할 때에는 상대방의 처지를 존중하고 배려하는 태도로 접근해야 한다.

10 상대를 존중하는 말하기를 할 때에는 표정과 몸짓, 자세도 함께 유의해야 한다. 이와 같은 비언어적 표현은 말과 함께 의미를 전달하는 방법이기 때문에 표정이나 몸짓, 자세 등을 통해 부정적 감정이나 생각이 표현되지 않도록 유의해야 한다.

11 ㉠은 '너 전달법', ㉡은 '나 전달법'에 해당한다. '너 전달법'은 상대방의 행동에 초점을 맞추어 그 행동에 대해 비난하고 평가하는 방식으로, 갈등을 해결하는 데에 큰 도움을 주지 못한다. 반면 '나 전달법'은 자신의 감정을 솔직하게 표현하는 방식으로, 상대방을 직접적으로 비난하지 않고 자신의 바람을 적절히 전달하여 갈등을 해결하는 데 도움이 된다.

DAY 18 정서를 표현하는 글 쓰기

본문 130~135쪽

실력 쌓기

132~135쪽

✦ 탑차를 끄는 사계절의 산타 | 김지원

| 담화 설명 |

이 글은 택배원으로 일하는 아빠를 지켜본 지원의 경험을 담은 글이다. 택배원인 아빠를 산타에 빗대어 표현하여 아빠가 하는 일의 가치를 드러내고 있으며, 택배를 배달하는 아빠를 보며 느낀 안타까움과 존경심을 진솔하게 표현하고 있다.

| 핵심 보기 |

진솔한 표현	• 까칠하고 물기 하나 없는 그 하루를 살피고 있으면 괜히 살이 베일 것만 같은 느낌이 들었다. • 아빠의 뒷모습을 지켜보고 있자니 정말 속상했다. • 아빠의 몸 어딘가에 택배와 관련된 엄청난 용량의 컴퓨터 프로그램이 있는 것 같았다. • 나는 경이로운 눈빛으로 아빠를 바라보며 물었다.
효과	택배원인 아빠를 지켜보며 느낀 안타까움과 최선을 다해 일하는 아빠를 향한 존경심이 드러남.
비유적 표현	제목 「탑차를 끄는 사계절의 산타」
효과	사람들에게 선물을 나누어 주는 산타에 빗대어 아빠를 표현함으로써 아빠가 하는 일의 가치를 드러냄.

✦ 선물

| 담화 설명 |

이 글은 글쓴이가 아버지에게 선물로 강아지를 받은 경험을 담은 글이다. 식구끼리 선물을 주고받는 일에 익숙하지 않아 처음에는 낯설게 느꼈던 강아지를 밤새 돌보면서, 강아지에게 연민을 느끼게 된 글쓴이의 정서 변화를 진솔하게 표현하고 있다.

| 핵심 보기 |

글쓴이의 경험	아버지에게 선물로 받은 강아지를 보살피느라 밤을 새움.
글쓴이의 정서	강아지를 돌본 경험을 통해 처음으로 연민의 감정을 느낌.

01 ③　　02 ③　　03 ③　　04 ③　　05 ②　　06 ②
07 산타를 기다리는 아이들에게 선물을 나누어 주는 산타처럼 자신도 소중한 물건을 기다리는 사람들에게 그 물건을 책임지고 전해 주는 일을 한다고 생각한다.　　08 ③　　09 ④　　10 ⑤
11 ④　　12 글쓴이는 처음에는 강아지에 대한 무관심과 예상치 못한 선물에 당황스러운 마음으로 강아지를 '낯선 것'이라 불렀지만, 이후 강아지에게 관심과 연민이 생기면서 '선물'로 바꾸어 부르게 되었다.
13 ⑤　　14 ④　　15 ②　　16 ⑤

01 정서를 표현하는 글 쓰기 과정은 글감을 떠올리는 '계획하기' 단계, 글감으로 정한 경험을 구체화하여 글로 쓸 내용을 생성하는 '내용 생성하기' 단계, 어떠한 순서로 내용을 배치할지 결정하여 글의 개요를 작성하는 '내용 조직하기' 단계, 개요를 바탕으로 글을 써 보는 '표현하기' 단계, 자신이 쓴 글을 점검하고 수정·보완하는 '고쳐쓰기' 단계를 거친다.

02 이 글에서 아빠가 배송을 끝내고 차에 타자마자 비가 그쳤다는 내용은 확인할 수 없다.

03 아빠는 우산도 쓰지 않은 채 두꺼운 상자로 포장된 물건이 비에 젖을까 봐 상자를 몸 가까이 바싹 쥐고 주소를 찾고 있다. 이때의 '아빠의 손'은 자신의 일을 그르치지 않고 잘 수행하려는 아빠의 책임감과 열정을 의미한다.

　[오답 풀이] ①, ② ㉠은 자신의 일을 책임감 있게 수행하려는 아빠의 모습을 나타낼 뿐, 주변 사람을 돌아보는 여유나 자신의 고집대로만 하려는 태도와는 관련이 없다.
　④ ㉠은 자신의 일을 잘 완수하려는 아빠의 모습을 나타낼 뿐, 이를 통해 가장으로서 생계를 책임지기 위한 고단함이나 힘겨움이 드러나고 있지 않다.
　⑤ ㉠은 비를 맞으면서도 자신의 길에 열중하는 아빠의 모습을 나타낼 뿐, 힘든 상황에서도 가족을 먼저 생각하는 마음과는 관련성이 적다.

04 정서를 표현하는 글은 삶과 경험을 통해 얻은 깨달음과 의미를 담은 글이므로 지식의 확장과는 거리가 멀다.

05 정서를 표현하는 글을 쓰기 위한 '계획하기' 단계에서는 자신이 겪었던 인상적인 경험들을 떠올리고, 그중에서 자신의 감정이나 기분을 솔직하게 표현할 수 있는 글감을 선택해야 한다.

　[오답 풀이] ㉢ 글로 쓸 내용을 조직하여 글의 개요를 작성하는 '내용 조직하기' 단계에 해당하는 내용이다.
　㉣ 다양한 표현 방법을 사용하여 감정이나 생각을 진솔하게 나타내는 '표현하기' 단계에 해당하는 내용이다.

06 (나)에서 아빠는 택배에 관한 것이라면 상황을 대부분 기억할 정도로 자신의 일에 대한 전문성과 책임감이 있는 모습을 보여 주고 있다.

07 (다)에서 아빠는 택배를 기다리는 사람들을 산타의 선물을 기다리는 '나'의 동생들에 빗대어 표현하고 있다. 사람들을 위해 책임감을 가지고 물건을 배달하는 아빠의 모습은 마치 선물을 전하는 산타의 모습을 떠올리게 한다.

08 (가)에서 '나'는 아빠가 비를 맞으며 물건을 배달하고 가져온 결과물인 운송장을 교복 상의 소으로 집어넣고, 빳빳하고 구김 없이 펴지기를 바라며 운송장을 말렸다. 이러한 '나'의 행동은 아빠를 향한 애틋한 마음과 아빠의 노력에 대한 존중의 표현이라고 볼 수 있다.

09 정서를 표현하는 글을 쓸 때에는 경험을 구체적이고 생생하게 표현하며, 감정과 생각을 진솔하게 표현해야 한다.

10 이 글은 자신의 경험을 바탕으로 쓴 수필로, 글쓴이는 아버지에게 강아지를 선물로 받았던 경험과 이를 통해 느낀 점을 담담하면서도 솔직하게 표현하고 있다.

11 이 글의 '처음' 부분에 해당하는 중심 내용은 어느 날 아버지가 '나'에게 강아지를 선물로 주신 일이다.

12 식구끼리 선물을 주고받는 것에 익숙하지 않았던 글쓴이는 처음 아버지에게서 강아지를 선물로 받았을 때 당황스러운 마음이었다. 그러나 이후 강아지에게 관심과 연민이 생기면서 강아지를 부르는 명칭도 '선물'로 바뀌게 되었다.

13 (라)에서 글쓴이는 낑낑거리는 강아지에게 백설기와 물을 선물했으나, 강아지가 관심을 갖지 않자 무시를 당했다고 느껴 화가 났다. 그러나 (마)에서 글쓴이는 강아지가 원하는 것이 쓰다듬어 주는 행동이었음을 알게 된다. 이를 통해 다른 대상과 소통하고 진정한 관계를 맺기 위해서는 상대가 원하는 것이 무엇인지 살펴야 한다는 깨달음을 얻을 수 있다.

14 (나)에서 '나'는 선물로 받은 강아지를 처치 곤란하고 낯선 것이라고 말하고 있다.

> **오답 풀이** ① (나)에서 아버지는 '나'에게 선물을 건네면서 "이건 네(게 주는) 선물."이라고 말하였다. 따라서 아버지의 선물은 가족 모두가 아닌 '나'를 위한 것임을 알 수 있다.
> ② (나)에서 아버지는 점퍼 속에 넣어 온 강아지를 '나'에게 선물로 주었다.
> ③ (다)에서 아버지가 '나'에게 선물을 주었을 때가 겨울밤이었고 아버지에게서 술 냄새가 났음을 알 수 있다. 따라서 아버지가 평소보다 일찍 퇴근하였다고 보기 어렵다.
> ⑤ (나)에서 아버지가 '나'에게 준 선물은 서울이라는 유목적이고 도시적인 환경으로 전학 온 '나'에게 준 것임을 알 수 있다.

15 (라)에서 '나'는 강아지가 배가 고파서 우는 것으로 알고, 자신이 아껴 먹다 남겨 둔 백설기를 강아지에게 주며 도움을 주고 싶어 한다.

16 ⓐ~ⓓ는 모두 아버지가 글쓴이에게 선물해 준 강아지를 가리킨다. 반면 ⓔ는 글쓴이가 강아지에게 준 백설기와 물을 의미한다.

실력 쌓기　　137~139쪽

✦ 우리의 소중한 땅, 독도 바르게 알기

| 담화 설명 |
이 글은 독도의 지리와 가치에 대한 정보를 전달하기 위해 쓴 글이다. 다양한 매체에서 수집한 자료를 바탕으로 독도의 정확한 위치, 독도에 가는 방법, 독도의 자원 및 지질학적 가치에 관한 정보를 전달하면서, 앞으로 독도에 더욱 관심을 기울일 것을 당부하고 있다.

| 핵심 보기 |

독도의 위치와 독도의 전체 모습	• 경상북도 울릉군 울릉읍에 속해 있는 섬으로, 울릉도에서 동남쪽으로 약 87.4킬로미터 떨어진 곳에 있음. • 동도와 서도를 비롯해 89개의 작은 바위섬으로 이루어짐.
독도에 가는 방법	• 동도에 한해서 관광을 허용하고 있음. • 울릉도에서 배를 타고 한 시간 반 정도 걸림.
독도의 자원 가치	• 다양한 수산 자원이 풍부하게 서식함. • 메탄 하이드레이트와 해양 심층수 등의 지하자원이 풍부함.
독도의 지질학적 가치	• 화산섬으로, 화산의 형성과 진화 과정을 살펴볼 수 있음. • 다양한 암석과 지형, 독도 특유의 지질 경관이 주는 아름다움을 볼 수 있음.

01 ④	02 ③	03 ③	04 ⑤	05 ⑤	06 ⑤
07 ①	08 ④	09 ③			

10 독자가 독도의 소중한 가치를 깨닫고, 앞으로 독도에 더욱 관심을 기울이기를 바라는 마음에서 이 글을 썼다.　　**11** ④　　**12** ④　　**13** ②

01 어떤 대상이나 사실에 관한 지식이나 정보를 전달하는 글을 읽을 때, 독자는 그와 관련된 경험을 떠올리면서 읽으면 내용을 보다 깊이 있게 이해할 수 있다. 또한 자신이 기존에 알고 있던 정보와 새롭게 알게 된 내용을 비교하며 배경지식을 확장할 수 있다.

02 (나)에서 독도는 동도와 서도를 비롯하여 주변에 딸린 89개의 작은 바위섬으로 이루어져 있다고 하였다.

> **오답 풀이** ① (다)에서 독도는 동도에 한해서 관광을 허용하고 있다고 하였다. 따라서 서도는 일반인이 관광할 수 없다.
> ② (나)에서 독도는 우리나라 영토의 동쪽 끝에 위치하며, 정확히는 울릉도에서 동남쪽으로 약 87.4킬로미터 떨어진 곳에 있다고 하였다.
> ④ (다)에서 독도를 관람할 때에는 동도 부두 근처에서 30분 정도만 머무를 수 있도록 관광 시간이 제한된다고 하였다.
> ⑤ (다)를 통해 울릉도에서 배를 타고 한 시간 반 정도 가면 독도에 도착함을 알 수 있다.

03 (나)의 지도는 울릉도와 오키섬에서 독도까지의 거리에 대한 정보만 제시하고 있을 뿐, 이를 통해 독도의 구체적인 전체 모습을 알 수 없다.

04 정보를 전달하는 글을 쓸 때에는 객관적이고 신뢰성 있는 정보를 활용해야 한다. 따라서 글의 내용과 관련된 영상 자료를 첨부할 때에는 영상 제작자의 개인적이거나 주관적인 견해를 담은 영상이 아닌, 객관적이고 신뢰도가 높은 내용의 영상인지 확인해야 한다.

05 사진이나 도표, 영상 자료는 글의 내용을 더욱 효과적으로 전달하는 역할을 하지만, 주로 글 내용의 이해를 돕는 보조 자료나 예시 자료로 활용된다. 따라서 사진이나 도표, 영상 자료가 글보다 우선되어야 한다고 보는 것은 적절하지 않다.

06 정보를 선별할 때에는 지나치게 오래된 자료여서 정보로서 가치가 떨어지지는 않는지 판단해야 할 필요가 있다. 그러나 독자의 흥미를 끌 수 있는 최신 유행을 반영한 정보인지를 따져 보는 것은 객관성이나 신뢰성이 떨어지는 정보를 전달하게 될 수 있으므로 적절하지 않다. 신뢰할 수 있는 최근의 정보인지를 고려하는 것이 적절하다.

07 이 글에서 독도에 여행 가기 좋은 계절이 언제인지는 알 수 없다.

오답풀이 ② (다)에서 독도 주변의 깊은 바다에는 메탄 하이드레이트와 해양 심층수 등의 지하자원이 풍부한 것으로 알려졌다고 하였다.
③ (나)에서 독도는 울릉도에서 동남쪽으로 약 87.4킬로미터 떨어진 곳에 있다고 하였다.
④ (라)를 통해 독도에 코끼리바위, 촛대바위, 독립문바위 등 다양한 암석이 있음을 알 수 있다.
⑤ (다)를 통해 독도는 연안 생물과 심해 생물이 공존하는 수심대이기에 온갖 바다 생물은 물론, 세계에 알려지지 않은 생물 종까지 발견되고 있음을 알 수 있다.

08 (나)에서는 독도의 위치와 독도의 섬 구성에 대해 설명하고 있다. 독도가 우리나라 영토의 동쪽 끝에 위치하고 있으며 울릉도와의 거리가 가깝고, 독도가 하나의 섬이 아니라 여러 섬들로 이루어져 있다는 사실을 구체적으로 언급하고 있다.

09 (다)에서 독도 주변의 깊은 바다에는 석유를 대체할 수 있는 에너지 자원인 메탄 하이드레이트가 풍부하다고 하였을 뿐, 석유 자원이 매립되어 있다는 내용은 나타나 있지 않다.

10 글쓴이는 독도의 위치와 전체 모습을 소개하고, 독도가 지닌 가치를 설명하고 있다. 그리고 이를 바탕으로 (마)에서 이 글을 읽은 친구들이 독도의 가치를 깨닫고, 앞으로 독도에 더욱 관심을 기울일 것을 당부하고 있다.

11 (라)의 소제목은 독도의 지질학적 가치이다. 이와 관련 없는 다른 나라의 화산섬에 대한 예와 정보를 자세히 제시하는 것은 글을 이해하는 데 오히려 어려움을 겪게 하므로 적절하지 않다.

12 (다)의 도표에서는 독도 땅이 지닌 경제적 가치를 제시하고 있을 뿐, 독도의 수산 자원과 지하자원의 가치는 알 수 없다.

13 독도 주변의 바다에 사는 연안 생물과 심해 생물을 시각 자료로 제시하여, 독도의 수산 자원이 지닌 가치를 보다 생생하게 드러낼 수 있다.

DAY  **주장하는 글 쓰기**　　　본문 140~143쪽

실력 쌓기　　　141~143쪽

✦ 하나의 성격 유형이 나의 모든 것을 보여 주지는 않는다

| 담화 설명 |

이 글은 엠비티아이 검사 결과에 과도하게 의존하지 말고, 이를 올바르게 활용해야 한다는 주장을 담은 글이다. 글쓴이는 주장을 뒷받침하는 구체적인 근거를 들어 엠비티아이 검사 결과를 맹신하는 태도의 위험성을 지적하고, 이를 자신과 타인을 이해하는 도구로서 활용해야 한다고 말하고 있다.

| 핵심 보기 |

주장	엠비티아이 검사 결과에 과도하게 의존하지 말고, 올바르게 활용해야 함.
근거	• 엠비티아이는 '중간'의 성격을 설명하기 어려움. • 신뢰도가 떨어지는 엠비티아이 자료나 검사가 뒤섞이어 있음. • 엠비티아이 검사 결과는 응답자의 상태나 상황에 따라 바뀔 수 있음.

- -

01 ①　　**02** ⑤　　**03** 인용한 내용이 주장과 연관성이 있고, 해당 분야 전문가의 말을 인용한 자료로 주장의 신뢰도를 높이고 있으므로 적절하다.　**04** ③　　**05** ④　　**06** ③　　**07** ③
08 엠비티아이 검사는 '중간'의 성격을 설명하기 어렵고 신뢰도가 떨어지며, 응답자의 상태나 상황에 따라 결과가 바뀔 수도 있기 때문에 결과에 과도하게 의존하지 말고, 나와 다른 사람을 이해하는 도구로 활용해야 한다.　**09** ③　　**10** ②　　**11** ①

01 이 글은 주장하는 글로, 글쓴이가 문제 상황에 대하여 자신의 주장을 타당한 근거를 들어 논리적으로 서술하고 있다. 따라서 글쓴이의 의견이 객관적으로 서술되었다고 보기 어렵다.

02 글쓴이는 엠비티아이 검사 결과에 과도하게 의존하는 사례가 늘고 있다는 문제 상황에 대하여, 엠비티아이 검사 결과에 과도하게 의존하지 말고 이를 올바르게 활용해야 한다는 주장을 담아 이 글을 썼다.

03 ㉠은 엠비티아이 검사 결과가 자신의 모든 것을 설명한다고 생각하지 말아야 한다는 전문가의 의견이다. 글의 내용과 관련된 해당 분야 전문가의 의견을 인용하여 주장의 신뢰도와 설득력을 높이고 있다.

04 표현의 적절성은 고쳐쓰기 단계뿐만 아니라, 표현하기 단계에서도 고려해야 한다.

05 글쓴이는 엠비티아이 검사 결과에 지나치게 몰입하는 문제 상황을 언급하며, 엠비티아이 검사 결과에 과도하게 의존하지 말고 자신과 다른 사람을 이해하는 데 도움을 주는 도구로서 이를 올바르게 활용해야 한다고 주장하고 있다.

06 (나)에서 전문가가 엠비티아이 검사 결과를 해석해 준다면 정확한 설명을 들을 수 있다고 했을 뿐, 일반인들이 엠비티아이 검사 결과를 판단했을 때의 문제점에 관한 전문가의 의견은 나타나지 않는다.

07 (라)에서 엠비티아이 검사 결과는 응답자의 상태나 상황에 따라 바뀔 수 있다고 하였으므로, 한 번 결정된 검사 결과는 여러 번 검사해도 바뀌지 않는다는 내용은 적절하지 않다.

[오답 풀이] ① (다)를 통해 인터넷상의 엠비티아이 무료 검사는 정식 엠비티아이와 전혀 관계가 없는 것으로, 신뢰도가 떨어지는 검사임을 알 수 있다.
② (나)를 통해 엠비티아이 검사는 네 개의 알파벳으로 성격 유형을 표현함을 알 수 있다.
④ (라)에서 엠비티아이 검사는 응답자가 자신의 상태를 스스로 진단하는 방식으로 진행된다고 하였다.
⑤ (마)에서 엠비티아이 검사 결과는 성격 특성을 설명하는 하나의 근거 자료일 뿐이라는 정식 엠비티아이 검사 결과지의 안내 문구를 인용하고 있다.

08 글쓴이는 엠비티아이 검사 결과에 과도하게 의존하지 말고, 이를 자신과 다른 사람을 이해하는 데 도움을 주는 하나의 도구로서 올바르게 활용해야 한다고 주장하고 있다. 그리고 이에 대한 근거로 엠비티아이 검사는 '중간'의 성격을 설명하기 어렵고 신뢰도가 떨어지며, 응답자의 상태나 상황에 따라 검사 결과가 바뀔 수 있다는 점을 들고 있다.

09 주장하는 글의 고쳐쓰기 단계에서는 주관적이고 단정적인 표현을 사용하지는 않았는지 검토하며, 이러한 표현을 사용한 경우 적절한 표현으로 바꾸어야 한다.

10 (나)~(라)에서 글쓴이는 엠비티아이 검사 결과에 과도하게 의존하면 안 되는 까닭으로 엠비티아이는 '중간'의 성격을 설명하기 어렵고, 신뢰도가 떨어지는 엠비티아이 자료나 검사가 뒤섞이어 있으며, 응답자의 상태나 상황에 따라 검사 결과가 바뀔 수 있다는 점을 제시하고 있다.

[오답 풀이] ㄷ. (라)에서 엠비티아이 검사는 응답자가 자신의 상태를 스스로 진단하는 방식으로 진행된다고 하였으므로, 전문가의 도움 없이도 검사를 진행할 수 있다. 그러나 이 경우 검사 결과가 응답자의 상태나 상황에 영향을 받을 가능성이 높다.
ㄹ. (나)에서 신뢰도가 떨어지는 엠비티아이 자료나 검사가 뒤섞이어 있다고 하였으나, 엠비티아이 검사가 여러 유형의 성격 검사가 뒤섞인 것이라는 내용은 나타나 있지 않다.

11 제시된 자료는 엠비티아이 검사 결과에 과도하게 의존하는 사례에 해당하므로, ⓐ를 뒷받침하는 자료로 적절하다.

DAY **품사의 종류와 특성**　　본문 148~155쪽

실력 쌓기　　152~155쪽

01 ②	02 ④	03 ④	04 ①, ④	05 ①	06 ②
07 ⑦: 지우개, 의자 ⓛ: 희망, 자유 ⓒ: 명사			08 ④	09 ⑤	
10 ④	11 ②	12 ②	13 ③	14 ②, ④	15 ②

16 '아주'와 '과연'은 모두 부사로, 문장에서 다른 말을 꾸며 준다는 공통점이 있다. '아주'는 뒤에 오는 부사인 '멀리'를 꾸며 주는 반면, '과연'은 '우리나라는 아름답구나.'라는 문장 전체를 꾸며 준다.

17 ②	18 ③	19 ③	20 ②	21 ⑤	22 ④
23 ③	24 ②	25 ②	26 ④		

01 품사는 공통된 성질을 지닌 단어들을 모아 분류해 놓은 갈래이다. 품사를 안다고 해서 해당 단어의 기원을 짐작할 수 있는 것은 아니다.

> **오답 풀이** ① 우리말에는 명사, 대명사, 수사, 동사, 형용사, 관형사, 부사, 조사, 감탄사의 아홉 개 품사가 있다.
> ③, ④ 품사는 공통된 성질을 가진 것끼리 묶은 단어의 무리로, 품사를 분류하는 기준은 형태, 기능, 의미이다.
> ⑤ 품사는 문장에서의 기능을 중심으로 체언, 용언, 수식언, 관계언, 독립언으로 분류할 수 있다. 어떤 품사에 해당하는지를 알면 해당 단어가 문장에서 하는 기능을 알 수 있다.

02 (가)는 문장에서 쓰일 때 단어의 형태가 변하지 않는 불변어이고, (나)는 단어의 형태가 변하는 가변어이다. 이처럼 (가)와 (나)는 단어의 형태 변화 여부에 따라 분류되었으며, 이는 품사를 분류하는 기준 가운데 하나이다.

03 〈보기〉의 '매우'와 '정말'은 각각 '파랗다'와 '크다'를 꾸며 준다. 이처럼 문장에서 다른 말을 꾸며 주는 역할을 하는 단어를 수식언이라고 하는데, 관형사와 부사가 이에 속한다.

> **오답 풀이** ①, ③ '풍경'과 '고래'는 문장에서 주어 역할을 하는 체언이다. 체언에는 명사, 대명사, 수사가 있으며, 제시된 단어는 모두 명사이다.
> ② '책'은 문장에서 목적어 역할을 하는 체언으로 제시된 단어는 명사이다.
> ⑤ '지으셨다(짓다)'는 문장에서 주로 주어를 서술하는 기능을 하는 용언이다. 용언에는 동사와 형용사가 있으며, 제시된 단어는 동사이다.

04 단어가 지닌 공통된 의미적 특성에 따라 체언은 대상의 이름을 나타내는 '명사', 주로 이름을 대신하여 쓰이는 '대명사', 수량이나 순서를 나타내는 품사인 수사로 분류할 수 있다.

> **오답 풀이** ② 문장에서 독립적으로 쓰이는 말인 '감탄사'는 독립언에 속한다.
> ③ 다른 말과의 문법적인 관계를 나타내는 기능을 하는 '조사'는 관계언에 속한다.
> ⑤ 체언을 꾸며 주는 기능을 하는 '관형사'와 주로 용언이나 다른 부사 등을 꾸며 주는 기능을 하는 '부사'는 수식언에 속한다.

05 ⑦은 사람의 이름을 나타내는 품사인 '명사'이다.

> **오답 풀이** ② ⓛ은 사물의 성질이나 상태를 나타내는 품사인 형용사이다. 문장에서 체언을 꾸며 주는 품사는 관형사이다.
> ③ ⓒ은 주로 체언 뒤에 붙어서 그 말과 다른 말과의 문법적 관계를 나타내거나 특별한 뜻을 더해 주는 품사인 조사이다. 사람이나 사물의 움직임을 나타내는 품사는 동사이다.
> ④ ⓔ은 사물의 수량이나 순서를 나타내는 품사인 수사이다.
> ⑤ ⓜ은 사람이나 사물의 움직임이나 작용을 나타내는 품사인 동사이다.

06 '나'는 대명사, '생일'은 명사, '넷'은 수사로, 모두 체언에 해당한다. 체언은 문장에서 주로 조사와 결합하여 쓰이지만 단독으로 쓰이는 경우도 있다.

07 눈에 보이거나 만질 수 있는 구체적인 대상을 나타내는 단어(구체 명사)와 눈에 보이지 않거나 만질 수 없는 추상적인 대상을 나타내는 단어(추상 명사)는 모두 대상의 이름을 가리키는 명사이다.

08 ⑦은 앞서 제시한 '영화관'을 대신 나타내는 말, ⓛ은 말하는 이인 '나'를 포함한 '수호', '민지'를 대신 나타내는 말, ⓒ은 앞서 언급한 '관람석'을 가리키는 말이다. 이처럼 사람이나 사물, 장소의 이름을 대신 나타내는 말을 대명사라고 한다.

09 사물의 수량이나 순서를 나타내는 품사는 수사로, ⑦은 수량을 나타내는 기수사(양수사), ⓛ은 순서를 나타내는 서수사이다.

10 용언에는 동사와 형용사가 있다. 동사는 사람이나 사물의 움직임이나 작용을 나타내고, 형용사는 사람이나 사물의 성질이나 상태를 나타낸다. 구체적이거나 추상적인 대상의 이름을 나타내는 품사는 명사로, 체언에 속한다.

> **오답 풀이** ①, ② 용언은 의미를 기준으로 동사와 형용사로 분류되며, 문장에서 주로 주어를 서술하는 기능을 한다.
> ③, ⑤ 용언은 문장에서 쓰일 때 형태가 변하는 가변어이므로, 사전에서 그 뜻을 확인하기 위해서는 용언의 기본형으로 찾아야 한다.

11 '난다(날다)'는 '공중에 떠서 어떤 위치에서 다른 위치로 움직이다.'라는 뜻의 동사이다. 나머지는 사물의 성질이나 상태를 나타내는 형용사이다.

12 ㉠은 동사, ㉡은 형용사이다. 동사는 형용사와 달리 사건이나 행위가 현재 일어남을 나타내는 '-는다/-ㄴ다'를 붙여 활용할 수 있다.

오답 풀이 ① ㉠은 동사이다. 동사는 '달려라'와 같이 '-어라 / -아라'를 붙여 명령형으로 만들 수 있다.
③ ㉡은 형용사이다. 형용사는 '바쁘자'와 같이 '-자'를 붙여 청유형으로 만들 수 없다.
④, ⑤ ㉠은 동사, ㉡은 형용사이다. 문장에서 쓰일 때 형태가 변하는 것을 활용이라고 하는데, 용언에 해당하는 동사와 형용사는 활용을 한다.

13 ㉡과 ㉢은 사람이나 사물의 움직임이나 작용을 나타내는 동사이고, ㉠과 ㉣은 사람이나 사물의 성질이나 상태를 나타내는 형용사이다.

14 문장에서 쓰일 때 형태가 변하지 않는 불변어는 체언, 수식언, 관계언, 독립언이며, 이 중 문장에서 다른 말을 꾸며 주는 기능을 하는 것은 수식언인 관형사와 부사이다.

15 ㉠은 뒤에 오는 체언 '신발'을 꾸며 주는 관형사이고, ㉡은 뒤에 오는 용언 '갔다(가다)'를 꾸며 주는 부사이다. '빨리도', '빨리만'과 같이 일부 부사는 보조사와 결합할 수도 있다.

오답 풀이 ①, ④ ㉠은 '신발'이라는 체언을 꾸며 주고, ㉡은 '갔다(가다)'라는 용언을 꾸며 준다.
③ 관형사는 체언 앞에 위치해야 하지만, 부사는 관형사에 비해 문장 내에서의 위치가 비교적 자유롭다. 제시된 문장에서도 부사 '빨리'는 용언인 '갔다(가다)' 앞에 위치할 수도 있지만, 체언인 '집' 앞으로 이동해도 문장이 성립한다.
⑤ ㉠은 관형사, ㉡은 부사로 수식언에 속한다. 수식언은 문장 내에서 형태가 변하지 않는 불변어이다.

16 밑줄 친 두 단어는 모두 다른 말을 꾸며 주는 부사인데, 각각 꾸며 주는 대상이 다르다는 차이가 있다.

17 '을'과 '도'는 조사로, 문장에서 주로 체언 뒤에 붙어 쓰인다.

오답 풀이 ①, ④ 문장에서 다른 말과의 문법적인 관계를 나타내는 기능을 하는 품사는 조사로, 이는 관계언에 해당한다.
③ 앞말에 붙어 특별한 뜻을 더해 주는 조사는 보조사이다. 제시된 문장의 '도'는 '이미 어떤 것이 포함되고 그 위에 더함'의 뜻을 나타낸다.
⑤ 서술격 조사 '이다'는 문장에서 쓰일 때 형태가 변하지만, '이다'를 제외한 모든 조사는 문장에서 쓰일 때 형태가 변하지 않는다(불변어).

18 제시된 문장에서 조사는 '이', '을', '도', '에'로 모두 4개이다.

19 〈보기〉는 감탄사에 대한 설명으로, 아래 문장 중 ③의 '어이'는 부름을 나타내는 감탄사이다.

오답 풀이 ① '앗'은 놀람을 나타내는 감탄사이다.
②, ④ '오냐'와 '그래'는 대답을 나타내는 감탄사이다.
⑤ '와'는 말하는 사람의 느낌을 나타내는 감탄사이다.

20 '아하'는 '미처 생각하지 못한 것을 깨달았을 때 가볍게 내는 소리'로, 놀람을 나타내는 감탄사이다.

오답 풀이 ① 너'의 문장 성분은 독립어이지만, 품사는 대명사이다.
③ '철수야'의 문장 성분은 독립어이지만, 명사 '철수'에 호격 조사 '야'가 붙은 것이다.
④ '아차'는 감탄사로 쓰일 때에는 '무엇이 잘못된 것을 갑자기 깨달았을 때 하는 말'이지만, 이 문장에서는 '본의 아니게 어떤 일이 어긋나는 모양'을 뜻하는 부사로 쓰였다.
⑤ '청춘'의 문장 성분은 독립어이지만, 품사는 명사이다.

21 제시된 문장에서 '거의'는 용언 '없습니다(없다)'를 꾸며 주는 부사이다.

22 하나의 단어가 여러 가지 품사로 사용되는 경우가 있다. ㉠과 ㉡의 '다섯'은 형태는 같지만 ㉠은 사람의 수를 나타내는 수사이고, ㉡은 '사람'을 꾸며 주는 관형사이다.

23 ㉠은 문장에서 주어 역할을 하는 체언으로, 품사는 명사이다. ㉡은 문장에서 용언을 꾸며 주는 역할을 하는 수식언으로, 품사는 부사이다.

오답 풀이 ① ㉠은 문장에서 주어 역할을 하는 체언으로, 품사는 명사이다. 제시된 문장에서처럼 명사는 '가'라는 조사와 결합할 수 있다.
② ㉡은 문장에서 용언을 꾸며 주는 역할을 하는 수식언으로, 품사는 부사이다. 일부 부사는 조사와 결합할 수 있지만, ㉡은 조사와 결합하지 않는다.
④, ⑤ ㉠과 ㉡의 형태는 '어제'로 동일하기 때문에 ㉠과 ㉡은 기능과 의미를 기준으로 품사를 분류해야 한다.

24 이 문장에 쓰인 용언은 형용사 '시원하게(시원하다)'와 동사 '온다(오다)'로, 2개이다.

오답 풀이 ① '참'은 '감회가 새롭거나 조금 감탄스러울 때 나오는 소리'를 뜻하는 감탄사이다.
③ 이 문장에 쓰인 품사는 감탄사('참'), 명사('비'), 조사('가'), 부사('정말'), 형용사('시원하게'), 동사('온다')로, 모두 6개이다.
④ 이 문장에 쓰인 관계언은 '가' 하나뿐이다.
⑤ '정말'은 부사인데, 부사는 문장에서 다른 말을 꾸며 주어 문장의 의미를 구체적으로 만드는 역할을 한다. 따라서 부사를 삭제해도 문장은 성립한다.

25 독립언은 문장에서 독립적으로 쓰이는 단어로, 형태가 변하지 않는 불변어이다. 말하는 사람의 느낌이나 놀람, 부름, 대답 등을 나타내는 감탄사가 이에 속하며, 조사와 결합하지 않는다.

 ① 관계언은 형태가 변하지 않는 불변어로, 다른 말과의 문법적인 관계를 나타낸다. 조사는 관계언에 해당하는데, 조사 가운데 서술격 조사 '이다'는 '이고', '이어서' 등과 같이 유일하게 활용을 한다.
③ 용언은 문장에서 주로 주어를 서술하는 기능을 하며, 동사와 형용사가 용언에 속한다.
④ 체언은 문장에서 주로 주어, 목적어 등의 기능을 한다. 명사, 대명사, 수사가 체언에 속하며, 체언은 주로 조사와 결합하여 쓰이지만, 홀로 쓰일 수도 있다.
⑤ 수식언은 문장 내의 다른 말을 꾸며 주는 기능을 하는데, 관형사는 체언을 수식하고, 부사는 용언이나 다른 부사, 문장 전체 등을 수식한다.

26 '일찍'은 뒤에 오는 용언 '일어났니?(일어나다)'를 꾸며 주는 역할을 하는 부사이다.

 ① '나그네'는 '자기 고장을 떠나 다른 곳에 잠시 머물거나 떠도는 사람'을 뜻하는 말로, 구체적인 대상의 이름을 나타내는 명사이다.
② '마저'는 '이미 어떤 것이 포함되고 그 위에 더함'의 뜻을 나타낸다. 이처럼 체언 뒤에 붙어서 특별한 뜻을 더해 주는 조사를 보조사라고 한다.
③ '달리면서'와 '쓰고'는 사람이나 사물의 움직임을 나타내는 동사로, 각각 기본형인 '달리다'와 '쓰다가 활용한 형태이다.
⑤ '그래'는 긍정하는 뜻으로 대답할 때 쓰는 감탄사이다.

DAY 22 단어의 짜임과 새말

실력 쌓기

01 ③	02 ⑤	03 ②	04 ④	05 밤, 나무, 과일, 집, 안, 음식
06 ①	07 ③	08 ⑤	09 ②	10 '그 해에 난'이라는 의미를 지닌다.
11 ③	12 ⑤	13 ⑤		
14 ⑤	15 ④	16 ③		

01 형태소 중에는 문장에서 홀로 쓰일 수 있는 자립 형태소도 있지만, 문장에서 홀로 쓰이지 못하고 다른 말에 기대어 쓰이는 의존 형태소도 있다.

02 형태소는 뜻을 지닌 가장 작은 말의 단위이므로 '마당', '에', '감', '나무', '를', '심-', '-었-', '-다'로 나눌 수 있다.

03 ③, ④, ⑤는 단어의 품사를 나누는 기준이며, 형태소를 나누는 기준은 '홀로 쓰일 수 있는가, 실질적인 뜻을 가지고 있는가'이다. '예쁘-, 손, 가락'은 실질적인 뜻을 가지고 있는 형태소이지만, '-다'는 실질적인 뜻이 없는 형식 형태소이다.

04 '푸르-'는 실질 형태소이자 의존 형태소이다. '가을', '하늘'은 실질 형태소이자 자립 형태소이고, '은', '-고'는 의존 형태소이자 형식 형태소이다.

05 밤나무는 '밤 + 나무', 집안은 '집 + 안'으로 이루어진 합성어(어근 + 어근)이고, '햇과일', '날음식'은 '과일', '음식'과 같은 명사에 '햇-', '날-'과 같은 접사가 결합한 파생어(접사 + 어근)이다.

06 단어를 형성하는 요소는 어근과 접사이다.

 ② 조사는 홀로 쓰일 수 없어 다른 단어에 붙어 사용되지만 단어로 인정된다.
③ 단어 중 실질적인 의미를 지닌 형태소 하나만으로 이루어진 것을 단일어라고 한다.
④ 단어는 결합된 형태소의 방식에 따라 단일어와 복합어로 나뉘며, 복합어는 다시 합성어와 파생어로 나뉜다.
⑤ 두 개 이상의 형태소가 합쳐진 것을 복합어라고 한다.

07 '오가다', '밤송이', '고무신', '밤나무'는 모두 둘 이상의 어근이 결합하여 이루어진 합성어지만, '겁쟁이'는 어근 '겁'과 접사 '-쟁이'가 결합한 파생어이다.

08 상진이가 만든 '맨손'은 '맨- + 손'으로 '맨-'은 '다른 것을 더하지 않은'의 뜻을 지닌 접사이므로, '맨손'은 합성어가 아니라 파생어이다.

09 먹보: '먹- + -보(어근 + 접사)', 생고기: '생- + 고기(접사 + 어근)', 치솟다: '치- + 솟(다)(접사 + 어근)', 검푸르다: '검(다) + 푸르(다)(어근 + 어근)', 새하얗다: '새- + 하얗(다)(접사 + 어근)'이다.

10 '햇-'은 접사로서 '그 해에 새로 난'이라는 뜻을 더한다.

11 (가)는 단일어로, 실질적인 뜻을 지닌 형태소, 즉 하나의 어근으로 이루어진 단어이다. (나)는 복합어, (다)는 파생어, (라)는 합성어이다.

12 '잣나무'는 '잣 + 나무(어근 + 어근)'로 합성어이며, '잠꾸러기'는 '잠 + -꾸러기(어근 + 접사)'로 이루어진 파생어이다.

13 '덧-'은 '겹쳐 신거나 입는'이라는 뜻으로서 어근인 '버선'의 의미를 제한하고 있는 접사이므로, 실질적인 뜻을 지니고 있지 않다.

14 '오운완'은 단어의 첫 글자를 따서 결합하여 만든 새말에 해당한다. '라볶이(라면 + 떡볶이)'는 단어의 일부를 따서 결합하여 만든 새말로, '웃프다(웃다 + 슬프다)'도 같은 형성 방법을 따르고 있다.

15 '엄지족'은 어근 + 접사의 파생의 방법으로 만든 단어이다. '누리꾼'도 어근인 '누리'와 접사 '-꾼'을 결합하여 파생의 방법으로 만든 새말로, '사이버 공간에서 활동하는 사람'을 뜻한다.

16 〈보기〉에 제시된 단어 '인생템'과 '꿀성대'는 모두 '인생'이나 '아이템(item)', '꿀'이나 '성대'라는 기존 단어의 의미와 비슷한 의미로 사용되고 있다.

DAY 23 어휘의 양상과 쓰임

본문 160~163쪽

실력 쌓기

162~163쪽

01 ⑤	**02** ⑤	**03** 세대에 따른 어휘 차이 때문이다.
04 ②	**05** ②	**06** 전문어 / 전문어는 뜻이 명확하고 구체적
이기 때문에 해당 분야의 내용을 빠르고 정확하게 전달할 수 있다.
07 ④	**08** ⑤	**09** ④	**10** ⑤	**11** ②

01 (나)에 사용된 어휘는 노년층이 주로 사용하는 어휘로, 다른 사람들이 알아듣지 못하도록 만든 말이라고 볼 수 없다. 다른 사람들이 알아듣지 못하도록 특정 집단의 구성원들끼리만 사용하는 말은 '은어'이다.

02 (가)와 (나)는 세대에 따른 어휘 차이로 인해 발생한 문제 상황이다. 이러한 문제를 방지하기 위해서는 서로의 차이를 인정하고 상대방이 이해할 수 있는 어휘를 사용하는 태도가 필요하다.

03 (가)에서 딸과 아들은 줄임말을 사용하고 있어 엄마는 대화의 내용을 이해하지 못하였다. 한편 (나)에서는 할아버지가 사용하는 표현을 손녀가 이해하지 못하고 있다. 이처럼 두 상황에서 의사소통이 원활하지 않은 까닭은 세대에 따라 사용하는 어휘가 다르기 때문이다.

04 ㉠ 전문어는 특정 분야의 전문 지식을 전달하기 위해 사용하는 말로, 일반인은 그 의미를 모르는 경우가 많다.
㉣ 전문어는 정확하고 구체적인 뜻을 담고 있어, 하나의 어휘가 두 가지 이상의 뜻을 지니는 경우가 많지 않다.

05 '미리 증인으로 호출되거나 소환되지 않고 법정에서 선정된 증인'을 뜻하는 '재정 증인', '당김음'을 뜻하는 '싱커페이션', '셋잇단음표'를 뜻하는 '트리플렛'은 모두 특정 분야에서 사용하는 전문어이다. 전문어는 뜻이 세밀하여 대응되는 일반 어휘가 거의 없다.

06 전문어는 특정 분야의 전문적인 개념을 명확하고 구체적으로 표현하여 해당 분야에 속한 사람들이 일을 효과적으로 수행할 수 있도록 한다.

07 환자의 상태에 대해 말할 때, 의사는 동료 의사에게 내용을 빠르고 정확하게 전달하기 위해 전문어를 사용하고, 보호자에게는 보호자가 이해하기 쉽도록 전문어를 일반적인 용어로 풀어서 말하고 있다. 이처럼 상대에 따라 다른 어휘를 사용하는 것은 효율적인 의사소통을 하기 위해서이다.

08 전문적인 분야의 용어를 일반인이 학습해야 한다는 대안은 원활한 소통을 위한 올바른 방법이라고 볼 수 없다. 서로 상대의 입장을 이해하고 존중하며 소통하는 태도를 지녀야 한다.

09 의성어나 의태어를 사용하는 것은 인터넷 언어의 특성 중 '생생하게 쓰기'와 관련이 있다. 글자를 빠르고 쉽게 쓰는 '간편하게 쓰기'의 예로는 줄임말 사용하기, 초성만 적거나 서술어 줄이기, 소리나는 대로 적기 등이 있다.

10 이모티콘이라 불리는 그림말만으로도 자신의 의사를 표현할 수 있다. 따라서 그림말을 항상 문자 언어와 함께 사용해야 하는 것은 아니다.

11 민수가 글을 올린 학교 누리집의 '건의하기' 게시판은 공적인 소통 공간이다. 그러나 민수는 이러한 소통 공간의 특성을 고려하지 못하고, 소통 상황과 대상에 적합하지 않은 인터넷 언어를 사용하고 있다.

VI 매체

DAY 24 상호 작용적 매체의 특성 본문 166~171쪽

169~171쪽

01 ⑤　　02 ⑤　　03 ④　　04 ②　　05 ⑤
06 누리집, 사회 관계망 서비스(SNS) / 누리집과 사회 관계망 서비스
(SNS)는 상호 작용적 매체로, 쌍방향 의사소통이 가능하고, 시간과
장소의 제약 없이 거의 실시간으로 정보를 전달하거나 공유할 수 있다.
07 ③　　08 온라인 대화방　　09 ④　　10 ①　　11 ⑤
12 ④　　13 ②　　14 공적인 정보를 특정 사람들만 볼 수 있는
일대일 온라인 대화방에 게시하였다. 이러한 공적인 정보는 학교 누
리집의 공지 사항 게시판에 올리는 것이 적절하다.

01 (가)~(다)는 모두 상호 작용적 매체에 해당한다. 상호 작용
적 매체는 소통 목적이나 소통 공간의 특성 등에 따라 소통
방식이 달라질 수 있다.

02 (가)는 온라인 대화방으로, 주로 친밀한 관계의 사람들과 사
적인 대화가 이루어지는 개인적인 공간이다. 학교 생활 규정
중 개정할 사항처럼 공적인 정보를 학교 전체 구성원과 같은
다수에게 공식적으로 공유할 때에는 누리집을 활용하는 것
이 더 적절하다.

03 (나)는 사회 관계망 서비스(SNS)로, 사회 관계망 서비스를
활용하면 멀리 떨어져 있거나 개인적인 친분이 없는 사람들
과도 실시간으로 소통하거나 글과 함께 사진, 영상 등을 게
시하여 정보를 공유할 수 있다.

 ① 형식과 격식을 갖춘 언어 표현을 사용하기에 적합한
매체는 누리집이다.
② 개인적인 친분이 있는 소수의 사람들끼리 소통하기에 유용한 매
체는 온라인 대화방이다.
③ '#' 기호 뒤에 특정 단어나 문구를 붙여 게시물에 대한 접근성을
높일 수 있다. 이러한 기능을 '해시태그'라고 한다.
⑤ 게시판이 항목별로 나누어져 있어 원하는 정보에 효율적으로 접
근할 수 있는 매체는 누리집이다.

04 (다)의 누리집은 단체의 업무, 홍보와 관련된 내용 등을 다양
하게 제공하는 매체로 주로 공적인 정보 공유에 초점을 둔 공
간이다. 또한 인터넷 검색창에 검색어를 입력하면 관심 있는
누리집에 접근할 수 있고, 게시판의 성격에 따라 소통 방식이
나 올릴 수 있는 글의 내용이 달라지기도 한다.

 ㉡ 누리집은 주로 공적인 정보 공유에 초점을 둔다.
㉣ 가까운 가족이나 친구와 개인적인 대화를 간단히 주고받을 때 활
용하기 좋은 공간은 온라인 대화방이다.

05 생산자의 설정에 따라 게시 글마다 접근할 수 있는 독자의
범위를 제한할 수 있는 것은 블로그의 특성이다.

06 상호 작용적 매체는 정보의 생산과 수용이 쌍방향으로 이루
어지는 매체로, 시간과 장소의 제약 없이 거의 실시간으로
정보를 전달할 수 있다. 또한 문자, 소리, 사진, 그림, 동영
상 등 다양한 요소를 활용하여 소통할 수 있다. 이러한 상호
작용적 매체에는 온라인 대화방, 누리집, 사회 관계망 서비
스(SNS), 블로그 등이 있다.

07 블로그, 온라인 대화방, 사회 관계망 서비스(SNS)는 모두
쌍방향적 소통이 가능한 상호 작용적 매체로, 이를 통해 다
른 사람들과 소통하면서 관계를 형성하고 발전시킬 수 있다
는 공통점을 지닌다.

 ① 주로 불특정 다수를 대상으로 하는 것은 블로그와
사회 관계망 서비스(SNS)이다.
② 상대가 대화 내용을 읽었는지 확인할 수 있는 것은 온라인 대화
방이다.
④ 개인 계정과 공식 계정으로 계정의 성격을 구분할 수 있는 것은
사회 관계망 서비스(SNS)이다.
⑤ '@' 기호를 활용하여 특정 사람이나 단체 등의 계정을 언급하거
나 연결할 수 있는 것은 사회 관계망 서비스(SNS)이다.

08 온라인 대화방은 친밀한 관계의 친구들과 실시간으로 소통
하며 의견을 조율하고, 사진이나 동영상, 링크 등 다양한 형
태로 정보를 빠르게 공유하기에 적합한 매체이다. 또한 온라
인 대화방을 활용하면 함께 갈 친구들의 참여 여부를 즉시
확인할 수 있어 편리하다.

09 상호 작용적 매체를 활용할 때에는 의사소통의 맥락과 목적,
소통 공간의 특성, 참여자나 수용자 등을 고려해야 한다. 친
근한 표현을 사용하였는지는 점검 기준에 해당하지 않는다.

10 (가)는 학교 누리집, (나)는 사회 관계망 서비스(SNS)이다.
누리집은 단체의 업무, 홍보와 관련된 내용 등을 다양하게
제공하는 매체로, 온라인 대화방이나 사회 관계망 서비스
(SNS)에 비해 주로 공적인 정보를 공유하는 데 초점을 둔
공간이다.

11 (가)는 공적인 정보 공유를 위해 마련된 누리집에서 공식적
인 안내 사항을 게시하는 공지 사항 게시판이다. (가)의 작성
자는 이러한 소통 공간의 성격을 고려하지 못하고, 공적인
공간에 개인적인 불만을 토로하는 글을 올렸다.

12 (나)는 불특정 다수가 볼 수 있는 공간에 친구와 개인적으로
다툰 일에 대한 글을 올렸다. 이를 해결하기 위해서는 개인
온라인 대화방이나 사회 관계망 서비스(SNS) 내의 일대일
대화 기능을 활용하여 친구와 개인적으로 대화를 나누는 것
이 적절하다.

13 회사 누리집의 고객 문의 게시판은 제품에 관한 정보를 소비자에게 전달하는 공적인 성격의 공간이다. 그러나 〈보기〉는 작성자의 개인적인 생각을 전달하고 있을 뿐 제품에 관한 정확한 정보를 전달하고 있지 않으며, '^_^', 'ㅠㅠ'와 같이 공적인 공간에 적합하지 않은 언어 표현을 사용하고 있다.

14 교내 행사에 대한 공지는 모든 학생들에게 알려야 하는 공적인 정보에 해당하므로, 일대일 온라인 대화방에 올린 것은 소통 맥락을 고려하지 못한 것이다. 이러한 정보를 공유할 때에는 학교 공식 누리집을 활용하는 것이 적절하다.

DAY 25 매체와 생활

본문 172~175쪽

실력 쌓기

174~175쪽

01 ② 02 ③ 03 음성 매체(라디오) / 많은 사람들에게 동일한 정보를 일방향으로 전달한다. 04 ⑤ 05 ⑤
06 ③ 07 ② 08 ③ 09 ④ 10 ④ 11 ③
12 모든 정보를 무조건 수용하기보다는, 매체 자료의 적절성을 평가하고 비판적으로 수용해야 한다.

01 매체란 어떤 정보를 한쪽에서 다른 쪽으로 전달하는 물체 또는 그런 수단으로, 개인 인터넷 방송도 매체의 한 종류이다.

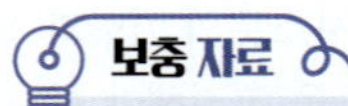

보충 자료

뉴 미디어의 특징
- 네트워크성: 이용자들은 공동의 네트워크 안에서 일대일, 일대 소수, 일 대 다수, 소수 대 소수, 다수 대 다수 등 다양한 방식으로 소통하면서 가상의 공동체 사회를 구성한다.
- 이동성: 뉴 미디어는 네트워크에 접속할 수 있는 기기만 있으면 시간과 장소에 구애받지 않고 콘텐츠를 즐길 수 있다.
- 상호 작용성: 이용자는 스스로 콘텐츠를 찾아서 소비하고, 댓글을 달거나 '좋아요'를 누르고 조회 수를 높이는 방식으로 상호 작용한다. 좀 더 적극적인 이용자는 개인 인터넷 방송 채널을 운영하면서 콘텐츠를 직접 제작하기도 한다.
  – 주형일, 「똑똑한 이상한 꿈틀대는 뉴 미디어」

02 주제에 관심 있는 일부 사람들을 대상으로 하는 매체는 개인 인터넷 방송이다. 개인 인터넷 방송은 주로 특정 관심사를 공유하는 사람들을 대상으로 정보를 제공하는 반면, 대중매체는 불특정 다수에게 동일한 정보를 대량으로 전달하는 것이 특징이다.

03 주어진 대화 상황에 등장하는 라디오는 음성 매체로, 대표적인 대중매체 중 하나이다. 대중매체는 대중을 대상으로 같은 정보를 대량으로 전달하고, 일방향으로 정보를 전달한다는 특징을 지닌다.

04 〈보기〉는 대중매체 중 텔레비전에 대한 설명으로, 대중매체는 매체 자료의 생산자와 수용자의 구분이 명확하다. 매체 자료의 생산자와 수용자의 구분이 명확하지 않은 것은 개인 인터넷 방송이다.

05 개인 인터넷 방송은 일반적으로 방송법의 규제를 받지 않고, 별도의 규제 체계에 포함되거나 자율 규제 또는 플랫폼 규정을 따른다. 방송법은 주로 텔레비전 등 전통적인 방송 매체를 대상으로 적용된다.

06 기술이 발달하면서 전문적인 방송 장비 없이도 스마트폰 카메라, 웹 카메라 등의 간편한 촬영 장비를 활용하여 매체 자료를 제작할 수 있게 되었다. 이를 통해 누구나 쉽게 매체 자료를 생산할 수 있는 환경이 조성되면서 개인 인터넷 방송이 성장하게 되었다.

07 개인 인터넷 방송은 개인 또는 소규모 인원이 스마트폰 카메라 등을 이용하여 비교적 적은 비용으로 매체 자료를 제작할 수 있다.

오답 풀이 ㉢, ㉤ 다수의 분업과 협업을 통해 매체 자료가 생산되며 제작 비용이 많이 드는 것은 대중매체의 특징이다.

08 대중매체는 생산자가 수용자에게 일방향으로 정보를 전달하여, 실시간 상호작용이 어렵다. 반면 개인 인터넷 방송은 수용자가 댓글을 달면 생산자가 이를 즉각적으로 확인하여 방송에 활용하는 등 실시간 상호 작용이 가능하다.

09 매체에서는 사람들의 흥미나 관심을 끌기 위해 자극적이고 선정적인 내용을 다루기도 한다. 이는 매체가 우리 생활에 미치는 부정적인 영향력에 해당하는 사례이다.

10 매체 자료는 새로운 소식과 다양한 정보, 즐거움과 휴식을 제공하고, 사회의 문화와 가치를 전수하거나, 사회 문제에 대한 인식을 높이는 등 긍정적인 측면이 있다. 반면 잘못된 정보나 한쪽으로 치우친 관점을 전달하고, 사람들의 관심을 끌기 위해 폭력적이거나 선정적인 내용을 담는 등 부정적인 측면도 있다.

11 매체 자료를 기분 전환용으로만 사용하는 것은 매체를 이용하는 올바른 태도로 적절하지 않다. 매체를 이용할 때에는 매체 자료의 객관성, 적절성, 타당성 등을 판단하여 매체 자료를 비판적으로 수용해야 한다.

12 개인 인터넷 방송은 비전문가도 제작할 수 있어 잘못된 정보를 전달할 수 있으므로, 객관적인 사실과 신뢰할 수 있는 전문가의 의견을 참고하고 다른 정보와 비교해 보는 등 비판적으로 매체 자료를 수용하는 태도를 지녀야 한다.

MEMO

MEMO

MEMO

900만*의 압도적 선택
10명 중 8명 내신 최상위권*
비상교육 온리원 중등

특목고 합격생
2년 만에 167% 달성*

성적 장학생
1년 만에 2배 증가*

독점강의
오투, 한끝,
개념+유형
강의 독점 제공

7일간 최신 강의
0원 무제한 학습

문의 1588-6563 | www.only1.co.kr